Franz Josef Görtz / Hans Sarkowicz
Erich Kästner. Eine Biographie

Franz Josef Görtz
Hans Sarkowicz

Erich Kästner
Eine Biographie

unter Mitarbeit von Anja Johann

Piper
München · Zürich

ISBN 3-492-03890-5
2. Auflage 1998
© Piper Verlag GmbH, München 1998
Gesetzt aus der Bembo
Satz, Druck und Bindung: Kösel, Kempten
Printed in Germany

Inhalt

Kindheit mit offenem Ende 7
Ein patentierter Musterknabe 21
Sergeant Waurich hieß das Vieh 27
Laßt uns unserem Steckenpferd leben 31
Leipziger Lehrjahre 36
Sachliche Romanzen 72
Berliner Erfolge 90
…und seine Väter 150
Verbrannt und verboten 163
Notabene 36 bis 45 206
Die Verheißung des Neubeginns 250
Das Glück der Kinder 277
Ich möchte endlich einen Jungen haben… 289
Jahre des wiederkehrenden Ruhms 297
Ich habe schon resigniert 317
Kästner – ein deutsches Wunder? 325

Anmerkungen 329
Auswahlbibliographie 349
Bildnachweis 365
Personenregister 366

Kindheit mit offenem Ende

»Es gibt zweierlei Zeit«, sagt Erich Kästner. »Die eine kann man mit der Elle messen, mit der Bussole und dem Sextanten, wie man Straßen und Grundstücke ausmißt. Unsere Erinnerung aber, die andere Zeitrechnung, hat mit Meter und Monat, mit Jahrzehnt und Hektar nichts zu schaffen. Alt ist, was man vergessen hat. Und das Unvergeßliche war gestern. Der Maßstab ist nicht die Uhr, sondern der Wert. Und das Wertvollste, ob lustig oder traurig, ist die Kindheit. Vergeßt das Unvergeßliche nicht! Diesen Rat kann man, glaub ich, nicht früh genug geben.«[1]

Kästners Kindheit begann am 23. Februar 1899, »morgens gegen vier Uhr«[2]. Sie dauerte wenig länger als fünfzehn Jahre und endete am 1. August 1914, jenem Tag, an dem der deutsche Kaiser die Mobilmachung befahl: »Der Tod setzte den Helm auf. Der Krieg griff zur Fackel. Die Apokalyptischen Reiter holten ihre Pferde aus dem Stall.«[3] Zu schrill, diese Töne? Zu pathetisch für einen naturwüchsigen Spötter, einen abgefeimten Satiriker und lebenslang geschulten Kabarettisten? Er ging schon deutlich auf die Sechzig zu, als er 1957 sein Erinnerungsbuch *Als ich ein kleiner Junge war* veröffentlichte. Wie mit leichter Hand hatte er es unter die Kinderbücher aus den frühen dreißiger, den späten vierziger Jahren gemischt. Da war Kästner längst ein weltberühmter Schriftsteller und Publizist, den alle Nachschlagewerke als Lyriker und Erzähler, Hörspiel- und Drehbuchautor, Dramatiker und Literaturkritiker und nicht zuletzt als den in alle Sprachen übersetzten Erfinder von Emil und Anton, Pünktchen und dem doppelten Lottchen verzeichneten. Die Feuilletons rühmen ihn auch am Ende dieses Jahrhunderts immer noch gern als den »Schulmeister der Nation«[4]. Schüler ist er lange Zeit gewesen und wäre darüber fast Lehrer geworden, wenn der Kaiser nicht einen Krieg vom Zaun gebrochen hätte, der zum ersten Mal die Welt aus ihren Angeln hob. Erich Kästner hat ihn grimmig mit angesehen: den ersten großen Krieg, in dem er mit achtzehn Jahren Soldat wurde, ebenso wie den zweiten. Darüber war mit ihm nicht zu spaßen.

Was sich lernen läßt aus einem Leben, das den aberwitzigen Völkerschlachten einigermaßen unversehrt entkommen ist, hat der freiwillig verhinderte Lehrer Kästner aufgeschrieben, in Verse und Geschichten gekleidet: in gereimte wie ungereimte, Tag für Tag und Jahr um Jahr, damit nichts, auch das Geringste nicht vergessen wird. Eine moralische Anstrengung, auch wenn von Moral in seinen Büchern meist mit ironischem Augenzwinkern die Rede ist.

Seine Erinnerungen, wie viele seiner Gedichte, Erzählungen und Kindergeschichten aus versöhnlichem Abstand zu Papier gebracht, sind als Begleitbuch zu diesem Leben zu lesen – auch wenn darin angeblich bloß die Kindheit des Autors zur Sprache kommt. Es ist eine Kindheit mit offenem Ende, die dort verhandelt wird. Und ein Versuch, sie mit den Mitteln der Erinnerung einerseits und der Imaginationskraft andererseits gehörig zu verlängern: so weit jedenfalls, wie es möglich und wünschenswert scheint, das Unvergeßliche nicht vergessen zu machen.

Beginnen wir also nicht erst am 23. Februar 1899, sondern viel früher. Im Jahr 1895 zum Beispiel, in dem Emil Richard Kästner und seine Frau Amalia Ida, geborene Augustin, aus der sächsischen Provinz nach Dresden zogen, weil dem brotlosen Sattlermeister dort eine Anstellung in Aussicht gestellt wurde. Oder noch ein wenig früher, anno 1892, als Emil und Ida in der evangelischen Dorfkirche zu Börtewitz den Bund fürs Leben schlossen und in der Ritterstraße zu Döbeln bald einen winzigen Laden nebst Werkstatt für Lederwaren eröffneten, der freilich auch einen fleißigen Mann nur mit allergrößter Anstrengung zu ernähren vermochte – geschweige denn eine Frau dazu.

Die Kästners stammen aus Penig an der Mulde,

Kindheit mit offenem Ende

unweit von Leipzig. Emils Eltern waren Christian Gottlieb und Klara Laura Kästner, geborene Eidam. Sie hatten zwölf Kinder, von denen fünf im Säuglingsalter starben. Zwei Söhne wurden Tischler wie ihr Vater, einer ging zu einem Hufschmied in die Lehre, ein vierter, geboren am 5. März 1867, wurde Sattler und Tapezierer. Das war Erichs Vater. Rechtschaffene Leute allesamt, mehr ist über sie nicht in Erfahrung zu bringen. Die dürftigen Spuren von Vater, Großvätern und Urgroßvätern verlieren sich in den Kirchenbüchern.

Anders die Augustins, obwohl sie nicht von Anfang an Augustin hießen, sondern im sechzehnten Jahrhundert sowohl Augsten als auch Austin, gelegentlich sogar Austen und Augstenn. Soweit sie aus Döbeln stammen, führen sie sich auf Hans Austen und dessen Frau Odilia zurück, die im Jahr 1568 die Ehe miteinander eingingen, und zwar am vierten Sonntag nach Trinitatis, wie das Traubuch berichtet. Wie schon Hans Austen, den es übrigens aus Meißen nach Döbeln verschlagen hatte, waren auch dessen Sohn, Enkel und Urenkel Bäcker-

Vaters Eltern: Christian Gottlieb und Klara Laura Kästner, geborene Eidam

Kindheit mit offenem Ende

Mutters Eltern: Karl Friedrich Louis und Amalie Rosalie Augustin, geborene Berthold

Das Geburtshaus von Ida Amalia Augustin in Kleinpelsen

meister von Beruf. Seit der Mitte des siebzehnten Jahrhunderts schrieb man sich Augustin, nannte seine Söhne entweder Johann Georg oder Johann Gottlieb und ließ die einen Bäcker und die anderen Hutmacher oder, in einem einzigen Fall, auch Schuhmacher werden. Das war Carl Christoph Friedrich Gottlieb Augustin und die erste Ausnahme. Die zweite war Karl Friedrich Louis Augustin, der Sohn des Bäckermeisters und Fuhrwerkbesitzers Johann Carl Friedrich Augustin, der sich als Schmied, noch erfolgreicher indes als Pferdehändler versuchte. Er verlegte sein Geschäft nach Kleinpelsen, wo ihm seine erste Frau Amalie Rosalie, geborene Berthold, am 9. April 1871 eine Tochter namens Amalia Ida gebar. Auf den Tag genau an ihrem sechsten Geburtstag wurde Amalia Ida in Börtewitz eingeschult. Sie mochte sich aber weder Amalia noch Amalie, sondern einfach nur Ida rufen lassen.

Ida Augustin, so malte sie in verschnörkelten lateinischen Buchstaben auf ihre Schulhefte und fügte einen

Punkt und stets die Jahreszahl dazu. Wenn sie Sütterlin übte, wirkt ihre Handschrift erwachsener und deutlich energischer. Am 27. März 1885 wurde Ida aus der Schule entlassen. Sie war nicht die beste Schülerin, hatte sich aber von Rang 21 mit Fleiß und zäher Energie auf den vierten Platz vorgearbeitet. Nur Einser hatte sie auf dem Abschlußzeugnis, von einer einzigen Note abgesehen: ihre »geistige Befähigung« wurde als »gut« eingestuft. Mag sein, daß diese Note sie gekränkt hat – in ihrer Eitelkeit vermutlich weniger als in ihrem früh ausgeprägten Ehrgeiz.

Was machte ein junges Mädchen mit einem solchen Zeugnis, wenn es sechzehn war und offenbar nicht die Wahl hatte? Sie ging in Stellung, wie man damals sagte: als Hausgehilfin auf einem Rittergut unweit von Leisnig. Dort half sie in der Küche, bediente bei Tisch, wusch und bügelte die Wäsche und stickte Monogramme in die feine Wäsche. Als der Gutsherr ihr nachstellte, lief sie davon, fand in Döbeln eine neue Stellung als Pflegerin und Gesellschafterin einer gelähmten alten Dame, der sie stundenlang, oft bis spät in die Nacht, dicke Romane vorlesen mußte. Glücklich war sie dort nicht. Aber das gestand sie hinter der vorgehaltenen Hand nur ihren Schwestern Linda und Emma, die beide nach Döbeln geheiratet und im selben Haus eine Wohnung gefunden hatten. Später hat sie, ganz freimütig, davon auch ihrem Sohn erzählt.[5]

In Döbeln saßen sie an Sonn- und Feiertagen manchmal bei Kaffee und Kuchen zusammen und träumten der jüngeren Schwester eine glücklichere Zukunft vor: an der Seite eines Bräutigams, den Lina und Emma mit vereinten Kräften suchen wollten, in Wahrheit aber längst im Visier hatten. Er hieß Emil Kästner und wohnte in der Nachbarschaft zur Untermiete. Vierundzwanzig Jahre war er alt, arbeitete in der Werkstatt eines Sattlers und galt als ebenso tüchtig wie sparsam. Außerdem wollte er sich möglichst bald selbständig machen und war noch ohne Frau. Aber sie liebe ihn doch gar nicht! So soll Ida ausgerufen haben, nachdem Emil sie ein paarmal zum Tanzen ausgeführt, ihr von seinen Zukunftsplänen berichtet und

Kindheit mit offenem Ende

Die Eltern: Emil Richard und Ida Amalia Kästner, geborene Augustin

irgendwann sicherlich auch einen Heiratsantrag gemacht hatte.

Ausdrücklich widerrufen hat Ida Kästner dieses Geständnis nirgendwo, sondern in dem über Jahrzehnte sich erstreckenden Briefwechsel mit ihrem Sohn nur bekräftigt. Daß die Ehe der Eltern nicht glücklich und deren Verhältnis zueinander von Beginn an alles andere als die große Liebe war, war ihm gewiß nicht verborgen geblieben. Er selbst jedoch scheint darunter noch am wenigsten gelitten zu haben, wie sein pointiert lakonischer Ton verrät: »Lina und Emma hielten von der Liebe, wie sie in Romanen stattfindet, sehr wenig. Ein junges Mädchen verstehe sowieso von der Liebe nichts. Außerdem komme die Liebe mit der Ehe. Und wenn nicht, so sei das auch kein Beinbruch, denn die Ehe bestehe aus Arbeit, Sparen, Kochen und Kinderkriegen. Die Liebe sei höchstens so wichtig wie ein Sonntagshut. Und ohne einen Extrahut für sonntags komme man auch ganz gut durchs Leben!«[6] Natürlich meint ein notorischer Satiriker das ironisch – so demonstrativ allerdings, daß man das Augenzwinkern als Süffisanz deuten möchte und den amüsierten Bericht über die Vertreibung des Vaters aus dem Küchenparadies, seinen Gang in die Verbannung hinter dem Lattenverschlag, »mit der Strickjacke und dicken Filzpantoffeln, drunten im Keller«⁷, als mitleidig gedämpfte Schadenfreude verstehen möchte.

Drei Jahre führte Emil Kästner seinen Laden, dann drohten die Schulden ihm über den Kopf zu wachsen. Er verkaufte das Geschäft mit Verlust, mochte nicht länger selbständig sein, zog auf den Rat eines Verwandten mit seiner Frau in die königlich-sächsische Haupt- und Residenzstadt Dresden und verdingte sich in Lippolds Kofferfabrik als Facharbeiter. Aus dem Handwerksmeister war ein Fabrikarbeiter geworden: nicht minder fleißig, ebenso tüchtig und mit regelmäßigen Einkünften. Doch die Schulden drückten, und es waren Anschaffungen zu machen, für die der Lohn bei weitem nicht reichte. Also fing Ida Kästner eine Heimarbeit an, nähte aus vorgefertigten Teilen Leibbinden – im Stücklohn, meist bis spät in der Nacht.

Erichs Geburtshaus: Königsbrücker Straße 66

Nach siebenjähriger Ehe wurde sie endlich Mutter. Ihr Sohn kam in der Dachwohnung des Hauses Königsbrücker Straße 66 zur Welt, allerdings schon »vormittags um ein viertel drei«, wie der Standesbeamte am 24. Februar 1899, einen Tag später, zu Protokoll nahm, weil er ganz genau sein wollte. Das einzige Kind von Ida und Emil wurde am 9. April 1899 auf den Namen Emil Erich Kästner getauft. Was Luiselotte Enderle, Kästners Lebensgefährtin, viele Jahre lang als angeblich sorgsam gehütetes »Familiengeheimnis«⁸ respektiert wissen wollte, ging in der Dresdner Neustadt vor mehr als einem Menschenalter schon von Mund zu Mund: daß nicht der Sattler Emil Kästner, sondern der Hausarzt der Familie Erichs Vater sei.⁹

Hausarzt der Kästners war damals der seit 1893 in Dresden als praktischer Arzt, Wundarzt und Geburtshelfer niedergelassene Dr. Emil Zimmermann. Er stammte aus Oberschlesien und hatte mit seinen Eltern zusammen, die vermutlich aus Polen zugewandert waren, vor dem Studium in Zabrze/Schlesien gelebt. Zimmermann, am 12. Dezember 1864 in Pitschen, Kreis Kreuzburg, geboren, hatte im Sommersemester 1889 an der Universität München mit einer Untersuchung zur therapeutischen Anwendung des Sulfonal[10] zum Doktor der Medizin promoviert. Ob Emil Zimmermann jener Aemihl Zimmermann aus Zabrze war, der 1885 am Königlichen Gymnasium Gleiwitz das Abitur gemacht hat, einer von 104 jüdischen Abiturienten zwischen 1830 und 1886 und der einzige Träger dieses Namens, hat sich nicht verläßlich ermitteln lassen. Fest steht, daß auch Aemihl Zimmermann als Berufswunsch Arzt angegeben hatte.

Emil Erich Kästner wurde am 23. Februar 1899, »vormittags um ein viertel drei«, geboren

Nach seiner Approbation 1890 war Dr. Emil Zimmermann in Dresden zunächst in der Wallstraße gemeldet. Von dort verlegte er seine Praxis in die Schmiedegasse, dann in die Glacisstraße und von dort in die Kurfürstenstraße. Am 1. April 1906 bezog er ein eigenes Haus an der Radeberger Straße, in einem Viertel, das zu den vornehmen Gegenden der Neustadt zählte. Seit 1905 gehörte der später zum königlich-preußischen Sanitätsrat ernannte Mediziner dem Gemeinderat der Israelitischen

Erichs leiblicher Vater: Dr. med. Emil Zimmermann, der Hausarzt der Familie

Religionsgemeinde Dresden an. Er war mit Gertrud Thekla Zimmermann, geborene Levy, verheiratet. Seine Frau, am 8. Oktober 1872 geboren, stammte aus Stargard in Pommern. Aus der Ehe gingen eine Tochter namens Else und ein Sohn namens Hans Werner hervor.

In Kästners Kindheitserinnerungen und in den Briefen an seine Mutter war »Sanitätsrat Zimmermann, der freundliche Hausarzt mit dem Knebelbart«[11], ein Vertrauter, der nicht nur als Arzt den Alltag der Familie und die Entwicklung des begabten Sohns sehr aufmerksam verfolgte: ein liebenswürdiger Onkel, der nicht selten die Rolle und die Aufgabe des Vaters zu übernehmen schien. Dann vor allem, wenn Erich unter dem Eindruck der wiederholten Selbstmorddrohungen seiner Mutter Rat und Hilfe suchte – und von dem in alle familiären Belange eingeweihten väterlichen Freund auch bekam.

»Ihr Leben galt mit jedem Atemzuge mir, nur mir«, notiert Kästner in seinen Erinnerungen. »Darum erschien sie allen anderen kalt, streng, hochmütig, selbstherrlich, unduldsam und egoistisch. Sie gab mir alles, was sie war und was sie hatte, und stand vor allen anderen mit leeren Händen da, stolz und aufrecht und doch eine arme Seele. Das erfüllte sie mit Trauer. Das machte sie unglücklich. Das trieb sie manchmal zur Verzweiflung.«[12] In solchen Augenblicken versuchte sie davonzulaufen, ließ für den Sohn einen hastig bekritzelten Zettel zurück, auf dem sie von ihm Abschied nahm, als werde er sie nie mehr wiedersehen. In panischer Angst hetzte er dann durch die Straßen zum Fluß, wo er sie fast immer auf einer der steinernen Brücken fand. Wachsbleich und bewegungslos blickte sie aufs Wasser, als warte sie nur darauf, von ihm aus dieser Erstarrung erlöst zu werden. Einige Male suchte er sie vergeblich, bebend vor Angst, er »könne Boote entdecken, von denen aus man mit langen Stangen nach jemandem fischte, der von der Brücke gesprungen war«[13]. Da war es stets die Mutter, die ihn erlöste, wenn er, ohnmächtig vor Erschöpfung, auf ihrem Bett eingeschlafen war.

»Eines Nachmittags ging ich, statt zu spielen, heimlich zu Sanitätsrat Zimmermann in die Sprechstunde und schüttete ihm mein Herz aus«[14], gesteht er. Der Arzt, in Kästners Schilderung, bleibt bemerkenswert gelassen: »Deine Mutter arbeitet zuviel. Ihre Nerven sind nicht gesund. Es sind Krisen, schwer und kurz wie Gewitter im Sommer. Sie müssen sein, damit sich die Natur wieder einrenkt.«[15] Die Suizid-Ankündigungen der Mutter eine Art von Theaterdonner: ein verläßliches Druckmittel, mit dem sie sich beizeiten der ungeteilten Liebe ihres Sohns versichern wollte? Wie die vielen Postkarten und Briefe, die Erich ihr in nahezu vierzig Jahren geschrieben hat, sind auch die meisten seiner Romane, Geschichten und Gedichte für Kinder Liebeserklärungen an die Mutter: Beteuerungen größter Nähe, die für ihn nur aus angemessenem Abstand zu ertragen war.

»Als Emil fünf Jahre alt war, starb sein Vater, der Herr Klempnermeister Tischbein«[16], erfahren wir auf einer der ersten Seiten des Romans *Emil und die Detektive*. Dem »Kleinen Mann« namens Mäxchen Pichelsteiner widerfährt dasselbe Schicksal: »Als Mäxchen sechs Jahre alt war«, vernehmen wir gleich am Anfang der Geschichte, »verlor er seine Eltern. Das war in

Kindheit mit offenem Ende

Paris, und es geschah ganz plötzlich und unerwartet.«[17] Ein Glück, daß er in dem Zauberer Jokus von Pokus einen lieben Menschen findet, der ihm, gewissermaßen an Onkels Statt, den Vater, wenn nicht sogar die Mutter zu ersetzen versucht. Johnny Trotz aus dem *Fliegenden Klassenzimmer* ist vier, als sein Vater sich von ihm trennt. Auch der kleine Berthold aus der Erzählung *Das Schwein beim Friseur*, auch Pünktchens Anton wächst ohne Vater auf. Auch Konrad Ringelhuth, wie Mäxchen Pichelsteiner, findet einen fürsorglich um ihn bemühten Onkel, der mit ihm, im Buch *Der 35. Mai*, in die Südsee reitet. Und wie Emil Tischbein liebt auch Fabian, lieben auch Rolf Klarus in der *Kinderkaserne* und Fritz Hagedorn in *Drei Männer im Schnee* einen Menschen über alles: die Mutter. In Kästners Romanen und Erzählungen gibt es Väter gewöhnlich nur als Statisten, deren eigentlichen Part die Mutter oder ein guter Onkel vollauf zu ersetzen versteht. Nicht anders hat Erich es als Kind tagtäglich erlebt.

Laßt euch die Kindheit nicht austreiben! Erich im Alter von drei Jahren

Die Mutter entschied, und der Vater nickte ergeben, wenn er denn überhaupt gefragt wurde. Meistens schwieg er und duldete, was seinen Horizont überstieg: »Der Geduldsfaden riß ihm in seinem geduldigen Leben nur ganz, ganz selten. Er war stets ein Meister des Handwerks und fast immer ein Meister im Lächeln.«[18] Eine freundliche, wenn nicht liebenswürdige Charakterisierung, die dem fleißigen Mann in Wahrheit allerdings schon im nächsten Satz ein maliziös anmutendes Armutszeugnis ausstellt: »Er wollte soviel Geld wie möglich verdienen, damit ich Lehrer werden konnte. Und er arbeitete und verdiente, soviel er vermochte, und das war zuwenig.«[19]

Weil das Geräusch ihrer auch in den späten Abendstunden noch emsig surrenden Nähmaschine im Schlafzimmer die Nachtruhe des Sohns störte und der Hausarzt darum zu einer anderen Tätigkeit riet, beschloß Ida Kästner, die Möbel zusammenzurücken und für eines der Zimmer einen Untermieter zu suchen. Inzwischen war man aus der engen Mansardenwohnung zehn

Häuser weiter ins dritte Stockwerk der Königsbrücker Straße 48 gezogen. Wer es in der Dresdner Neustadt zu Ansehen und Vermögen gebracht hatte, suchte sich ein gutbürgerliches Quartier unweit der Elbe, kaufte sich wie Franz Augustin, einer von Idas vermögenden Brüdern, eine Villa am Albertplatz, mietete ein Haus mit Vorgarten oder nahm sich eine geräumige Wohnung in der Beletage, zum Beispiel im unteren Abschnitt der Königsbrücker Straße, auf der Höhe von Hollacks Festsälen und der Privatschule für höhere Töchter, mit den Göttinnen und Nymphen aus Bronze und Marmor an den Treppenaufgängen. »In diesem Viertel lagen die drei Häuser meiner Kindheit. Mit den Hausnummern 66, 48 und 38. Geboren wurde ich in einer vierten Etage. In der 48 wohnten wir im dritten und in der 38 im zweiten Stock. Wir zogen tiefer, weil es mit uns bergauf ging. Wir näherten uns den Häusern mit den Vorgärten, ohne sie zu erreichen.«[20]

Die Wohnung der Kästners war weder geräumig, noch gab es dort Nymphen, Göttinnen oder höhere Töchter. Sie lag in einem der kleinbürgerlich-proletarischen Viertel der seit 1835 so genannten Antonstadt. Diesen Namen trägt die Neustadt, die seit der furchtbaren Bombennacht vom 13. Februar 1945 als die Altstadt gelten darf, immer noch: König Anton dem Gütigen zuliebe, der diese Ehrung freilich nur um wenige Monate überlebte. Auf uralten Stadtkarten wird das Gebiet vor dem Schwarzen Tor rechts der Elbe als Altendresden beziehungsweise als »Neuer Anbau auf dem Sande« bezeichnet, seit dem späten achtzehnten Jahrhundert als »Rathsgemeinde vor dem Schwarzen Tor auf dem Sande«. Eine anrüchige Gegend. Drei Galgen standen dort, berichtet die Stadtchronik nicht ohne Stolz. Im Jahr 1732 wurden sie errichtet und sogleich ihrer Bestimmung übergeben. Damals seien, unter lebhafter Anteilnahme der Dresdner Bevölkerung, 793 Maurer, 79 Steinmetze, 554 Zimmerleute, 76 Waffenschmiede, 134 Uhr- und Büchsenmacher und 175 Tischler durchs Schwarze Tor gezogen, hätten mit ihren Werkzeugen dreimal feierlich ans Holz geklopft und aller Welt davon erzählt.

Schon im ausgehenden Mittelalter führte die Königsbrücker Straße geradewegs nach Norden. Seit dem frühen achtzehnten Jahrhundert war das Gelände Bauland, seit dem frühen neunzehnten entwickelte es sich zu einem Teil der Neustadt. Dann kam der Krieg, streiften Kürassiere mit beschweiften Helmen und goldenen Brustpanzern, leicht berittene Chasseurs, Ulanen, Dragoner und Husaren durch die Stadt. Daß Napoleons Soldaten nicht verweilen mochten, hat mit ihrer Kriegslust zu tun. Außerdem gab es nicht Herbergen genug, sie alle nächtigen zu lassen. Die Kasernen in der Altstadt links der Elbe stammten fast alle aus dem siebzehnten Jahrhundert und waren so baufällig wie das 1714 am anderen Ufer errichtete Militärlazarett. Die Russen trafen es nach dem Ende des Zweiten Weltkriegs komfortabler. Für sie und ihre nachrückenden Familien war in der Albertstadt, nördlich der Antonstadt, vorgesorgt: Eine Kaserne stand dort neben der anderen – und fast alle hatten die Bombenabwürfe einigermaßen unversehrt überstanden. Das Areal erstreckt sich bis Loschwitz, Klotzsche, Rähnitz und Wilschdorf, raumgreifend auf beiden Seiten der Königsbrücker Straße. Als Kästner ein kleiner Junge war, hat er Napoleons Alte Garde im Hausflur und auf den Treppen durch die Spielzeugweltgeschichte marschieren lassen.

Kästners erster Untermieter war Lehrer von Beruf, wie der zweite und der dritte nicht anders. Der dritte, Paul Schurig sein Name, Lehrer an der Volksschule in der Schanzenstraße, ein sehr großer und kräftiger junger Mann, hat auf Erich bleibenden Eindruck gemacht. Schurig war sein Vorbild, als er, noch in der ersten Klasse, den unumstößlichen Entschluß faßte, selber Lehrer zu werden. Sein Wunsch entsprach den Gegebenheiten in seinem Elternhaus: »Wenn damals ein Junge aufgeweckt war und nicht der Sohn eines Arztes, Anwalts, Pfarrers, Offiziers, Kaufmanns oder Fabrikdirektors, sondern eines Handwerkers, Arbeiters oder Angestellten, dann schickten ihn die Eltern nicht aufs Gymnasium oder in die Oberrealschule und anschließend auf die Universität, denn das war zu teuer. Sondern sie schickten ihn ins Lehrerseminar. Das war wesentlich billiger. Der Junge ging bis zur Konfirmation in die Volksschule, und dann erst machte er seine Aufnahmeprüfung. Fiel er durch, wurde er Angestellter oder Buchhalter wie sein Vater. Bestand er die Prüfung, so war er sechs Jahre später Hilfslehrer, bekam Gehalt, konnte damit beginnen, die Eltern zu unterstützen, und hatte eine ›Lebensstellung mit Pensionsberechtigung‹.«[21]

Ein patentierter Musterknabe

Im Herbst 1905 wurde Erich in die Vierte Bürgerschule an der Tieckstraße eingeschult. Seine Leistungen lagen in fast allen Fächern weit über dem Durchschnitt, in »Lesen und Literatur« wie in »Rechtschreibung« und »Rechnen« wurden sie von der zweiten Klasse an meist mit »sehr gut« beurteilt, nicht anders übrigens als im Fach »Turnen«. Nicht umsonst war er mit sechs Jahren das jüngste Mitglied im »Turnverein zu Neu- und Antonstadt« geworden, in dessen Knabenriege er es mit beachtlichem Ehrgeiz schnell zum Vorturner gebracht hat. Denselben Ehrgeiz lassen alsbald auch seine Schulzeugnisse erkennen. In der vierten wie in den folgenden Klassen wurde ihm, anfangs mit geringfügigen Abstrichen, die Gesamtnote »sehr gut« erteilt. Er war, so sagt er später von sich selber, »der beste Schüler und der bravste Sohn«[22], ein »patentierter Musterknabe«[23] – der sich freilich längst damit abgefunden hatte, nicht vom Vater, sondern von seinen Lehrern aufs Leben vorbereitet zu werden: von Paul Schurig an erster Stelle, der ihm im Lauf vieler Jahre »eine Art Onkel«[24] geworden ist, und von dem unerbittlich strengen Klassenlehrer Lehmann, dem Kästner in seinen Erinnerungen an die Kindheit eine einprägsame Porträtstudie gewidmet hat: »Es gab damals Lehrer, die sich

Eine Art Onkel: Paul Schurig, Untermieter der Kästners

beim Pedell ihre Rohrstöcke genießerisch auswählten, wie das verwöhnte Raucher mit Zigarren tun. Es gab welche, die den Stock vor der Exekution ins Waschbecken legten, weil es dann doppelt weh tat. Das waren Halunken, denen das Prügeln ein delikates Vergnügen bedeutete. Zu dieser hundsgemeinen Sorte gehörte der Lehmann nicht. Er war weniger ordinär, aber viel gefährlicher als sie. Er schlug nicht, weil er unseren Schmerz genießen wollte. Er schlug aus Verzweiflung. Er verstand nicht, daß wir nicht verstanden, was er verstand. Er begriff nicht, daß wir ihn nicht begriffen.«[25]

Wie der einsame Lehrer Lehmann, stolz auf dessen Leistungen in der letzten Volksschulklasse, seinen Musterschüler Kästner zu einer Kletterpartie in die Sächsische Schweiz einlud, nahm auch Paul Schurig den Jungen an die Hand, um ihm in den Schulferien die Welt zu zeigen – oder doch wenigstens einen naheliegenden Teil davon. Für Erich war es die erste größere Reise, zugleich eine erste Trennung von der Mutter, die sie mindestens so schmerzlich empfunden haben wird wie er selbst: »Wir wanderten bis nach Schilda, wo bekanntlich die Schildbürger herstammen. Und in der Dachkammer weinte ich meine ersten Heimwehtränen. Hier schrieb ich die erste Postkarte meines Lebens und tröstete meine Mutter. Sie brauche beileibe keine Angst um mich zu haben.«[26] Solche Karten und Briefe hat er der Mutter nach Dresden geschrieben, solange sie lebte, sehr viele mit ähnlichem Wortlaut.

In die Zeit vor Erichs Einschulung fiel ihr Entschluß, trotz ihrer reichlich dreißig Jahre eine Berufsausbildung anzufangen, um als Friseuse das Geld zu verdienen, das an Vaters Lohn fehlte, dem Sohn den früh als Wunschziel geäußerten (und auch von der Mutter leidenschaftlich befürworteten) Besuch des Lehrerseminars möglich zu machen. Außerdem galt es, ein Klavier anzuschaffen. Wie in dem am 20. März 1940 vom Arbeitsamt Dresden ausgestellten Arbeitsbuch Ida Kästners festgehalten ist, absolvierte sie ihre Lehrzeit im Jahr 1903. Wochenlang, erfahren wir aus Kästners Aufzeichnungen, wurde sie als Hospitantin im Geschäft des Friseurmeisters Schubert an der Strehlener Straße in der

Kunst des Frisierens und des Ondulierens, der Kopfwäsche und der schwedischen Kopfmassage unterwiesen, durfte sich anschließend selbständige Friseuse nennen und diese Tätigkeit vom 8. Januar 1904 an in ihrer Wohnung ausüben. Auf den Geschäftskarten, die Erich an die Nachbarschaft zu verteilen half, empfahl sie sich »zur Ausführung der einfachsten bis elegantesten Tages-, Ball- u. Brautfrisuren. Ondulation. Kopfwaschen. Gleichzeitig Ausübung der Gesichtsmassage.« Da sie zuverlässig arbeitete und allemal mit Geschick zu Werke ging, erfreute sie sich großen Zuspruchs. »Die Herstellung heißen Wassers für die Kopfwäsche auf den Gasflammen in der Küche«, erinnert sich der Sohn, von der Tatkraft der Mutter aufs neue nachhaltig beeindruckt, »wurde mir übertragen, und ich habe in den folgenden Jahren ganz gewiß Tausende von Krügen aus der Küche ins Schlafzimmer transportiert.[27]« Dort befanden sich das Wasserbecken und der Wandspiegel, zwei Wandarme für die Erhitzung von Brenn- und Ondulierscheren, die Lampe und ein elektrischer Anschluß für den Trockenapparat. »Ida Kästner, Friseuse, III. Stock«, verkündete eine weiße Emailletafel neben der Haustür. Ein Menschenalter später, so wissen Besucher[28] der ehemaligen Kästner-Wohnung zu berichten, sei von dem vielen Wasser, das beim Haarewaschen vergossen wurde, der Fußboden noch immer durchgebogen.

Die Erinnerung, so Kästner, hat eine eigene Zeitrechnung und mit Meter und Monat, mit Jahrzehnt und Hektar nichts zu schaffen. Daß er, aus dem Abstand von mehr als fünfzig Jahren, die Friseurlehre der Mutter in seine Schulzeit verlegt, scheint ein verzeihlicher Irrtum – der allerdings über die Gefühlslage des Fünfjährigen (aus der Perspektive des fast Sechzigjährigen) eine Menge aussagt. Soweit er zurückzudenken vermochte, war Erich der Mittelpunkt aller familiären Aktivitäten, das Idol und der einzige Lebensinhalt einer Mutter, die »ihren ganzen Fleiß, jede Minute und jeden Gedanken, ihre gesamte Existenz«[29] in den Sohn investierte. Die regelmäßigen Ausflüge ins Albert-Theater, ins Schauspielhaus und in die Oper verstand sie wie die ebenfalls grundsätzlich ohne den Vater unternommenen Wanderungen durch den Thüringer Wald und die Sächsische Schweiz, in die Lausitzer Berge oder ins Erzgebirge als persönlichen Beitrag zu Erichs Bildung und Erziehung, für deren Vervollkommnung Ida Kästner selbstverständlich jede Mühsal auf sich nahm: »Erreichbare Ziele sind besonders deshalb und deshalb besonders anstrengend, weil wir sie erreichen möchten. Sie fordern uns heraus, und wir machen uns, ohne nach links oder rechts zu blicken, auf den Weg. Meine Mutter blickte weder nach links noch nach rechts. Sie liebte mich und niemanden sonst. Sie war gut zu mir, und darin erschöpfte sich ihre Güte. Sie schenkte mir ihren Frohsinn, und für andere blieb nichts übrig. Sie dachte nur an mich, weitere Gedanken hatte sie keine. Ihr Leben galt mit jedem Atemzuge mir, nur mir.«[30]

Es schwingt ein narzißtischer Unterton in solchen Sätzen mit, der rasch in Selbstmitleid umschlägt, wo er die in dieser Ausschließlichkeit vor allem als Selbstbestätigung genossene Liebe der Mutter auch nur für Augenblicke gemindert glaubte: »Damals war ich viel allein. Mittags aß ich für fünfzig Pfennig im Volkswohl. Hier herrschte Selbstbedienung, und das Eßbesteck, das man mitbringen mußte, holte ich aus dem Ranzen. Zu Hause spielte ich mit Mamas Schlüsselbund Wohnungsinhaber, machte Schularbeiten und Besorgungen, holte Holz und Kohlen aus dem Keller, schob Briketts in den Ofen, kochte und trank mit dem Lehrer Schurig, wenn er heimgekommen war, Kaffee und ging, während er sein Nachmittagsschläfchen auf dem grünen Sofa erledigte, in den Hof. Wenn er wieder fort war, wusch und schälte ich Kartoffeln, schnitt mich ein bißchen in den Finger und las, bis es dämmerte.«[31] So notiert er im Rückblick auf die wenigen Wochen und Monate, in denen Ida Kästner aus dem Haus ging, um das Frisieren zu lernen.

So gern Kästner sich, vor den Lesern seiner Erinnerungen, als verständiges und früh erwachsen gewordenes, verantwortungsvoll vernünftiges Kind in Szene setzte, zweifellos »erwachsener als meine Eltern«[32] und darum vom Doktor Zimmermann flugs zum »Schutzengel«[33] der Mutter befördert, so ausdauernd waren seine Bemühungen, nicht als zur Altklugheit verzogenes Muttersöhnchen zu erscheinen. Er wollte nicht als verzärtelter, einsam rechthaberischer Eigenbrötler mißverstanden werden: »Ich blieb das einzige Kind meiner Eltern und war damit völlig einverstanden. Ich wurde nicht verzärtelt und fühlte mich nicht einsam. Ich besaß ja Freunde.«[34] Vielleicht hat er sich, wie die Schilderungen des alle Jahre wieder am Heiligen Abend ausgetragenen elterlichen Konkurrenzkampfs um die Aufmerksamkeit und die Zuneigung des einzigen Sohns vermuten lassen, tatsächlich manchmal Geschwister gewünscht – doch ebenso oft hat er auch gefürchtet, die so maßlos strahlende Rolle des Kindkönigs dann nicht länger spielen zu dürfen.

Daß Kästner während seiner Schulzeit eine Zeitlang Mitglied der Dresdner Arbeiterjugend war, wollen wir nicht ausschließen, auch wenn er selber darüber nirgendwo ein Wort verloren hat. Im Nachlaß fand sich ein Brief, der von Paul Marx, dem Leiter der Kanzlei des Dresdner Oberbürgermeisters Weidauer, unterzeichnet und auf den 4. Juli 1947 datiert ist. Darin heißt es:

»Lieber Erich Kästner! Du wirst staunen, einen Brief mit dieser Anrede zu erhalten. Die Berechtigung leite ich dazu aus unserer gemeinsamen Bekanntschaft aus der früheren Dresdner Arbeiterjugend her. Wenn ich Dir die Namen Arthur Zickler, Max Richter, Max-Missbach nenne, wirst Du Dich unserer gemeinsamen Arbeit in der Arbeiterjugendbewegung hoffentlich gern erinnern.«[35]

Das letzte Zeugnisblatt des Volksschülers Erich Kästner trägt für das Schuljahr 1912/1913 statt des Namens der Schule den handschriftlichen Vermerk »Übungsschule des Seminars zu Dresden-Neustadt« und zum ersten Mal einen Noteneintrag (»sehr gut«) im Fach »Latein«. Diese Übungsschule, die sogenannte »Präparande«, sollte auf den unmittelbar anschließenden Besuch des Lehrerseminars vorbereiten – im Falle Kästners des Freiherrlich von Fletcherschen Lehrerseminars. Das Schulgeld betrug sechzig Pfennige und war im voraus am ersten Freitag eines jeden Monats »vormittags von

9 Uhr ab« zu entrichten. Am 20. Juni 1917 erhielt Erich, eben achtzehn Jahre alt und Schüler der vorletzten Klasse, aus der Hand des Seminardirektors Jobst das »Zeugnis über die wissenschaftliche Befähigung für den einjährig-freiwilligen Dienst«. Zwei Tage zuvor hatte ihm die Königliche Polizeidirektion zu Dresden attestiert, daß er als unbescholten im Sinne der Wehrordnung gelten dürfe, demnach die »Berechtigung zum einjährig-freiwilligen Dienste im Deutschen Heere oder in der Deutschen Marine« besitze und als Rekrut zur Verfügung stehe.

Sergeant Waurich hieß das Vieh

Am 21. Juni 1917 wurde Erich Kästner als Offiziersanwärter zu einer in Dresden stationierten Kompanie Einjährig-Freiwilliger der schweren Artillerie eingezogen. Seinem Militärpaß zufolge wurde er am Karabiner 98, außerdem an einer 9-cm-Kanone als Richtkanonier und Geschützführer ausgebildet. Er mußte vor der Pionierkaserne an der Königsbrücker Straße Wache stehen und auf dem Heller, dem sandigen Manövergelände im Norden der Neustadt, strafexerzieren: »Ich hätte noch zwei Jahre zur Schule gehen sollen«, notierte er dreißig Jahre später, als abermals ein Weltkrieg stattgefunden hatte. »Als der Krieg zu Ende war, kam ich herzkrank nach Hause. Meine Eltern mußten ihren neunzehnjährigen Sohn, weil er vor Atemnot keine Stufe allein steigen konnte, die Treppe hinaufschieben.«[36] Den Namen seines Peinigers, der ihn während der Ausbildungszeit so geschunden hat, daß er mit Verdacht auf eine schwere Herzinsuffizienz ins Reserve-Lazarett IV in Dresden-Loschwitzberg eingeliefert wurde, wissen wir aus einem von Kästners frühen Gedichten:

> »Wer ihn gekannt hat, vergißt ihn nie.
> Den legt man sich auf Eis!
> Er war ein Tier. Und er spie und schrie.
> Und Sergeant Waurich hieß das Vieh,
> damit es jeder weiß.
>
> Der Mann hat mir das Herz versaut.
> Das wird ihm nie verziehn.
> Es sticht und schmerzt und hämmert laut.
> Und wenn mir nachts vorm Schlafen graut,
> dann denke ich an ihn.«[37]

Richtkanonier Kästner (sechster von links) an einer 15-cm-Haubitze

In der Erzählung *Duell bei Dresden* begegnen wir ihm, zu Aurich verfremdet, in derselben Rolle noch ein zweites Mal.

Am 21. September 1918 wurde Kästner, durchaus nicht vollends genesen, zur Fortsetzung seiner Ausbildung als Kanonier an die Artillerie-Meßschule Wahn unweit von Köln versetzt. Die Mutter schickte ihm Pakete mit Pulswärmern und Socken, Kuchen und Wurst, und er tröstete sie mit launigen Berichten von der Heimatfront: »Heut früh habe ich beim Gewehranschlag (wir haben von Zeit zu Zeit auch mal Außendienst) über einen recht blödsinnigen Sergeanten ein bißchen gelächelt. Er wollte mich rumjagen. Ich sagte ihm von meinen Herzbeschwerden. Er reagierte nicht, da bin ich gemächlich losgerannt, dann habe ich mich ein wenig langgelegt. O jeh, dem Herrn Sergeanten war angst u. bange geworden. Er wird mich künftig in Ruhe lassen. Auch merken sie mal, daß mit mir kein Krieg zu gewinnen ist.«[38] Wie er es angestellt hat, sich im entscheidenden Augenblick von den vorderen Linien wirksam fernzuhalten, ist einem anderen Brief zu entnehmen: »Hurra! Endlich ist es soweit, Dich mit der

Verwirklichung dessen bekannt zu machen, woran ich eine Woche bereits deichsle. Nämlich: Ich wurde heute morgen dem beginnenden Auswerter-Kursus zugeteilt. Auf Vorschlag meines bisherigen Lehrers hin. Das ist nun ein nicht absehbarer Vorteil. Denn 1. geht der Beobachterkursus in einer Woche zu Ende, da wäre es sowieso ... 2. Wer fertig ist, kommt ins Feld. Die Woche sollen allein von unsrer Batterie 1000 Mann weg. Noch vor dem Waffenstillstand. Verstehst Du? 3. Dauert der Kursus mindestens 4 Wochen. 4. Sind die Auswerter in der Centrale, d.h. weit hinten, während die Beobachter immerhin dicke Luft riechen können. Die Centrale ist weit hinten, durch dicke Telephonstrecken mit der Front verbunden in Unterständen. Es war großes Glück, daß die Chose klappte; denn ein Auswerter-Kursus ist äußerst selten, und nur ein paar Leute nehmen daran teil.«[39]

Wer fertig war, mußte ins Feld und meistens sofort an die Front. Wie ihm zumute war, wenn er an seine Klassenkameraden dachte, die dort den Tod fanden, hat Kästner erst viel später zu Papier gebracht: in Gedichten namens »Jahrgang 1899« zum Beispiel, das 1928 seinen ersten Gedichtband *Herz auf Taille* einleitete, oder »Primaner in Uniform« aus der Sammlung *Ein Mann gibt Auskunft* von 1930. So lakonisch wie der Titel des Bands ist auch der Gestus dieser Verse:

»Der Rektor trat, zum Abendbrot,
bekümmert in den Saal.
Der Klassenbruder Kern sei tot.
Das war das erste Mal.

Wir saßen bis zur Nacht im Park
und dachten lange nach.
Kurt Kern, gefallen bei Langemarck,
saß zwischen uns und sprach.

Dann lasen wir wieder Daudet und Vergil
und wurden zu Ostern versetzt.
Dann sagte man uns, daß Heimbold fiel.
Und Rochlitz sei schwer verletzt.

> Herr Rektor Jobst war Theolog
> für Gott und Vaterland.
> Und jedem, der in den Weltkrieg zog,
> gab er zuvor die Hand.
>
> Kerns Mutter machte ihm Besuch.
> Sie ging vor Kummer krumm.
> Und weinte in ihr Taschentuch
> vorm Lehrerkollegium.
>
> Und Rochlitz starb im Lazarett.
> Und wir begruben ihn dann.
> Im Klassenzimmer hing ein Brett
> mit den Namen der Toten dran.«[40]

Als der Krieg zu Ende ging, ließ Kästner sich einen Marschbefehl nach Dresden ausstellen und meldete sich am 14. November 1918 in seiner Heimatstadt zurück. Am 8. Januar 1919 quittierte er den Militärdienst. Seinen Karabiner hatte er in der Kaserne abgeliefert, die Uniform samt Pickelhaube war sein Eigentum. Lehrer mochte er nun nicht mehr werden, so erklärte er, »noch in Feldgrau«[41], seiner Mutter. In seinen Erinnerungen resümiert er: »Ich war kein Lehrer, sondern ein Lerner. Ich wollte nicht lehren, sondern lernen. Ich hatte Lehrer werden wollen, um möglichst lange ein Schüler bleiben zu können. Ich wollte Neues, immer wieder Neues aufnehmen und um keinen Preis Altes, immer wieder Altes weitergeben. Ich war hungrig, ich war kein Bäcker. Ich war wissensdurstig, ich war kein Schankwirt. Ich war ungeduldig und unruhig, ich war kein künftiger Erzieher. Denn Lehrer und Erzieher müssen ruhig und geduldig sein. Sie dürfen nicht an sich denken, sondern an die Kinder. Und sie dürfen Geduld nicht mit Bequemlichkeit verwechseln. Lehrer aus Bequemlichkeit gibt es genug. Echte, berufene, geborene Lehrer sind fast so selten wie Helden und Heilige.«[42]

Laßt uns unserem Steckenpferd leben

Das Ziel des Neunzehnjährigen: auf einem Gymnasium das Abitur zu machen und zu studieren. Was ihn offenbar schon seit langem heftig bewegte, hatte er, mit der Überschrift »Schwerwiegende Fragen« versehen, auf zwei Seiten aus seinem Mathematikheft zu Papier gebracht: »Ich weiß es genau: Ich stehe am Scheidewege. An einem, vielleicht dem bedeutungsvollen Wendepunkt. Klarste Überlegung und festeste Willens-Anspannung täten not. Statt dessen hält mich eine Lethargie umfangen, die den Wert der Persönlichkeit, meiner Persönlichkeit erstickt. Fatalist und Pantheist bin ich jetzt weit mehr als ein egoistischer, vorwärtsdrängender Mensch, der ich sein sollte. Es ist zum Kotzen, gnädige Frau. Aber schließlich ist es doch nur ein Gefühl richtiger, maßstabgerechter Selbsteinschätzung. Was liegt denn am einzelnen? Nichts! Nicht das mindeste! Wozu all dieses Hetzen, diese Treibjagd, diese Entbehrungen für nur scheinbar hehre Ziele? Laßt uns essen und trinken! Laßt uns unserem Steckenpferd leben! Und wenn es Schmetterlingsfang oder seidene Strümpfe wären! – Denn wir sind wenig – und schon morgen können wir nichts mehr sein. Après nous le déluge!«[43] Entweder das Seminar fortsetzen, dann Ostern 1923 die Zweite Prüfung ablegen und zum Hilfslehrer ernannt werden – oder aufs Realgymnasium wechseln, 1920 das Abitur machen, schon 1924 (statt 1927) mit dem Studium fertig sein und, so schwärmte er, ein Vollakademiker wie Doktor Zimmermann, der väterliche Hausarzt, den er sich darin zum Vorbild nahm: »Wegfall v. 4 Jahren Hilfslehrergehalt, andrerseits aber 3 J. eher fertig zum Verdienen.«[44]

Noch während seiner Militärzeit hatte er am Fletcherschen Seminar einen Lehrgang absolviert, der ihn zum Besuch der Unterprima des König-Georg-Gymnasiums zu Dresden-Johannstadt berechtigte. Über diese Zeit im Seminar der Freiherrlich von Fletcherschen Anstalt (und den wichtigsten Grund dafür, seine Lehrerausbildung nicht fortzusetzen) hat Kästner sich in einem Aufsatz »Zur Entstehungsgeschichte des Lehrers« geäußert, den er 1946 im Juni-Heft der von ihm geleiteten Jugendzeitschrift *Pinguin* veröffentlichte: »Der Staat lenkte unsere Erziehung dorthin, wo er den größten Nutzeffekt sah. Er ließ sich in den Seminaren blindlings gehorsame, kleine Beamte mit Pensionsberech-

Die Oberprima des König-Georg-Gymnasiums im September 1919. Kästner ist der dritte von links in der vordersten Reihe

tigung heranziehen. Unser Unterrichtsziel lag nicht niedriger als das der Realgymnasien. Unsere Erziehung bewegte sich auf der Ebene der Unteroffiziersschulen. Das Seminar war eine Lehrerkaserne.« Die nicht, wie Kästner, rechtzeitig das Weite suchten, wurden Lehrer »und taten blind, was ihnen zu tun befohlen war. Und als dann eines Tages, nach 1933, die Befehle entgegengesetzt lauteten, hatten die meisten nichts entgegenzusetzen. Ihre Antwort war auch dann – blinder Gehorsam.«[45]

Zu Ostern 1919 wurde ihm dort »die Vollreife für Ober-Prima durch den Lehrer-Rat bedingungslos zuerkannt«, sechs Monate später fand die Abiturprüfung statt. Kästners ausdrücklich so genanntes Kriegs-Reifezeugnis trägt das Datum vom 20. September 1919. Von der Note »Gut« im Englischen und Griechischen abgesehen, werden die Leistungen in sämtlichen anderen Fächern mit »Vorzüglich« bewertet. Die Beurteilung des Abiturienten Erich Emil Kästner schließt mit der Bemerkung: »Er erklärt bei seinem Abgang die Absicht, Germanistik, Geschichte und Französisch zu studieren.«

Für sein glänzendes Abiturzeugnis wurde er mit dem »Goldenen Stipendium der Stadt Dresden« ausgezeichnet. Die Zuwendung war allerdings an die Bedingung geknüpft, sich an einer Universität in Sachsen immatrikulieren zu lassen. Dem in diesem Zusammenhang auszufüllenden Fragebogen zur finanziellen Lage der Eltern ist zu entnehmen, daß Emil und Ida Kästner über ein jährliches Familieneinkommen von sechstausend Mark und über Ersparnisse in Höhe von fünftausend Mark verfügten. Von der Hand des Vaters ist, um die Bedürftigkeit zu unterstreichen, angemerkt: »Voraussichtlich in 14 Tagen arbeitslos.« Der Lehrer Paul Schurig und der Bäckermeister Hermann Ziesche haben diese Angaben bestätigt. Ihre Unterschrift trägt das Datum vom 5. Mai 1920.

Als Schüler des König-Georg-Gymnasiums, berichtet Luiselotte Enderle[46] lakonisch, habe Kästner zu schreiben angefangen. Ähnlich vage ist auch der Hinweis von Helga Bemmann. Sie erwähnt ›Beiträge für die Schülerzeitung«[47], ohne freilich auch nur einen einzigen nachzuweisen. Bei einer Auktion im April 1998 sind wir auf eines der letzten noch existierenden Exemplare des dritten Hefts aus dem ersten Jahrgang der Zeitschrift *Die Schulgemeinde des König-Georg-Gymnasiums zu Dresden* gestoßen. Es erschien am 1. Juni 1919 und enthält gleich auf der ersten Seite die erste Veröffentlichung Kästners – das zwei Druckseiten umfassende Gedicht »Die Jugend schreit!«. Es ist eine emphatische, von der feierlichen Gestik der Expressionisten zehrende Hymne auf Tod und Teufel und den sehnsuchtsvollen Traum der himmelwärts strebenden, allezeit vom Tod bedrohten Jugend:

»Wir liebten die Menschen.
Denn wir liebten die Welt!
Wir glaubten den Menschen.
Denn wir glaubten an uns!
Wir breiteten aus
unsere jungen Arme.
Weit offen stand unser Herz der Welt:
Menschheit unser Ziel!
Oh – wir träumten Liebe.
Ha, ha, ha, ha!
Wir träumten! – Furchtbar schreiendes Erwachen.
Wir träumten Liebe! – Und uns würgt der gelbe Haß.
Mütter!
Litten wir einzig deshalb Geburt,
um betrogen zu werden
um unser Leben?«

Kästner selbst besaß diese Ausgabe nicht mehr. Im Nachlaß fand sich lediglich eine Kopie des Gedichts, die offenbar von seinem ehemaligen Klassenkameraden Walther Döring stammt. Denn der schrieb ihm am 9. September 1964: »Was mich 1952 beim Aufbruch von Dresden dazu bewegt hat, mit meiner wenigen übrigen Habe auch dieses Heftchen mitzunehmen, kann ich nicht mehr mit Sicherheit sagen. Wahrscheinlich war es aber der Beitrag des inzwischen berühmten und beliebten Autors Erich Kästner: Die Jugend schreit! Falls Du das Manuskript oder einen Beleg von diesem Erstling nicht besitzen solltest, lasse ich gern eine Fotokopie oder Abschrift anfertigen.« Kästner antwortete postwendend: »Lieber Döring, hab vielen Dank für Deine Zeilen! Es wäre nett, wenn Du mir eine Fotokopie des Heftchens anfertigen ließest. Oder Du schickst mir das Original, und ich retourniere Dir's schnell. Man soll sich seine Jugendsünden ruhig wieder mal anschauen. Hoffentlich geht's Dir gut. Herzlichst Dein Kästner.«[48]

Man soll sich seine Jugendsünden ruhig wieder mal anschauen. Die erste Veröffentlichung Kästners, Juni 1919, in der Schulzeitung des König-Georg-Gymnasiums

Die Schulgemeinde des König Georg-Gymnasiums
Erster Jahrgang ⚜ Dresden, am 1. Juni 1919 ⚜ Drittes Heft

Die Jugend schreit!

Blutige Sonne
quält sich
durch blutende Nacht!
Wir atmen den giftigen Tag.
Tödliche Nebel
ballen sich hoch,
schwellen,
schwanken,
wanken,
quellen
in scheußliche, zerzuckende Fratzen –
Laßt uns –
Krallende, greifende Finger
kreisen uns um die Kehle.
Wir werden – ersticken! – Ersticken!
Laßt uns –
den Atem!
Denn wir –
wir sollten,
wir wollten
das Morgen sein!
Hin – weg ihr!
Hinweg!
Schielende, tanzende Teufel!
Erdrückend gestaltloser, grauer Berg,
auf uns sich wälzend,
nah – näher – näher – grau!
Mütter!
Litten wir einzig deshalb Geburt,
um betrogen zu werden
um unser Leben?
Unser Leben?
Blauen unendlichen See
träumten wir
und sehr weiße Segel –

Kleinen Vogellaut
in mildbezitterndem Grün –
Oh – wir träumten schön. – – – –
Sich bäumende, überschäumende Kraft,
schlagende Flügel
erträumten wir –
Aufwärts! Hoch – höher – höher!
Unendliche Weiten unter uns –
Rauschendes, wildes Empor!
Steil!
Oh – wir träumten Kraft. – – – –
Wir liebten die Menschen.
Denn wir liebten die Welt.
Wir glaubten den Menschen.
Denn wir glaubten an uns!
Wir breiteten aus
unsere jungen Arme.
Weit offen stand unser Herz der Welt:
Menschheit unser Ziel!
Oh – wir träumten Liebe.
Ha, ha, ha, ha!
Wir träumten! – Furchtbar schreiendes Erwachen.
Wir träumten Liebe! Und uns würgt der gelbe Haß.
Mütter!
Litten wir einzig deshalb Geburt,
um betrogen zu werden
um unser Leben?

Wiegender, schwebender Rhythmus
zerbricht vor harten Schritten in Moll.
Violett duftendes Haar
erstickt in schwarz schwelender Luft.
Stern-hohen Dom,
kühn ins Unendliche gebaut,
zerschlagen rohe, gier-geballte Fäuste.
Und rohe, gier-geballte Fäuste
graben sich unerbittlich starr
in unsere Kehle.

Das Morgen bringt den Tod.
– – –
Wir sind das Morgen.

Erich Kästner

Leipziger Lehrjahre

Am 10. November 1920 erschien in der Beilage »Dichtung und Wahrheit« des *Sächsischen Volksblattes* die Erzählung eines Autors, den bis dahin niemand kannte. Zwar hatte die Zeitung keine große Verbreitung, aber schon der von Goethe entlehnte Titel zeigte Ambition. Auf der ersten Seite lockte die 30. Folge von Jack Londons *Wolfsblut,* was eine kleine Sensation war, denn noch lag der Roman in deutscher Übersetzung nicht vor. Und auf Seite vier der Beilage findet sich der Text, der den Namen der Beilage ernst zu nehmen scheint. Erzählt wird die Geschichte des dreizehnjährigen Klarus, der im Gymnasium nachsitzen muß, während zu Hause seine Mutter mit dem Tod ringt. Er flüchtet aus seinem Schulgefängnis, sieht gerade noch seine Mutter sterben, kehrt zurück und erwürgt den Knaben, der ihm das Nachsitzen eingebrockt hatte. Erich Kästner, der Autor, gibt vor, daß sich alles wirklich ereignet habe, und er zitiert eifrig aus den »vorgefundenen Aufzeichnungen, die der kleine Klarus in den letzten Wochen vor der Tat niederschrieb. Was ihn damals erschütterte und trieb, zeigen jene fleckigen Zettelchen am lautersten, auf denen er mit seinen Schmerzen und mit seinem Feinde versteckte Zwiegespräche hielt.«[1]

Das Spiel mit der fiktiven Wahrheit faszinierte Kästner also von Anfang an, seit seiner ersten gedruckten Erzählung, die er 1959 so gut wie unverändert in seine *Gesammelten Schriften* aufnahm. *Die Kinderkaserne,* so der Titel, ist damit einer der wenigen Prosatexte ohne Happy-End, die Kästner auch noch in reiferen Jahren schätzte. Wir wissen heute, daß er in seinen literarischen Anfängen eine ganze Reihe von bitteren Erzählungen schrieb, die das psychische und soziale Elend der Zeit zu fassen suchten. Daß er diese Texte später weitgehend ignorierte, läßt sich nur damit erklären, daß sie nicht mehr zu seiner vielfach geäußerten Maxime paßten, daß Kinder eben doch die besseren Menschen seien. An seinem Image als positiv und optimistisch gestimmter Kinderbuchautor mochte er nicht kratzen lassen, schon gar nicht durch eigene »Jugendsünden«.

Schon in seinem Prosa-Erstling ist eine Figurenkonstellation anzutreffen, die bald prägend für seine weiteren literarischen Arbeiten werden sollte: die herzensgute Mutter mit ihrem liebevoll besorgten Sohn. Ein Vater ist, wie später so oft, nicht vorhanden. Die Erzählung selbst wirkt erstaunlich reif. Daß es sich um das Debüt eines nicht einmal Zweiundzwanzigjährigen handelt, ist auch beim zweiten Blick nicht zu erkennen.

Im Hause Kästner dürfte der Abdruck helle Freude ausgelöst haben. Endlich war Sohn Erich am Ziel. Hatte er sich doch schon lange darum bemüht, literarisch Fuß zu fassen. Bereits im Herbst 1918, als er noch in Köln-Wahn stationiert war, scheint er sich an einem Wettbewerb des »Türmer« beteiligt zu haben. Jedenfalls legen das die wenigen erhaltenen Briefe aus dieser Zeit nahe. Doch erschienen ist davon nichts – außer dem Gedicht in der Schülerzeitung des König-Georg-Gymnasiums. Um so größer wahrscheinlich die Genugtuung, sich endlich gedruckt in einer richtigen Zeitung zu finden.

Kästner hatte gerade sein drittes Semester an der Leipziger Universität begonnen. Er dürfte ein strebsamer und freundlicher Student gewesen sein, der seine Heimatstadt Dresden und seine schwer arbeitende Mutter nicht enttäuschen wollte. Er belegte fleißig Seminare in Germanistik und Geschichte, in Theaterwissenschaft und Zeitungskunde, in Philosophie und französischer Literatur. Darüber, wie er damals lebte, wissen wir wenig. Anekdoten ranken sich auch um diesen Lebensabschnitt, und Luiselotte Enderle hat sie in ihrer an Anekdoten reichen Monographie mit Lust ausgebreitet. Über Kästners Studienbeginn weiß sie Anrührendes zu erzählen. »Im Herbst 1919«, so die spätere Lebensgefährtin Kästners, »fuhren Mutter und Sohn nach Leipzig, suchten ein Zimmer und fanden es im Buchdruckerviertel, bei einem Setzer. Nachdem der neugebackene Student

Leipziger Lehrjahre

Universität Leipzig

die Mutter wieder zum Bahnhof gebracht hatte, entdeckte er auf dem kleinen Tisch seiner Bude eine große Summe: 800 Mark! ›Iß tüchtig, und schick die Wäsche!‹ stand auf einem Zettel. 800 Mark! Wie sehr hatte sie dafür arbeiten und rechnen müssen! Erich nahm sich vor, so wenig wie möglich davon auszugeben. Als er in den Semesterferien nach Hause kam, brachte er 400 Mark zurück – allerdings, er war dünn wie ein Zwirnsfaden geworden!«[2]

Die Geschichte ist so typisch für das Verhältnis von Mutter und Sohn, daß sie sich höchstwahrscheinlich auch genauso ereignet hat. Denn Geld spielte für den akademischen Erfolg eine ganz wesentliche Rolle. Wer damals studierte, wurde in der Regel von den Eltern materiell abgesichert. Für Kästner galt das nicht. Schon ein Blick in die erhaltenen Immatrikulationsunterlagen macht deutlich, daß es damals vor allem die Kinder der Honoratioren, der Ärzte, Apotheker, Juristen, höheren Beamten und Unternehmer waren, die sich den Universitätsbesuch leisten konnten. Der Sohn eines Handwerkers blieb die sehr seltene Ausnahme.

Kästner wußte und spürte das. Seine beiden Väter konnten ihm gut als Vorbild dienen: als negatives wie als positives. Der ehemals selbständige und jetzt von Arbeitslosigkeit bedrohte Sattlermeister hätte es sicherlich gern gesehen, wenn sein Sohn beim Leisten geblieben wäre. Aber seine Stimme besaß kein Gewicht, konnte er doch nur mit Mühe seine Familie ernähren. Ihm nachzueifern gab es keinen vernünftigen Grund. Dagegen war Kästners leiblicher Vater, der Sanitätsrat und angesehene Bürger Dresdens, Dr. Emil Zimmermann, ein wirkliches Vorbild. Kästner hatte es, wie seine frühen Aufzeichnungen (die bereits erwähnten »Schwerwiegenden Fragen«) zeigen, bereits als Neunzehnjähriger erkannt und handelte entsprechend zielbewußt. Zwar war es ihm schon aus finanziellen Gründen verwehrt, Medizin zu studieren, aber wenigstens wollte er durch die Promotion mit seinem leiblichen Vater gleichziehen und sich alle Voraussetzungen für eine berufliche Karriere schaffen.

Vor diesem Hintergrund schrieb er sich am 29. September 1919 in der Leipziger Universität ein und ließ ein Foto von sich und seiner Mutter machen. Das Bild zeigt Ida Kästner zufrieden lächelnd: sie hat ihr erstes großes Lebensziel erreicht und dem Jungen das Studium ermöglicht. Erich Kästner wirkt ähnlich glücklich. Er ist elegant gekleidet und erweckt beileibe nicht den Eindruck, daß seine Familie schon morgen zum Dresdner Proletariat gehören könnte. An Selbstbewußtsein schien es dem jungen Studenten nicht zu mangeln.

Und er hatte es nötig. Denn seine Herkunft machte ihn zunächst zum Außenseiter. Auch die viel zitierte Burschenherrlichkeit dürfte nicht sein Fall gewesen sein – aus finanziellen wie aus politischen Erwägungen. Selbst wenn die Mutter jeden Pfennig, den sie zusätzlich erwirtschaften konnte, dem Sohn zukommen ließ und selbst wenn der väterliche Hausarzt noch ein weniges zugesteuert hätte, waren davon das Studium, das Zimmer in der Senefelderstraße, die regelmäßigen Heimfahrten und der Lebensunterhalt nur bei äußerst sparsamem Wirtschaften zu bezahlen.

Kästner entschloß sich trotzdem, das Sommersemester 1921 in Rostock und das Wintersemester 1921/22 in Berlin zu verbringen. Die gut drei Monate in Rostock waren ein Zugeständnis an seine Freundin Ilse Julius, die dort ihr Chemiestudium aufgenommen hatte. Einen besonders guten Ruf in der Germanistik besaß die Universität nicht. Die im Nachlaß erhaltenen Exzerpte über die deutsche Dichtung des Mittelalters lassen aber darauf schließen, daß Kästner auch diese Zeit intensiv für den Fortgang seiner Studien nutzte und keinesfalls nur entspannt am Ostseestrand saß, wie er es später so gern tat. Um zu entspannen oder zu arbeiten, kehrte er gern an die mecklenburgische Küste zurück. Aber jetzt, im vierten Semester, konnte ihn auch eine sommerliche Ferienidylle nicht von seinem Ziel abbringen, das Studium möglichst schnell zu beenden.

Die Rostocker Universität hinterließ bei ihm keinen bleibenden Eindruck. Ganz anders die sechs Monate in Berlin: Dort fand er in dem evangelischen Theologen und Philosophen Ernst Troeltsch einen der wenigen akademischen Lehrer, die ihn beeindruckten und prägten. Troeltsch gehörte in den Anfangsjahren der Weimarer Republik zu den wichtigsten Denkern und beeinflußte u. a. Thomas Mann. Als linksliberaler Politiker und scharfsichtiger Kritiker kämpfte er für die junge Demokratie, die er schon in der Kaiserzeit als geschichtliche Notwendigkeit vorausgesehen hatte. Nur wenige Monate nach dem Tod Troeltschs veröffentlichte Kästner im Juli 1923 einen Aufsatz, der die persönliche Erinnerung mit einer Bestandsaufnahme des geschichtsphilosophischen Denkens in Deutschland verband. Darin heißt es u. a.: »Nie habe ich stärker und unmittelbarer die wissenschaftliche Sehnsucht und die menschliche Größe solch eines Geschichtsphilosophen erfahren als an Ernst Troeltsch, dem jüngst Verstorbenen. Nicht aus dem Kopf, sondern aus dem Herzen kam es, wenn er von ›der immer quälender werdenden Last des Schulsacks‹ und von der immer trostloser stimmenden ›Relativierung der Welt und des Geschehens‹ sprach. Und es konnte geschehen, daß er sich ergriffen und erschüttert unterbrach, wenn er sich und uns in kühnen Improvisationen die Unendlichkeit der gestirnten Welt wachrief und drinnen die winzige Erde, die seit Jahrmillionen ihren Weg um die Sonne fliegt und auf deren immer mehr erkaltender Kruste sich seit wenigen Jahrtausenden erst ein Bewegen und Mischen, ein Blühen und ein Sterben von Völkern und Reichen und Kulturen zeigt, das wir Geschichte nennen. Bis er plötzlich, wie erwachend, nach der Uhr sah und unter Entschuldigungen hastig den Hörsaal verließ. Er und wir hatten das Klingeln überhört. Solche Männer müssen sich notwendig von der Wirklichkeit entfernen, damit sie dem Leben näher kommen. Und wenn sie auch die Wirklichkeit vergewaltigen, so lernen wir aus einem ihrer Fehler mehr als aus hundert Richtigkeiten behutsamer Forscher.«[3]

Daß Kästner trotzdem nicht in Berlin bei Troeltsch blieb, sondern im April 1922 nach Leipzig zurückkehrte, hatte mit Albert Köster, seinem zweiten wichtigen Lehrer, zu tun. Köster besaß einen glänzenden Ruf und hatte, was bei Germanisten eher selten war, ein sehr erfolgreiches Buch veröffentlicht: *Die Briefe der Frau Rath Goethe* (in zwei Bänden und mehreren Auflagen). Bei Köster sollte Kästner Assistent werden (was damals noch Famulus hieß). Für den Studenten im sechsten Semester bot sich damit nicht nur die Chance, regelmäßig etwas Geld zu verdienen. Mit der Stelle konnte er auch gewiß sein, später von Köster als Doktorand angenommen zu werden.

Der damals knapp sechzigjährige Germanist war der wichtigste Theaterhistoriker seiner Zeit. Vor allem der Bühnenliteratur der Aufklärung galt seine besondere Liebe. Er verehrte Lessing, wie es schon sein Lehrer, der Germanist Erich Schmidt, getan hatte. Und er gab seine Verehrung weiter an Kästner, der später nicht nur ein Gedicht auf Lessing verfaßte, sondern auch plante, seine Dissertation über die *Hamburgische Dramaturgie* zu schreiben. (Noch im *Fabian* wird eine der Hauptpersonen, Stefan Labude, eine Habilitationsschrift über das gleiche Thema verfassen.) Daß Kästner sich schließlich doch von Lessing abwandte, hatte wohl einen Hauptgrund: Für eine aufwendige Doktorarbeit fehlte ihm der finanzielle Spielraum. An Köster jedenfalls lag es nicht. In bester philologischer Tradition und mit positivistischer Detailfreude machte er seine Studenten mit der für ihn besonderen Bedeutung des Theaters vertraut. Dazu diente ihm auch seine Sammlung von Bühnenmodellen, die Kästner nachhaltig beeindruckte und die sich teilweise bis heute erhalten hat. Im Münchner Theatermuseum ist sie zu bewundern.

Obwohl sich der Schüler deutlich von seinem Lehrer abzugrenzen versuchte, konnte er sich der Faszination, die von Köster ausging, nicht entziehen. Kästner entdeckte seine Liebe zum Theater, das er in seinen ersten

Zeitungskritiken mit dem Instrumentarium beurteilte, das Köster ihm an die Hand gegeben hatte. Die Bühne als moralische Anstalt, zur Entspannung und Erbauung des Zuschauers, das war die Botschaft, die Köster verkündete und die der junge Kulturjournalist zu seiner eigenen machte. Erst in Berlin, nach der überwältigenden Begegnung mit Piscators Stücken, sollte Kästner seine Meinung grundlegend ändern.

Distanz zum wissenschaftlichen Schaffen Kösters hatte er aber schon vorher gewonnen, wie einem Artikel zu entnehmen ist, der 1925 im *Leipziger Tageblatt* erschienen war. Mit einer an »Fanatismus grenzenden Zärtlichkeit« habe Köster seine theatergeschichtliche Sammlung behütet und bewundert, aber andererseits die Kultursystematik geringgeschätzt »angesichts der mit jeder Großzügigkeit verbundenen Brutalität am Einzeldatum. Und diese Entscheidung beweist untrüglich, für welche der Parteien sein Geist optierte, der – um zwei weitere Besonderheiten zu erwähnen – Kulturgeschichte als Disziplin wenig schätzte und philosophischer Organisation nicht bedurfte.«[4]

Das war letztlich ein negativer Befund, den Kästner auch so benannte. Köster war zu diesem Zeitpunkt allerdings schon tot. In tiefer Depression hatte er sich am 29. Mai 1924 das Leben genommen. Erich Kästner war damals einer der ersten gewesen, die ihm einen persönlich gehaltenen Nachruf gewidmet hatten, ebenfalls im *Leipziger Tageblatt*: »Köster war eines vor allem: der geniale Analytiker. – Es gab Seminarabende, wo er mit der künstlerischen Beherrschung seiner Wissenschaft ergreifen konnte. Da hatte ein junger Student seine monatelange Arbeit in einstündigem Vortrag vermittelt; da hatten zwei, drei andere Kommilitonen in jugendlicher Angriffslust den Sprecher bekämpft oder mit fleißigen Ergänzungen bestätigt –, und dann lehnte sich der ›Meister‹ – er ließ sich diesen Titel lächelnd gefallen – in seinem Sessel zurück, um in wenigen Minuten den zur Diskussion stehenden Dichter zu skizzieren und die Problemlösung, wie er sie sah, darzustellen. Mit unerhört kultiviertem Feingefühl griff er hier eine Briefzeile und dort eine Werkprobe heraus, gab wenige Worte und Gesten dazu; und die Gestalt oder das Schicksal, die Entwicklung oder der Zwiespalt eines der Großen unserer Dichtung wurden klar. – Dann herrschte fast atemlose Stille unter den fünfundzwanzig Studenten, die Ehrfurcht ergriff vor den Schatten der Toten und vor dem, der sie beschwor.

Oder er hatte die fleißigsten und begabtesten seiner jungen Freunde in sein Haus geladen. Man saß auf der Terrasse, die in den nächtlichen Garten ragte; man sprach und lachte, man trank aus dem traditionellen Syphon und hörte ihm oder seiner gütigen, freundlichen Hausfrau zu, wenn sie von ihren Reisen erzählten: Wie sie in einem florentinischen Altwarenladen diese und in einem braunschweigischen Kellergewölbe jene Seltenheit entdeckt hatten. – Oder er ging in das anstoßende Musikzimmer, saß am Flügel nieder und sang voller Ironie und komischer Pathetik: ›Palmström steht an einem Teiche…‹

Oder ich denke an den 7. November 1922. Köster feierte seinen 60. Geburtstag. Wir hatten ihn überrascht: Im Künstlerhaus fanden sich Hunderte alter und junger Freunde und Schüler zusammen, um ihm ein wenig scherzhaft und ein wenig wehmütig Glück zu wünschen. Man spielte Kotzebues ›Das Bild an der Wand‹; man hielt gereimte und ungereimte Reden; man ergötzte sich an seiner jugendlichen Lustigkeit und an seinen blitzenden Einfällen; man überreichte kleine liebevolle Geschenke. Und alle hielt eines zusammen: Die unbedingte Verehrung für ihn, den jugendfrischen Meister. Ich weiß es noch wie heute: Ihm standen Tränen der Freude in den Augen, als er mir dankend die Hand schüttelte.«[5]

Dieser Nachruf vermittelt einiges von der Atmosphäre, die in den Seminaren und bei den privaten Einladungen von Köster geherrscht haben mußte und die seine Schüler so faszinierte. Kein Zweifel, Kästner gehörte zu den Lieblingen des geschätzten und verehrten »Meisters«. Auch wenn es gelegentlich zu mehr oder minder schwerwiegenden Differenzen kam. Daß er ein äußerst fleißiger Student war, beweist der im Leipziger Universitätsarchiv erhaltene Nachweis der von ihm besuchten Seminare und Vorlesungen. Allein im Wintersemester 1922/23 hatte er siebzehn Lehrveranstaltungen belegt, darunter: Geschichte der französischen Literatur des 16. und 17. Jahrhunderts, Goethe, Geschichte der deutschen Literatur von 1450 bis 1750, Deutsche Metrik, Kultur der Stauferzeit, Selbstkritik der modernen Kultur von Rousseau bis Spengler, Das mittelhochdeutsche Epos, Die Ideen von 1789, Grundlagen der Pädagogik und Die Entwicklung des literarischen Publikums.

Das war ein bunter Strauß philologischen Wissens, der noch bunter wird, wenn man die anderen Semester hinzunimmt. Von dem, was er während seines Studiums gelernt hatte, sollte Kästner sein Leben lang zehren. Grundlegende Gedanken seiner Lehrer tauchten später immer wieder in seinen Artikeln und Büchern auf.

Der Schwerpunkt von Kästners Studien lag auf der deutschen Literatur, speziell seit dem Barock. Das war Albert Köster zu verdanken, dessen Veranstaltungen er am häufigsten besuchte. Für Kästners journalistische Ambitionen waren die Seminare und Übungen im Institut für Zeitungskunde von besonderer Bedeutung, denn sie führten unmittelbar in die praktische Arbeit. Angeboten wurden sie von dem ehemaligen Nationalökonomen Karl Bücher, der einen versierten Theaterkritiker als Assistenten beschäftigte. »Dr. Morgenstern«, so erzählt Luiselotte Enderle in ihrer Monographie, »schickte seine Studenten in die Erst- und Uraufführungen und verlangte, daß sie ihre Kritiken noch in derselben Nacht an ihn absandten. Nur so hatte er die Gewißheit, daß sich keiner am nächsten Morgen in der Tagespresse orientierte. Kästners Kritiken fielen auf. Morgenstern sagte eines Tages: ›Ich habe in diesem Institut nur zwei echte Begabungen kennengelernt: Eugen Ortner und Sie!‹«[6]

Nicht nur als angehender Theaterkritiker wurde Kästner von seinen Mitstudenten und zumindest einem Teil seiner Lehrer geschätzt. Bereits zu Weihnachten 1920, also nur wenige Wochen nach seinem literarischen Debüt im *Sächsischen Volksblatt*, hatte er drei lyrische Texte in dem Band *Dichtungen Leipziger Studenten* veröffentlicht. Der satirische Kästner-Ton war das noch nicht, was der knapp zweiundzwanzigjährige Student unter den Titeln *Dämmerung, Heimkehr* und *Deine Hände* zum besten gab. Ein Beispiel genügt, um den epigonalen Charakter dieser künstlerischen Versuche erkennen zu können: vom schülerhaft mißverstandenen Expressionismus keine Spur mehr, dafür aber gefühlvolle Schwermut der Jahrhundertwende aus dem Lyrikbaukasten. Und wie schon vorher in der *Kinderkaserne* spielt auch in zwei Gedichten die Mutter eine nicht unbedeutende Rolle: hier aber als emotionales Pendant zur Geliebten – wobei die beiden ersten Zeilen von *Heimkehr* an den kleinen Emil denken lassen, wie er die Straßen Dresden nach seiner Mutter absuchte:

> – 1 –
>
> **Dämmerung.**
>
> Nun verwirrt sich das Gelände;
> alle Farben schlafen ein;
> Bäume reichen sich die Hände;
> Felder scheinen reif zu sein.
>
> Langsam bröckeln die Minuten
> von dem morschen Stein der Stunden. –
> Kanten wissen sich zu runden;
> Ferne läßt sich nur vermuten.
>
> Flüsse wollen nicht mehr fließen;
> selbst der Wind erstarrt im Traum.
> Ruhe geht mit ernsten Füßen
> durch den leer gewordnen Raum. –
>
> *
>
> **Heimkehr.**
>
> Ich habe im Abend der Städte gestanden
> wie einer, der seine Mutter sucht.
> An kahlen Tischen, bleich übertucht,
> saß ich mit Menschen, die mich nicht kannten.
>
> Ich bin durch unendliche Straßen gegangen
> und habe den Kindern zugenickt.
> Fröstelnde Bäume standen gebückt.
> Fenster waren geizig verhangen.
>
> Jetzt aber lieg ich im Lied deiner Hände,
> aus tausend stummen Stunden erlöst. –
> Und wenn es mich wieder ins Dunkel stößt:
> Ich weiß ja, daß ich dich wartend fände!
>
> *

> Ich habe im Abend der Städte gestanden
> wie einer, der seine Mutter sucht.
> An kahlen Tischen, bleich übertucht,
> saß ich mit Menschen, die mich nicht kannten.

Ich bin durch unendliche Straßen gegangen
und habe den Kindern zugenickt.
Fröstelnde Bäume standen gebückt.
Fenster waren geizig verhangen.

Jetzt aber lieg ich im Lied deiner Hände,
aus tausend stummen Stunden erlöst. –
Und wenn es mich wieder ins Dunkel stößt:
Ich weiß ja, daß ich dich wartend fände![7]

Über die literarische und journalistische Produktion der beiden folgenden Jahre sind wir nur fragmentarisch unterrichtet. Kästner schrieb, u. a. für die Leipziger Zeitschrift *Die große Welt*, aber besonders erfolgreich war er damit nicht. Das änderte sich erst mit dem Jahr 1923. Bei Luiselotte Enderle liest sich das so: »Eine satirische Glosse über die Geldentwertung, *Max und sein Frack,* schickte er, halb zum Spaß, an das ›Leipziger Tageblatt‹. Sie erschien zwei Tage später als Lokalspitze. Der Verlagsdirektor, Richard Katz, der spätere Reiseschriftsteller, ließ ihn zu sich kommen und engagierte ihn vom Fleck weg als Redakteur. Mit dieser kurzen Glosse hatte sich das Schicksal energisch in Kästners Leben eingeschaltet.«[8]

Auch wenn Luiselotte Enderle das Schicksal bemühte, um Kästner als Auserwählten erscheinen zu lassen – so jedenfalls dürfte sich die »Entdeckung« gewiß nicht abgespielt haben. In der Erinnerung der Biographin sind offenbar zwei Daten zu einem zusammengerutscht. Denn die Dokumente aus dem Erich Kästner Archiv legen einen anderen Verlauf der Geschichte nahe. Die Inflationssatire *Max und sein Frack* ist tatsächlich der erste Text von Kästner im *Leipziger Tageblatt*. Sie wurde am 7. Februar 1923 veröffentlicht. Von da an schrieb Kästner regelmäßig für dieses Blatt sowie für die anderen in der Leipziger Verlagsdruckerei erscheinenden Zeitungen und Zeitschriften. Noch im Juni 1923 bedankte sich der Chefredakteur der neugegründeten Monatsschrift *Das Leben* (die im selben Haus herauskam) bei dem »stud. phil. Erich Kästner«[9] für die bereits zum Abdruck gelangten Aphorismen und forderte ihn auf, zu einem Gespräch in den Verlag zu kommen. Das würde er bei einem im selben Haus angestellten Redakteur wohl kaum getan haben. Über diesen Dr. Ploch, nicht über Richard Katz, sollte Kästner später aber wirklich Redakteur werden.

Das Jahr 1923 sah ihn allerdings noch als fleißigen Artikelschreiber auf Honorarbasis, der sich damit den Unmut seines Lehrers Köster zuzog. Für einen Wissenschaftler von Graden war der Journalismus keine Berufsperspektive. Köster hätte sich für seinen offensichtlich besten Studenten eine akademische Laufbahn, vielleicht in seinen Fußstapfen, gewünscht.

Aber in den harten Zeiten der immer schneller galoppierenden Inflation mußte der Student Kästner sehen, wo er blieb. Zwar kostete sein Zimmer in Czermaks Garten bei einer lebenslustigen Wirtin nicht viel, aber die Ersparnisse der Familie, von denen er bis dahin zehren konnte, verwandelten sich langsam, aber sicher in wertloses Papier. »Es ist erstaunlich«, schrieb Kästner im März 1923, »was ich in den letzten Semestern gelernt habe: In meinem fünften Semester lernte ich Margarine essen. Im sechsten Semester brachte mich raffiniertester Epikuräismus zu der Erkenntnis, daß mehr als zwei Mahlzeiten pro Tag den Genuß des Lebens schwer beeinträchtigten. Und jetzt, im siebten Semester, hat sich mir der letzte, tiefste Sinn und Gehalt des Zuckerhonigs erschlossen. Übrigens entwickelte sich plötzlich bei mir eine steigende Antipathie gegen diesen Kompromiß zwischen Zucker, der kein Zucker, und dem Honig, der kein Honig ist.«[10] So saß Kästner auf der Galerie im Meßamt und schrieb Adressen: »Wir bewältigen, sozusagen, den Versand der Meßabzeichen. Oder exakter: Wir bewältigen ihn nicht! – Das ist ganz einfach! Man hat einen Stapel Anträge neben sich; eine Preistabelle vor sich; eine abfärbende Wand ganz dicht hinter sich; den Radau unter sich; den Vorgesetzten über sich; und die lieben Kollegen und dicke Luft um sich. – Und das geht nur so! Adresse! Nachnahmege-

Richard Katz

bühr in Zahlen und in Buchstaben! Postscheckformulare! Buchungsvermerk! Fertig! Der nächste Briefumschlag – fertig! Der nächste... Das treibt man so acht Stunden lang, ohne blödsinnig zu werden. Begreifen Sie das? Ich nicht!«[11]

Die Leipziger Messe mit ihren zahlreichen auswärtigen Besuchern und den internationalen Händlern bot Kästner aber auch noch andere, weniger anstrengende Beschäftigungsmöglichkeiten, wie seinem *Meßtagebuch* zu entnehmen ist, das er unter dem Pseudonym Hekubus veröffentlichte. »Ich fülle jetzt«, begann er, »einen Vertrauensposten aus. (Heutzutage ist alles möglich.) Ich bin nämlich ›der Herr vom Meßamt‹. Im ungarischen Meßhaus. Also: Ich vertreibe Stadtpläne, Ansichtskarten, Zeitungen, Theaterplätze, Meßabzeichen, Adreßbücher – im Werte von mehreren Millionen Mark. Ohne Kaution. Wenn mir also jemand meinen Papierladen plündert, kann das eine Lebensstellung für mich werden. Um das Defizit abzuarbeiten.«[12] Nachts schienen ihn dann Alpträume zu quälen, die er seinen Lesern ebenfalls nicht vorenthalten wollte: »Da kommt nämlich ein Meßonkel zu mir... Kneifer, Glatze, Zigarre... ›Hören Sie‹, sagt er zu mir, ›Sie sind doch der Herr vom Meßamt – Sie haben 1/2 Million Mark unterschlagen!‹ ›Um Gottes W...!‹ ›Pst!‹ macht er, ›seien Sie still! Wechseln Sie mir das Geld! Ich gebe Dollars...‹ ›Ja, aber ich habe doch...‹ ›Pst!‹ macht er, ›für eine Mark kriegen Sie nach dem heutigen Kurs 22 000 Dollar... für 1/2 Million Mark‹, er rechnet, ›kriegen – äh kriegen Sie... genau... äh... elf Milliarden Dollar.‹ Ich will etwas einwenden. Aber er faßt in meine Taschen. Und zieht heraus. Und zieht. Und zieht nichts als – Holzwolle heraus. Nur Holzwolle... ›Mein Geld!‹ schrei ich auf und stoße ihn doch dabei vor die Brust, daß er in das Meer von Holzwolle sinkt, bis man nur noch seinen pechschwarz gezwirbelten Schnurrbart sieht. ›Hob' die Aehr'‹, ist sein letztes Wort... Und dann ist er ertrunken.«[13]

Diese Satire auf den Messebetrieb und die rasante Geldentwertung gefiel den Ungarn übrigens so gut, daß (wie dem Nachlaß zu entnehmen ist) die *Neue Pester Zeitung* den Artikel nachdruckte.

Dauerhafte Verdienstmöglichkeiten bot die Leipziger Messe aber nicht. Kästner mußte sich nach einem geregelten Einkommen umsehen und wurde Werkstudent. In *Der tägliche Kram* erinnerte er sich 1948 an diese Zeit: »Ich arbeitete in einem Büro, bekam als Lohn am Ende der Woche eine ganze Aktenmappe voll Geld und mußte rennen, wenn ich mir dafür zu essen kaufen wollte. An der Straßenecke war mein Geld schon weniger wert als eben noch an der Kasse. Es gab Milliarden-, ja sogar Billionenmarkscheine. Zum Schluß reichten sie kaum für eine Straßenbahnfahrt. Das war 1923. Studiert wurde nachts. Heute gibt es keine Kohlen zum Heizen. Damals gab es kein Geld für Kohlen. Ich saß im Mantel im möblierten Zimmer und schrieb eine Seminararbeit über Schillers ›Ästhetische Briefe‹.«[14]

Durch einen »Studentenstammtisch«, den vermögende Bürger für Studenten eingerichtet hatten, war Kästner in Kontakt zu dem Leipziger Stadtbaumeister gekommen, der ihn als Buchhalter in der Städtischen Baugesellschaft beschäftigte. Damit war zumindest die finanzielle Grundversorgung gesichert, und Kästner blieb neben dem Studium und der Tätigkeit als Werkstudent noch genügend Zeit, Artikel für verschiedene Leipziger Blätter zu verfassen – vor allem für das *Leipziger Tageblatt* und für die *Neue Leipziger Zeitung*.

Es war eine breite Palette von Themen, die er seinen Lesern bot. Das germanistische Oberseminar mit literaturwissenschaftlichen Betrachtungen gehörte genauso dazu wie die verschiedenen lokalen Kulturereignisse, die der junge Kritiker brav reportierte. In der *Neuen Leipziger Zeitung* plauderte er, zum Teil unter verschiedenen Pseudonymen wie Hekubus, Pejus oder Khasanova, über Mode und den Fünfuhrtee, über die Philosophie der Baumblüten und die Probleme der Droschkenkutscher. Meist sind die Betrachtungen im Grundton heiter, manchmal mit moralisierender Pointe und nur ganz selten mit einem bitteren Nachgeschmack. Aus diesem Rahmen fällt ein Artikel, der laut handschriftlichem Vermerk im Nachlaß am 8. Juni 1923 in der *Neuen Leipziger Zeitung* unter dem Pseudonym Eo Pejus erschienen sein soll (aber im Leipziger Stadtarchivexemplar nicht zu finden war). Die Reportage handelt von einer Arbeitslosendemonstration in Leipzig, die zwei Tage vorher von der Polizei blutig beendet worden war. Dabei hatten vier Menschen ihr Leben verloren, über fünfzig waren verletzt worden. Kästner ergreift in dem zweispaltigen Text nicht eindeutig Partei, weil auch die politische Redaktion der *NLZ* nicht wußte, wie sich verhalten sollte. Eigentlich stand sie auf der Seite der Arbeiter, aber Krawalle dieser Art wollte sie auch nicht unterstützen. Kästner berichtete also nur, was er gesehen und erlebt hatte. Zum ersten Mal war die gesellschaftliche und politische Wirklichkeit sein Thema. Noch zögerte er, zu einem eigenen Urteil zu kommen. Nur wenige Jahre später sollte er gerade wegen seines politischen Engagements seine Stellung als Redakteur verlieren.

Gleich zweimal beschäftigte er sich in Artikeln mit seiner Heimatstadt Dresden. Schon die Titel der sehr persönlich gehaltenen Reflexionen deuten darauf hin, daß es sich um keine Liebeserklärungen handelte: *Märchen-Hauptstadt* und *Dresden im Schlaf*. Kästner ging vom pulsierenden Leben in der Messestadt Leipzig aus und setzte die ehemalige Residenz Dresden dagegen, die ihr großbürgerliches und adliges Gehabe noch nicht abgelegt hatte. »Das alte liebe Dresden! Es ist vorbei mit Königsparaden und Hoflieferanten... Sogar die rühmlichen Straßenkehrer scheinen ausgewandert zu sein... Aber noch ist es die alte vornehme Stadt... Und gerade jetzt. Leipzig ist das Heute. Und Dresden – das Gestern... Leipzig ist die Wirklichkeit. Und Dresden – das Märchen... Und 80 Kilometer Luftlinie liegen zwischen dem Märchen und der Wirklichkeit...«[15]

Daß Kästner nur zu Besuch nach Dresden zurückkehren wollte, nicht aber, um da zu leben, machen schon diese Sätze deutlich. Er genoß die kurzen Aufenthalte in seiner Geburtsstadt, wenn er in der Frühlingssonne seinen Kaffee trank, aber er blieb ein Tourist mit melancholischen Erinnerungen. Dresden wurde für ihn in dieser Zeit zum Inbegriff spießiger Moral und ausgeprägter Intoleranz. Theaterexperimentatoren wie Tairoff oder Toller hatten nur in Leipzig eine Chance.

Dafür schätzten die Dresdner einen so mediokren Autor wie Hanns Johst, der später zum führenden Literaturfunktionär des NS-Staates aufstieg. Der Befund Kästners war rundum negativ, und sein Resümee fiel damals entsprechend bitter aus: »Dresden schlief. Und Dresden schläft. Der Schlaf unterscheidet sich vom Tod nur durch die Dauer. Sollte Dresden schon gestorben sein? Sollte ich versehentlich eine Leichenrede gehalten haben? Das wäre sehr, sehr traurig.«[16] Denn schließlich lebten in Dresden noch seine Mutter und seine Freundin Ilse Julius. Sie waren die einzigen, die ihn während seiner Studienzeit noch regelmäßig in seine Geburtsstadt zogen.

Nur konsequent war es, daß Kästner seine erste feste Stelle als Redakteur in Leipzig bei der dortigen Verlagsdruckerei antrat. Zu verdanken hatte er das seinem selbstbewußten Auftreten und dem Zufall.

Nach einem Jahr der freien Tätigkeit für verschiedene Blätter war er zwar kein Unbekannter mehr, aber es gab noch niemanden, der sich für ihn außerhalb der Universität einsetzte. Andererseits war er dringend darauf angewiesen, endlich so viel zu verdienen, wie er zum Leben brauchte. Sonst würde seine Doktorarbeit nie fertig werden. In dieser Situation ging er aufs Ganze. Seiner Mutter schilderte er in einem undatierten Brief, was sich in der für ihn entscheidenden Nacht während eines Bummels mit Freunden ereignet hatte: »Früh von 3–6 Uhr waren wir in einem Weinlokal, das heimlich so lange weitergeht. Denn eigentlich ist doch schon um 1h Polizeistunde. Na, wir kommen leise angesäuselt da hinein. Am Nebentisch sitzt der Chefredakteur vom ›Leben‹, Dr. Ploch. Mit Frau, Schwägerin & einem Bekannten. Ich mache alle miteinander bekannt. Und es war recht fidel. Sekt etc. Es wurde getanzt & ich unterhielt mich mit Ploch & Frau. Er erzählte nun u.a., daß neben ihm noch ein Redakteur fürs ›Leben‹ angestellt wäre. (…) ›Ossip Kalenter!‹ Ich wunderte mich. Er sagte – aber ganz genau kann ich mich nicht mehr erinnern von wegen dem kleinen Schwips. Kalenter wäre viel krank etc. Nun fing ich an zu fluchen: Wenn er schon noch einen Redakteur neben sich hätte, dann wäre *ich* der gegebene Mann. Seine Frau würde mir sicher beistimmen – Du weißt schon, wie ich sowas andrehe. War natürlich alles Spaß von mir. Und wie ich am nächsten Tag nach Hause komme, liegt folgender beiliegender Brief da. Nun bin ich richtig gespannt! Wenn das klappte – wenn mein Muttchen diesen Brief liest, weiß ich schon, ob's schief gegangen ist oder nicht. Muttel: Wenn ich morgen mittag wirklich Redakteur bin, schreib ich sofort Postkarte. Wenn ich *keine* Karte schreib, ist *nichts* draus geworden. – Selbstredend gehe ich – auch wenn er mir den Posten fest anbietet – nur unter gewissen Bedingungen drauf ein: 1. *kein* 8-Stundentag, sonst wird meine Dr.-Arbeit nie fertig. 2. Mindestens zweimal 4 Wochen Ferien 3. Etwa 200 M Gehalt mindestens. – Das wäre 'ne Sache, was?«[17]

Der Brief ist, wie schon erwähnt, nicht datiert, außer mit »Sonntag mittag 2h«. Im Nachlaß Enderle findet sich tatsächlich ein kurzes Schreiben von Dr. Ploch mit dem lapidaren Text: »Sehr geehrter Herr Kästner, ich möchte Sie bitten, doch am Montag Vormittag um 1/2 11 Uhr einmal bei mir vorzusprechen, da Aussicht besteht, daß wir Sie für zweiten, bezw. dritten Redakteursposten engagieren.«[18] Das scheint der von Kästner erwähnte Brief zu sein. Er trägt das Datum vom 31. Januar 1924. Und auch die angekündigte Postkarte zitiert Luiselotte Enderle in ihrer Ausgabe der Muttchenbriefe. »Ist gemacht!« heißt es da, »200 M Anfangsgehalt. Vorläufig ein Probemonat. Also: Wenn mir's zuviel wird, rücke ich wieder ab. Aber ich glaube, das wird ganz gut gehen. (...) Freust Du Dich über Deinen kleinen Redakteur?«[19] Alles scheint nahtlos ineinanderzupassen, wäre da nicht die Datierung von Luiselotte Enderle. Sie gibt für die Postkarte den 4. Februar 1923(!) an, also ein Jahr vorher. Und seitdem gilt, daß Kästner ab 1923 Redakteur in Leipzig war.

Das ist aber offenbar falsch. Luiselotte Enderle hat sich um ein Jahr getäuscht, vielleicht war auch von Kästner versehentlich das falsche Jahr auf der Postkarte eingesetzt worden. Denn nur 1924 macht Sinn. Für 200 M hätte sich Kästner im Februar 1923, wie aus seiner Inflationsgeschichte *Max und sein Frack* hervorgeht, noch nicht einmal einen Milchkaffee leisten können, denn der kostete im Café schon 500 Mark. Außerdem existiert im Nachlaß eine Verdienstabrechnung für den Monat August 1924, die 300 Mark brutto ausweist. Und nach der Probezeit war eine Gehaltserhöhung üblich. Kästner dürfte also am 1. März, vielleicht sogar schon vorher seine Stelle als Redakteur in der Leipziger Verlagsdruckerei angetreten haben.

Das Ziel Redakteur war damit erreicht. Dafür gab es nicht geringe Schwierigkeiten mit der Doktorarbeit. Mehr als einmal mußte ihn seine Freundin Ilse Julius brieflich trösten und zum Weitermachen ermuntern. Nach dem Selbstmord von Köster war Kästner auf der Suche nach einem neuen Doktorvater und fand ihn schließlich in dem Germanisten Georg Witkowski. In der Einschätzung Kästners gehörte Witkowski zu einer neuen Generation von Wissenschaftlern, die im Gegensatz zu der älteren, von Köster vertretenen Richtung zu einer »gleichzeitig geschichtlich und ästhetisch orientierten Methode« gefunden hatten, deren »Ergebnisse heute aktuell sind, ohne deswegen überall Wirkung zu tun«[20]. Entsprechend engagiert warb er auch im Januar 1925 für einen fünfteiligen Vortragszyklus von Witkowski, den er dann mit kurzen Berichten begleitete. »Heute«, so Kästner, »da lebendiges Theater und schöpferisches Drama fragwürdig geworden sind, wäre es mehr denn je verständlich, wenn das Publikum einer Großstadt eine derartige Gelegenheit, Aufschlüsse zu erhalten, wahrnähme. Und zwar: Aufschlüsse über aktuelle Fragen. Denn was ist Geschichte anderes als Entschleierung der Gegenwart durch Beschwörung der Vergangenheit! Das Publikum unterschätzt sich, solange es glaubt, Fertigfabrikat seiner Zeit zu sein; es ist doch auch einer seiner wirkenden Faktoren.«[21]

Georg Witkowski

Das Verhältnis Kästners zu Witkowski muß von Anfang an gut gewesen sein – auch auf der privaten Ebene. Und Witkowskis Vermittlung ist es wohl auch

Leipziger Lehrjahre

zu verdanken, daß Kästner das Nachwort zu einer Mörike-Auswahl schreiben durfte, die in der populären Hafis-Lesebücherei des Leipziger Fikentscher Verlags erschien.

Die Probleme mit dem Dissertationsthema blieben aber auch unter dem neuen Doktorvater bestehen. Noch im März 1925, ein halbes Jahr nachdem er sein Studium offiziell beendet hatte, plagte sich Kästner mit Lessings *Hamburgischer Dramaturgie* so sehr, daß er kurz

Dissertations-Gutachten von Georg Witkowski

vor der Aufgabe stand. Als er nicht mehr weiterwußte, wagte er einen mutigen Schritt. Er suchte sich ein neues Thema und schrieb wie ein Besessener, vor allem zu Hause in Dresden, wo ihn seine Mutter bestens versorgte und wo er die nötige Ruhe fand. Als Redakteur hatte er sich beurlauben lassen. Ein Student, Friedrich Rasche, vertrat ihn für vier Monate. Statt Lessing war es nun der Alte Fritz, dem Kästner seine wissenschaftliche Energie widmete. Seine Arbeit mit dem Titel *Die Erwi-*

derung auf Friedrichs des Großen Schrift ›De la Littérature Allemande‹: Ein Beitrag zur Charakteristik der deutschen Geistigkeit um 1780 reichte er am 25. Mai 1925 der Fakultät ein. Am 15. Juni brachte Witkowski sein Gutachten handschriftlich zu Papier. Im Leipziger Universitätsarchiv hat es sich bis heute erhalten. »Mit ungewöhnlicher Tatkraft und noch ungewöhnlicherer Sicherheit der Methode« habe Kästner »Konstellationen unseres Geisteslebens« nachgezeichnet. »Musterhafte Analysen« und »scharfsinnig gewonnene Erkenntnis« fand Witkowski in der Arbeit, deren »*tatsächliche* ideengeschichtliche Ergebnisse (...) allem subjektivistischen Auslegen und Konstruieren an Sicherheit und gerechtem Einschätzen der zusammenwirkenden Einzelkräfte weit überlegen sind«[22]. Auch wenn Witkowski den für Dissertationen ungewöhnlichen Stil Kästners lobte, konnte er seine Schwierigkeiten mit der feuilletonistischen Sprache nicht ganz verhehlen. Die Form zeige zwar den »gewandten modernen Stilisten, der vor kühnen Satzgebilden und eigenwilliger Wortwahl« nicht zurückschrecke, »um möglichste Prägnanz zu erzielen«. Aber: »Daß hierbei zuweilen die Grenze(n) des Korrekten gestreift und – allerdings sehr selten – m. E. überschritten wird, kann nicht als ins Gewicht fallender Mangel gelten.« Das mehr als positive Gesamturteil beeinflußte diese kritische Anmerkung dann auch nicht: »Somit bedeutet die Arbeit eine in jeder Hinsicht ausgezeichnete Leistung, hoch über dem Durchschnitt unserer germanistischen Dissertationen. Ich stehe nicht an, für sie die Note 1 vorzuschlagen.«

Und der Zweitgutachter Neumann, Experte für mittelalterliche Sprache, glaubte in seiner Ergänzung, den von Witkowski festgestellten Mangel relativieren zu müssen, indem er seinem Kollegen eins auswischte: Von dem »sehr klugen Kandidaten mußte man eine gute Arbeit erwarten. Wirklich eine Dissertation, aus der man etwas lernte. Ich möchte nicht am Einzelnen mäkeln. Vor allem nicht am Stil. Der Kandidat ist hinreichend als Schriftsteller erprobt.«

Im Jahre 1925 blieb Kästners Dissertation die einzige, die mit einer Eins bewertet wurde.

Auch vor den kritischen Augen heutiger Germanisten hat die Arbeit noch Bestand. Ein Stuttgarter Wissenschaftsverlag brachte sie 1972 sogar neu heraus. Der Leipziger Kästner-Experte Alfred Klein deutet die Doktorarbeit als Versuch, das Rationale der Aufklärung mit dem Irrationalen des Sturm und Drang zusammenzubringen. Und dabei spielte Lessing, mit dem sich Kästner so lange beschäftigt hatte, eine fast noch entscheidendere Rolle als der im Titel genannte Friedrich der Große. Die Dissertation war Kästners Bekenntnis zur Aufklärung, und sie war, wie Klein richtig bemerkte, auch eine Positionsbestimmung des angehenden Journalisten und Schriftstellers. »Das Zeitalter der Aufklärung«, schrieb Kästner am Schluß seiner Untersuchung, »herrscht trotz subtilster Annäherungen an die irrationale Welt – sei es auf dem Gebiet der Geschichte, sei es auf dem der Kunst oder des Volkstums – weiter; denn, das ist ein gegenwartdeutendes Ergebnis der an der Denkform des Übergangsmenschen innig interessierten Arbeit: Eine Annäherung an jene andere, irrationale, individuale, lebendige Welt des Gefühls ist menschlich verständlich und historisch notwendig – aber sie ist weltanschaulich zwecklos; ohne Sinn, ohne Ergebnis und ohne Hoffnung.«²³

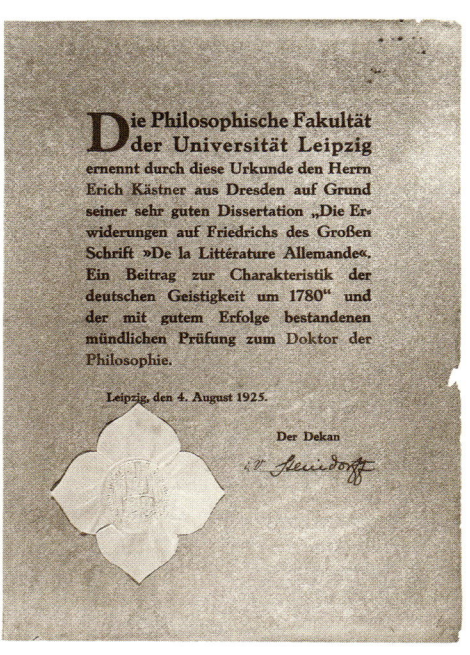

Promotionsurkunde von Erich Kästner

Am 8. Juli 1925, vormittags, legte Kästner seine mündliche Doktorprüfung ab: Deutsch Note I, Philosophie Note I, Geschichte Note II. Am 9. August promovierte ihn die Philosophische Fakultät der Universität Leipzig zum Doktor der Philosophie. Er konnte in seine Redaktion zurückkehren.

Die Leipziger Verlagsdruckerei, für die Kästner arbeitete, war ein komplexes Gebilde mit einer wechselvollen Geschichte. Die Besitz- und vor allem die

Machtverhältnisse lassen sich aus heutiger Sicht nicht mehr eindeutig klären. Ins Leben gerufen hatten das Unternehmen 1921 der Berliner Ullstein Verlag und örtliche Zeitungsverleger, um in der Messestadt ein Presseimperium gegen die übermächtigen *Leipziger Neuesten Nachrichten* aufzubauen. Zu dem Konzern gehörte das 1807 gegründete *Leipziger Tageblatt*, das sich an den (begüterten) Mittelstand wandte und eine entsprechend niedrige Auflage hatte – aber nicht ohne Einfluß blieb. Da es in den Anfangsjahren der Weimarer Republik fast selbstverständlich war, daß jede Zeitung die Interessen einer politischen Partei vertrat (die in der Regel mit denen des Verlegers übereinstimmten), stand das *Leipziger Tageblatt* der liberalen DDP nahe, also der Partei Friedrich Naumanns. Ähnlich ausgerichtet waren die *Leipziger Zeitung* und die *Leipziger Allgemeine*, die im selben Haus erschienen und im September 1921 zur *Neuen Leipziger Zeitung* fusioniert wurden.

Die *NLZ* startete mit einer Auflage von 100 000 Exemplaren und war als Massenblatt konzipiert. Gegen die stockkonservativen und deutschnationalen *Leipziger Neuesten Nachrichten* aber hatten die *NLZ* und das elitärere *Leipziger Tageblatt* von Anfang an keine Chance. Ende 1922 zog sich Ullstein aus der Leipziger Verlagsdruckerei zurück. Die Anteile übernahmen der DDP-Mitbegründer und Rechtsanwalt Richard Otto Frankfurter sowie der Verlag Heinrich Mercy Sohn, der auch das *Prager Tageblatt* herausbrachte und wiederum in engem Kontakt zu Ullstein stand. Michael Meyen vermutet in seiner Studie über Leipzigs bürgerliche Presse, daß Frankfurter nur ein Strohmann war, den der Prager Verlag eingesetzt hatte, um weitere Aufregung in Leipzig zu vermeiden. Schon die Minderheitsbeteiligung des tschechischen Unternehmens hatte nämlich zu einer Rüge des Vereins Deutscher Zeitungsverleger, Sektion Mitteldeutschland, geführt.

Am 1. Januar 1926 schließlich wurde auch das *Leipziger Tageblatt* mit der *NLZ* zusammengelegt und verschwand damit vom Markt.

Der Wechsel in den Besitzverhältnissen war nicht ohne Folgen für die politische Ausrichtung der Blätter geblieben. Vor allem die *NLZ* wurde, wie Michael Meyen schreibt, »ein Kampfblatt für Republik und Demokratie«[24]. Immer noch DDP-nah, sah sie sich als »Wächter der Republik (als Hauptgefahr werden die Angriffe von rechts gesehen) und Anwalt der sozial Schwachen. Der Idee des Interessenausgleichs entsprach auf Regierungsebene die Große Koalition (SPD, Zentrum, DDP, DVP). Wer von diesem Grundgedanken abwich, wurde von der *NLZ* angegriffen.«[25]

Es ist also nicht überraschend, daß Erich Kästner sich gerade das intellektuell geprägte *Leipziger Tageblatt* und die linksbürgerliche, später sozialdemokratische *Neue Leipziger Zeitung* als Publikationsorgan für seine Gedichte, Erzählungen und Artikel auswählte. Kästner dachte ähnlich und fand in der Leipziger Verlagsdruckerei mit ihren verschiedenen Magazinen (wie *Die große Welt*, *Der Die Das* und *Das Leben*) auch noch zusätzliche Beschäftigungsmöglichkeiten. Er hatte unterdessen zwei kleine Zimmer bei Dorothee Hübler, der Witwe eines Rechtsanwalts, in der Hohen Straße Nr. 51 bezogen, verdiente regelmäßig und genoß seinen bescheidenen Ruhm.

Die Redaktionsarbeit selbst scheint für ihn von Anfang an belastend gewesen zu sein. Schwierigkeiten gab es zunächst mit dem ebenfalls literarisch ambitionierten Ossip Kalenter, der in dem Kollegen nicht ohne Grund den Konkurrenten sah, und mit Chefredakteur Georg Marguth, der schließlich die Entlassung Kästners in die Wege leitete. Schon im September 1924 spitzte sich der Konflikt so zu, daß Kästners Freundin Ilse Julius wieder Trost spenden mußte. »Wenn man Dir kündigt«, schrieb sie ihrem »Sorgenengelchen«, »vielleicht zu Deinem Glück. Ich bin ganz ohne Sorge & Du sollst es auch sein. Deine Mutter & ich können Dir, wenn nötig, immer aushelfen, Du bist von keinem Marguth abhängig. Drum ärgere Dich nicht, mein Liebstes, das bekommt nicht gut & ist am Ende gar verfrühte Sorge.«[26]

Ohne es sich offen eingestehen zu wollen, war Kästner die Redaktion einer sächsischen Lokalzeitung (mit bescheidener überregionaler Verbreitung) zu unbedeutend, als daß er seine ganze Energie darauf verwendet hätte. Er sprach darüber, bei Marguth zu kündigen, und träumte davon, als Chefredakteur selbst Verantwortung für ein Blatt zu übernehmen. Begeistert war er, wenn ihm, wie im Dezember 1926, sein Kollege Max Krell schrieb, Ullstein wolle eine neue Zeitschrift machen, und er habe ihn dafür vorgeschlagen: »Juhu! Aber ich hab schon oft solche Aussichten gehabt, und nie wurde es was. Also will ich keine unnötigen Hoffnungen hegen. Es wird oder wird nicht – man muß es hinnehmen.«[27]

Kästner versuchte die Zeit, bis er etwas Besseres finden würde, mit gesteigerter Aktivität zu überbrücken. Er schickte seine Gedichte und Geschichten an die maßgebenden Blätter seiner Zeit – und hatte erstaunlichen Erfolg. Seine Texte druckten das *Tage-Buch*, die *Weltbühne*, der *Querschnitt*, das *Berliner Tageblatt* und die *Vossische Zeitung* ebenso wie Hans Reimanns *Drachen*, die *Jugend*, das *Stachelschwein* oder eine Handvoll Lokalzeitungen – darunter auch die *Dresdner Neuesten Nachrichten*, worüber sich Ida Kästner besonders gefreut haben dürfte.

Trotz seiner immer weiter ausufernden »Nebenbeschäftigung«, die Kästner oft hinter einem Pseudonym verbarg, um unangenehme Fragen seines Verlagschefs zu vermeiden, war er ein ungemein fleißiger Schreiber und Redakteur. Für die Magazine der Leipziger Verlagsdruckerei, die dem Unterhaltungsbedürfnis einer breiten Leserschaft verpflichtet waren, verfaßte er Gedichte, Glossen und heitere Betrachtungen, denen er später wenig Bedeutung beimaß. Der ernsthafteren Publizistik widmete er sich auch nach seiner Festanstellung im *Leipziger Tageblatt* und in der *Neuen Leipziger Zeitung*. Offensichtlich wollte sich Kästner von Anfang an nicht als lustiger Vogel abstempeln lassen, der die Leser zum Lachen, aber nicht zum Nachdenken bringen sollte. Immer häufiger übernahm er die aktuelle Berichterstattung über kulturelle Ereignisse in Leipzig – von Vorträgen im Kunstverein bis zur Rosenthal-Porzellanschau, vom Sommerfest des Schauspielhauses im Zoo bis zum Tanzabend mit Gret Palucca und von der

Maria-Stuart-Premiere bis zu Pirandellos *Heinrich der Vierte*. Eine besondere Handschrift lassen diese Beiträge nicht erkennen. Kästner war in dieser frühen Phase seiner journalistischen Laufbahn ein solider Kritiker, der den Gebrauchswert einer Veranstaltung oder Aufführung herausstellte, um den Lesern Orientierung zu bieten. Denn das wurde von dem Lokalfeuilleton erwartet: deutliche Hinweise, ob ein Ereignis den Besuch wert war oder nicht. Kästner lieferte das Gewünschte, und nur selten ist Ambition zu erkennen. Stilistisch orientierte er sich dabei an den Berliner Großkritikern, allerdings ohne deren Originalität zu erreichen.

Trotz aller Probleme mit seinen Kollegen und Vorgesetzten wurde Kästner als kluger Kopf geschätzt. Der Schriftsteller Max Krell, mit dem er eng zusammenarbeitete, erinnerte sich später an den »satirischen, scharf, dabei mit Heinescher Leichtigkeit schreibenden Kritiker«: »Mit dem Doktor Kästner zu diskutieren, war immer ein Vergnügen. Ein erzgescheiter Mann, der sich klar war über das, was not tat, und begabt war mit dem Sarkasmus, der lachen konnte.«[28]

Wann Kästner als Redakteur ganz zur *Neuen Leipziger Zeitung* wechselte, ist nicht mehr genau zu ermitteln. Luiselotte Enderle legte die Ernennung zum zweiten Feuilletonredakteur und zur »zweiten Theaterkritik« noch in die Zeit vor der Promotion. Es könnte allerdings auch kurz danach gewesen sein.

Für Kästners weitere Entwicklung wurde die Arbeit unter dem Feuilletonchef Hans Natonek zu einer wirklichen Lehrzeit, die aus dem Lokalreporter einen weltläufigen Kritiker mit gereiften Ansichten machte. Er hatte das Glück, obwohl er bei einer Provinzzeitung angestellt war, von einem der Großen des Feuilletons lernen zu können. Der sieben Jahre ältere Natonek, Sohn eines Prager Rabbiners, war zunächst Redakteur bei der *Leipziger Zeitung* geworden, nachdem er schon für die *Schaubühne,* die *Aktion* und andere linke Blätter gearbeitet hatte. Über das *Leipziger Tageblatt* kam er dann zur *Neuen Leipziger Zeitung.* Er gab an Kästner das weiter, was ihm selbst wichtig war, nämlich der engagierte Einsatz für die Weiterentwicklung der Demokratie und gegen Intoleranz, Nationalismus und Militarismus. Wolfgang U. Schütte, der vor Jahren das Werk Natoneks in einer Auswahl vorgestellt hat, sieht in den Feuilletons des später emigrierten Publizisten »primär den politischen Autor, den Mahner und den Analytiker, der mit sensibler und wacher Genauigkeit Zeiterscheinungen registrierte und interpretierte. In ihnen machte der Autor die Verantwortlichen des Ersten Weltkriegs namhaft, durchschaute den Betrug mit der Kleinaktie und gab den übertriebenen Nationalstolz der Deutschen der Lächerlichkeit preis. Er schilderte die Verelendung des Kleinbürgertums und hatte früh erkannt, daß es unter den bürgerlichen Intellektuellen einen Typus gibt, der die von ihm mitverschuldeten gesellschaftlichen Krisen in schönes Wortgeklingel ›auflöst‹.«[29] Natoneks Artikel halfen Kästner, Kriterien für seine Theaterkritik zu entwickeln, und sie ermutigten ihn, ins politische Tagesgeschäft einzusteigen.

Wahrscheinlich im März 1926 wechselte er in die politische Redaktion unter Richard Lehmann, der als überzeugter Pazifist und Republikaner galt. Lehmann war aber keine so starke Persönlichkeit wie Natonek und beeindruckte Kästner offenbar sehr viel weniger. Doch ohne Einfluß auf das politische Denken des gerade siebenundzwanzigjährigen Redakteurs dürften auch seine Artikel nicht geblieben sein. Nach 1933 sollte sich Lehmann dann mit den neuen Machthabern arrangieren, während Natonek ins Exil gehen mußte.

Das Tagesgeschäft in der politischen Redaktion war anstrengend und zeitraubend. Zu Kästners wichtigsten Aufgaben zählte das »Blattmachen«, also die Zusammenstellung der Artikel. Mehr als einmal beklagte er sich bei seiner Mutter über den Schichtdienst, der bis spät in die Nacht dauern konnte, weil der Umbruch erst um 1.00 Uhr anstand und alle bis dahin eintreffenden Meldungen und Berichte noch aufgenommen werden mußten. Vor allem der Nachtdienst setzte Kästner zu, weil er dann tagsüber sehr müde war und nicht schreiben konnte.

Für seine publizistische Arbeit bedeutete der Eintritt in die politische Redaktion einen grundlegenden Wandel. Hatte er bis dahin in seinen Artikeln für die *Neue Leipziger Zeitung* die kulturellen Ereignisse liebevoll präsentiert und nur ganz selten kritische Töne angeschlagen, so griff er jetzt als Kommentator auf Seite 1 offensiv in die Tages- und besonders in die Schulpolitik ein.

Erich Kästner mit Kollegen von der *Neuen Leipziger Zeitung* auf dem Augustusplatz

Die Artikel aus dieser Zeit zeigen den politischen Kästner in seltener Klarheit. Er attackierte vor allem die antidemokratischen Kräfte auf der rechten Seite des politischen Spektrums. Und da tummelte sich allerhand: Adlige und Monarchisten, Weltkriegsnostalgiker und unbelehrbare Militaristen, kirchliche Scharfmacher und selbsternannte Zensoren, verbindungstreue Studenten und deutschnationale Menschheitsbeglücker. Wenn er besonders heftig polemisierte, ging es meistens um Schule und Universität. Denn die junge Generation, die »im kommenden Jahrzehnt und später das Hauptkontingent regierender, lehrender, richtender und wirtschaftlich führender Persönlichkeiten stellen muß und stellen wird«[30], lag Kästner besonders am Herzen. Er wollte sich in seinen Artikeln ebenso wie in seinen politischen Gedichten einer breiten reaktionären Bewegung entgegenstemmen, die er in der Weimarer Republik ausgemacht hatte: »Die Reaktion marschiert. Millionen Hände sind heimlich am Werk, die Uhr des kulturellen Fortschritts um Jahrzehnte zurückzustellen. Geht es in diesem rückläufigen Tempo weiter, so wird die Zeit wieder näher kommen, da es lebensgefährlich war, die Existenz eines persönlichen Gottes in Frage zu stellen, die Kugelgestalt der Erde zu verteidigen und Krankheiten, die für tödlich galten, zu heilen. Die Politik – und zwar deren konservative Richtung – hat begonnen, sich in unerträglichem Maß zum Vormund des Geistes zu machen. Nichts aber wirkt zerstörender für jede Kultur als diese Polizeiwirtschaft in den Bezirken des Denkens, der Kunst und der Erziehung.«[31]

Kästner beließ es jedoch nicht bei allgemein gehaltenen Attacken. In ihm, der fast selber Pädagoge geworden wäre, hatten zumindest die Volksschullehrer einen ihrer mutigsten Verteidiger. Eltern aus bürgerlichen und rechtsstehenden Kreisen sahen nämlich in der alle gesellschaftlichen Schichten vereinenden Volksschule ein ständiges Ärgernis. Um nicht politisch argumentieren zu müssen, bezweifelten sie die Qualität des Unterrichts und fanden mächtige Bundesgenossen. Als der Leipziger Oberbürgermeister für sich eine »vermehrte Schulaufsicht« forderte, konterte Kästner mit einem harschen Artikel: »Die geschichtliche Entwicklung nimmt nichts, ohne dafür etwas anderes zu geben. Unserer Jugend fehlt das ausgebreitete Wissen, das die Vorgeneration besaß; aber sie besitzt dafür andere hohe Tugenden des Geistes und des Gefühls, die der Vorgeneration fehlten. Sie besitzt eine vom Wissen unzerstörte Urteilskraft, eine vom Bürokratismus unverdorbene ideale Entschlossenheit. (...) Und zum Letzten: Was wird unsere Jugend, wenn sie einst Deutschlands Zukunft sichern muß, nötiger haben? Großes Wissen oder freies Urteil? Enormes Gedächtnis oder äußerste Entschlossenheit?«[32] Daß sich die Hoffnungen, die Kästner in die Volksschullehrer gesetzt hatte, nicht erfüllen sollten, machte ihn später verbittert. In der *Jugend* schrieb er dann ein Gedicht, von dem noch die Rede sein wird.

Kästners Themenspektrum als politischer Kommentator war weit: Ebenso heftig und polemisch wandte er sich zum Beispiel gegen polnische Diktatoren, das

Schmutz- und Schundgesetz oder lebensgefährliche Schlampereien bei der Reichsbahn. Er gefiel sich in der Rolle des Provokateurs. Er wollte Reaktionen auslösen – auch wenn sie nicht immer so gerieten, wie er gedacht hatte. Sein Artikel etwa gegen den Generaldirektor der Reichsbahn »wurde überhaupt nicht gebracht, da er zu scharf wäre«[33]. Und seine Polemik gegen die Reichsbahn selbst bereitete ihm im Verlag ein »bißchen Ärger«, weil die (kommunistische) *Sächsische Arbeiterzeitung* den Anfang als Kitsch bezeichnet und auch sonst Einwände geltend gemacht hatte: »Na, dazu ist man in diesem Beruf. Man muß sich dran gewöhnen, Sticheleien einzustecken.«[34]

In der Regel trugen seine Kollegen die Kommentare mit. Manchmal wurde Kästner sogar in der Redaktionskonferenz gelobt. So fand auch sein Artikel gegen den Leipziger Oberbürgermeister die Zustimmung der Kollegen. Die Verlagsleitung allerdings mit Chefredakteur Georg Marguth an der Spitze überlegte schon zu dieser Zeit, wie sie den bei manchen Lokalpolitikern nicht beliebten Redakteur aus der vordersten Linie abziehen könnte. Da Kästner nicht nur Freunde in der Redaktion hatte, sondern auch neidische Kollegen, die gern selbst mit ihren Artikeln die Titelseiten geziert hätten, mußte er sich zusätzlich noch gegen interne Intrigen wehren.

Als nächstliegende Lösung bot sich für die Verlagsleitung ein verstärkter Nachtdienst an, gegen den Kästner bei Marguth selbst erfolgreich protestierte. Seiner Mutter faßte er den Ausgang des Gesprächs – immer noch spürbar erregt – so zusammen: »Und ich heute 1/2 2 h in Marguths Zimmer. Es waren paar herrliche Stunden. Um 3 h waren wir zwei Hübschen, Marguth und ich, einig. Das heißt: Ich hatte ihn überzeugt, daß seine neue Maßnahme furchtbar dumm, ungerecht und gefährlich sei. (...) Ja, sagte er, er wolle mich bißchen kaltstellen durch die vielen Nachtdienste. Ich sei, nach Meinung fast aller, zu radikal und vergifte alle mit diesen Radikalismen. Ich hab gelacht. So ein Grünling in Politik wie ich vergifte die alten erfahrenen Politiker! Ja, ich sei eben eine äußerst kluge, mitreißende Persönlichkeit – das sei wohl für mich gut, aber fürs Blatt gefährlich. Nun – er versprach mir zum Schluß, sich die Sache nochmal zu überlegen. (...) Er war zum Schluß klein wie ein dummer Junge. Am Abend traf ich ihn, und er erklärte mir: er ziehe seine Neuordnung zurück.«[35]

Kästner triumphierte, spürte die Kraft seines Auftritts und fand sich darin bestätigt, zu Höherem berufen zu sein. Und auch die Mutter sollte an dem Erfolg teilhaben, sollte merken, daß ihr Sohn auf dem besten Weg sei, selbst einmal Chefredakteur zu werden – und kein in seinen Entscheidungen so schwankender wie Marguth. Deshalb schloß er seinen Brief an Ida Kästner mit einer selbstbewußten Geste, die der ehrgeizigen Mutter gefallen haben dürfte: »Ich rauche noch eine Zigarette, setz das Monokel auf und schau mir den energischen jungen Mann von fast 28 Jahren mal im Spiegel an. Dann husch ins Bettchen.«[36]

Ruhig schlafen konnte Erich Kästner trotzdem nicht mehr. Der gekränkte und vor den Mitarbeitern bloßgestellte Chefredakteur wartete nur auf einen triftigeren Grund, um Kästner nun endgültig loswerden zu können. Und den lieferte Kästner selbst. Im Entwurf zu einem bisher unveröffentlichten Brief an einen ungenannten Adressaten (möglicherweise einen früheren Vorgesetzten) schilderte er die Vorgeschichte und die Ereignisse am 21. und 22. März 1927 so:

»(...) Vor zwei Jahren etwa erschien im ›Stachelschwein‹ ein erotisches Gedicht von mir. Krell, der es damals im Manuskript las, riet mir, es der Prägnanz willen zu kürzen. Ich brachte es auf vier Strophen; und in dieser Gestalt wurde es, außer im ›Stachelschein‹, vor vier Wochen im Karnevalsheft der hiesigen Künstlerakademie und, wenig später, in der Plauener Volkszeitung veröffentlicht. – Am letzten Sonntag druckten die Leipziger Neuesten Nachrichten die Verse ab und versahen sie mit der Überschrift ›Tempelschändung‹ und einem albernen Kommentar. Warum? Weil die erste Verszeile ›Du meine neunte, letzte Sinfonie!‹ lautet – eine Art hymnischen Ausrufs, quasi von einem Musiker ersonnen, der sein Verhältnis mit diesem Vergleich besonders auszuzeichnen hofft. Die LNN hoff-

ten auf etwas anderes: Sie wollten das Publikum glauben machen, mein ›Gedicht‹ sei eine Parodie auf Beethoven. Ob das Publikum der LNN derartig unklug war und sich düpieren ließ, weiß ich nicht. Aber – Dr. Marguth tat, was die LNN hofften: Er mißverstand die Verse von Anfang bis Ende, glaubte ernstlich – so unbegreiflich dies jedem andern auch scheinen mochte – ich persifliere die Neunte Sinfonie und kündigte mir. Montag 12 h. Zwischen 12 und 1 war ich bei ihm, merkte nach und nach den vollen Umfang des Mißverständnisses – es ging faktisch soweit, daß er Händel und Graun, die in einer Strophe apostrophiert werden, für ›Kommunisten‹ hielt – und klärte ihn langsam auf. Er begriff es gegen 1 h und nahm, befreit lachend, die Kündigung zurück. Die Sache wäre erledigt.

Dienstag, 2 h kündigte er mir von neuem. Ich war, verständlicherweise perplex und erkundigte mich nach dem neuen Grund. Er erklärte: das Gedicht sei noch immer der Anlaß. Ich machte den berechtigten Einwand, daß er am Vortage die Angelegenheit als Lap-

Das Gedicht, das Erich Kästners Karriere als Redakteur beendete

palie begraben und gesagt habe, er sei froh, daß die LNN nur meinen Namen genannt und *nicht* meine Zugehörigkeit zur NLZ verkündet hätten. Er verbat sich jede weitere Anfrage und betonte, mir keineswegs Rede und Antwort stehen zu müssen; Welten der Empfindung lägen zwischen uns; ein solcher Mensch wie ich könne in der Verlagsdruckerei unmöglich Kulturpolitik machen usw. Als er die mangelnde Beweiskraft dieser Erklärungen begriff, konstatierte er – *ohne jeden Beweis* – ich sei ein verantwortungsloser Schriftsteller, habe für meine kulturpolitische Tätigkeit kein Interesse, und man müsse ja stündlich in Sorge sein, was ich eventuell für Unheil anrichten könne. Als ich ihn um Unterlagen für diese Bemerkungen bat, schwenkte er sofort ab und schloß die Debatte mit dem Hinweis: einige Ressortleiter wollten mit mir nicht länger zusammenarbeiten; er ersuche mich, nicht mehr in der NLZ zu schreiben und die Mittagskonferenzen nicht länger zu besuchen. Meine Bitten um Namensnennung jener Ressortleiter und um Begründung der anderen Forderungen wurden militärisch abgelehnt. Statt dessen kam Dr. Marguth noch einmal darauf zurück, ich dürfe gerne von mir aus kündigen. Die zuständigen Ressortleiter und zugleich die einzigen, mit denen ich zusammenarbeite, sind Lehmann und Natonek. Beide Herren stehen eindeutig auf meiner Seite und fürchten, die Affäre Dr. Marguth mit mir sei der Anfang einer planvollen Deportation. Mit den übrigen Ressortleitern, die erklärt haben sollen, das Zusammenarbeiten mit mir sei ihnen unmöglich geworden, habe ich noch nie im Leben zusammengearbeitet; und es genügte ihnen wie mir, daß wir uns in der Konferenz sitzen sahen.

Kurz, verehrter Herr Doktor, man versucht mich, *ohne Grund* zu beseitigen. Den einzigen Fehler, den man mir berechtigt vorwerfen konnte, habe ich von Anfang an eingesehen: Ich durfte nicht gestatten, daß die Plauener Volkszeitung, während des Beethoventrubels, ein Gedicht druckte, in dessen erster Zeile die Neunte genannt wird. Ein Verweis hätte für diesen Fauxpas, scheint mir und den mir wohlgesinnten Kollegen, völlig ausgereicht.

Leipziger Lehrjahre

Der Grund, den man mir nannte, erscheint mir und anderen nicht stichhaltig. Und wenn andere Gründe vorliegen sollten, so wurden sie mir mindestens nicht bekanntgegeben. Ich glaube also, nicht eben im Unrecht zu sein, wenn ich mich mit dem herrschenden Tatbestand nicht einfach zufrieden gebe, sondern Sie, verehrter Herr Doktor, darum bitte, klärend einzugreifen, bevor ich, am 1. April, kündigen müßte, um mir eine grundlose Entlassung zu ersparen.«[37]

Was sich in den Tagen danach abspielte, wissen wir nicht genau. Offenbar jedoch waren Marguth und seine Mitstreiter auch durch noch so wohlmeinende Vermittlung nicht mehr umzustimmen, höchstens noch zu besänftigen. Und das wollte Kästner mit seiner zweiten Bitte um Hilfe erreichen, die er am 13. April 1927 wieder an den »Sehr verehrten Herrn Doktor« schickte.

Erich Kästner im Februar 1927

Wie aus der im Nachlaß erhaltenen Kopie hervorgeht, hatte Kästner tatsächlich zum 1. April gekündigt, um am 1. Juli nach Berlin zu gehen. Was Kästner plante, deutete er ebenfalls an. Er wolle versuchen, »durch vielfältige Mitarbeit so etwas wie ein Existenzminimum zusammenzustoppeln«, und »im übrigen größere literarische Dinge in Angriff nehmen (Theaterstücke usw.). Dem ersten Voranschlag nach – und sobald wird sich die Situation nicht ändern – sieht mein zukünftiges Budget noch recht dürftig aus, und ich wünschte: ich könnte von Berlin aus für die NLZ arbeiten. Und zwar auf Gebieten, die zur Zeit noch oder nicht mehr besetzt sind. Es wäre, beispielsweise, scheint mir, möglich, daß ich – knapp und unterhaltsam – über Berliner Theater, Film und bildende Kunst referierte, zuweilen sogenannte ›Berliner Briefe‹ schreibe u. a. m.«[38]

Auf die Unterstützung seiner beiden Kollegen Krell und Natonek konnte Kästner dabei zählen. Sorgen bereitete ihm nur die Zustimmung von Marguth. Der Chefredakteur und Direktor der Leipziger Verlagsdruckerei befürchtete nämlich, wie aus dem Brief hervorgeht, daß die »leidige Gedichtaffäre« noch einmal aufgewärmt werden würde, wenn der Name Erich Kästner im Blatt auftauchen sollte. Kästner schlug deshalb vor, unter seinem Pseudonym Peter Flint zu schreiben.

Die Vermittlungsversuche von verschiedenen Seiten führten für Kästner zu einem glücklichen Ende. Er durfte für die *NLZ* als Kulturkorrespondent nach Berlin gehen – mit dem erträumten monatlichen Fixum. Damit war er aber auch aus der politischen Redaktion entfernt und konnte – aus der Sicht Marguths – keinen Schaden mehr anrichten. Bis zum Wechsel nach Berlin arbeitete Kästner weiter im Redaktionsdienst, betreute ein Preisausschreiben und dichtete Werbetexte für sein Blatt, die nicht unbedingt auf eine große schriftstellerische Karriere hindeuten, schon gar nicht auf die eines Lyrikers: »Täglich über 100 000 Exemplare / Die *NLZ*-Anzeige ist das einzig Wahre oder: »Möblieren Sie sich eines Tags komplett, – / dann nur durchs Inserat der N.L.Z.«[39] »Von dieser Sorte«, schrieb er seiner Mutter am 2. Juli 1927, noch in Leipzig, »hab ich 30 Stück vorm Urlaub gemacht. Oi, das war so ein Spaß!«[40] Später sollte ihm diese Erfahrung noch mehrfach zum literarischen Sujet und zur theoretischen Betrachtung dienen.

Auch nach seiner Kündigung verfaßte er bis zum Umzug, was bisher nicht bekannt war, noch mehrere Beiträge für die *Neue Leipziger Zeitung* – allerdings nicht mehr unter seinem richtigen Namen, sondern, wie angekündigt, unter dem Pseudonym Peter Flint oder P. F. So gezeichnet erschienen zwischen dem 6. Mai und dem 3. Juli 1927 drei Reisefeuilletons, zwei Kritiken und eine Erzählung. Für die politische Kommentierung wurde er nicht mehr eingesetzt.

Sachliche Romanzen

> Da hat mir kürzlich und mitten im Bett
> eine Studentin der Jurisprudenz erklärt:
> Jungfernschaft sei, möglicherweise, ganz nett,
> besäß aber kaum noch Sammlerwert.
>
> Ich weiß natürlich, daß sie nicht log.
> Weder als sie das sagte,
> noch als sie sich kenntnisreich rückwärtsbog
> und nach meinem Befinden fragte.
>
> Sie hatte nur Angst vor dem Kind.
> Manchmal besucht sie mich noch.
> An der Stelle, wo andre moralisch sind,
> da ist bei ihr ein Loch ...[1]

So sollen wir sie uns vorstellen, die Geliebte des Redakteurs Erich Kästner: klug und leicht verrucht und bestens geeignet als Muse für den angehenden Dichter. Und die Biographen haben die erotische Enthüllung noch munter ausgeschmückt. Ilse Julius oder Beeks sei die junge Dame gewesen, beim Studieren in Rostock habe man einander kennengelernt, und schließlich sei die große Liebe an den Kleinigkeiten des Alltags gescheitert. Ilse habe Erichs Gefühle einfach nicht mehr erwidert.

An dieser immer wieder erzählten Geschichte ist so gut wie nichts wahr. Luiselotte Enderle brachte sie in Umlauf – obwohl sie es besser wußte. Denn in ihrem Nachlaß finden sich die von Erich Kästner sorgfältig aufbewahrten Briefe von Ilse Julius. Deren erstes Schreiben (»Lieber Herr Kästner«) datiert vom 11. Juni 1919, also fast zwei Jahre vor dem gemeinsamen Semester in Rostock. Und gut zwei Wochen später bat sie brieflich

(»Lieber Erich«), eine Verabredung um ein weniges zu verschieben. Spätestens ab dem 4. November 1919 (»Bester, Einzigster, Liebster!«) fühlten sich beide als unzertrennliches Paar.

Ilse Julius war noch nicht einmal achtzehn Jahre alt, als sie sich in den knapp einundzwanzigjährigen Erich Kästner verliebte. Damals benutzte sie noch den Mädchennamen ihrer Großmutter und nannte sich Ilse Beeks bzw. Ilse Beeks-Julius. Am 30. Januar 1902 war sie in Essen geboren worden. Laut dem Dresdner Adreßbuch wohnte sie seit 1917 bei ihrer geschiedenen Mutter in der Bayreutherstraße. Bis 1921 besuchte sie die sechsstufige Studienanstalt in Dresden-Neustadt. Der Vater, der als Vermessungsingenieur im Bergbau tätig war, lebte in Senftenberg und unterstützte seine Tochter finanziell. Das Verhältnis blieb lange Zeit gespannt, da sich Hugo Julius nicht gerade durch besondere Großzügigkeit auszeichnete und offensichtlich auch politisch ganz anderer Meinung war als seine Tochter. Mehr als einmal beklagte sich Ilse in ihren Briefen darüber, daß sie zu Feiern oder Festtagen in den Schoß der väterlichen Familie zurückkehren mußte. Senftenberg nannte sie ein »trauriges, langweiliges, reaktionäres Pflaster ohne wesentliche Geldversorgung«[2]. Die Besuche in Senftenberg blieben die Ausnahme. Und wenn sich der Vater nach Dresden aufmachte, herrschte in der Bayreutherstraße und später in der Münchnerstraße Alarmstimmung.

Pauline Julius, die Mutter, hatte die Trennung von ihrem Mann mit dem sozialen Abstieg bezahlt. Als Beruf gab sie Gesanglehrerin an, aber ihr Verdienst reichte nur für das Allernötigste. Dafür konnte sie sich der Liebe und Treue ihrer Tochter gewiß sein.

Ilse Julius

Weitgehend »vaterlos« ist also auch Ilse Julius aufgewachsen. Und sie verstand es, wenn Erich Rücksicht auf seine Mutter nahm und sie selbst von Anfang an nur die zweite Geige spielte. Ida Kästner dominierte schon diese Beziehung ihres Sohnes. Und Ilse verinnerlichte die Rangordnung notgedrungen so, daß sie Erich sogar zu einem gemeinsamen Urlaub mit der Mutter überreden wollte, den der sonst so folgsame Sohn bereits abgesagt hatte. In diesem besonderen Fall beharrte Erich aber auf seiner Entscheidung und machte damit deutlich, daß er dem psychischen Druck seiner Mutter Widerstand entgegensetzen konnte, wenn er nur wollte.

Es war sicherlich auch dieses gegenseitige Verständnis für die familiären Zwänge, das die beiden verband. Denn die beruflichen Interessen lagen weit auseinander. Gemeinsam liebten sie die Literatur und das Theater. Aber so, wie er seiner Mutter Romane empfahl, die die alte Dame gar nicht verstehen konnte, versuchte er auch den Geschmack seiner Freundin zu steuern. Ständig brachte er Bücher, die er für wichtig hielt. Und Ilse verlangte auch danach, wohl um ihn nicht zu enttäuschen.

Diese erste große Liebe, die später so bitter für beide enden sollte, enthält viel von dem, was das Verhältnis Erich Kästners zu Frauen bestimmte. Für manches ist sie gar der Schlüssel. Was wir wissen, stammt im wesentlichen aus Briefen: von Ilse Julius an Erich Kästner und von Erich Kästner an seine Mutter. Daß sich zumindest ein Teil der Briefe und Karten von Ilse erhalten hat, grenzt an ein Wunder, denn die meisten anderen persönlichen Erinnerungen sind 1944 in Kästners Wohnung verbrannt. Wohin er diese Korrespondenz gerettet hatte, ist nicht bekannt. Aber allein ihre Existenz zeigt schon, daß die Liebe zu Ilse Julius mehr als nur eine Episode in seinem Leben war.

In den erhaltenen Briefen an seine Mutter tauchte Ilse erst auf, als das Verhältnis schon in die Brüche zu gehen drohte. Offenbar hatte Ida Kästner den Kontakt jahrelang torpediert und ihren Sohn immer wieder gewarnt. »Nur daß ich's nicht früher geglaubt habe«[3], heißt es in einem seiner Briefe aus dieser Zeit. Daß Ida

Kästner am Ende ihrem Sohn eher zuzureden schien, alles zu versuchen, um die Beziehung zu retten, macht deutlich, wie sympathisch ihr Ilse unterdessen geworden war. Wenn schon eine Frau für den Sohn, dann wenigstens eine, die sich auch um die Mutter bemühte und die familiäre Rangordnung akzeptierte.

Den Eindruck, den dieses Verhalten und den die Briefe Ilses oft erwecken, erweist sich bei genauerer Betrachtung aber als falsch. Ilse Julius war nicht das Frauchen, das sich in bedingungsloser Hingabe an Mann, Mutter und Schwiegermutter verzehrte. Ihre Briefe zeigen auch eine im Verhältnis zu Kästner durchaus selbstbewußte Person mit klaren Lebenszielen. Schon in den ersten Monaten ihrer (auch sexuellen) Beziehung machte sie sich Gedanken über die Rolle der Frau in der Ehe. Der Anlaß war eine Diskussion über die Ansichten Fichtes, der geglaubt hatte, daß die Frau immerfort nach Unterwerfung verlange. Ilse hielt dagegen. »Ich bin der Ansicht«, schrieb sie an Erich, »daß ein Weib sich einem Manne auch aus Trieb hingeben muss, was sie sich wohl eingestehen darf, sonst müsste sie sich allzusehr als Werkzeug vorkommen. Doch kann sich ein Weib nie – und hier der gewaltige Gegensatz zum Manne – allein aus Trieb hingeben. Das Weib gibt in der Ehe nicht ihre Persönlichkeit auf, bringt sie eher auf eine höhere Stufe.«[4] Und besorgt fragte sie Erich: »Liebster, was sagst Du eigentlich dazu, teilst Du Fichtes Ansicht?« Kästners Antwort ist nicht überliefert. Aber die Frage war berechtigt, und daß sie gestellt wurde, zeigt die Skepsis, die die Beziehung von Anfang an überschattete – die Skepsis, ob aus der Verbindung einmal eine Ehe mit Kindern werden könnte. Schon im November 1919, also in der allerersten Phase ihrer Bekanntschaft, kam es zu grundlegenden Auseinandersetzungen, die zunächst von Ilse ausgingen. Sie war es dann auch, die in einem Brief an Erich das Verbindende betonte, wenn sie schrieb: »Wir dürfen es uns zutrauen, dass wir beide stark genug sind zusammen *einen* Weg zu gehen.«[5] Diskussionen, wie dieser Weg aussehen könnte, gab es danach immer wieder. Vor allem Erich war es, der die Verhaltensregeln vorgab. Und Ilse reagierte auf ihre Art, anfangs eher passiv, dann aber auch handelnd.

Die Briefe, in denen sie die Beziehungsmaximen ihres Geliebten referiert, dokumentieren die innere Distanz, die schon der junge Erich Kästner zu Frauen außer seiner Mutter hatte. »Du hast gesagt«, heißt es zum Beispiel Anfang Juni 1923, »wie Du an Dir arbeitest um einen tüchtigen, völlig nur auf sich selbst gegründeten Menschen aus Dir zu machen, & dass Du niemanden so eigentlich nötig haben willst. Und das will ich auch. Liebhaben tu ich Dich aber deshalb nicht minder.«[6] Daß diese zustimmende Gleichgültigkeit nur vorgeschoben war, dokumentiert ein Brief, der nur eine Woche später datiert. Ilse schildert darin, wie sie mit einem neuen Bekannten einen höchst angenehmen Abend verbracht hatte. Wie Erich darauf reagierte, ist nicht überliefert, aber der nächste erhaltene Brief von Ende Juni läßt eine deutliche Verstimmung erkennen. Nach einem Besuch in Dresden war Erich abgereist, »ohne ein ganz ganz kleines Zeichen« zu hinterlassen, »dass Du mich liebst«[7].

Glaubt man den Äußerungen von Ilse, dann müssen beide ein sehr modern anmutendes Liebesverhältnis gelebt haben – ohne jegliche Treueverpflichtungen: »Wir haben einander die grösste Freiheit versichert & wüssten, dass im gegebenen Falle einer beinahe kaputt ging. Aber besser als beide. Dabei soll es bleiben.«[8] Daß zumindest Ilse Julius in dieser Konstellation die Hoffnung auf ein Zusammenleben nicht aufgegeben hatte, macht ihre Antwort auf ein »Trostbriefchen« des immer noch fernen Geliebten deutlich. »Wie lange?« fragte sie. »Wir müssen bald heiraten, dann hört es von selbst auf. Nächstes Jahr noch nicht, da muss ich noch sehr fleissig sein & sehen, dass ich fertig werde. Übernächstes vielleicht. Wie denkst Du? Oder 1927? Oder wollen wir unverheiratet beieinander wohnen? Jedenfalls lang lass ich Dich nicht mehr allein.«[9] Und wenig später wiederholte sie noch einmal, was sie so an der Liebe zwischen Dresden und Leipzig störte: »Also wieder mal in Dresden abgesetzt, 3 Wochen Wartezeit, um dann wieder ein paar flinke schöne Stunden mit Dir in Leipzig zu verleben. Ist das das Leben?«[10] Ilse Julius hatte offensichtlich andere Vorstellungen von der Zweisamkeit als Erich Kästner, der in Leipzig sein Junggesellendasein genoß und fleißig an seiner Karriere bastelte. Das »Bettchenhuschen«[11] allein war Ilse zuwenig. Ihre Briefe mit so phantasievollen Bezeichnungen wie »mein schlankes Hengstchen«, »mein Betthockerchen«, »mein Rosa-Hemdchen« oder »mein Holzengelchen mit dem gescheiten Gesichtchen« machen eines besonders deutlich, nämlich daß Ilse – auch wenn sie es gelegentlich anders sagte – von der großen, romantischen Liebe träumte. Daß sie sich in dem komplizierten Geflecht von zwei fordernden Müttern und divergierenden Karriereplänen nicht entwickeln konnte, hat beide mehr geprägt, als sie sich später eingestehen wollten.

Sicherlich lagen auch die beruflichen Interessen zu weit auseinander. Ilse Julius war Naturwissenschaftlerin und studierte Chemie. Ihr erstes Semster von Ostern bis Juli 1921 verbrachte sie mit Kästner in Rostock. Im dortigen Universitätsarchiv hat sich noch ihr Abgangszeugnis erhalten, das der Studentin den ordnungsgemäßen Besuch bestätigt. Von Rostock wechselte sie an die Hochschule nach Dresden, wo sie im März 1926 ihr Diplom erwarb (und 1929 erfolgreich promovierte). Nicht ohne Stolz hatte sie Erich berichtet, daß sie, so die allgemeine Meinung, »die einzige Dame an der Hochschule« sei, »die etwas könnte«[12]. Und ihre Diplomprüfung bestand sie mit der Gesamtnote »Sehr gut«[13]. Offenbar hatten ihr die so gefürchteten Analysen und Synthesen im Labor keine Schwierigkeiten bereitet.

Gedruckte Dissertation von Ilse Julius

Heterocyclische Polymethin-Farbstoffe aus α- und γ-Methyl-cyclammonium-Salzen

Von der Sächs. Technischen Hochschule zu Dresden zur Erlangung der Würde eines Doktor-Ingenieurs genehmigte
DISSERTATION

Vorgelegt von
Dipl.-Ing. Ilse Julius
aus Essen a. d. Ruhr

Referent: Professor Dr.-Ing. Walter König
Korreferent: Professor Dr. Roland Scholl

1929

Paul Welzel / Dresden-Lockwitz

Auch in ihrem Privatleben und in ihren Ratschlägen für Erich zeigte sie ein gerüttelt Maß an Pragmatismus. Während der Inflationszeit spekulierte sie erfolgreich mit Devisen, und danach versuchte sie sich mit nicht überliefertem Erfolg in der Häuservermittlung, um ihre immer wieder dramatische finanzielle Situation zu verbessern. Erich empfahl sie schon im September 1924: »Mach einen Rundversand auf. Du könntest dann viel Geld verdienen.«[14] Denn Kästner war bis dahin, in den Worten Ilses, »fleißig, (...) und dabei finanziell unproduktiv«[15]. Er befolgte den Rat und schickte seine Gedichte, Erzählungen, Feuilletons und Kritiken, also seine ganze »fabrikartige«[16] Produktion, regelmäßig auf die Reise. Mit großem Erfolg. Fünfzig und mehr Nachdrucke waren keine Seltenheit. Was später als besonders raffinierte Erfindung von Kästner galt, war also die Idee Ilses gewesen.

Woran die Beziehung letztlich scheiterte, ist den erhaltenen Briefen nicht deutlich zu entnehmen. So einfach, wie es Erich seiner Mutter erklärte, war es gewiß nicht: »Sie macht Unterschiede zwischen Liebe und Bett«, schrieb er am 19. Oktober 1926 voller Empörung. »Ich kann hierin keinen Unterschied machen. Entweder: sie hat mich lieb. Oder nicht. Für solche Unterschiede, wie sie machen will, hab ich nicht das geringste Verständnis. (...) Die Dinge liegen für mich sehr schwer. Ich bin so stolz in solchen Fragen. Und nun soll ich weiter auf Ilse warten, wo sie zugibt, daß ihr ›die sexuelle Bereitschaft‹ (so nennt sie's wissenschaftlich) unangenehm ist; daß sie wie unter einem Druck stand, solange sie wußte: ich verlange und erwarte von ihr Hingabe.«[17]

Auch wann es zum letzten Mal sexuellen Kontakt zwischen den beiden gegeben hatte, reportierte der aufrichtige Sohn seiner besorgten Mutter. Es war im August 1926, während der Urlaubsreise in Dänemark – wie aus dem Brief vom 14. November 1926 hervorgeht, in dem Kästner die letzte große Aussprache für seine Mutter protokollierte: »Ich sagte: Du hast mich nie liebgehabt. Die Zeit war's sexuelle Neugierde der 18jährigen. Und seit 6 Jahren etwa weißt Du, daß Du mich nicht liebst und nie geliebt hast. Aber Du hast Dir selber immer weisgemacht: Ich liebe ihn doch. Faktisch hast Du mich nur gern gehabt, weil ich anständig,

Sachliche Romanzen

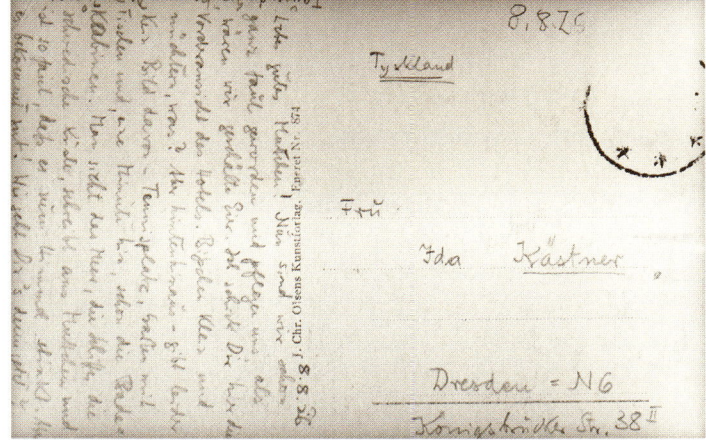

Ansichtskarte
von Gilleleie an
Ida Kästner
(8.8.1926)

zuverlässig, ehrlich und gescheit bin. – Nur so erklärt sich, daß Du seit Gilleleie einfach nicht mehr wolltest, obwohl Du niemanden liebhast.«[18]

Natürlich war die sexuelle Verweigerung nicht der Anlaß, sondern das Ergebnis einer schleichenden Entfremdung, die Kästner später so genial in Worte faßte:

> Als sie einander acht Jahre kannten
> (und man darf sagen: sie kannten sich gut),
> kam ihre Liebe plötzlich abhanden.
> Wie andern Leuten ein Stock oder Hut.

79

Sachliche Romanzen

Sie waren traurig, betrugen sich heiter,
versuchten Küsse, als ob nichts sei,
und sahen sich an und wußten nicht weiter.
Da weinte sie schließlich. Und er stand dabei.

Vom Fenster aus konnte man Schiffen winken.
Er sagte, es wäre schon Viertel nach Vier
und Zeit, irgendwo Kaffee zu trinken.
Nebenan übte ein Mensch Klavier.

Sie gingen ins kleinste Café am Ort
und rührten in ihren Tassen.
Am Abend saßen sie immer noch dort.
Sie saßen allein, und sie sprachen kein Wort
und konnten es einfach nicht fassen.[19]

Dieses Gespräch, das Kästner in seinem Gedicht »Sachliche Romanze« schilderte, hatte tatsächlich stattgefunden – von »3 h – 8.50«[20] am 14. November 1926: »Nein, sie habe mich doch liebgehabt. Und sie fühle genau, daß sie jetzt ihr Glück bewußt von sich weise. Nie wieder werde sie einen Mann wie mich finden. Ich sagte: wichtig sei nicht, ob der Mann gut oder lieb sei, sondern daß die Frau ihn liebhabe. 8 Jahre hätte ich sie liebgehabt. Nun wollte ich mal mit einer andern erleben, wie schön es ist, wenn ich liebgehabt werde. Dann wurde sie, unterwegs und weinend, auch noch eifersüchtig auf meine zukünftige Geliebte oder Frau. Ich sagte, am liebsten wäre mir, ein Kind zu haben. Sie sagte: sie würde von mir Kinder haben wollen. Immer noch. Ich sagte: Jetzt möchte ich keine mehr von Dir, da Du mich nicht lieb hast.

Nun, dann habe ich noch gut zugesprochen, obwohl ja eigentlich ich bei der Sache der Genasführte bin. Wir werden uns gelegentlich schreiben. Und wenn sie Rat braucht, soll sie sich an mich wenden. – Dann war es Zeit, in den Zug zu steigen. Sie hat geweint und gewinkt. Und ich habe gewinkt und auch beinahe geweint.«[21]

Acht Tage später schrieb Ilse an Ida Kästner und nahm alle Schuld an der Trennung auf sich. Das gute

Verhältnis zur Mutter von Erich war ihr aber weiterhin wichtig. »Ich hatte befürchtet«, schrieb sie, »dass Sie innerlich böse auf mich wären & gewiß schon jede Erinnerung an mich aus dem Wege geräumt hätten, da ich Erich & Ihnen so weh getan habe. Dass dem nun nicht so ist, macht mich froh & will mir ganz unverdient erscheinen. Zu all dem, was Sie im Leben durchmachen mussten, haben Sie nun auch noch Erichs & mein Leid miterleben müssen. Es war mir schwerlich & doch konnte ich's nicht ändern.«[22]

Es wurde ein langgezogener Abschied. Der letzte Brief von Ilse Julius an Erich Kästner trägt das Datum vom 4. April 1927. Doch auch danach riß der Kontakt nicht ab; er blieb aber spontan. Im Oktober 1929 berichtete Kästner, daß Ilse ihm geschrieben hatte. »Sie geht ein halbes Jahr als Assistentin nach Paris, dann vielleicht nach Ägypten. Sie hat da seit Paris wohl ein Verhältnis mit einem Ägypter. Und bei dessen Bruder wird sie nun angestellt. Komische Sachen...«[23]

Nach Ägypten ist sie nicht gegangen. Sie blieb in ihrer Heimatstadt, besuchte ihren früheren Geliebten aber mehrfach in Berlin. Ida Kästner war offensichtlich mit der endgültigen Trennung nicht einverstanden, so daß ihr Sohn schließlich alles versuchte, Ilse in ein schlechtes Licht zu setzen. Ein Gesicht »wie einen kleinen Hefekloß«[24] bekomme sie, und er sei heilfroh, »wieder so herrlich unabhängig und von keiner Lügenkarline abhängig«[25] zu sein. »Wenn ich denke, sie wäre jetzt Frau Kästner – ne, da muß ich gleich mal auf den Balkon und frische Luft einholen gehen. Sicher machen sie sich Vorwürfe, daß sie mich aus den Fingern gelassen haben.«[26]

Danach verlieren sich langsam die Spuren von Ilse Julius im Leben Erich Kästners. Daß sie sich nach dem Krieg noch einmal getroffen haben, ist eher unwahrscheinlich. Am 3. Mai 1964 starb Dr. Ing. Ilse Julius in Dresden, vier Jahre vor ihrer Mutter, mit der sie bis zuletzt in einer gemeinsamen Wohnung gelebt hatte.

Als Kästner die Trennung von Ilse Julius vollzog, hatte er längst eine neue Geliebte, Karin, die weitaus weniger bereit war, die Dominanz der Mutter anzuerkennen. Mehr als einmal versuchte sie einen Keil zwischen Erich und Ida Kästner zu treiben, weil sie ernste Heiratsabsichten hegte. Ida Kästner reagierte entsprechend barsch und stilisierte die Frage, ob sie oder Karin ihn zuerst in Berlin besuchen dürfe, zur Nagelprobe. Der folgsame Sohn beeilte sich, die Mutter zu besänftigen: »Daß ich Karin nicht heirate, weiß sie. Sie schrieb auch, das wäre sicher das letzte Mal, daß sie käme. Mach Dir darum keine Sorgen.«[27] Und um sie vollends zu beruhigen, fügte er hinzu: »Da denkt man nun, einer der besten Söhnchen zu sein, und freut sich, wenn Ohser oder ein andrer sagt: ›Das ist ja fabelhaft, wie oft Sie Ihrer Mama schreiben. Ich schick der meinen dann und wann mal 'ne Karte und die Wäsche.‹ und dann muß mir das passieren! Sei nicht traurig, gutes Muttchen! Es war wahrhaftig nicht bös gemeint.«[28]

Schon ein Jahr zuvor hatte Kästner seiner Mutter versichert, daß er in der Liebe zu einer Frau nie die erhoffte Erfüllung finden werde. Um mögliche Ängste von Ida Kästner zu zerstreuen, tat er dies mit äußerster Drastik und am Beispiel seiner damals neuen Geliebten Karin. Zunächst griff er die Befürchtungen seiner Mutter auf, er habe Karin nur aus sexuellen Gründen den Vorzug vor Ilse Julius gegeben: »So leidenschaftlich, wie Du denkst, ist sie auch garnicht. Sondern ist durch jahrelange Dummheiten, die sie mit sich selber erledigt hat (Du verstehst), für vieles sogar ungewöhnlich *un*empfänglich. Es macht ihr das alles viel weniger Freude, als es sein müßte. – Also, in sexueller Beziehung betrachtet, ein ganz ähnlicher Fall wie der mit Ilse. – Nur ist K. weniger selbständig und duldet vieles, ohne es eigentlich zu wünschen. Auch sie spürt schon: daß sie mir, sogar in *dieser* Beziehung, nicht genügend gefällt. – Ich glaube, es gibt keine leidenschaftlichen Mädchen mehr. Sie haben sich alle schon so zugrunde onaniert, daß sie Männer einfach nicht brauchen können. Aber das nur nebenbei.«[29]

Ida Kästner

Sachliche Romanzen

Über das Verhältnis Erich Kästners zu seiner Mutter ist schon viel geschrieben worden. Spätestens seit Luiselotte Enderles Briefsammlung *Mein liebes, gutes Muttchen, Du!* (Hamburg 1981) wurde die extreme Bindung immer wieder analysiert – mit durchaus interessanten und richtigen Ergebnissen. Aber die geschickte Bearbeitung der Briefe durch Kästners letzte Lebensgefährtin hat ein unvollständiges Bild der Mutter-Sohn-Beziehung entstehen lassen. Erichs Briefe sind voll offener und versteckter sexueller Anspielungen, die in der Enderle-Ausgabe weitgehend fehlen.

Der Sohn hielt die Mutter über sein Liebesleben stets auf dem laufenden. Er verheimlichte nichts und schien große Lust dabei zu empfinden, seine Mutter mit pikanten Details zu versorgen. Ein besonders auffälliges Beispiel dafür ist seine Bekanntschaft mit einer Edelprostituierten, die möglicherweise nicht ohne Folgen blieb. So berichtete er im Juni 1931 seiner Mutter, er habe sich »ein kleines blondes Mädchen vorübergehend zugelegt. So ganz ohne, das geht nicht auf die Dauer. Sehr nett. Mal was Lustiges, Unkompliziertes. Lebt von älteren Herren, die gelegentlich nach Berlin kommen und sie manchmal mit auf Reisen nehmen, nach Paris usw. Komische Existenzen gibt es, was?«[30] Offensichtlich hatte Ida Kästner gegen eine solche »komische Existenz« nichts einzuwenden, denn sie bedrohte die Liebe zwischen Mutter und Sohn weniger als eine in jeder Beziehung »solide« Freundin. Aber bestimmte Bedenken konnte Ida Kästner wohl doch nicht unterdrücken, so daß sich der Sohn schon vier Tage später zu der kategorischen Feststellung genötigt sah: »Das Mädchen klaut nichts.«[31]

Dafür kam es zu anderen Komplikationen. Denn schon drei Wochen nach dem ersten euphorischen Brief brach bei ihm eine nur schwer zu therapierende Tripperinfektion aus. Den Verlauf der Behandlung schilderte er seiner Mutter wieder haarklein. Noch Ende September 1931 war »der rechte Samenstrang« ein »bissel nervös und reizbar«[32], und es sollte über ein Jahr dauern, ehe er wieder weitgehend beschwerdefrei war. Des Mitgefühls seiner Mutter konnte er sicher sein. Sie war wohl die einzige Frau, mit der er darüber sprach und die er mit entsprechenden Anekdoten bei Laune hielt. Denn seine Umgebung durfte von der gesellschaftlich geächteten Krankheit nichts erfahren. Kästner ging sogar so weit, zum Schein ein extensives Sexualleben aufrechtzuerhalten, wie er seiner Mutter nicht ohne Stolz berichtete. »Wenn ich Theater hab«, schrieb er am 1. Oktober 1931, »nehm ich immer eine sehr hübsche Schauspielerin mit. Dadurch wundern sich die Leute nicht so sehr, was mit mir los ist.«[33]

Daß eine so raffinierte Tarnung auch schiefgehen konnte, ist dem Brief zu entnehmen, den er nur zwei Tage später an sein »liebes, gutes Muttchen« schickte und in dem er augenzwinkernd von einem Fehlschlag berichtete: »Gestern abend wäre ich von einem Mädchen fast vergewaltigt worden. Ich kam mir vor wie Joseph bei Frau Potiphar. Es war ihr mit großer Mühe auszureden.«[34]

Die gelegentlich fast schockierende Freimütigkeit, mit der Kästner sein Sexualleben offenlegte, geht über die gewöhnliche Mutter-Sohn-Vertraulichkeit weit hinaus. Er fühlte einen Zwang, seiner Mutter alles zu gestehen, wohl weil er ihr gegenüber auch Schuldgefühle hatte. Bei seinen Briefen drängt sich immer wieder der Eindruck auf, daß nur das Inzest-Tabu zwischen ihnen stand. Ob sich das beide nun bewußtgemacht haben oder nicht: sie waren auch ein Liebespaar, auf der Korrespondenzebene zwar nur, aber vertrauensvoller und dauerhafter, als Erich Kästner es mit einer anderen Frau hätte praktizieren können. Sogar lachende Kinder schenkte er seiner Mutter, zwar nur eine Zeichnung, die er selbst erhalten hatte, aber: »Stelle Dir's doch im Zimmer auf, gelt?«[35] In seiner Untersuchung über das Gedicht *Sachliche Romanze* hat Carl Pietzcker das Verhältnis zwischen Sohn und Mutter Kästner treffend charakterisiert, als er schrieb: »Er ist muttergebunden, zieht der Geliebten die Mutter emotional vor, berichtet der Mutter von ihr, verwendet deren Argumente bei der Geliebten und beklagt sich über sie bei der Mutter, zum Teil sogar recht aggressiv. Wer so muttergebunden ist, kann dauerhafte Liebe zu einer anderen Frau nicht ungebrochen wollen, sie könnte der Liebe zur Mutter ja nie entsprechen, bedeutete Untreue gegenüber ihr, muß also vorübergehend sein und wieder ›abhandenkommen‹.«[36]

Vor diesem seelischen Hintergrund verfaßte Kästner seine Briefe und wurde nicht müde, dem Muttchen seine übergroße Liebe zu schildern. »Es ist so schön«, heißt es beispielsweise im Januar 1929, »daß wir beide einander lieber haben als alle Mütter und Söhne, die wir kennen, gelt? Es gibt dem Leben erst den tiefsten heimlichen Wert und das größte verborgene Gewicht. Auch wenn man vor Arbeit keine Zeit hat, an den andern zu denken – im Unterbewußtsein herrscht immer diese unendliche Sicherheit, daß der andere da ist. Was sind dann andere Beziehungen dagegen? Freundschaftliche Liebe und solche Dinge sind daneben ganz unbedeutend. Wir beide sind uns das Wichtigste, und dann kommen alle andern noch lange nicht.«[37] Kästner blieb das Kind, das sich nicht abnabeln wollte, das sich bei allen Wirren seines Berufs- und Gefühlslebens an einer Stelle geborgen wußte. Denn eine dicke »Hornhaut«[38], wie er es sich selbst und seiner Mutter glauben machen wollte, hatte er nicht. Er war, wie schon das Verhältnis mit Ilse Julius zeigte, verletzlich und hatte Angst davor, nicht »richtig wie ein Mann«[39] zu sein.

So blieb ihm die Mutter, trotz seiner zahlreichen Liebschaften, der wichtigste Gesprächspartner. Der umfangreiche Briefwechsel, von dem sich nur der kleinere Teil erhalten hat, ist ein eindrucksvolles Zeugnis dafür. Wenn möglich täglich schrieben sich Mutter und Sohn. Und was sie einander mitteilten, hatte meist mit den kleinen Dingen des Lebens zu tun. Die »große« Politik spielt in der oft ausufernden Korrespondenz so gut wie keine Rolle. Da sich nur wenige Briefe der Mutter erhalten haben, lassen sich ihre detailreichen Schilderungen in der Regel nur über die Antworten von Erich Kästner erschließen. Der Sohn war ihr einziger wirklicher Gesprächspartner, den sie mit ihren zahlreichen Krankheiten ebenso traktierte wie mit den marginalen Streitereien des Dresdner Alltags. Der Ärger mit den

Verwandten und Nachbarn, mit ihren Kundinnen und immer wieder mit Vater Emil bestimmt den negativen Grundtenor von Idas Briefen. Wie die ehrgeizige Mutter ihren kleinen Sohn schon mit Selbstmorddrohungen unter psychischen Druck gesetzt hatte, so beherrschte sie es jetzt meisterhaft, dem entfernt lebenden Liebling ein schlechtes Gewissen zu machen. Ließ er sie doch krank und einsam in Dresden zurück, kam viel zu selten zu Besuch und schützte sie nicht vor den Annäherungsversuchen des von Herzen ungeliebten und demonstrativ verachteten Ehemanns.

Ihre Briefe zeigten zwar Wirkung, aber nicht so, wie Ida es gewünscht hätte. Erich besuchte sie eher seltener in Dresden, lud sie dafür jedoch häufiger nach Berlin ein. Trotz der engen Bindung an die Mutter wollte er sein Leben gewiß nicht von ihr bestimmen lassen. So genau er sie über intime Details informierte, so selten fragte er sie wirklich um Rat. Da sie aber auch ungefragt noch genügend Ratschläge gab, sind die Briefe des Sohnes oft defensiv formuliert, erklären mitunter wortreich, warum er sich nicht an das halten wolle, was die Mutter empfahl. Gleichzeitig allerdings überschüttete er sein ewig kränkelndes und griesgrämiges Muttchen mit fast stereotyp wiederholten Aufforderungen, einen Arzt aufzusuchen, weniger zu arbeiten, Urlaub zu machen oder sich zumindest einen Cafébesuch zu gönnen (wofür er regelmäßig ein »Scheinchen« beilegte). Als sichtbares Zeichen gegenseitiger Zuneigung zirkulierte im festen Turnus Erichs Wäsche zwischen Berlin und Dresden, selbst noch in den allerletzten Kriegstagen, als mit einer verläßlichen Lieferung der geplätteten Hemden nicht mehr zu rechnen war. Und wenn Mutter Kästner beim Zählen der Unterwäsche auf eine zu geringe Stückzahl gekommen war, sah sich der Sohn gezwungen, schriftlich ein hygienisches Versäumnis einzugestehen. Die Mutter führte also auch im Kleiderschrank ihres Sohns Regie. Und Erich bestärkte sie darin. Denn sein ständig schlechtes Gewissen versuchte er auf verschiedene Weise zu beruhigen: mit den Wäschepaketen genauso wie mit Briefen, in denen er noch die intimsten Heimlichkeiten preisgab.

Für seine Freundinnen war der intensive Kontakt zur Mutter eine mehr oder weniger schwere Bürde, die sie in Kauf nehmen mußten, wenn sie mit Erich zusammenleben wollten. Selbst einer so verständigen Geliebten wie Ilse Julius riß gelegentlich der Geduldsfaden, und sie fragte ihn: »Warum erzählst Du ihr jede kleinste Kleinigkeit, ehe Du Dich mit mir verständigst?«[40] Wie Ilse Julius dürften auch die anderen Frauen an Kästners Seite reagiert haben, wenn sie merkten, wie offen Mutter und Sohn miteinander korrespondierten. Andererseits gingen Ida Kästner die Vertraulichkeiten, die regelmäßigen Besuche und die noch regelmäßigeren Wäschepakete noch nicht weit genug. Sie wollte von ihrem Sohn immer wieder bestätigt haben, daß sie unangefochten den ersten Rang in seinem Leben einnahm. Diesen Wunsch erfüllte der Sohn ihr mit bemerkenswertem Zynismus seinen jeweiligen Lebens- oder Sexualpartnern gegenüber. Oder, um sich noch einmal mit Carl Pietzcker diesen komplizierten Gefühlen zu nähern: »Wer, wie Kästner, an solch ein Mutterbild gebunden ist, sucht ein Leben lang jene frühe Einheit auch draußen in der Welt, bei den Objekten, den Geliebten: er sucht ihren Zauber. Wenn sie ihn verlieren, und das ist bei seiner psychischen Disposition nicht zu vermeiden, kann er seinen Schmerz durch Wut übertäuben, die Objekte seinerseits entzaubern, sie angreifen.«[41] Was Pietzcker bezogen auf die Gedichte festgestellt hatte, gilt in sehr viel stärkerem Maß noch für die Briefe an die Mutter. Wie die Frauen auch hießen, die Kästner der Mutter gegenüber erwähnt: Margot Schönlank, Steffa Bernhard, Moritz oder Karlinchen; sie sind mehr Gegenstände seines täglichen Bedarfs als wirkliche Freundinnen oder Lebensgefährtinnen. Der Mutter werden sie nach Funktion klassifiziert, als seien sie nicht Menschen aus Fleisch und Blut, sondern Unterhaltungsangebote für den Sohn. »Steffa Bernhard«, schrieb er beispielsweise im März 1930, »bekommt mir gesundheitlich ausgezeichnet«[42]. Und drei Tage danach ergänzte er: »Das Schlafen bei Steffa bekommt mir geradezu vorzüglich. Ich weiß dabei gar nicht, woran es liegt. Aber es ist Tatsache.«[43] Daß er sich verliebt haben könnte, wird gar nicht erst ins Kalkül gezogen. Der Mutter genügen einfache Charakterisierungen. An Details ist sie nicht interessiert. So wird Margot Schönlank (»Pony«) in Erich Kästners Briefen zum lieben Hausmütterchen, das die neue Wohnung ebenso einrichtete wie Gäste bewirtete. Sie war ein »netter Kerl«[44], mehr nicht. Daß sie von einem geordneten Familienleben zu träumen schien, bereitete ihm zwar ein schlechtes Gewissen, monogam jedoch wurde er dadurch noch lange nicht. Schon bevor er sich von Margot Schönlank endgültig trennte, hatte er eine neue Affäre mit Moritz begonnen, die im wesentlichen sexuell geprägt war. Obwohl seine neue Freundin »ganz gut« parierte (»Muß sie auch, sonst verschwinde ich aus ihrem Gesichtskreis«[45]), gab Erich Kästner sehr schnell seiner Mutter zu erkennen, daß er sie möglichst weit weg wünschte. Denn Moritz hatte psychische Probleme, mit denen sich der erfolgreiche und vielbeschäftigte Schriftsteller nicht auseinandersetzen mochte. Dennoch legte er 1932 nach seiner ausgestandenen Tripperinfektion großen Wert darauf, sie mit in den Urlaub zu nehmen: »Ich mache sonst unterwegs Dummheiten, und das kann, wie ich gesehen habe, noch teurer werden. Auch hat man dann dauernd Angst, man könnte sich angesteckt haben. Das wäre keine richtige Erholung. Wenn sie nicht folgt, laß ich sie sitzen und gondle solo weiter.«[46] Moritz fuhr nicht mit, sondern zu Freunden nach Wien, und Kästner klagte seiner Mutter, daß sie ihm im Bett mächtig fehle. Entsprechend ungehalten war er, wenn die Sexualpartnerin nicht jederzeit zu seiner Verfügung stand, wie zwei Monate später: »Moritz ist an allen Ecken und Kanten krank. Sie sieht hunde-elend aus und wird immer unbrauchbarer. Dadurch wird sie noch eifersüchtiger als früher. Keine reine Freude, dieser Zustand, hol's der Teufel.«[47] Daß er selbst unter seinem vorgegebenen Zynismus litt, hat er in einem Brief an seine Mutter deutlich zum Ausdruck gebracht, als er schrieb: »Man sollte sich eben doch alles abhacken, was mit Mann zu tun hat. Sonst hört dieser Schlamassel ja doch nicht auf.«[48]

Eine tiefere Beziehung, dieses deutliche Signal kann die Mutter den Briefen entnehmen, wird es mit diesen Frauen nicht geben können. Dafür, daß Erich Kästner nicht wirklich so dachte und fühlte, wie er in Dresden glauben machen wollte, finden sich zwischen den Zeilen immer wieder Belege. Aber wirkliche Sorge um eine Frau neben seiner Mutter wollte er nicht zu erkennen geben. Erst mit Herti Kirchner und Luiselotte Enderle sollte sich das Bild ändern, nicht entscheidend zwar, aber doch so deutlich, daß auch die Mutter die atmosphärische Veränderung spürte. Beeindrucken ließ sie sich davon nicht. Und auch Kästner blieb bei dem, was er schon 1925 in seiner Erzählung *Ahasver und Frau* geschrieben hatte: »Nicht sterben können? Gut, es ist das eine Strafe, mit der man sich schließlich abfindet. (…) Nein, das ewige Leben ist nichts. Aber die ewige Ehe! Die Ehe ist – populär gesprochen – eine Institution, deren Elend im Quadrat der Dauer wächst. (…) Ehemänner aller Weltteile! Gatten aller Jahrtausende! Wer von euch zweitausend Jahre mit derselben Frau verheiratet sein möchte – der trete vor! Die zwei Lichtjahre lange Front der peinlich Befragten gerät ins Wanken. Alle springen sie, entsetzt und bleichen Gesichts, zurück.«[49]

Berliner Erfolge

»Es gruselt mich fast, wieder nach Leipzig zu müssen«, schrieb Erich Kästner Anfang Januar 1927 seiner Mutter aus Berlin. Die Millionenstadt sei »der einzige Boden in Deutschland, wo was los ist! Paar Tage da drüben machen einen herrlich mobil.« Und fast sentimental fügte er hinzu: »Nun, es wird schon mal klappen mit Berlin.«[1]

Daß es dann viel schneller klappen sollte, als er erwartet hatte, war dem »Fußtritt Fortunas«[2] zu verdanken, von dem Luiselotte Enderle in ihrer Kästner-Biographie spricht. Obwohl er sich auch ein bißchen vor der Stadt fürchtete, in der er ein halbes Jahr studiert hatte, wußte Kästner genau, daß der ins Auge gefaßte Aufstieg als Publizist und Schriftsteller nur dort möglich sein würde. Berlin war damals eine Metropole, wie es in Deutschland nicht einmal annähernd eine zweite gab. Über vier Millionen Menschen lebten in den zwanzig Bezirken. Was aber für Kästner viel wichtiger war: In Berlin hatten die meisten Buch- und Zeitungsverlage ihren Sitz, die Ufa produzierte in Babelsberg ihre Filme, die Theater beschäftigten alle großen Künstler aus dem deutschsprachigen Raum, und wer als Schriftsteller etwas auf sich hielt, wohnte in Berlin oder besuchte zumindest regelmäßig die berühmten Cafés der Stadt. Für uns heute unvorstellbar, erschienen in Berlin täglich rund hundert Zeitungen, davon mehrere fremdsprachliche, und die gleiche Zahl an Unterhaltungsblättern.

Wer aus der »Provinz« in die Reichshauptstadt kam, wurde von deren Dimensionen schier erdrückt. Erich Kästner hat diese Erfahrung später in ein Gedicht gepackt, das er »Besuch vom Lande« nannte:

»Sie stehen verstört am Potsdamer Platz.
Und finden Berlin zu laut.
Die Nacht glüht auf in Kilowatts.
Ein Fräulein sagt heiser: Komm mit, mein Schatz!«
Und zeigt entsetzlich viel Haut.

Sie wissen vor Staunen nicht aus und nicht ein.
Sie stehen und wundern sich bloß.
Die Bahnen rasseln. Die Autos schrein.
Sie möchten am liebsten zu Hause sein.
Und finden Berlin zu groß.

Es klingt, als ob die Großstadt stöhnt,
weil irgendwer sie schilt.
Die Häuser funkeln. Die U-Bahn dröhnt.
Sie sind das alles so garnicht gewöhnt.
Und finden Berlin zu wild.

Sie machen vor Angst die Beine krumm.
Und machen alles verkehrt.
Sie lächeln bestürzt. Und sie warten dumm.
Und stehn auf dem Potsdamer Platz herum,
bis man sie überfährt.«[3]

Die Pointe, die sich Kästner für sein Gedicht ausgedacht hatte, war so abwegig nicht. Die Stadtverwaltung selbst glaubte nämlich ihre Besucher auf einige Besonderheiten der Verkehrsregelung hinweisen zu müssen. So gab es in Berlin als besondere Spezialität sogenannte Signalgeräte, also nichts anderes als unsere Ampeln, die weder Autofahrer noch Fußgänger »vom Lande« bis dato kannten. Und Besucher wurden ausdrücklich darauf hingewiesen, nicht auf der Fahrbahn zu laufen, sondern auf dem Bürgersteig. Es gab also viel zu lernen, wenn man Berlin besuchen oder gar in dieser Stadt leben wollte.

Kästner nahm sich vor, das nach Leipzig zu berichten, was spannend und neu an der Metropole war, und irgendwann wollte er selbst zu dem Spannenden und Neuen gehören.

Die Anfänge waren allerdings bescheiden. Für 70 Mark

im Monat mietete er ein Zimmer bei der Witwe Ratkowski in der Prager Straße. Den Juli verbrachte er noch zum Teil in Leipzig. Am 28. Juli 1927 erschien sein erster Beitrag in der *Neuen Leipziger Zeitung*, der Berlin zum Thema hatte. *Sächsische Edelvaluta* hieß der Titel der Geschichte, die die Schwierigkeiten eines Herrn aus Chemnitz in Berlin schilderte. Der Sachse wollte mit Geldscheinen seiner Staatsbank bezahlen, aber alle weigerten sich, die »Edelvaluta« anzunehmen. Kästner nutzte die Anekdote, in der er geschickt die alte der neuen Heimat gegenüberstellte, um die Abschaffung von regionalen Banknoten zu fordern. So also konnte es einem Herrn aus Sachsen in der großen Metropole ergehen. Daß Berlin aber nicht nur die große weite Welt verkörperte, sondern durchaus auch anheimelnde Züge hatte, die die Leser der *NLZ* an Leipzig und Umgebung erinnern konnten, machte Kästner mit seinem zweiten Artikel aus Berlin deutlich, dem er den Titel *Kleinstädtisches Berlin* gab. Darin geht es um einen Aufruf an den Plakatsäulen, sich Deckerlaubnisscheine für Ziegenböcke ausstellen zu lassen. So weit war Berlin also doch nicht von Leipzig entfernt. Und für Gefühle provinzstädtischer Unterlegenheit gab es schon gar keinen Grund: »Eine Stadt wie Berlin besteht aus einer Zahl von Städten, deren jede nicht mehr als drei-, vierhunderttausend Einwohner hat: Bayerisches Viertel, Zentrum, Schlesisches Viertel, Wilmersdorf usw. Innerhalb dieser Bezirke kennt man einander genau so wie in Chemnitz oder Brünn: in diesen Bezirken ist man genau so einheimisch wie anderswo: sie sind lediglich in den Namen »Berlin« eingemeindet, diese Bezirke. ›Berlin‹ existiert – überspitzt formuliert – zwar auf Steuererklärungen und anderem Papier, nicht aber in der Gefühlssphäre der Einwohnerschaft.«[4]

Kästner wußte genau, was er seinem Leipziger Publikum bieten wollte und was von ihm erwartet wurde. Er lieferte Berliner Flair, die Exotik der Metropole, in der extreme Armut und verschwenderischer Reichtum ins Auge stachen. Er spürte Kurioses auf und dokumentierte immer wieder augenzwinkernd, daß Weltstadt und Provinzstadt nicht so weit auseinanderlagen, wie es von

Leipzig aus den Anschein hatte. Und wenn dann noch ein Leipziger Schauspieler vom Berliner Publikum beklatscht wurde, dann war es ihm einen besonderen Hinweis wert. Die Leser der *NLZ* werden es ihm gedankt haben.

Aber als Gesellschaftsreporter, als Mann fürs Bunte wollte er sich nicht abstempeln lassen. Schon sein dritter Artikel aus Berlin griff in die Tagespolitik ein, verbrämt als kulturkritische Betrachtung. In der Nacht zum 28. Juli 1927 war in Duisburg eine Plastik von Wilhelm Lehmbruck vom Sockel gestoßen worden, von offensichtlich rechtsradikalen Tätern. Das juckte Erich Kästner natürlich in den Fingern, und er verfaßte einen *Brief an den toten Lehmbruck,* in dem er die unnachsichtige Bestrafung der Festgenommenen forderte und die Hintermänner anklagte: »Wen wir meinen? – Wir meinen jene Anwälte gestriger Autorität, die alles Neue infamieren und verleumden. Wir meinen jene, die der Ansicht sind, Kunst ließe sich verbieten und verordnen. Wir meinen die Gesinnung jener Menschen, die sich durch das beleidigt fühlt, was sie nicht verstehen kann, die das haßt, was über ihr Begriffsvermögen hinausgeht, und die das ihr Fremde in der unwürdigsten Weise herabzusetzen bemüht ist.«[5]

Der Potsdamer Platz mit der Terrasse des Café Josty, auf der Kästner im Sommer 1929 *Emil und die Detektive* schrieb

Zwei Wochen später, als die fünf Täter nur zu je einem Monat Gefängnis verurteilt worden waren, wiederholte Kästner seine Angriffe in der *Weltbühne* und verschärfte u. a. diese Passage noch, indem er die Regierung direkt angriff, die das von ihm heftig befehdete Schmutz- und Schundgesetz verabschiedet hatte.

Chefredakteur Marguth in Leipzig dürften Artikel dieser Art nicht gefallen haben. Das war es nicht, was er von Kästner aus Berlin erwartete. Ob er etwas dagegen unternahm, ist nicht bekannt. Aber Kästner veröffentlichte danach seine politischen Attacken nicht mehr in der *Neuen Leipziger Zeitung*, sondern vor allem in der *Weltbühne*«, die keine Kompromisse zu machen brauchte. Für die *NLZ* berichtete er, zumindest bis Anfang 1931, als Chronist nur noch über die laufenden Kulturereignisse in Berlin. Allerdings hatte Kästner damit auch genügend zu tun, denn in diese Zeitspanne fällt viel von dem, was in unserem heutigen Bewußtsein den kulturellen Aufbruch in der Weimarer Republik symbolisiert.

Kästners Rolle als Beobachter und Kritiker ist bisher, aus weitgehender Unkenntnis seiner Artikel, unterschätzt worden. Er war ein sehr genauer Beobachter vor allem der von ihm als bahnbrechend erkannten Entwicklungen auf den Bühnen und im Film. Ein fast untrüglicher Instinkt für das Neue, das Besondere und qualitativ Herausragende führte ihn fast täglich ins Theater oder ins Kino, in Kunstausstellungen oder zu experimentellen Gruppen. Zwar ist nicht immer mit letzter Sicherheit zu sagen, wo Kästner in seinen Artikeln eigenes Empfinden ausdrückte und wo er sich der Meinung von Berliner Kollegen anschloß, denn seine Berichte und Rezensionen erschienen oft erst Tage nach den entsprechenden Kritiken in der Hauptstadtpresse. Kästner hatte also genügend Zeit, die Feuilletons zu studieren und seine Eindrücke daran zu messen. Er scheint aber gerade seinen Ehrgeiz darin gesetzt zu haben, die Urteile der Großkritiker zu revidieren, wobei die Lust am Widerspruch dort versiegte, wo Kästner die angebotenen Meinungen teilte.

Dabei stand für Kästner nicht das formale Experiment, sondern das pazifistische und soziale Engagement im Vordergrund. Ein Kriegsfilm, der den Krieg nicht ausdrücklich verurteilte, konnte in seinen Augen genausowenig Gnade finden wie ein Sozialdrama, das mit dem Elend der Deklassierten nur die Schaulust befriedigte. Als Kritiker wollte Kästner gerade die Produktionen herausstellen, die seiner radikal-pazifistischen und in seinem Sinn sozialistischen Einstellung entsprachen. Inhaltliche oder stilistische Mängel nahm er in Kauf, wenn nur die Richtung stimmte.

Für Kästner waren die ersten Jahre in Berlin die Fortsetzung seiner Leipziger Lehrzeit. Vor allem was er im Theater sah, erschütterte ihn tief und schärfte seine Sinne für Herausragendes. Schon zwei Monate, nachdem er in der Hauptstadt seine neue Heimat gefunden hatte, erlebte er Erwin Piscators Inszenierung von *Hoppla – wir leben!* – und das wurde eine Schlüsselerfahrung für ihn. Zwar hatten sich die Staatlichen Bühnen mit Leopold Jessner oder Max Reinhardt schon lange dem formalen und inhaltlichen Experiment geöffnet, aber die Radikalität, mit der Piscator die Guckkastenbühne in Frage stellte, musikalische Elemente einbezog und aktuelle politische Ereignisse zu Themen machte, war auch für Berlin außergewöhnlich. Kästner erkannte das sofort und begann seine Rezension mit dem Ungewöhnlichen der Aufführung. Es sei schwer, dem Leser »auch nur näherungsweise eine brauchbare Vorstellung« von dem zu vermitteln, was er gesehen hatte. »Der Leser muß jeden bisher gebräuchlichen Begriff, was das Theater sei, ausmerzen, wenn er begreifen will, was hier an theatralisch Neuem geschaffen wurde. Mit dieser Aufführung beginnt – wenn nicht alles trügt – eine neue Epoche der deutschen Theatergeschichte.«[6] Kästner sollte recht behalten. Die Begeisterung für Piscator ging bei ihm so weit, daß er auch den persönlichen Kontakt zu dem Regisseur und Theaterleiter suchte. Diesem Umstand verdankte die *Neue Leipziger Zeitung* eine kleine Sensation. Piscator erlaubte Kästner, die Entwurfzeichnungen von Gropius für sein (später nicht realisiertes) »Theater der Zukunft« als erster abzubilden[7]. (In der Piscator- und Bauhaus-Forschung wird noch immer die *Berliner Illustrirte Zeitung* als Erstveröffentlichung genannt; sie kam aber erst einen Monat später.)

Kästner empfand Piscator als wichtigsten Erneuerer des Theaters, der den Strömungen der Zeit auf der Bühne einen adäquaten Ausdruck verlieh und – fast nebenbei – die jahrtausendealte Trennung von Publikum und Schauspielern aufhob. Aber so plötzlich und vorbehaltlos sich Kästner für den Theaterregisseur begeistert hatte, so rasch vollzog sich die Abkehr. Anlaß war ein politisches Manöver in der Inszenierung des Stückes *Rasputin*. Nach der Verbannung Trotzkis durch Stalin Mitte Januar 1928 ließ Piscator den Schlußmonolog des in Ungnade gefallenen Revolutionärs auf wenige Sätze zusammenstreichen. Kästner reagierte mit scharfer Ablehnung: »Politik borniert den Charakter! Sie kann dazu führen, daß Rußland mit Deutschland verwechselt wird und Stalin mit Theater und Unvernunft mit Charakter.«[8] Wenn Kästner das Gefühl hatte, daß politisches Engagement auf der Bühne in blinden Gehorsam gegenüber einer Partei umschlug, ging er auf Distanz. Vor allem der »kommunistische Fimmel«[9] stieß bei ihm (bis auf eine Ausnahme, von der noch zu reden sein wird) auf heftige Ablehnung. Dogmatismus, in welcher Form auch immer, war ihm zutiefst zuwider.

Aber ein Berlin ohne Piscator konnte sich Kästner auch nicht vorstellen. Als Piscator mit seinem eigenen Theater gescheitert war und neue Geldgeber suchte, rührte Kästner noch einmal heftig die Werbetrommel: »Er hat eine theaterhistorische Aufgabe zu erfüllen. Dergleichen und Geld zu verdienen sind grundverschiedene Dinge. (...) Er experimentiert. Er experimentiert für das europäische Theater. Er hat das Zeug dazu. Schon fangen die deutschen Provinzbühnen an, von ihm zu lernen. Er übertreibt. Er muß übertreiben. Er hämmert den Zeitgenossen eine neue Bühnenform ein. Da muß man skandieren. Kurz und gut: hoffentlich gibt ihm jemand Geld. Wir haben ihn nötig.«[10]

Neben Piscator verblaßten für Kästner die anderen Größen des Berliner Theaters in der Weimarer Republik: Max Reinhardt, Ödön von Horváth, Carl Zuckmayer und sogar Bertolt Brecht, dem er kaum Aufmerksamkeit schenkte. Lediglich die Uraufführung der *Dreigroschenoper* war ihm eine ausführliche (und hymnische) Kritik wert. Und auch da mußte sich Brecht mit Piscator vergleichen lassen, wenn Kästner zu der Aufführung anmerkte, »daß sie aktuelle Möglichkeiten kaum wahrnahm, geschweige denn erschöpfte«[11]. Die *Mann ist Mann*-Premiere erwähnte er nur in einer Sammelrezension, und nach der Uraufführung von *Happy End* fragte er enttäuscht: »Warum betreibt er, politisch linksradikal und voller Pläne, Kolonialromantik? Hält er die Gesinnungspointen seiner Songs für so kräftig, daß er sie mildern zu müssen glaubt, indem er die Dramenfiguren mit Kostümen polstert? (...) Seit den ›Trommeln in der Nacht‹ haben sich Brechts Stücke nicht mehr in die deutsche Gegenwart getraut. Ist Deutschland so uninteressant?«[12]

Ohne deutlichen Gegenwartsbezug konnte Kästner weder den Stücken von Brecht noch von Zuckmayer (den er mehrfach heftig kritisierte) oder anderen bedeutenden Autoren etwas abgewinnen. Andererseits genügte es ihm auch nicht, wenn Gesellschaftskritik als Banner vorweggetragen wurde, dann aber weder literarische noch theatralische Qualität folgten.

Daß Kästner gerade das Bühnengeschehen so aufmerksam und engagiert beobachtete, hängt mit seinen eigenen Ambitionen zusammen. Denn lange Zeit glaubte er, als Theaterautor reüssieren zu können. Aber nicht die Bretter, die die Welt bedeuten, sondern seine Gedichte, die er zunächst eher geringgeschätzt hatte, brachten ihm seinen ersten großen Erfolg. In den Schoß fiel ihm dieser allerdings auch nicht.

Kästner war es gewohnt, hart zu arbeiten. Fast täglich fabrizierte er Artikel und Gedichte, ging ins Theater oder Kino, verhandelte mit Redakteuren, Verlegern und Filmleuten. Die Briefe an seine Mutter sind beredte Zeugnisse seines Fleißes, seines unbedingten Willens, berühmt zu werden. Schon gegen Ende 1926, noch in Leipzig, hatte er Ida Kästner seinen Lebensplan enthüllt, den er dann sogar früher als beschrieben ver-

wirklichte: »Wenn ich 30 Jahr bin, will ich, daß man meinen Namen kennt. Bis 35 will ich anerkannt sein. Bis 40 sogar ein bißchen berühmt. Obwohl das Berühmtsein gar nicht so wichtig ist. Aber es steht nun mal auf meinem Programm. Also muß es eben klappen! Einverstanden?«[13]

Von mangelndem Selbstbewußtsein zeugt diese Passage nicht gerade. Dabei hatte Kästner kaum einen Grund für übertriebenen Optimismus. Er suchte »mit der Laterne«[14] einen Verleger für seine gesammelten Gedichte, die sein Freund Erich Ohser illustrieren sollte. Der erste Verlag, der Interesse zeigte, war Paul List in Leipzig. Allerdings war der Leiter mehr daran interessiert, Kästner kennenzulernen – den er als Peter Flint schätzte –, als angeblich unverkäufliche Gedichte zu drucken. Trotzdem verlief das Gespräch im Verlagshaus in der Karolinenstraße nicht ohne Überraschung: »Der Direktor Sölter war sehr liebenswürdig und stellte mir einen jungen Mann vor als den Sohn des Verlegers, den jungen Dr. List. Da hab ich aber die Äuglein aufgerissen! Mit dem hab ich nämlich jahrelang bei Köster zusammen studiert und wußte nie, daß das Kerlchen so einen Verlag erben wird. Na, er starb fast vor Hochachtung vor mir am Sonnabend, mochte sich wohl meiner Referate erinnern, als ich noch jung und hübsch war. Ich hatte meinen guten Tag und unterhielt die beiden Kerle, daß es ein Vergnügen war. Suchte ihnen klarzumachen, wie geeignet der Zeitpunkt für so ein Groteskbändchen wäre usw. Na, sie hatten allerlei Einwände und Sorgen, das Buch würde vielleicht nicht gehen, zu teuer werden und was weiß ich. Zum Schluß behielten sie aber das Manuskript da und versprachen, mir in spätestens 14 Tagen Nachricht zu geben, ob sie überhaupt Interesse hätten. Na, da warte ich eben.«[15]

So freundlich, wie das Gespräch verlaufen war, fiel auch die Absage aus: »honigsüß«[16].

Kästner ließ sich nicht entmutigen und schickte sein Manuskript an den Wiener Zsolnay-Verlag. Ebenfalls ohne Erfolg. Es dauerte fast ein Jahr, bis sich ein Verleger ernsthaft für den Band interessierte. Es war der Leipziger Carl Weller, ein Neuling im Gewerbe, der das Risiko nicht scheute, Gedichte zu drucken. Vielleicht hatte er auch erkannt, daß mit Kästners Lyrik Leser anzusprechen waren, die sonst Unterhaltungsromane vorzogen. Ein Risiko war es in jedem Fall, als er sich dafür entschied, den Band *Herz auf Taille* im April 1928 als Kästners Debüt zu veröffentlichen. Der Erfolg, den die 49 Gedichte hatten, überraschte alle Beteiligten. Bis auf ultrarechte Blätter, die einen neuen linken Schmierfinken am Werk vermuteten, war das Lob einhellig. Kästner gab dem Zeitgefühl seiner Generation Ausdruck. Er faßte das in Reime, was die damals Dreißigjährigen bewegte, was sie fühlten, was sie dachten und was sie so verbitterte. Und er tat das in einer Form, die Lyrik nicht zum exklusiven Ereignis für Eingeweihte machte, sondern bewußt die Nähe zum Bänkelsang, zur Moritat und zum Volkslied suchte. Ein großer Teil der Gedichte war bereits publiziert, vor allem im *Tage-Buch*, in der *Weltbühne*, in der *Jugend* und im *Stachelschwein*, aber in der neuen Zusammenstellung ergaben sie mehr als nur eine Buchbindersynthese. Mehrere seiner wichtigsten und berühmtesten lyrischen Arbeiten sind in diesem Band versammelt: *Kennst Du das Land, wo die Kanonen blühn?*, *Die Zeit fährt Auto*, *Ansprache einer Bardame*, *Moralische Anatomie*, *Stimmen aus dem Massengrab* und das programmatische Anfangsgedicht *Jahrgang 1899*:

> Wir haben die Frauen zu Bett gebracht,
> Als die Männer in Frankreich standen.
> Wir hatten uns das viel schöner gedacht.
> Wir waren nur Konfirmanden.
>
> Dann holte man uns zum Militär,
> Bloß so als Kanonenfutter.
> In der Schule wurden die Bänke leer,
> Zu Hause weinte die Mutter.
>
> Dann gab es ein bißchen Revolution
> Und schneite Kartoffelflocken;
> Dann kamen die Frauen, wie früher schon,
> Und dann kamen die Gonokokken.

Berliner Erfolge

> Inzwischen verlor der Alte sein Geld,
> Da wurden wir Nachtstudenten.
> Bei Tag waren wir bureau-angestellt
> Und rechneten mit Prozenten.
>
> Dann hätte sie fast ein Kind gehabt,
> Ob von dir, ob von mir – was weiß ich!
> Das hat ihr ein Freund von uns ausgeschabt.
> Und nächstens werden wir Dreißig.
>
> Wir haben sogar ein Examen gemacht
> Und das meiste schon wieder vergessen.
> Jetzt sind wir allein bei Tag und bei Nacht
> Und haben nichts Rechtes zu fressen!
>
> Wir haben der Welt in die Schnauze geguckt,
> Anstatt mit Puppen zu spielen.
> Wir haben der Welt auf die Weste gespuckt,
> Soweit wir vor Ypern nicht fielen.
>
> Man hat unsern Körper und hat unsern Geist
> Ein wenig zu wenig gekräftigt.
> Man hat uns zu lange, zu früh und zumeist
> In der Weltgeschichte beschäftigt!
>
> Die Alten behaupten, es würde nun Zeit
> Für uns zum Säen und Ernten.
> Noch einen Moment. Bald sind wir bereit.
> Noch einen Moment. Bald ist es so weit!
> Dann zeigen wir euch, was wir lernten!

Diese Hymne einer »lost generation«, einer schon in ihrer Jugend zerstörten und deformierten Kriegsgeneration, deren weiteren politischen Weg Kästner in der Schlußzeile bewußt offenließ, war zuerst im *Tage-Buch* erschienen, aber als melancholisch-aggressiver Auftakt der ersten Gedichtsammlung entfaltete sie eine ungleich stärkere Wirkung. »K wie Kästner. Brillant«, schrieb Kurt Tucholsky, »ein kleines Gedicht, in dem eigentlich alles über diesen Fall ausgesagt ist – mehr kann man darüber gar nicht sagen.«[17] Aber Tucholsky erkannte auch, daß sich hinter der selbstbewußt vorgetragenen Zeitanalyse Unsicherheit über den eigenen Weg verbarg. Hier suchte noch einer nicht nur seinen Platz in der Gesellschaft, sondern auch im Literaturbetrieb der Weimarer Republik: »Aus der Gesamterscheinung dieses Mannes kann ich nicht ganz klug werden. Die Verse sind wunderbar gearbeitet, mit der Hand genäht, kein Zweifel – aber irgend etwas ist da nicht in Ordnung. Es geht mir manchmal zu glatt, das sollte man einem deutschen Schriftsteller nicht sagen, dieses Formtalent ist so selten! also sagen wir lieber: die Rechnung geht zu gut auf; sechsunddreißig geteilt durch sechs ist sechs, gewiß, na und? Ich kenne kaum ein einzelnes Gedicht, gegen das ich Einwände zu machen hätte... Ist es die Jugend? Aber gerade das, was mir auffällt, ist kein Anzeichen von Jugend: es ist so etwas wie mangelnde Kraft; der dahinter steht, ist mitunter selber ›Jahrgang 1899‹. Ich will mich gern getäuscht haben: so einer verdient Förderung, Ei-Ei und Weitermachen.«

Tucholsky blieb eine der wenigen kritischen Stimmen. Andere Autoren, Hans Fallada zum Beispiel, waren uneingeschränkt begeistert über diese genauen, nüchternen und illusionslosen Gedichte. »Im Zusehen«, so Fallada, »erweitert sich der Rahmen immer mehr, unser ganzer Alltag ist darin, und was wäre auf dieser Welt, das nicht in diesen Alltag reichte – ? Und welche andere Hoffnung kann man uns schließlich geben als die Zukunft, körperhaft geworden durch die Frauen in den Kindern? So sagt der Titel dieses ersten Versbandes auch nichts anderes aus: laßt euch nicht verblüffen, traut nicht der Kälte, der Blasiertheit, was hier schlägt, ist wohl ein verbogenes, ramponiertes, gedrilltes Herz, aber ein Herz!«[18]

Vielleicht erklärt das den Erfolg von Kästners erster Lyriksammlung. Seine Gedichte ließen sich ebenso als Protokolle der Verzweiflung wie als Hoffnung auf bessere Zeiten lesen. Schon nach wenigen Monaten mußte eine weitere Auflage gedruckt werden, das dritte bis siebente Tausend, das allerdings eine gravierende Änderung enthielt: die ganzseitigen und in ihrer Freizügigkeit provozierenden Zeichnungen von Erich Ohser waren fortgefallen. »Der junge Verleger hatte sie der empörten öffentlichen Meinung, d. h. einflußreichen konservativen Buchhändlern, opfern müssen«[19], schrieb Kästner später. Von einem Protest seinerseits ist nichts bekannt. Die Lücke füllte er mit acht zusätzlichen Gedichten.

Mit dem 1903 geborenen Erich Ohser, der später unter seinem Pseudonym E. O. Plauen und mit seinen *Vater und Sohn*-Geschichten berühmt werden sollte, war Kästner seit seinem Studium befreundet. »Als Ohser und ich uns in Leipzig kennenlernten«, erinnerte sich Kästner 1957, »trieb die Inflation ihre letzten verrückten Papierblüten in die hektische Atmosphäre der Nachkriegszeit. Er war noch ein paar Jahre jünger als ich, groß, dunkelhaarig und voller Übermut. Er studierte an der Kunstakademie und ich an der Universität. Wir waren beide unseren Berufen entlaufen und aufs Dasein neugierig, fanden die Freiheit samt ihrem Risiko herrlich, lernten und bummelten, lachten und lebten von der Hand in den Mund. Wir glaubten getrost an unser Talent und waren sehr fleißig und sehr faul, wie es sich traf. Er zeichnete, und ich schrieb schon für Zeitungen und Zeitschriften, und sein Freund Erich Knauf, der es bereits zum Redakteur der *Plauener Volkszeitung* gebracht hatte, war unser bester Abnehmer. Daß sich seine Leser über unsere ungebärdige Modernität wunderten, kümmerte Knauf wenig. Ängstlichkeit stand nicht auf seinem Programm.«[20] Auch später, in der Endphase der Weimarer Republik, als er ebenfalls in Berlin lebte, blieb Ohser seinen Prinzipien treu: »Er war ein rauflustiger Kritiker seiner Zeit«, so die Charakterisierung von Kästner, »er haßte die Profitmacher, er verlachte die Spießer und Heuchler, er attackierte

Erich Kästner mit Erich Ohser (Berlin 1927)

die Bürokratie, er focht für die Freiheit des einzelnen und kämpfte gegen die Dummheiten der meisten. Unermüdlich stellte er sich, mit Tusche und Feder, den Leithammeln und ihren Herden in den Weg und malte den Teufel an die Wand. Hunderte seiner gezeichneten Pamphlete erschienen in demokratischen und sozialdemokratischen Zeitungen.«[21]

Mit dem Freund Ohser trat Kästner nach dem Erfolg des gemeinsamen Gedichtbandes im Sommer 1928 eine Reise nach Paris an, an die er sich später immer wieder gern erinnerte. Was die beiden, 29 und 25 Jahre alt, von der gemeinhin als sündig und verrucht geschilderten Stadt erwartet hatten, wurde mehr als erfüllt: »Von morgens bis in die Nacht trabten wir kreuz und quer durch die wundervolle Stadt, über die Boulevards zum Bois, von der Place du terre zum Café du Dome und zur Coupole, von der Madeleine zur Place de la Bastille, von den Markthallen zu den Bouquinisten, und kein Winkel konnte sich vor uns verstecken.«[22] Im billigen Hotelzimmer lagen die von zu Hause mitgebrachten Würste, die als Marschproviant dienten, denn noch waren beide keine hochbezahlten Künstler, die sich ein Diner im Drei-Sterne-Restaurant hätten erlauben können. Ihr Geld gaben sie lieber für andere »Sensationen« aus: für das berühmte »Lido« mit Badenixen im Swimmingpool und Maharadschas im Frack, für ein weniger berühmtes Lokal mit »splitterfasernackter Damenbedienung«, die sich »aufs ungezwungenste um ihre Gäste«[23] bemühte, und für eine »sündhafte« Fotoserie mit dem vielversprechenden Titel »Les vingtquatre positions«, die sich bei näherer Betrachtung als Bewegungsstudie eines Männer-Ringkampfes herausstellte.

Aufgeklärt und gebildet kehrten die beiden Freunde von ihrer Kavalierstour nach Berlin zurück und gaben ihre Anekdoten zum besten. Zum Freundeskreis um Erich Kästner gehörten neben Ohser noch drei andere Sachsen: Der schon erwähnte Erich Knauf war Verlagsleiter bei der Büchergilde Gutenberg geworden, nachdem er die *Plauener Volkszeitung* verlassen hatte. »Ein Mann aus dem Volke«, nannte ihn Erich Kästner rückblickend 1946. »Und sein Leben lang ein Mann für das

Volk. Ein Mann, den wir jetzt brauchen könnten wie das liebe Brot! Einer von denen, die den staatlich konzessionierten Verbrechern samt ihrer doppelten Buchführung bis aufs Blut verhaßt waren.«[24] Ohser und Knauf sollten die NS-Zeit nicht überleben. Davon wird noch die Rede sein.

Auch der Maler Eugen Hamm, der vierte Sachse im Bunde, starb früh. Er beging Selbstmord, und Erich Kästner widmete ihm ein bewegendes Gedicht mit den Anfangszeilen »Ach, er war ein guter Maler, doch ein schlechter Steuerzahler«[25].

Nimmt man noch den Schriftsteller und Schulfreund aus Dresdner Tagen Werner Buhre hinzu, dann ist die Runde komplett, die sich in Kästners ersten Berliner Jahren im Café Carlton oder bei Schwannecke traf. Kästner arbeitete prinzipiell im Café, empfing dort auch Gäste oder führte an seinem Stammtisch Vertragsverhandlungen. Zunächst war das Café Carlton sein »Büro«, das nicht weit von der Prager Straße entfernt lag und mit dem Slogan »Der Marmortisch als Arbeitsplatz« warb. Nach etwa einem Jahr wechselte er ins Café Leon, das gerade nach Plänen von Erich Mendelsohn errichtet worden war. Es lag gleich neben den Universum-Kinos und dem »Kabarett der Komiker« und nicht weit entfernt von Kästners neuer Wohnung in der Roscherstraße. Das heute verklärte und damals schon gerühmte »Romanische Café« schätzte Kästner dagegen nicht. Für die *Neue Leipziger Zeitung* verfaßte er sogar einen Artikel, der das »Romanische Café« als »Wartesaal für Talente«[26] abstempelte: »Es gibt Leute, die hier seit zwanzig Jahren, Tag für Tag, aufs Talent warten. Sie beherrschen, wenn nichts sonst, so doch die Kunst des

Wartens in verblüffendem Maße. Neben ihnen behaupten sich, häufig ebenso lange, die unglücklichen Kunstjünger. Wer seit Jahren auf der Bühne erklärt, die Pferde seien gesattelt, der kann natürlich seinen Kaffee nirgendwo anders trinken als hier! Wer einmal ein Gedicht schrieb, das von einer literarischen Zeitschrift angenommen wurde (ohne daß es darum erschien); wer auf Marmortische Gesichter und Frauenakte zu zeichnen imstande ist; wer in Opernchören seine Stimme abgibt und von Tauber zu hören bekam, er solle nur so weitermachen – diese und viele andere Abarten der vom Genius Betroffenen kommen hier zusammen. (...) Man kann die Entwicklung eines Berliner Künstlers, Journalisten oder Schriftstellers nicht deutlicher erkennen, als wenn man hört: ›Er geht nicht mehr ins Romanische. Er ist jetzt viel bei Schwannecke.‹ Diese Feststellung verrät, unausgesprochen, Kontraktabschlüsse, Avancements, Mehreinnahmen, herannahenden Ruhm. Die beiden Lokale liegen keine drei Minuten auseinander. Aber für manchen dauert der Weg von einem zum anderen Jahrzehnte, und die meisten legen ihn nie zurück.« Natürlich ging Kästner abends nach dem Theater, nach dem Kino oder nach dem Bummel mit Freunden »viel« in das kleine Weinlokal, das der Schauspieler Viktor Schwannecke leitete. Dort trafen sich alle Künstler, die es in Berlin oder anderswo zu Ruhm und neuen Automobilen gebracht hatten (über die besonders gern geredet wurde): von Heinrich George bis Bertolt Brecht, von Elisabeth Bergner bis Albert Steinrück, von Lion Feuchtwanger bis Ernst Toller, Alfred Polgar, Carl Zuckmayer und Franz Blei. Schon nach seinem ersten Gedichtband gehörte Erich Kästner dazu. Er war einer, dessen »herannahenden Ruhm« jeder spürte und der deshalb auch gern einge-

Das Café Leon, in dem Kästner gern arbeitete

laden wurde – zum Beispiel zum *Weltbühnen*-Tee bei der Witwe von Siegfried Jacobsohn. In regelmäßigen Abständen trafen sich, wie Hermann Kesten in seinem Kästner-Porträt berichtete, »die ortsansässigen Mitarbeiter der ›Weltbühne‹ zu dünnem Tee und antikollegialen Gesprächen in jener kaltschnäuzigen, postmarxistischen, radikalität-spritzenden Manier, die unter den Weltbühnenmitarbeitern wie eine Art preußisches Großstadtsumpffieber grassierte.«[27]

Die beiden literarischen Debütanten Kästner und Kesten lernten sich bei einem dieser Teegespräche in der Kantstraße kennen. Daraus sollte eine lebenslange und sehr intensive Freundschaft werden.

Aber nicht nur dauerhafte Freund- oder Feindschaften bahnten sich im Haus der *Weltbühnen*-Verlegerin an. Edith Jacobsohn griff auch selbst gelegentlich in das Geschehen ein. »Die Witwe«, so der Besucher Kesten, »trug sich mit der finsteren Absicht, ihren Mitarbeitern Ideen für neue Artikel einzublasen.«[28] Kästner hatte das seltene Glück, daß ihr die Verlegerin nicht nur die Idee für einen Artikel, sondern gleich für ein ganzes Buch »einblies«: »An einem dieser Nachmittage«, erinnerte sich Kästner 1966, als er eine nach ihm benannte Schule einweihte, »bugsierte sie mich auf den Balkon, klemmte ihr Monokel ins Auge und sagte: ›Sie wissen, daß ich die ›Weltbühne‹ nur leite, weil mein Mann gestorben ist. Und Sie wissen auch, daß mir der Kinderbuchverlag Williams & Co gehört.‹ Ich nickte. Ich wußte es. Sie hatte, in deutscher Übersetzung, Hugh Loftings Dolittle-Bände herausgebracht, ›Pu der Bär‹ von A. A. Milne und zwei Bände von Karel Čapek. Der Verlag genoß größtes Ansehen. ›Es fehlt an guten deutschen Autoren‹, sagte sie. ›Schreiben Sie ein Kinderbuch!‹ Ich war völlig verblüfft. ›Um alles in der Welt, wie kommen Sie darauf, daß ich das könnte?‹ ›In Ihren Kurzgeschichten kommen häufig Kinder vor‹, erklärte sie. ›Davon verstehen Sie eine ganze Menge. Es ist nur noch ein Schritt. Schreiben Sie einmal nicht *über* Kinder, sondern auch *für* Kinder!‹ ›Das ist sicher sehr schwer‹, sagte ich. ›Aber ich werd's versuchen.‹«[29]

Es war also kein Zufall, daß die Wahl gerade auf

Kästner fiel. Schon seine erste veröffentlichte Erzählung war ja eine Kindergeschichte gewesen. Und seither hatte er unzählige neue geschrieben, daneben Gedichte, Rätsel und kleine Feuilletons für Kinder. Seit Oktober 1926 arbeitete er zudem regelmäßig für *Beyers für Alle*. Das Familienblatt erschien in dem Leipziger Schnittmusterverlag Otto Beyer und hatte als separate Seiten eine Kinderzeitung, die Erich Kästner und Erich Ohser mitgestalteten. Chefredakteurin war Hilde Decke, mit der Kästner schon in der Leipziger Verlagsdruckerei zusammengearbeitet hatte. Zur Redaktion gehörte auch Luiselotte Enderle, seine spätere Lebensgefährtin. »Die Decke«, wie sie genannt wurde, taucht mit steter Regelmäßigkeit in den Muttchenbriefen auf. Immer wieder, bis Mitte 1932, mußte Kästner etwas für Hilde Decke schreiben. »Aber das ist nicht weiter schlimm.«[30] Für Kästner waren die kleinen Texte Fingerübungen, die er nebenbei erledigte. Vom Umfang her ist es allerdings eine gigantische Produktion. Und es überrascht, daß sie bisher noch niemand gründlich analysiert hat. Für das Verständnis seiner Kinderbücher sind die Artikel und Gedichte von nicht zu überschätzender Bedeutung.

Die Seiten für die jüngsten Leser in *Beyers für Alle* waren durchaus modern konzipiert. So wurden die Kinder auf vielfältige Weise aufgefordert, sich an der Gestaltung zu beteiligen. »Klaus und Kläre« griffen ihre Probleme auf, Preisausschreiben lockten mit Gewinnen, und comicartige Bildergeschichten erzählten in Wilhelm-Busch-Manier von Lausbubenstreichen. Und gelegentlich ließ Kästner auch für Erwachsene den Ernst des Lebens ins Blatt, zum Beispiel wenn »1. Stefan Labude, der Junggeselle, 2. Max Stein, der Ehemann, 3. Das Publikum« Briefe über »Ehe, Häuslichkeit und Frauen« wechselten.

Aber so frech manche Texte auch waren und so anregend naturwissenschaftliche Fragen aufbereitet wurden, so konventionell war der pädagogische Ansatz. Auch in *Beyers für Alle* hatten sich Mädchen wie Mädchen und Jungen wie Jungen zu benehmen. Die erzieherischen Reformbewegungen seiner Zeit schien Kästner bewußt zu ignorieren. Da er aber auch den pädagogischen Zeigefinger vermied und seine Botschaften geschickt verpackte, waren seine Geschichten und Gedichte in *Beyers für Alle* schon so populär wie später seine Kinderbücher. Ohne die kontinuierliche Beschäftigung mit der Kinderseele und mit den Problemen der Jüngsten hätte der Junggeselle Kästner sicherlich kaum einen so erfolgreichen Roman wie *Emil und die Detektive* schreiben können.

Die Arbeit an seinem ersten Kinderbuch schien Kästner besonders leicht von der Hand zu gehen. Jedenfalls klingt das in seiner Erinnerung so: Edith Jacobsohn habe ihn fünf, sechs Wochen nach dem Teenachmittag angerufen und ihn gefragt, ob er sich die Sache schon überlegt habe. »›Nicht nur das‹, gab ich zur Antwort. ›Ich schreibe gerade am neunten Kapitel.‹ Im Telefon klirrte es. Vielleicht war ihr vor Staunen das Monokel aus dem Auge gefallen. ›Schicken Sie mir, bitte, auf der Stelle das Manuskript!‹ ›Unfertige Arbeiten gebe ich nicht aus der Hand‹, erklärte ich. ›Es geniert mich.‹ ›Machen Sie eine Ausnahme‹, bat sie. Und nach einigem Hin und Her schickte ich ihr die ersten acht oder neun Kapitel. Sie war neugierig auf das Manuskript, und ich war neugierig auf ihr Urteil. Daß mir der erste Versuch, Kindern eine Geschichte zu erzählen, unbändige Freude gemacht hatte und sehr leichtgefallen war, besagte wenig. Was meinten die Fachleute? Sie waren begeistert. Sie waren aus dem Häuschen. Sie wollten wissen, wie die Geschichte weitergehe. Und auch ich selber wollte es wissen. Der Erzähler weiß nämlich zuweilen nicht viel mehr als die Menschen, deren Abenteuer er berichtet und, zuvor, erfindet. Nun, vom Verlag angefeuert, erfand und schrieb ich die Geschichte zu Ende.«[31] Am 15. Oktober 1929 schließlich konnte Kästner seiner Mutter vermelden: »Heute kam Frau Jacobsohn vorbei, im Auto, und brachte mir das erste Exemplar von ›Emil und die Detektive‹. Ich schicke Dir's morgen ab, will mir's nur selber erst mal in Ruhe betrachten. Es sieht sehr gut aus.«[32]

Die Illustrationen für diesen Band hatte der 1890 in Prag geborene Walter Trier angefertigt. Als Mitarbeiter der *Lustigen Blätter*, des *Uhu* und der *Berliner Illustrirten Zeitung*, als Buchkünstler und Zeichner genoß Trier in der Weimarer Republik hohes Ansehen. Der *Emil* war sein erstes Kinderbuch. Seine auf das Wesentliche der Handlung konzentrierten Zeichnungen sind so kongenial, daß sie bis heute Bestand haben. »Er war ein stiller, ernster Mann mit Kinderaugen«, charakterisierte ihn Kästner später. »Alles, was er zeichnete und malte, lächelte und lachte, sogar der Schrank und der Apfel, die Wanduhr und der Damenhut. Alles war und machte heiter. Er sah die Bosheit und wurde nicht böse. Er sah die Dummheit und blieb gelassen. Er sah die Welt, wie sie war, und lächelte sie sich zurecht. Es gibt den sprichwörtlich bösen Blick. Trier hatte den ›guten Blick‹, und der ist selten. (...) Wir wissen, welch gefährliche Angriffswaffen Tuschfeder und Pinsel sein können. Walter Trier griff nicht an. Er verteidigte die Grenzen. Er überschritt sie nicht. Er respektierte seine Grenzen. Nie wäre er etwa auf den Gedanken verfallen, meine satirischen Gedichte zu illustrieren. Und ich wäre nie auf die Idee gekommen, ihn darum zu bitten. Es wäre absurd gewesen.«³³ Trier blieb bis zu seinem Tod im Jahr 1951 der Illustrator von Kästners Kinderbüchern. Der *Emil* war seine berühmteste Arbeit.

Walter Trier (Herbst 1928)

Das gilt auch für Kästner selbst, den dieser Roman zu einem der weltweit meistgelesenen Kinderbuchautoren machte.

Die Geschichte vom kleinen Emil, der in der Bahn bestohlen wird und dann mit Hilfe neuer Freunde in Berlin den Dieb und (wie sich später herausstellt) gefährlichen Bankräuber fängt, trägt deutliche autobiographische Züge. Das hat Kästner nie geleugnet, ganz im Gegenteil: Für ihn unterschied sich der gute Kinderbuchautor von den übrigen guten Schriftstellern vor allem in einem Punkt, nämlich daß er »in unzerstörtem und unzerstörbarem Kontakt mit seiner *eigenen* Kindheit«[34] stehe. Man könnte es auch drastischer formulieren: Erich Kästner selbst war Kind geblieben, das Kind einer Mutter, die es ignorierte, daß ihr Sohn unterdessen erwachsen war. Vielleicht verstand Kästner die Welt der Kinder deshalb so gut, weil er seine eigene Kindheit nicht nur vor Augen hatte, sondern sie auch noch ein Stück lebte. Auch Emil hat eine Mutter, die sich mit Friseurarbeiten ein bescheidenes Zubrot verdient, die dem Sohn Verantwortung aufbürdet und die zuletzt von ihrem kindlichen Helden reich belohnt wird. Kästner kleidete die Ideale seiner Kindheit zeitgemäß ein und setzte – fast nebenbei – seiner Mutter ein weiteres kleines Denkmal. Denn natürlich sollte sich Ida Kästner beim Lesen des Romans in der positiv gezeichneten Mutter erkennen.

Für die Kinderbuchliteratur seiner Zeit war der *Emil* etwas ganz Neues. Klaus Doderer, einer der besten Kenner von Kästners Werk, sieht die besondere Bedeutung des Romans darin, daß der Held als neuer Kindertyp »selbständig, auch selbstbewußt, klug, kooperationsbereit und zupackend sein eigenes Leben vernünftig und furchtlos einrichtet«[35]. Damit löste er das Ideal des gehorsamen und braven Kindes aus dem 19. und beginnenden 20. Jahrhundert ab. »Zugleich holte er die Thematik gegenwärtiger Zeit und Umwelt ins Kinderbuch, schrieb eine klare, äußerst präzise und verständliche Sprache, scheute sich nicht, vordem verpönte Alltagssprache (Straßenjargon) mit einzubeziehen und machte durch den Verlauf der erzählten Geschichten, durch den positiven Ausgang, durch den seinen Zentralfiguren unterstellten Lebensoptimismus und auch durch die eingestreuten Anreden an den Leser den Kindern Mut und Freude.«[36]

Kästner selbst stand der literaturwissenschaftlichen Deutung fern. Er wollte mit seinem *Emil* und mit seinen anderen Kinderbüchern eine Aufgabe erfüllen, von der er glaubte, daß die Zeit sie ihm aufdrängte. Belanglose Unterhaltung für Erstleser hatte er nie im Sinn.

Letztlich ging es ihm darum, das Wertesystem, das er selbst von seiner Mutter übernommen hatte und an das er fest glaubte, den Generationen nach ihm weiterzugeben. »Der Jugend kann, in unserer desolaten Welt, nur helfen, wer an den Menschen glaubt«, formulierte er später einmal unpersönlich, meinte aber sich. »Er hat kaum Anlaß, an die abgewerteten Zeitgenossen zu glauben. Sich selber wird er dabei nicht ausnehmen dürfen. Doch er muß einen gelungenen Entwurf vom Menschen vor Augen haben. Das hat nichts mit Schönfärberei zu tun. Und er muß an die Erziehbarkeit der Jugend zu solchen Menschen glauben. Weder Nihilismus noch Schwärmerei sind dabei seine Sache. Er hat das Museum der abgelebten Werte besichtigt. Er war in den Treibhäusern, worin künstliche Werte gezüchtet werden. Und er weiß, daß es, wenn auch nicht dort und nicht da, doch noch ein paar echte Werte gibt: das Gewissen, die Vorbilder, die Heimat, die Ferne, die Freundschaft, die Freiheit, die Erinnerung, die Phantasie, das Glück und den Humor.«[37]

Pädagogen von heute dürften bei diesen Sätzen zumindest die Stirne runzeln. Jahrzehnte nach ihrem ersten Erscheinen bieten die frühen Kinderbücher von Erich Kästner genügend Angriffsfläche für wissenschaftlich fundierte Kritik. Den Erfolg vor allem von *Emil und die Detektive* hat das nicht schmälern können. Denn die heimliche Botschaft des Romans verstehen die Kinder von heute genauso gut wie die vor siebzig Jahren: Kinder sind die besseren Erwachsenen. Wenn sie nur gemeinsam handeln, können sie mehr bewegen als ihre Eltern, Großeltern, Tanten und Onkel – und sogar mehr als die Polizei. Auch in anderen Kinderbüchern von Kästner, wie *Pünktchen und Anton* oder *Das doppelte Lottchen,* bestimmen die Kleinen und nicht die Großen, was geschieht. Die Erwachsenen sind oft nur Statisten, die erst spät oder zu spät merken, daß sie nicht mehr die Fäden in der Hand halten. Kindern scheinen solche Geschichten, wo nur sie die Helden sind, zu allen Zeiten Spaß zu machen. Der *Emil* jedenfalls war schon kurz nach Erscheinen ein Geheimtip unter Jungen. Und mancher Rezensent schämte sich nicht, das Urteil seines Sohnes oder Neffen neben das eigene zu stellen. Positiv fielen sie eh aus.

Erich Kästner wurde nicht müde, seine *Emil*-Erfolge der Mutter zu vermelden. Genaue Bulletins über Auflagenhöhe und neue Rezensionen bestimmen die Briefe in den Tagen und Wochen nach dem Erscheinen des Romans. Seiner Mutter wollte er damit symbolisieren, daß es weiter aufwärts ging: »Ich lege Dir die zweite Kritik, die über den ›Emil‹ erschienen ist, bei. Wieder recht günstig, nicht? Na, es wird sich schon machen. Hilde Decke schreibt sehr erfreut in einem Brief, wie gut ihr der ›Emil‹ gefallen habe. ›Ich habe über Mittag‹, schreibt sie, ›eifrig darin gelesen und kam sehr begeistert hier wieder an. Das haben Sie wirklich fein gemacht! Und den Kindern wird es auch gefallen.‹ Na, das wollen wir auch sehr hoffen.«[38]

»Beiliegend schicke ich Dir wieder mal eine ›Emil‹-Kritik. Von einer ganz rechtsstehenden Rostocker Zeitung. Jetzt fange ich also sogar an, bei diesen Blättern beliebt zu werden. Mehr kann man nicht verlangen.«[39]

»Bis jetzt hat Frau Jacobsohn von den 10000 Exemplaren etwa 4000 an die Buchhändler verkauft. Sie hofft, bis Weihnachten fast die ganze Auflage loszuwerden und dann die nächste zu drucken. Das wäre natürlich fabelhaft. Es kommen schon eine ganze Menge Kritiken raus. Die meisten kenn ich noch gar nicht. Aber vorgestern kam der Brief von einem kleinen Jungen. Den leg ich Dir heute in Maschinenschrift bei. (…) Ist er nicht reizend, der kleine Kerl? Ist überall rumgelaufen – Kaiserallee, Trautenaustraße, Nollendorfplatz usw. – und hat sich die Gegend, in der ›Emil‹ spielt, genau angeschaut. Rührend. Das macht Spaß, so was zu schreiben!«[40]

Diese kleine Zitatensammlung ließe sich noch eine Weile fortsetzen. In fast jedem der erhaltenen Briefe aus dieser Zeit wird der *Emil* erwähnt. Allerdings so rasant, wie von der Verlegerin vermutet, verkaufte sich der Band nicht. Die zweite Auflage kam erst zu Ostern 1930 in den Handel. Für Kästner war der Kinderroman trotzdem sein bis dahin größter Erfolg, der auch im Ausland das Interesse auf seine Bücher lenkte. Schon kurz nach Erscheinen waren die ersten Verträge für Übersetzungen abgeschlossen worden und zeigte die Ufa Interesse an der Verfilmung.

Als ihm dann noch eine der drei »ehrenden Erwähnungen« beim Kleist-Preis 1929 (eine der damals wichtigsten literarischen Auszeichnungen) zugesprochen wurde, mokierte er sich zwar darüber, daß er nicht den Hauptpreis erhalten hatte, konnte seinen Stolz aber nicht verbergen: »Seit gestern abend kriege ich dauernd gratuliert. Weller schickte Telegramm. Es ist eine sehr gute Reklame! Ich selber las es gestern abend zufällig beim Friseur im Blatt. Also wieder ein Schritt vorwärts! Es wird schon werden mit dem alten Lehmann. Das steht nun in allen deutschen Zeitungen. Langsam werden's schon alle merken, daß ich im Anmarsch bin. Gelt?«⁴¹

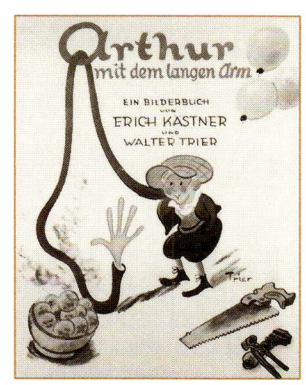

Noch glaubte Kästner nicht, daß er mit seinen Kinderbüchern einmal berühmter sein werde als mit seinen Gedichten und Erzählungen.

Aber schon im Februar 1930 schrieb er seiner Mutter, daß er eine Idee für einen zweiten Kinderroman habe. Bis daraus allerdings *Pünktchen und Anton* werden sollte, vergingen noch fast zwei Jahre. Zunächst, im November 1930, erschienen zwei Bilderbücher von Kästner und Trier: *Arthur mit dem langen Arm* und *Das verhexte Telefon*.

Daß bei der intensiven Arbeit an den Kinderbüchern nicht der Lyriker Kästner unter die Räder kam, dafür sorgten schon die *Weltbühne* und die Berliner Wochenzeitung *Montag Morgen*, für die Kästner die meisten seiner Gedichte verfaßte – für den *Montag Morgen* sogar vom Juni 1928 bis zum April 1930 eines pro Woche. Der *Montag Morgen*, den Leopold Schwarzschild neben dem *Tage-Buch* herausgab, zählte wie die von Carl Ossietzky geleitete *Weltbühne* zu den prominenten Blättern auf der linken Seite des politischen Spektrums. Als Nachfolger von Erich Weinert spießte Kästner das satirisch auf, was ihn in der abgelaufenen Woche besonders gestört hatte. Zurückhaltung war nicht erwünscht. Je pointierter und radikaler die Aussage, um so beliebter das Gedicht. Einen gewichtigen Teil seiner Popularität verdankte der *Montag Morgen* gerade den gereimten Zeilen auf der letzten Seite. Das war Verpflichtung und Ansporn, aber auch Knochenarbeit. Mehr als einmal beklagte sich Kästner bei seiner Mutter, daß er sein Gedicht ändern oder neu schreiben müsse, eine zusätzliche Belastung, die in den 25 Mark Honorar bereits enthalten war. Die starre Regelmäßigkeit, mit der er dichten mußte, beeinflußte sein Privatleben mehr, als ihm recht war. Oft mußten Besuche verkürzt oder abgesagt werden, da das *Montag Morgen*-Gedicht noch gereimt werden wollte. Als neben seinen Verlagen Theater, Film, Funk und Kabarett immer mehr nach ihm verlangten, beendete er die Fron. Für die *Weltbühne* und andere Blätter schrieb er aber weiter Gedichte, die provozieren oder unterhalten wollten, je nachdem, wo sie erschienen.

Gelegentlich plazierte er seine Provokationen auch dort, wo sie die Leser nicht vermuteten. So brachte zum Beispiel die *Jugend* in ihrer Sondernummer *Schule* ein Gedicht, das einen lang anhaltenden Proteststurm auslöste. Unter dem Titel *Von faulen Lehrern* hatte sich der Schriftsteller, der einmal fast selber Volksschullehrer geworden wäre, seinen Frust über die seiner Meinung nach mangelnde Erziehung der Jugend von der Seele geschrieben. Er warf den Lehrern vor, daß sie nach wenigen Jahren mit hohen Idealen langsam verkalken und sich dann nur noch um ihre Hobbys kümmern würden. Er schloß mit drei Strophen, die seine Vorwürfe auf den Punkt brachten:

> Sie wurden, das Volk zu erziehen, berufen!
> Nun stehn sie herum und marschieren an Ort.
> Und nur auf ihres Gehaltes Stufen
> schreiten sie fort.
>
> Einst hungerten sie nach geistiger Nahrung
> und waren Freunde gepflegten Lateins.
> Jetzt sind sie verstopft mit Paukererfahrung
> und Einmaleins.

> Sie könnten für Deutschland Größeres leisten
> als Leute mit Namen und großem Maul.
> Sie könnten. Sie sollten! Aber die meisten
> von ihnen sind faul.[42]

Kästner fiel es gewiß nicht leicht, so zu schreiben, denn noch Anfang 1927 hatte er in der *Neuen Leipziger Zeitung* die Volksschullehrer ausdrücklich in Schutz genommen. Die Zeitschrift *Schulreform* griff diese gut drei Jahre alten Artikel auf und verglich sie genüßlich mit dem Gedicht, um dann ihre Leser aufzufordern, »sich über den Mann das Urteil zu bilden, das er verdient«[43]. Ähnlich war es in anderen Lehrerblättern, wie zum Beispiel der *Leipziger Lehrerzeitung,* zu lesen. Die Redaktion der *Jugend* wurde mit Briefen bestürmt und mit Abbestellungen »bestraft«, denn nicht wenige Leser dieser Zeitschrift waren Lehrer. Aber auch Verbände, wie der *Neue sächsische Lehrerverein Dresden,* der *Landesverband der Bildungsbeamten Bayerns e.V.* oder der *Verein katholischer bayerischer Lehrerinnen,* verwahrten sich gegen die Aussage des Gedichts. Die *Jugend* schickte Kästner eine kleine Zusammenstellung und bat um eine Erwiderung, die sie dann allerdings nicht druckte. Der Chefredakteur persönlich nannte Kästner den Grund. »Während Sie in Ihrem Gedicht ›Von faulen Lehrern‹ den Lehrer lediglich als Spiesser ablehnen, der in seinem Beruf langsam einrostet, wendet sich Ihre Erwiderung gegen einen Mangel, der in Ihrem ersten Gedicht nur flüchtig berührt worden ist, und zwar gegen die Militarisierung und Politisierung der Jugend. Obwohl uns auch das neue Gedicht an sich ausserordentlich gut gefällt, so sind wir doch der Ansicht, dass es als eine Erwiderung auf die Angriffe der Lehrer nicht recht in Frage kommt.«[44]

Was die Redaktion der *Jugend* davon abhielt, Kästners Antwort zu drucken, war vor allem der zweite Teil des Gedichts:

> Jetzt steht er von euch entfernt.
> Sein Herz wurde immer schwerer.
> Das Volk hat nichts gelernt.
> Und ihr wart des Volkes Lehrer!

Ihr fandet nur dafür Zeit,
das Einmaleins zu lehren.
Nun sind sie wieder soweit
und spielen mit Schießgewehren.

Sie saßen in euren Klassen.
Sie waren in eurer Hut.
Nun wollen sie wieder hassen.
Nun wollen sie wieder Blut.

So habt ihr Deutschland erzogen!
Und da stellt ihr euch hin und sprecht:
›Kästner, der Kerl, hat gelogen.‹
Nein, der Kerl hat recht![45]

Die pazifistische Grundeinstellung, die jedes falsches Heldentum ablehnt, zieht sich wie ein roter Faden durch die politischen Gedichte Erich Kästners. Seine »Sicht ist die der Opfer, die von ihm (...) als Leidende oder sinnlos zerstörte Existenzen beschworen werden«[46], schreibt Helmuth Kiesel in seinem Buch über Kästner. Die psychisch zerrüttete Kriegsgeneration, die sozial Benachteiligten, die gesellschaftlich Diskriminierten, die potentiellen Selbstmörder und ganz generell die, die nicht mehr wußten, wie es am nächsten Tag weitergehen sollte, sie alle fanden in Kästner einen Fürsprecher, der es sehr viel ernster meinte, als es manchmal den Anschein hatte. Aber ein nur politischer Lyriker war Kästner zu keiner Zeit, und schon gar kein revolutionärer. So stehen bei ihm neben Antikriegs-Gedichten und gereimten Sozialreportagen unterhaltende Betrachtungen, hocherotische Texte und immer wieder sentimentale Verbeugungen vor der unerschütterlichen Mutterliebe – wie etwa das Kondensat aus den Ida-Kästner-Briefen *Frau Großhennig schreibt an ihren Sohn*, die melancholische Ballade *Eine Mutter zieht Bilanz* (»Ich hab von ihm noch ein Paar Kinderschuhe. Nun ist er groß und läßt mich allein«[47]) und die autobiographische Erinnerung an den gemeinsamen Urlaub in der Schweiz und in Italien im Jahre 1926 *Junggesellen sind auf Reisen*:

Ich bin mit meiner Mutter auf der Reise ...
Wir fuhren über Frankfurt, Basel, Bern
zum Genfer See, und dann ein Stück im Kreise.
Die Mutter schimpfte manchmal auf die Preise.
Jetzt sind wir in Luzern.

Die Schweiz ist schön. Man muß sich dran
  gewöhnen.
Man fährt auf Berge. Und man fährt auf Seen.
Und manchmal schmerzt der Leib vor all dem
  Schönen.
Man trifft es oft, daß Mütter mit den Söhnen
auf Reisen gehn.

Das ist ein Glück: mit seiner Mutter fahren!
Weil Mütter doch die besten Frauen sind.
Sie reisten mit uns, als wir Knaben waren,
und reisen nun mit uns, nach vielen Jahren,
als wären sie das Kind.

Sie lassen sich die höchsten Gipfel zeigen.
Die Welt ist wieder wie ein Bilderbuch.
Sie können, wenn ein See ganz blau wird, schweigen
und haben stets, wenn sie in die Züge steigen,
Angst um das Umschlagtuch.

Erst ist man noch etwas fremd. Wie immer,
seit man fern voneinander leben muß.
Jetzt schläft man, wie dereinst, im selben Zimmer.
Und sagt: Schlaf wohl! Und löscht den Lampen-
  schimmer.
Und gibt sich einen Kuß.

Doch eh man's wieder lernt, ist es zu Ende!
Wir bringen unsre Mütter bis nach Haus.
Frau Haubold sagt, daß sie das reizend fände.
Dann schütteln wir den Müttern kurz die Hände
und fahren wieder in die Welt hinaus.[48]

Berliner Erfolge

Es war wohl dieser Bogen vom radikalen Pazifismus bis zur fast inzestuösen Mutterverehrung, der die Gedichte so beliebt machte. Hinzu kamen, wie Helmuth Kiesel analysierte, »z.B. die Mehrdeutigkeit und Hintersinnigkeit seiner Sprache, die raffinierte Montage von Namen und Begriffen, die geschickten Übergänge von einer Sinnebene zur andern, die Freude an Ulk und Schabernack, das Auskosten schlüpfrig erotischer Momente, die Respektlosigkeit vor hehren Namen und Objekten kultureller Verehrung, schließlich auch die (...) Neigung zur Sozialsatire«[49].

Aus dem Fundus seiner regelmäßig für Zeitungen und Zeitschriften geschriebenen Gedichte war es für Kästner ein leichtes, seinem erfolgreichen Erstling *Herz auf Taille* drei weitere Sammlungen folgen zu lassen: *Lärm im Spiegel* (1929), *Ein Mann gibt Auskunft* (1930) und *Gesang zwischen den Stühlen* (1932).

Was die Bände so populär machte, hat Hans Fallada 1932 mit einer Geschichte zu erklären versucht. »Ein junges Mädchen«, berichtete er, »wünschte sich von mir Kästners ›Ein Mann gibt Auskunft‹ zum Geburts-

»Gesang zwischen den Stühlen«

WAS AUCH GESCHIEHT!

Was auch immer geschieht:
Nie dürft ihr so tief sinken,
von dem Kakao, durch den man euch zieht,
auch noch zu trinken!

Auf das, was war, fiel Staub und Puder.
Vorbei. Ich will nichts mehr von dir.
Jedoch dein Kinderbild, du Luder,
das stell ich morgen aufs Klavier.

tag. Diese Gerda, zwanzigjährig, studiert, will Fürsorgerin werden, ist augenblicklich Praktikantin auf einem der berliner Wohlfahrtsämter. Sie wird zu Erhebungen in die Häuser geschickt. Zu Erhebungen der Art etwa: da hat eine Nachbarin die Witwe Müller denunziert, sie ließe ihre zehnjährige Tochter mit dem Schlafburschen im Bett liegen. Ist das Kind verwahrlost? Zu solchen Ermittlungen also. Ich frage sie: ›Warum Kästner? Wieso gerade Kästner?‹ Gerda sagt: ›Es ist manchmal gar nicht so einfach, anständig zu bleiben. Manchmal kriegt man solche Wut ... Weißt du, darum Kästner.‹«[50]

Hans Natonek, der journalistische Lehrmeister Kästners, begründete den Erfolg dieser Lyrik damit, daß sie sich »der dringlichsten Stoffe bemächtigt hat, die alle angehen. Die individuelle Seele, der private Bezirk des Gedichts, ist durchbrochen und gesprengt. Die Sprengstücke fliegen herum und treffen verschiedene Zentren.«[51] Und Hermann Kesten fand in dem einflußreichen *Berliner Tageblatt*, Kästner schreibe »mit einer Genauigkeit und Schärfe der Diktion, mit einer einprägsamen und melodischen Treffsicherheit der Satire, mit einem zuweilen so echten und schlichten Gefühl, mit so viel Scharm (sic!) und Esprit, dass er auf dem Gebiete des Chansons, der lyrischen Reportage und des satirischen Zeitgedichts unter den ersten steht«[52].

Diese Rezension von Kesten hatte eine Vorgeschichte, die zu den wenigen witzigen und dokumentarisch zu belegenden Anekdoten um Kästner gehört. Ausgangspunkt war ein Artikel des damals recht bekannten Dramatikers und Kritikers Felix Langer im *Berliner Tageblatt* am 15. Oktober 1929. Hermann Kesten hat sich später in seinem Buch *Meine Freunde die Poeten* daran erinnert, was diese wenigen Zeilen an Verwirrung auslösten. »Ein damals namhafter Kritiker«, begann Kesten, »schrieb im ›Berliner Tageblatt‹ anläßlich meines Novellenbandes ›Die Liebesehe‹, er sei nicht ganz so gut wie meine Gedichte in ›Herz auf Taille‹, die ihm meinen Namen *unvergeßlich* gemacht hätten. Mein alter Verleger, Gustav Kiepenheuer, selbst zuweilen zerstreut und also voller Verständnis für zerstreute Leute, rief den alten Fritz Engel an, den Redakteur vom ›Ber-

liner Tageblatt‹, und machte ihm klar, daß Hermann Kesten ›Kestens Novellen‹ veröffentlicht habe, und daß ›Herz auf Taille‹ von Erich Kästner sei, und bat um eine Berichtigung. Diese erschien und machte Kästner zum Autor meiner Novellen und seiner Gedichte. Arm in Arm traten Kästner und ich vor den in Irrtümern ergrauten Engel hin, um ihn von der verschiedenen realen und poetischen Existenz von uns beiden visuell und akustisch zu überzeugen. Der arme alte Fritz Engel geriet in immer größere Verwirrung, erst hielt er mich für Kästner, dann Kästner für meinen Verleger Kiepenheuer, dann mich für Kästners Verleger Weller, schließlich uns beide für Hochstapler. Er begann an der Realität von meinen Novellen und Kästners Gedichten zu zweifeln.«[53] Schließlich einigten sich die Beteiligten darauf, daß Kesten ein Kästner-Buch und Kästner ein Kesten-Stück für das *Berliner Tageblatt* besprechen sollten. Allerdings schrieb dann nur Kesten seine Kritik, die keineswegs eine reine Gefälligkeitsarbeit war. Kesten schätzte den Lyriker Kästner, dessen Gedichtbände er sehr treffend »als die Autobiographie einer großstädtischen Seele«[54] deutete.

Auch damals so bekannte Schriftsteller wie F. C. Weiskopf oder Julius Bab feierten einen Lyriker, dessen Bücher sich so gut verkauften, wie es kein Kritiker je für möglich gehalten hätte. Mehr als zehntausend Exemplare von einem Gedichtband, einen solchen Erfolg konnte kaum ein anderer Autor in der Weimarer Zeit vermelden. Kästner war dafür allerdings auch zu Konzessionen bereit. Als im November 1930 eine weitere Auflage von »*Ein Mann gibt Auskunft*« gedruckt werden sollte, wandte sich der Direktor der Deutschen Verlags-Anstalt (bei der Weller unterdessen angestellt war) persönlich an Kästner und bat, das Gedicht *Die andre Möglichkeit* mit der Schlußzeile »Wenn wir den

Krieg gewonnen hätten – zum Glück gewannen wir ihn nicht!« durch ein neues ersetzen zu dürfen. »Wegen«, so Kästner an seine Mutter, »der Nazi-Buchhändler, die sich ja seit Anfang drüber beschweren.«[55] Kästner beugte sich diesem Druck und ließ in der Neuauflage das Gedicht weg. Die dafür hinzugekommene Naturbetrachtung *Herbst auf ganzer Linie* versah er mit einer Anmerkung, die nur die halbe Wahrheit wiedergab: »An dieser Stelle, und zwar in zwölftausend Exemplaren des Bandes, stand ein Gedicht, das ›Die andre Möglichkeit‹ heißt und die Militaristen angreift. Daß diese Herren den Sinn der Verse böswillig entstellten, wunderte mich nicht. Daß aber Leser, denen man den Willen zur Objektivität schon hätte zumuten dürfen, von der unehrlichen Hetze irritiert wurden, widersprach meinem Geschmack. Das Gedicht wurde bis auf weiteres zurückgestellt.«[56]

Es war diese – auch politische – Ambivalenz, die Kästners Gedichte für manche Kritiker verdächtig machte. Zu ihnen zählte einer, von dem Kästner es am wenigsten erwartet hatte: der Kollege aus der *Weltbühne*, Kurt Tucholsky. Kästner hatte ihn zufällig im Sommer 1930 in seinem Hotel am Lago Maggiore getroffen, mit ihm gegessen und gelacht. Am 21. August schrieb er voller Stolz an seine Mutter, daß der berühmte Tucholsky seinen neuen Gedichtband besprechen wolle und »genau so Respekt vor mir wie Krell seinerzeit«[57] habe. Die Kritik von *Ein Mann gibt Auskunft* erschien am 9. Dezember 1930 in der *Weltbühne*, und sie war im Empfinden Kästners »ziemlich böse«[58]. Tucholsky hatte die Gedichte herausgestellt, die ihm besonders gefielen, vor allem die »prachtvolle(n) politische(n) Satiren«[59]. Er war auf »echte Lyrik« gestoßen, aber auch auf vieles, das er nur als »gut gemeint« empfand: »Da pfeift einer, im Sturm, bei Windstärke 12, ein Liedchen.« »Was immer zu bejahen ist«, so Tucholsky am Ende seiner Kritik, »ist die völlige Ehrlichkeit. Wo er nicht weiß, da sagt er: ich weiß nicht. Das Gedicht ›Kurt Schmidt statt einer Ballade‹ haben ihm die Proletarier übelgenommen, weil es mit einem Selbstmord endet – das Gedicht stand bei uns, und ich habe merkwürdige Briefe bekommen. Der ›Kurzgefaßte Lebenslauf‹ ist ehrlich; es ist auch ehrlich, in dem unsereinem aufs Fell geschriebenen Gedicht ›Und wo bleibt das Positive, Herr Kästner?‹ zu sagen, daß wir ein Weltbild nicht aus dem Boden stampfen können und zunächst nur wissen: Also dieses da nicht. Alles das ist blitzsauber. Formal wird es immer besser; manchmal dürfte die Form etwas abwechslungsreicher sein. Kästner wird viel nachgeahmt; es gehört wenig dazu, ihn nachzuahmen. Ich wünsche ihm ein leichtes Leben und eine schwere Kunst.«

Gerade diese von Tucholsky als positiv herausgestellte »völlige Ehrlichkeit« bezweifelte der schärfste und auf die Dauer gesehen wirkungsvollste Kritiker Kästners: Walter Benjamin. Der Titel seines Artikels, *Linke Melancholie,* wurde zu einem Schlagwort, das sich schon bald verselbständigte und noch heute gern benutzt wird. Benjamin warf Kästner vor, für eine neue Mittelschicht zu schreiben und den Haß auf das »kleine Bürgertum« zu predigen: »Wer hat sie nicht vor sich: ihre verträumten Babyaugen hinter der Hornbrille, die breiten weißlichen Wangen, die schleppende Stimme, den Fatalismus in Gebärde und Denkungsart. Es ist von Haus aus ganz allein diese Schicht, der der Dichter etwas zu sagen hat, der er schmeichelt, indem er ihr vom Aufstehen bis zum Zubettgehen den Spiegel weniger vorhält als nachträgt. (...) Auf diese Schicht bleiben Stoffkreis und Wirkung beschränkt, und Kästner ist genau so außerstande mit seinen rebellischen Akzenten die Depossedierten, wie mit seiner Ironie die Industriellen zu treffen.«[60] Der marxistisch geprägte Philosoph und Kritiker warf Kästner wie auch anderen Lyrikern seiner Zeit vor, nicht eindeutig politisch Stellung zu beziehen, das hieß für ihn: den Standpunkt des Proletariats einzunehmen: »Nicht zum wenigsten an der grotesken Unterschätzung des Gegners, die ihren Provokationen zugrunde liegt, verrät sich, wie sehr der Posten dieser linksradikalen Intelligenz ein verlorener ist. Mit der Arbeiterbewegung hat sie wenig zu tun. Vielmehr ist sie als bürgerliche Zersetzungserscheinung das Gegenstück zu der feudalistischen Mimikry, die das Kaiserreich im Reserveleutnant bewundert hat. Die linksradikalen Publizisten vom Schlage der Kästner, Mehring oder Tucholsky sind die proletarische Mimikry des zerfallenen Bürgertums. Ihre Funktion ist, politisch betrachtet, nicht Parteien sondern Cliquen, literarisch betrachtet, nicht Schulen sondern Moden, ökonomisch betrachtet, nicht Produzenten sondern Agenten hervorzubringen.«[61]

Zum Glück für Kästner war der Artikel nicht in der *Frankfurter Zeitung,* für die Benjamin auch arbeitete, sondern etwas entlegen in der Zeitschrift *Die Gesellschaft* erschienen. Kästner dürfte von den Angriffen erfahren haben, aber wirklich treffen konnten sie ihn nicht. Denn seine Lyrik sah er in ganz anderen als primär ökonomischen Zusammenhängen.

Bereits Ende 1927 hatte er in einem Artikel für die *Neue Leipziger Zeitung* den Begriff der »indirekten Lyrik«[62] für die Gedichte von Ringelnatz, Brecht, Mehring und Feuchtwanger geprägt: »Ringelnatz und seine Stilgenossen – denn es handelt sich um nichts Geringeres als um einen neuen Stil! – dichten an den großen Grundgefühlen herum, wie die Lyriker es von jeher taten: an den Gefühlen der Einsamkeit, der Trauer, der Liebe, der Freiheit. Aber sie sagen es nicht direkt; sie benutzen das Wort, den Satz und das Bild als Umweg: als Maske, als Schutzwehr. Kurz und gut: Sie genieren sich, Gefühle zu zeigen! (...) Und wer die Dummheit beging, diesen Stil die ›Neue Sachlichkeit‹ zu nennen, den möge der Schlag treffen!« Eine Ironie des Schicksals ist es, daß Kästner später selbst der »Neuen Sachlichkeit« zugerechnet wurde. Er sah sich dagegen als »Gebrauchslyriker«: »Die Bezeichnung ist leider nicht albern. Und diese Gebrauchslyriker werden gelesen. Sie werden auch verstanden und überall vorgetragen, sogar geliebt und auswendig gelernt. (...) Es ist wirklich keine Schande, Verse zu schreiben, die den Zeitgenossen begreiflich erscheinen! Die ›reinen‹ Dichter dichten Konservenlyrik, nur zum Aufheben, für die Ewigkeit und für noch spätere Doktorarbeiten. Die Gebrauchslyriker schreiben aber für heute, zum Sofortessen; wahrscheinlich halten sich ihre Produkte nicht sehr lange und verderben rasch. Auf diese Gefahr hin! Ihre Anteil-

nahme und ihre Arbeit gehört – ohne daß wir sie überschätzen wollen – unserer Zeit und deren Bewohnern: In die Literaturgeschichte vom Jahre 2400 einzugehen, ist halb so wichtig.«[63] Noch aggressiver hatte er bereits in der *Prosaischen Zwischenbemerkung* seines Gedichtbandes *Lärm im Spiegel* die Lyriker »mit dem lockig im Winde wallenden Gehirn«[64] attackiert: »Leider gibt es das noch nicht: die Talentlosen auf operativem Wege literarisch zeugungsunfähig zu machen. Und so bevölkern sie das Schrifttum weiterhin mit ihren geistig zurückgebliebenen Produkten, die keinen noch so gefälligen Hund vom Ofen locken. (...) Man sollte sie schmerzlos beseitigen und einen von ihnen ins Museum bringen. Falls dort für so etwas Platz ist.«[65]

Das klingt arrogant und selbstbewußt zugleich. Kästner wußte, was er sich erlauben konnte. Er hatte Erfolg und glaubte, auch das Geheimnis dafür zu kennen.

Nach außen hin dokumentierte sich sein (bescheidener) Wohlstand in einer neuen Wohnung, die er am 1. Oktober 1929 bezogen hatte und in der er bis zur Ausbombung 1944 bleiben sollte: Berlin-Charlottenburg, Roscherstr. 16, Gartenhaus, 4. Etage links. Seiner Mutter schickte er nicht nur einen selbstgezeichneten Grundriß, sondern auch eine genaue Beschreibung. Der ist zu entnehmen, daß die Wohnung drei Zimmer mit Morgensonne, einen Balkon, ein Bad, eine Küche und eine Mädchenkammer aufwies, natürlich auch Zentralheizung und Telefon. Das Ganze für 170 Mark Miete monatlich, was für damalige Verhältnisse noch recht günstig war. Es dauerte eine ganze Weile, bis Mutter und Sohn die neue Bleibe mit Geschmack und Fingerspitzengefühl eingerichtet hatten. Kästner konnte jetzt Gäste einladen, was er allerdings nicht so häufig tat. Denn Kochen überließ Kästner den Frauen. Er selbst zeigte dabei keinerlei Ehrgeiz. Aber Hermann

Kesten, F. C. Weiskopf oder Rudolf Arnheim konnten schon damit rechnen, bei ihm mit Würstchen und Kartoffelsalat verköstigt zu werden. Lieber traf sich Kästner mit seinen Freunden im Café oder bei Schwannecke. Aber immerhin hatte er jetzt ein Zuhause, das seinem frischen Ruhm durchaus angemessen war.

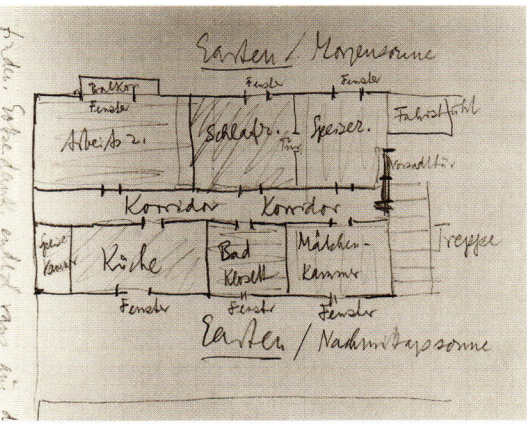

Zeichnung von Erich Kästner im Muttchenbrief vom 8.9.1929

Bereits seit einem Jahr, seit dem 1. Oktober 1928, hatte Kästner auch eine eigene Sekretärin, Elfriede Mechnig. Die Tochter aus gutem Haus, knapp zwei Jahre jünger als Kästner, war zwar als Stenotypistin ausgebildet worden, wollte aber in diesem Beruf nicht arbeiten. Wie sie Helga Bemmann mitteilte, hatte sie zunächst die Offerte einer Freundin ausgeschlagen. Sie wollte nicht halbtags für einen Schriftsteller Manuskripte und Briefe tippen: »Trotzdem erzählte die Freundin Herrn Kästner von mir. Er bestellte uns an einem Sonntagvormittag auf eine Caféterrasse. Er arbei-

Elfriede Mechnig bei der Arbeit am Strand von Warnemünde

tete dort. Was mir auch einigermaßen seltsam vorkam. Ich meinte, Dichter müßten zu Hause in der Wohnung dichten. Ich sah also einen zierlichen jungen Herrn an einem Tisch sitzen. Er lächelte mich freundlich an, wir begrüßten einander. Ich war schüchtern und ziemlich schweigsam. Er auch. Meine Freundin redete. In der Rückerinnerung kommt mir alles unsagbar komisch vor. Ich weiß noch genau, daß er einen blauen Anzug trug, schönes, dichtes, welliges Haar und auffallend schmale, gute Hände hatte. – Ich tat jedenfalls nichts, diese Stellung zu erringen.«[66] In diesem Zusammenhang soll auch der Satz von Kästner gefallen sein: »Wollen Sie mir helfen, berühmt zu werden?«

Elfriede Mechnig wurde für Kästner mehr als eine Sekretärin. Als »& Co.«, wie Kästner sie anerkennend nannte, perfektionierte sie zunächst halbtags, dann als volle Kraft den Vertrieb von Texten ihres Chefs. Sie baute ein kleines Büro in Berlin-Friedenau auf, das bis 1985 bestand und über das sie zuletzt auch Theaterstücke anderer Autoren vermittelte. 1986 ist Elfriede Mechnig gestorben. In ihrem Nachlaß, den die Berliner Akademie der Künste bewahrt, findet sich u.a. ein Originalmanuskript von *Emil und die Detektive* und von Kästners erstem Theaterstück, *Klaus im Schrank* von 1927.

Die Mitwirkenden der Dresdener Aufführung von »Leben in dieser Zeit« (5.12.1931)

Kästner hatte noch in Leipzig versucht, auf der Bühne Fuß zu fassen. Seine große Liebe galt dem Theater, und da war es selbstverständlich, daß er auch für das Theater schreiben wollte. Aber seinen ersten großen Erfolg mit einem eigenen Stück hatte er nicht auf der Bühne, sondern im Radio. Für die Schlesische Funkstunde in Breslau verfaßte er eine »Lyrische Suite in drei Sätzen«, der er den Titel *Leben in dieser Zeit* gab. Der Rundfunk war damals noch ein recht junges Medium und verstand sich als »Kulturinstrument«. Nicht wenige der Intendanten, wie Friedrich Bischoff in Breslau, waren selbst Schriftsteller und förderten die zeitgenössische Literatur in einem bis dahin nicht gekannten Maß. Als neue Form entstand das Hörspiel, das die Möglichkeiten des Radios nutzen und erweitern wollte. Für die Autoren bedeutete der Auftritt im Rundfunk, daß sie sich gleichzeitig einem sehr großen Publikum mitteilen konnten und dadurch rasch populär wurden. Während sich ein Theaterstück von Bühne zu Bühne durchsetzen mußte, drang ein Hörspiel via Lautsprecher in die guten Stuben des gehobenen Bürgertums, das sich den Luxus »Radio« erlauben konnte. Obwohl also das Publikum nicht gerade von materiellen Sorgen geplagt war, setzten die Rundfunkmacher auf sozialkritische Hörspiele, die die Situation der Arbeiter, kleinen Angestellten und Erwerbslosen in den Mittelpunkt stellten. Auch Kästners *Leben in dieser Zeit* handelt von einem »Durchschnittsmenschen« namens Schmidt, der in der Großstadt das erlebt, was ein Durchschnittsmensch in der Großstadt erleben kann. Nichts Besonderes nämlich:

> Er stand, nur sonntags nicht, früh 6 Uhr auf
> und ging allabendlich punkt 8 zu Bett
> 10 Stunden lang schlief er irgendwo.
> 4 Stunden brauchte er für Fahrt und Essen.
> 9 Stunden schrieb er Zahlen im Büro
> 1 Stündchen blieb für höhere Interessen.

Im Stil der Zeit montierte Kästner Gedichte, die er zum Teil schon früher veröffentlicht hatte, kurze Zwischentexte, einen Chor und Geräusche zu einer großen Collage, für die Edmund Nick die Musik schrieb. Friedrich Bischoff führte bei der Uraufführung am 14. Dezember 1929 selbst Regie. Kaethe Nick-Jaenicke und Ernst Busch waren in den Hauptrollen zu hören.

Die Resonanz war überwältigend, zumal sich auch der Berliner Sender der Übertragung durch die Schlesische Funkstunde angeschlossen hatte. Die Kritiken überschlugen sich vor Lob. »Eine ganze Reihe Leute haben mich schon zu dem großen Presseerfolg laut beglückwünscht«[67], berichtete Kästner seiner Mutter fünf Tage nach der Premiere. Auch *Der Deutsche Rundfunk* als wichtigste Radiozeitschrift der Weimarer Republik war von der Premiere begeistert: »Nach dieser Aufführung dürfen wir wirklich hoffen, daß Gedichte im Rundfunk für den Hörer auch einmal mehr sein können als eine literarische Repräsentation.«[68]

Einige der Lieder aus dem Hörspiel wurden zu beliebten Kabarettsongs, wie zum Beispiel *Die möblierte Moral, Entree für eine Chansonette* und *Der Gesang vom verlorenen Sohn*. Weitere Aufträge für den Rundfunk und als Lieddichter folgten. So groß war Kästners Popularität unterdessen, daß er sogar selbst Grammophonplatten besprach, die er seiner Mutter stolz schickte.

Die Hörspielfassung von *Leben in dieser Zeit* arbeitete er zum Theaterstück um, das bis 1932 an zahlreichen Bühnen in Deutschland, Österreich und der Schweiz aufgeführt wurde. Die Premiere in Wien, der Kästner beiwohnte, wurde zu einem Triumph für ihn. »Immer wieder verbeugen müssen«, berichtete er seiner Mutter. »Die Leute schrien sich heiser vor Begeisterung.«[69]

Durch diesen Erfolg fühlte sich Kästner bestätigt, auch den *Emil* zu dramatisieren. Aber zunächst ging es mit der Mutter zusammen nach Bad Nauheim »ins Kohlensäure-Badewasser«[70] und »auf einen Sprung nach Rußland«. Die Reise in den von Kästner an sich gehaßten Sowjetkommunismus war, wie Helga Bemmann ermittelte, von der »Gesellschaft der Freunde des neuen Rußland« veranstaltet worden. Die Reisegruppe aus Künstlern und Wissenschaftlern umfaßte insgesamt sechzig Personen. Im März 1930 hatte sie Kästner seiner Mutter mit den Worten angekündigt: »Heute in einem Monat, am 26. April, fahre ich mit Ohser zusammen auf eine Woche nach Rußland. Eine billige Reise, von einem Verkehrsbüro veranstaltet. Kesten fährt schon früher und bleibt länger. Da werden wir uns in Moskau mal guten Tag sagen. Sehr ulkig. Eine Woche Rußland ist natürlich viel zuwenig. Aber man muß doch mal anfangen, es kennenzulernen. Ist ja heute das interessanteste Land.«[71]

Kästner reiste nach Leningrad und Moskau. Was seine Gastgeber erwartet hatten, ging in Erfüllung. Der

Schriftsteller aus Deutschland zeigte sich wie seine Kollegen tief beeindruckt von dem, was er sah, und lieferte für die Zeitschrift der Gesellschaft einen Artikel, der so gar nicht zu der sonstigen politischen Einstellung Kästners paßte. Ohne es zu merken, wurde er zum Propagandisten eines Regimes, dessen Schattenseiten ihm nicht gezeigt worden waren: »An der absoluten Primitivität der Russen gemessen, ist das, was der Kommunismus für ihn bis jetzt erreichte, relativ bedeutend. Und diese Entwicklung zur proletarischen Zivilisation hin wird, wenn der Fünfjahresplan der Sowjets durchgeführt ist, das russische Proletariat auf ein Lebensniveau führen, das hoch über dem unserer Arbeiterschaft liegt. Diese Entwicklung marschiert. Und dazu kommt das Gewaltigste: Die russischen Arbeiter sind die Herrscher ihres Landes, das den sechsten Teil der Erde einnimmt! Ihnen gehört das Wenige! Sie sind die Träger und die Nutznießer der Idee, die hier schrittweise, mit grandioser Zielsicherheit und Planmäßigkeit, verwirklicht wird!«[72] In seiner Euphorie geizte er nicht mit Superlativen, nannte die Sowjetunion »das gewaltigste aller historischen Experimente« und glaubte, »eine neue weltpolitische Epoche« zu erkennen. »Wir kehrten heim, als kämen wir in die Fremde und in eine verbotene Welt.«[73]

Kästner hatte später große Probleme, seine Begeisterung zu relativieren, ohne sich selbst widersprechen zu müssen. So schrieb er im September 1931, als der erste russische Tonfilm in Berlin anlief, kritisch über die »optische Heroisierung des Arbeiters«[74]. Diese »bedenkliche Eigenart« sei ihm schon in Moskau aufgefallen, als er zweitklassige russische Stummfilme gesehen habe. »Es ist begreiflich, daß die Russen ihre zivilisatorischen Leistungen übersteigert sehen. Aber es wäre bedauerlich, wenn der Fortschritt, auch in Rußland, den Blick zu trüben und den Charakter zu verderben fähig sein sollte.«

Auf seine Bücher hat sich die Rußlandreise nicht ausgewirkt. Zu sehr war Kästner damit beschäftigt, alle Möglichkeiten des Kulturbetriebs zu probieren und zu nutzen. Aus der Korrespondententätigkeit für die

Neue Leipziger Zeitung zog er sich langsam zurück, ohne sie ganz zu beenden, und intensivierte dafür seine literarische Arbeit. Er beendete die Bühnenfassung von *Emil und die Detektive* und brachte seinen Roman voran, den er Mitte 1931 abschließen wollte.

Emil und die Detektive hatte am 20. November 1930 unter der Regie von Karlheinz Martin im Theater am Schiffbauerdamm Premiere – wieder mit großem Erfolg. Schon kurze Zeit später brachten auch andere Bühnen das Stück heraus. In Breslau inszenierte es der noch junge Max Ophüls. Kästner selbst war von der Umsetzung seines Textes durch die Kinder fasziniert. Für das *Berliner Tageblatt* schrieb er eine kleine, anekdotenreiche Reportage, in der er auch die rhetorische Frage stellte: »Wo kann der Schriftsteller aber hoffen, dass er seine Leser und Zuschauer wirklich beeinflusst, als bei Kindern? In welchem Stadium wären die Menschen noch zu ändern, wenn nicht in dem der Kindheit? Eine der ›Lehren‹ des Stückes ist: dass Kameradschaftlichkeit und Korpsgeist nicht nur schön, sondern auch zweckvoll sind. Beinahe zwangsläufig hat sich so ergeben, dass sämtliche Schauspieler, ob Hauptdarsteller oder Statisten ist gleichgültig, vorbildlich zueinanderhalten.«75 Auch von der schauspielerischen Leistung der kleinen Darsteller war er beeindruckt: »Am auffälligsten ist immer wieder, dass die Kinder mit ganz wenig Ausnahmen ausserordentlich sicher, freimütig und unkomödiantisch spielen. Ihre Sicherheit hat mehrere Ursachen: der Wandel der Erziehungsmethoden und der Unterrichtsart hat den Kindern das genommen, was man Lampenfieber nennt; und noch einflussreicher er-

Werbepostkarte des Alten Theaters in Leipzig; die Rückseite trägt den gedruckten Text: »Ich war heute im Alten Theater und habe das lustige Stück Emil und die Detektive gesehen. Es war wunderschön, wir haben alle sehr gelacht. Ihr müßt unbedingt auch hingehen. Mit bestem Gruß«

scheint mir die Tatsache, dass sie das Theaterspielen, noch dazu und glücklicherweise in Rollen, die direkt aus der Wirklichkeit stammen, für eine höchst reale Beschäftigung halten.«

Die Beobachtungen, die er im Theater am Schiffbauerdamm machte, stimmten Kästner optimistisch, den Stoff auch für den Film umsetzen zu können. Denn das war das Medium, das er sich noch nicht erobert hatte. Es faszinierte ihn aber über alle Maßen, seit aus den schnell und billig produzierten Unterhaltungsstreifen anspruchsvolle Produktionen geworden waren – anspruchsvoll auch in ihren politischen Zielsetzungen. Vorbild war die Sowjetunion. Vor allem für die *Neue Leipziger Zeitung* klopfte Kästner die deutschen und internationalen Filme auf ihren gesellschaftlichen Gehalt und auf ihre innovative Kraft hin ab. Über viele engagierte Reportagen und Sozialdramen, die Kästner als vorbildlich herausstellte, ist die Filmgeschichte fast spurlos hinweggegangen. Schon die Zahl seiner Kritiken zeigt, welchen Stellenwert er dem sich etablierenden Medium zubilligte. Denn noch waren Filmrezensionen im Feuilleton nicht üblich. Kästner beließ es allerdings nicht bei Empfehlungen. Geradezu vernichtend konnten seine Urteile ausfallen, wenn er das von ihm so geschätzte Medium mißbraucht glaubte: zu einfältigen Unterhaltungszwecken oder zur politischen Agitation von rechts. Obwohl er für sich eindeutige Bewertungskriterien entwickelt hatte und auch anwandte, fand er nicht zu einer eigenen Filmästhetik, sondern formulierte eher Allgemeinplätze wie: »Der Film ist eine Kunst der Fläche, der Schwarzweiß-Kontraste, der Bewegung, der Wortlosigkeit. Diese Eigenschaften schließen gewisse Möglichkeiten aus und bedeuten doch wieder Vorzüge, deren Berücksichtigung und Registratur notwendig ist.«[76]

Präziser wurde er ein Jahr später, im April 1929, als er in der *Neuen Bücherschau* unter dem Titel *Hätten wir das Kino!* nach seinen Forderungen und Vorschlägen gefragt wurde. »Jeder aussichtsreiche Versuch, den deutschen Film wesentlich zu qualifizieren«, so Kästner, »müßte mit der Durchführung des aussichtslosen Planes beginnen: die Industrialisierung der Filmproduktion zu beseitigen. (...) Künstlerisch belangvolle Manuskripte wären ebenso möglich wie ihre angemessene Behandlung. (...) Der Geschmack des Publikums ließe sich in der Übergangszeit durch psychologisch und bewußt ›überkitschte‹ Filme aushungern und, so oder nie, Werten zugänglich machen.«[77]

Kästner zielte auf die Praxis, aber er war sich natürlich bewußt, wie utopisch seine Vorstellungen sein mußten, denn in einem gänzlich kommerzialisierten Gewerbe zählten materielle Interessen mehr als der ideelle Wert eines Films. Andererseits hatte er auch für avantgardistische Experimente ein nur geringes Verständnis, denn primär lag ihm daran, das Medium zunächst als gleichrangige Kunstform zu etablieren. Den freieren und insgesamt auf wenig Akzeptanz stoßenden Umgang mit filmischen Inhalten hielt er dabei für eher störend.

In seiner eigenen Drehbucharbeit zielte Kästner von Anfang an auf den kommerziellen Erfolg. So sehr er den künstlerischen oder gesellschaftskritischen Film in seinen Kritiken schätzte, so wenig sah er sich als Autor solch ambitionierter Streifen. Was Kästner an Ideen entwickelte, blieb in jedem Fall der Unterhaltung verpflichtet. Allerdings legte er immer Wert darauf, daß seine Stoffe nicht trivialisiert wurden. Die Ansprüche, die er an andere Produktionen stellte, wollte er bei seiner eigenen Arbeit nicht ganz aufgeben.

Gerade in Berlin angekommen, hatte er schon Kontakt zu Reinhold Schünzel aufgenommen, dessen Filmfirma zur Ufa gehörte. Über das Gespräch mit dem Produzenten berichtete er seiner Mutter am 15. August 1927. Sehr liebenswürdig und gemütlich sei Schünzel gewesen. »Da haben wir also den Film besprochen, und er klagte über die Verständnislosigkeit der großen Konzerndirektoren, die vom Film nichts verstünden. Dann wollte er den Film von mir ein bißchen ummodeln, da hab ich abgelenkt und ihm vorgeschlagen, einen Märchen- und Kinderfilm zu drehen. Das könnte doch ein Weltschlager werden! Da war er Feuer und Flamme. Das suchte er schon längst.«[78]

Welche Filmstoffe Kästner dem Produzenten angeboten hatte, ist nicht überliefert. Möglicherweise war schon das Exposé von *Dann schon lieber Lebertran* darunter, das Max Ophüls Jahre später aus dem Fundus der Ufa ziehen sollte. Obwohl Kästner seiner Mutter voller Optimismus über die Verhandlungen berichtete, sogar schon die Summen nannte, die er verdienen würde, hörte er zunächst von dem Projekt nichts mehr. »Auf Schünzel hab ich direkt Wut«[79], schrieb er Ende September 1927 an seine Mutter, beschäftigte sich aber schon wieder mit neuen Plänen. »Ich möchte ihm gerne vorschlagen, den ›Tartarin‹ von Daudet – eine berühmte französische Romanfigur – zu spielen. Aber wie soll ich's andrehen, daß sie mich dabei nicht veräppeln? Denn der Vorschlag ist viel Geld wert. Man muß eben den Einfall *haben*! Nachher sagen sie: Jaja, kleiner Kästner, das hatten wir schon lange vor! Und ich stehe da mit dem dicken Koppe! Ich muß mir das mal genau überlegen.« Und wenig später, nach einer ausgedehnten Besprechung mit Schünzel und einem möglichen Geldgeber, fügte er hinzu: »Bis ich den Betrieb richtig kenne, laß ich mir das vielleicht gefallen. Dann kostet jedes Husten einen Taler...«[80]

Aus den ersten Filmplänen scheint nichts geworden zu sein, aber Kästner blieb im Gespräch mit der Ufa – und hatte schließlich Erfolg. Am 10. Februar 1930 konnte er seiner Mutter melden, daß es wegen der Verfilmung des *Emil* bereits Verhandlungen gebe. »Allerdings nicht mit der Ufa. Aber das steckt alles noch in den Anfängen.«[81] Es dauerte schließlich über acht Monate, bis der Vertrag mit der Ufa unter Dach und Fach war. Aber dann begann der Ärger. Kästner hatte ausgehandelt, daß er selbst das Drehbuch schreiben dürfe. Die Ufa stellte ihm den noch ebenfalls nicht sehr erfahrenen Emmerich Preßburger zur Seite. Der »Kerl«, so Kästner seiner Mutter gegenüber, als er davon erfuhr, reiste mit nach Kitzbühel, und beide stellten dort die erste Fassung des Drehbuchs her. Da die Ufa den beiden Neulingen offenbar nicht so recht traute, wurde ein weiteres Autorenduo an den Text gesetzt, dessen Korrekturen Kästner über alle Maßen erbosten. »Das

Manuskript ist ekelhaft«, empörte er sich Mitte Mai 1931. »Emil klaut in Neustadt einen Blumentopf für die Großmutter. In Berlin, auf der Straßenbahn, klaut er einem Herrn den Fahrschein aus dem Hut und läßt für sich knipsen. Der Herr wird von der Bahn gewiesen. Ein Goldjunge, dieser Emil. Der ›Stier von Alaska‹ wird er genannt. Pony ›die Rose von Texas‹. Lauter Indianerspiel, wo doch heute kein Mensch mehr Indianer spielt. Die ganze Atmosphäre des Buchs ist zum Teufel. Und ich werde Anfang der Woche saugrob werden.«[82]

Die Ufa sah sich schließlich gezwungen, einen weiteren Bearbeiter einzuschalten, den später berühmt gewordenen Filmregisseur Billy Wilder. Und Kästner konnte stolz feststellen: »Der Film wird nun ziemlich so wie das Buch. Aber Nerven hat das gekostet und Zeit.«[83] Unterschiede sind trotzdem geblieben, die vor allem die Gedanken von Emil und die Stringenz der Kästnerschen Moral betreffen. Auch ein Rest des »Indianerspiels« hatte sich mit der Figur des »Fliegenden Hirschs« erhalten.

Kästner beobachtete die Dreharbeiten, war aber enttäuscht. »Heute war ich eine Stunde am Bahnhof Zoo«, berichtete er seiner Mutter. »Da drehten sie, wie Emil auf die Straßenbahn steigt, in die Grundeis geklettert ist. Es war so langweilig, das Dabeistehen! Ehe allemal so eine Einstellung gedreht ist, kann man einschlafen. Das wäre kein Beruf für mich.«[84]

Eine weitere, unfreiwillige Begegnung Kästners mit den Dreharbeiten hatte durchaus komische Züge, wie er in einem Artikel für das *Berliner Tageblatt* erzählte. Gerade war er aus einer Bank gekommen und hatte sich, einer fast vergessenen Gewohnheit folgend, auf die Terrasse des Café Josty gesetzt, wo im Sommer 1929 der *Emil*-Roman entstanden war. »Ich erkannte die Kellner und ein paar Stammgäste wieder. Nichts schien sich verändert zu haben. Nur, am Nebentisch sass ein Kerl im steifen Hut. Die Ohren standen ihm ab. Er fraß wie ein Scheunendrescher. Mitunter blickte er scheu um sich. War das nicht Herr Grundeis, der vor zwei Jahren meinen kleinen Emil bestohlen hatte? Er war's tatsächlich! Ich blickte auf die Strasse. Drüben kletterte eben ein kleiner Schüler aus der Linie 177. Mit Koffer und Blumenstrauss war er bewaffnet. Verloren stand er zwischen den Autos, sah zu uns herüber, duckte sich und rannte hinter den Zeitungskiosk. War das nicht Emil Tischbein aus Neustadt? Er war's tatsächlich. Ich sass starr da und erlebte eine Geschichte, die ich vor zwei Jahren nur eben geschrieben hatte, wirklich. Das war ein seltsames Gefühl... Und dann trat ich zum Nebentisch und fragte: ›Sind Sie nicht Herr Grundeis?‹ ›Jawohl‹, sagte der Mann mit dem Gaunergesicht, ›Ich heisse Fritz Rasp‹. Währenddessen kletterte der kleine Emil unermüdlich aus der Linie 177 herunter, bis aus einem Auto einer winkte. Es war der Filmoperateur. Die Aufnahme schien gelungen. Ich ging und fand das Erlebnis ein bisschen unheimlich.«[85]

Fritz Rasp spielte den Räuber Grundeis, Käthe Haack die Mutter Tischbein und Rolf Wenkhaus den Emil. Auch in den Nebenrollen war der Film gut besetzt, bei dem Gerhard Lamprecht Regie führte. Kästner selbst gefiel die Filmfassung seines Romans »nicht besonders«, wie er seiner Mutter nach einer Besichtigung des Rohschnitts schrieb. Aber: »Im übrigen meinten alle andern, der Film sei sehr schön und werde großen Erfolg haben.«[86]

Szene aus dem Film *Emil und die Detektive* mit Fritz Rasp als Grundeis

»Alle andern« sollten recht behalten. Nach der Premiere am 2. Dezember 1931 trat der Film einen wahren Siegeszug an, der sogar noch unter der NS-Diktatur anhielt, worüber noch zu berichten sein wird. Für den Filmhistoriker Ingo Tornow gilt der fünfundsiebzigminütige Streifen als »beste Verfilmung eines Kästner-Buches und als einer der bedeutendsten deutschen Filme der frühen Tonfilmzeit«[87].

Der Erfolg des Films beflügelte auch den etwas stockenden Verkauf der Roman-Vorlage.

Im Jahr 1931 war dies nicht das einzige Projekt, das Kästner mit der Ufa realisierte. Ebenfalls zusammen mit Emmerich Preßburger überarbeitete er im Frühjahr 1931 ein Drehbuch, das nach der Komödie *Der Igel* von Hans Reimann entstanden war. Für Kästner war das »rasch verdientes Geld! und ich hab ausgemacht, daß mein Name dabei nicht genannt wird. Denn schön wird der Film nicht. Zweimal haben sich schon je zwei Leute darüber gemacht, mit Pressburger und mir sind's sechs.«[88] In der Bearbeitung von Kästner und Preßburger kam der Film schließlich in die Kinos – mit dem berühmten Max Adalbert als Hauptdarsteller. Regie führten Franz Wenzler und Eugen Schüfftan.

Der Kameramann Schüfftan, der damals einen schon fast legendären Ruf genoß, spielte auch in einem weiteren Film eine wichtige Rolle, für den Kästner die Idee geliefert hatte: *Dann schon lieber Lebertran*. Kästner griff auf einen im Grundzug bereits 1927 für *Klaus im Schrank* entwickelten Plot zurück. Der junge Max Ophüls, gerade von der Ufa als Regisseur engagiert, hatte das Exposé von Kästner bei seiner Filmfirma aus einem riesigen Papierstoß mit noch nicht realisierten Projekten gezogen. Die Geschichte gefiel ihm: »Die Kinder, die abends vor dem Schlafengehen gequält werden, der Gesundheit zuliebe Lebertran einzunehmen, bitten den lieben Gott, einmal die Weltordnung umzuändern. Die Eltern sollen gehorchen, und die Kinder können befehlen. Der liebe Gott schläft schon, Petrus hört statt seiner den Stoßseufzer. Er dreht an einer der vielen ewigen Schrauben, und für 24 Stunden ist auf der Erde alles umgekehrt wie bisher. Nach einem einzigen Tag

Erwachsensein bitten die Kinder den lieben Gott, wieder alles so einzurichten, wie es vorher war – so sehr haben sie die Nase voll.«[89]

Ophüls traf sich mit Kästner und Preßburger im Café. »Nach acht Caféhaus-Nächten«, so Ophüls in seiner Erinnerung, »war das Buch fertig.«[90] Zwei weitere Wochen dauerte es, bis der Dreh mit Käthe Haack, Max Gülstorff, Alfred Braun und Hannelore Schroth (in ihrer ersten Rolle) beendet war. Wie damals üblich, nahmen die Ufa-Generaldirektoren den fertiggeschnittenen Film persönlich ab. Max Ophüls stand vor der geschlossenen Tür und wartete. Was dann geschah, schilderte er in seinen Memoiren *Spiel im Dasein*: »Ich habe noch nie so lange Gesichter gesehen, als die Tür aufging und die Herren an mir vorbeigingen, wie wenn sie von einem erschütternden Begräbnis kämen. Nur Erich Kästner klopfte mir auf die Schulter. Er führte eine alte Frau am Arm. ›Meiner Mutter hat's gefallen‹, sagte er. Muttchen strahlte. ›Wissen Sie, ich hab nämlich noch nie einen Film gesehn‹, sagte sie.«[91]

Das Premierenpublikum bestätigte die Erwartungen der Ufa-Generaldirektion. »Gestern wurde im Ufa am Kurfürstendamm ›Dann schon lieber Lebertran‹ vorgeführt«, teilte Kästner seiner Mutter fast nebenbei am 24. November 1931 mit. »Die Leute saßen da wie die Ölgötzen.«[92] Danach stieß der Film allerdings auf eine positivere Resonanz beim Publikum. Ein richtiger Erfolg wurde er aber nicht mehr. Heute gilt der nur zweiundzwanzigminütige Streifen als verschollen. Lediglich einige Standfotos existieren noch. Vor wenigen Jahren ist das Originaldrehbuch in Moskau aufgetaucht und der Stiftung Deutsche Kinemathek als Depositum überlassen worden[93].

Neben den drei Ufa-Produktionen arbeitete Kästner 1931 auch noch an einem Tobis-Film mit, und zwar an der Wirtschaftssatire *Die Koffer des Herrn O. F.,* für die Leo Lania und Alexis Granowski das Drehbuch verfaßt hatten. Kästner lieferte sieben Songtexte, von denen er drei wahrscheinlich nach der Uraufführung Anfang Dezember 1931 noch einmal ändern mußte. Die zeitgenössische Kritik hielt sich mit Lob zurück. Wie die Publikumsresonanz war, ist nicht bekannt. Laut Ingo Tornow wurde die Komödie nach 1933 politisch »gereinigt« und zu einem Kurzspielfilm umgeschnitten. Dabei sind auch die Kästner-Songs entfernt worden. Inzwischen existiert im Deutschen Institut für Filmkunde eine rekonstruierte Fassung[94].

An ein Wunder grenzt es, daß Kästner neben der intensiven Beschäftigung mit Filmdrehbüchern im selben Jahr 1931 noch Zeit fand, weiterhin Artikel zu schreiben und an seinem Roman zu arbeiten. Aber er stand auch unter einem enormen Zeitdruck. Bereits Ende Oktober 1929 hatte ihn sein Verleger aufgefordert, sich an einem Roman für Erwachsene zu versuchen. Ein Thema zu finden dürfte Kästner nicht schwergefallen sein. Denn regelmäßig verfaßte er für verschiedene Blätter Romankritiken und besaß einen hervorragenden Überblick über die gegenwärtige Produktion. Besonders angetan war er von Alfred Döblins *Berlin Alexanderplatz*. Mit diesem Buch, so Kästner, sei der »reichste, vitalste Romanschriftsteller unserer Gegenwart (...) örtlich, zeitlich und seelisch« im heutigen Deutschland eingetroffen. »Er kommt beim Erzählen, scheinbar absichtslos, aus dem Hundertsten ins Tausendste. (...) So zügellos diese Manier sein mag, sie hilft erstens tatsächlich dazu, hinter, vor und neben dem Einzelschicksal eine ganze Stadt und eine ganze Zeit sichtbar zu machen; und zweitens fügt sie dem Bericht, unausgesprochen, jene Dosis bitterer Ironie bei, die Döblin für angemessen hielt.«[95]

Döblins Roman wurde für Kästner zum unausgesprochenen Vorbild, auch wenn er natürlich ganz andere Akzente setzte. Sein Jakob Fabian sollte kein Franz Biberkopf werden. Kästner dachte eher an ein ironisches Sittengemälde, eine augenzwinkernde Zustandsbeschreibung, die sich gerade die dunklen Ecken der Groß- und Weltstadt Berlin vornehmen sollte. Daß er damit nicht konkurrenzlos war, wußte er. »Denk Dir«, informierte er im Juni 1931 seine Mutter, »Hermann Kesten, mit dem ich vorgestern sprach, und Ernst Gläser schreiben genau denselben Roman wie ich: von arbeitslosen Akademikern in Berlin! Das kann ja gut werden was?«[96]

In der Geschichte, die Kästner erzählt, ereignet sich nichts wirklich Sensationelles. Der Reklamefachmann Jakob Fabian verliert seinen Job, seine Freundin, seinen Freund und schließlich auch sein Leben. Im Vorwort zur Neuauflage formulierte Kästner 1950 »ein bestimmtes Ziel«, das sein Roman damals verfolgt habe: »Er wollte warnen. Er wollte vor dem Abgrund warnen, dem sich Deutschland und damit Europa näherten! Er wollte mit angemessenen, und das konnte in diesem Falle nur bedeuten, mit allen Mitteln in letzter Minute Gehör und Besinnung erzwingen.«[97]

Das war aus der Sicht der Nachkriegszeit gedacht und geschrieben. Kästner versah seinen Roman rückwirkend mit einer prophetischen Gabe und einer volkspädagogischen Aufgabe, die er so am Ende der Weimarer Republik nicht beansprucht hätte.

Kästners Fabian kämpft zwar in einer Welt ohne Moral für moralische Grundsätze, aber er weiß, wie sinnlos sein Aufbäumen sein muß. Weniger die Warnung vor dem Nationalsozialismus steht im Vordergrund als die genaue Schilderung einer Endzeitstimmung, geprägt durch die Auflösung aller Werte und Strukturen. Liebe ist zu käuflicher Lust geworden, die Familie als Keimzelle des Staates funktioniert nicht mehr, und die Arbeitskraft des einzelnen bleibt ungenutzt. Wie in einem gigantischen Mahlstrom treibt die Gesellschaft in ein Chaos aus Egoismus, sexueller Perversion und Gesetzlosigkeit. Kästner hat bewußt keinen großen Wurf gewagt, keine breitangelegte Analyse der gesellschaftlichen, ökonomischen und politischen Zustände. Er sieht seine Zeit aus dem Blickwinkel Fabians, der seine Weltverzweiflung mit dem Freund Labude teilt, und entwirft ein Panorama der Hoffnungslosigkeit.

Daß sich der Roman nicht für die Tante in Buxtehude als Weihnachtsgeschenk empfahl, lag weniger an Kästner als an der Zeit selbst. Das Lektorat der Deutschen Verlags-Anstalt sah sich gezwungen, schon in der Entstehungsphase mehrfach in den Arbeitsprozeß einzugreifen. Nicht alles wollte der Verlag mit seinem Direktor Kilpper an der Spitze den Lesern so zumuten, wie es der Autor formuliert hatte. Im Juli 1931 schrieb Kästner seiner Mutter mehrfach von Änderungswünschen des Verlages, denen er offenbar ohne größeren Protest entsprach. »Ich bin dabei, den Roman zu korrigieren«, heißt es zum Beispiel am 20. Juli 1931. »Heute beginne ich am Abend das neue Romankapitel, das in der Nachtredaktion spielt. Ich will es recht gut und gründlich schreiben, damit Kilpper den Mund hält.«[98]

Wie ein Musterschüler arbeitete Kästner den Text nach den Wünschen des Verlages um. Auch bei der Titelfindung konnte er sich nicht durchsetzen. »Matthäi am letzten«, »Der Gang vor die Hunde«, »Sodom und Gomorrha« und noch weitere Vorschläge hatte er gemacht. Sie wurden aber alle nicht akzeptiert. *Fabian. Die Geschichte eines Moralisten* hieß schließlich der Titel, den die Deutsche Verlags-Anstalt diktiert hatte.

Im fertigen Roman fehlten drei Kapitel ganz: die kuriose Geschichte von Direktor Breitkopf, der den Mitarbeitern seine frische Blinddarmnarbe zeigt[99], sowie die beiden theoretischen, aber zum Verständnis wichtigen Nachworte *Fabian und die Sittenrichter*[100] und *Fabian und die Kunstrichter*[101].

Trotz der Änderungen und Kürzungen, die wesentliche Teile des Romans betrafen, schien Kästner mit dem Ergebnis zufrieden gewesen zu sein. An seine Mutter hatte er gleich nach Erhalt das erste Exemplar geschickt und freute sich am 12. Oktober 1931, »daß Dir der ›Fabian‹ so gut gefällt«[102]. Ob Ida Kästner den Roman wirklich schätzte oder ob sie ihrem Sohn lediglich eine Freude machen wollte, sei dahingestellt. Ihren Moralvorstellungen dürfte das bunte Treiben im *Fabian* keinesfalls entsprochen haben.

Die Literaturkritik war ebenfalls zum überwiegenden Teil freundlich gestimmt. Monty Jacobs, damals einer der angesehensten Feuilletonisten in Berlin, widmete dem Roman einen langen, zweispaltigen Artikel, der mit den Sätzen schloß: »Lebensangst unter einem Gewitterhimmel, das ist die Stimmung, die aus den Seiten dieses kurzweiligen Romans herausschlägt. Lebensangst, auch wenn sie sich in Galgenhumor entlädt. Es ist nicht die Stimmung des Eingängers, sondern einer gewaltigen Marschkolonne, einer ganzen Generation. Daß er ihrer Angst und Not das Wort findet, ist Erich Kästners Verdienst. Daß sein Roman künftig einmal den Wert eines Dokuments haben wird, eines Dokuments des Jahres 1931, ist Kästners Lohn.«[103] Etwas anders sah es Alfred Kantorowicz im *Querschnitt*. Zwar stelle sich Kästner der Zeit und mache die »allzu bequeme Biedermeierei«[104] nicht mit, »die fast alle erfolgreichen Autoren sich zum Programm gemacht haben«. Aber: »Kästner selbst ist auch noch nicht ins Zentrum der Ereignisse vorgestoßen; er bleibt am Rande, aber jedenfalls bleibt er in der Zeit – indem er sich gegen sie bekennt.« Rudolf Arnheim nahm in der *Weltbühne* schon die möglichen Angriffe von rechts vorweg, als er schrieb, es sei nicht sicher, »ob etwa die Sittenwächter, die ja Erich Kästner für eine Art Volkskommissar des Kulturbolschewismus halten, merken werden, mit welcher Strenge er gegen die Scheußlichkeiten kämpft, die er schildert. Indem er sie schildert.«[105]

Die Sittenwächter merkten es nicht. Unter der Überschrift *Schweinereien als ›Schöne Literatur‹* schritt Karl Rauch im *Vorstoß* zum Generalangriff gegen Kästner und Co. »Warum wird eigentlich mit solch unsauberen Büchern Geschmack und gesunder Instinkt des Lesers verdorben?«[106] fragte Karl Rauch scheinheilig, um abschließend *Lady Chatterley und ihre Liebhaber* zu empfehlen (was Kästner übrigens in der *Neuen Leipziger Zeitung* auch getan hatte).

Die Diskussion um *Fabian* setzte sich noch eine Weile fort. Manche Zeitschriften, wie der *Bücherwurm*, forderten ihre Leser sogar auf, selbst Stellung zu beziehen, was diese offenbar gern taten. Im Februarheft des Jahres 1932 veröffentlichte der *Bücherwurm* dann die Lesermeinungen, die das gesamte Spektrum von heftiger Ablehnung bis zu begeisterter Zustimmung umfaßten. Die Zusammenstellung beginnt mit einem kurzen Text von Hermann Hesse, der die künstlerische Qualität des Romans (den er eine Erzählung nennt) hervorhebt. »In dieser liebenswerten und graziösen Erzählung«, so Hesse, »läßt der Dichter mitten im irrsinnigen Berlin von heute einen Menschen herumlaufen, einen weder sehr starken, noch sehr geschickten, aber eben einen Menschen: einen, der noch nicht irrsinnig ist, der ein Herz und einen Verstand hat. Ein klein wenig zwar ist auch er schon geknickt und entstellt, aber überall, wohin er gerät, schimmert Menschlichkeit auf, glänzt mahnende Erinnerung an etwas, was es vor kurzem noch überall gab und was jetzt unter einer Million bloß noch Einer besitzt. Sein Bildnis und die vielen leicht und zart hingezeichneten Berliner Bilder sind in reiner Künstlerfreude geschaffen, nicht ganz ohne gute Absicht, nicht ganz ohne Moral, aber nicht von ihr verzerrt. Das Zeitgemäße konnte nicht zeitloser gesagt werden als hier, es ist von Hölle und Irrenhaus die Rede, aber es klingt wie Musik, es ist durch den Filter der Kunst gegangen und voll Anmut geworden.«[107]

Innerhalb weniger Monate verkauften sich dreißigtausend Exemplare des Romans und wurden Übersetzungsrechte in neun Länder vergeben, darunter in die USA, nach Großbritannien, Frankreich und Italien.

Beflügelt von dem Erfolg seines ersten Romans für Erwachsene begann Kästner mit seinem zweiten, der den Titel *Die Doppelgänger* tragen sollte. Aber über wenige Seiten kam er nicht hinaus. 1935 gab er schließlich die Arbeit daran auf. Erst 1958 veröffentlichte er das Fragment in der Zeitschrift *Merkur*.

Parallel zum *Fabian* schrieb Kästner an einem neuen Kinderroman. Die Idee dafür stammte aus einer Erzählung, die Kästner Ende 1928 für das *Berliner Tageblatt* verfaßt hatte: *Fräulein Paula spielt Theater*. »Entsinnst Du Dich?«[108] fragte er Anfang Februar 1930 seine Mutter, als er Edith Jacobsohn die neue Geschichte vorgeschlagen hatte. »Das Kinderfrl., das nachts, wenn die Eltern im Theater oder zum Ball sind, mit deren Tochter betteln geht! Entsinnst Dich, ja? Könnte ein wunderbares Buch werden. Noch spannender als der ›Emil‹!« Und wenig später versicherte er seiner Mutter: »Die Sache mit den Streichhölzern ist wirklich passiert. Ich las einmal eine Zeitungsnotiz. Und nun wird ein Buch draus!«[109] Es dauerte allerdings noch etwas, bis er die Zeit fand, sich wirklich an das Manuskript zu setzen.

Für den Roman machte Kästner aus dem fast kriminell anmutenden Mißbrauch eines Kindes eine höchst anrührende Geschichte mit einem von den vermögenden Eltern vernachlässigten, aber herzensguten Mädchen (»Pünktchen«) und mit einem Alter Emil (»Anton«), der sich aufopfernd um seine ebenso kranke wie arme Mutter kümmert und nebenbei noch einen Einbrecher fängt. Zum Happy-End sind alle, bis auf den Einbrecher, glücklich und freuen sich auf eine gemeinsame Zukunft.

Kästner schrieb den über zweihundertseitigen Roman innerhalb weniger Wochen im Juni 1931. Dann kam das ganze Projekt plötzlich ins Stocken: »Trier hat der Jacobsohn das Kinderbuch mit Pünktchen verekelt. Nun weiß sie nicht, was sie tun soll. Ich hab ihr gesagt, dann solle sie mir das Buch freigeben. Das will sie aber auch nicht. Ich soll es ganz umändern. Ich denke nicht dran.«[110]

Schließlich erklärte sich Edith Jacobsohn doch bereit, das Buch unverändert zu drucken, und ließ sich sogar zu einem Lob hinreißen. *Pünktchen und Anton* erschien Mitte November 1931 und verkaufte sich glänzend. »Jetzt kommen die Pünktchen-Kritiken angetrudelt, fast ausnahmslos sehr schön«, berichtete Kästner seiner Mutter einen Monat später. »Nun wird's die Jacobsohn wohl bald glauben.«[111]

Unterdessen waren auch die Theater auf das neue Kästner-Buch aufmerksam geworden. Gottfried Reinhardt, der Sohn Max Reinhardts, wollte es noch vor Weihnachten am Deutschen Theater in Berlin inszenieren. Kästner wußte, daß das eine »tolle Arbeit«[112] werden würde. »Man will schon mit den Proben beginnen, wenn die ersten Szenen fertig sind. Da die Premiere am 15. Dezember sein soll. Und der kleine Reinhardt wird mir dauernd auf der Pelle sitzen.«[113]

Berliner Erfolge

Es wurde noch schwieriger, als von Kästner erwartet. Von Tag zu Tag verschärfte sich der Konflikt zwischen dem Autor und dem Regisseur. Zunächst ging es um Honorarprobleme und Vertragsformulierungen, dann um die Art und Weise, wie Reinhardt die Proben leitete, und schließlich kulminierte der Streit kurz nach der (verschobenen) Premiere am 19. Dezember 1931. Nach nur acht Vorstellungen wurde die Bühnenfassung von *Pünktchen und Anton* abgesetzt. »Die Reinhardt-Bühnen erklären einfach, sie verdienten nichts daran«, empörte sich Kästner seiner Mutter gegenüber. »Und da kann man nichts machen. Es ist wirklich ein Jammer. Ich hab eine Wut im Bauch, ich könnte denen das ganze Theater zerhacken.«[114]

Telegramm von Marlene Dietrich an Erich Kästner (25. 4. 1932)

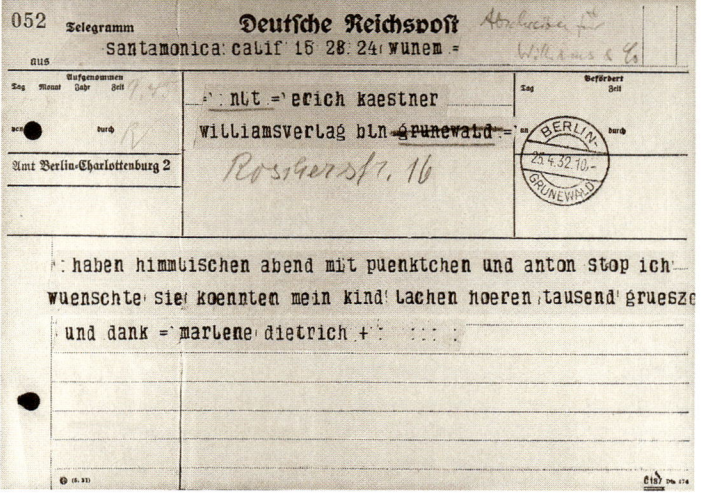

Die große Wut nutzte Kästner wenig. *Pünktchen und Anton* wurde nicht mehr gespielt. Aber Kästner ließ sich auch von diesem Mißerfolg nicht entmutigen, sondern verhandelte schon im März mit seiner Verlegerin über ein neues Kinderbuch. Zunächst hatte er offenbar vor, »eine schöne Lügengeschichte«[115] zu schreiben, »von der kleinen Petersilie im Urwald, wie ich's im *Emil*-Vorwort begonnen habe. Da lachen die Kinder viel.«

Was dann entstand, war ein Buch, bei dem nicht nur den Kindern das Lachen auch im Hals steckenbleiben konnte. Zwar taucht das kleine Mädchen Petersilie in der Geschichte von Konrad auf, der am 35. Mai zusammen mit seinem Onkel Ringelhuth zu einer Weltreise aufbricht, aber besonders in der »Burg zur großen Vergangenheit« läßt Kästner deutlich gesellschaftskritische und pazifistische Töne anklingen. »Euch und euresgleichen sollte man überhaupt nur mit Zinnsoldaten spielen lassen!«[116] ruft Konrad aus, nachdem er eine Zeitlang den martialischen Kinderspielen der Feldherren Hannibal und Wallenstein zugeschaut hat. Und sucht entgeistert das Weite: mitten durch die Verkehrte Welt, in der schwererziehbare Eltern die Schulbank drücken müssen, quer durch die Schlaraffenstadt Elektropolis, in der die Zukunft längst begonnen hat – so heftig allerdings, daß einem vernünftigen Menschen davor grausen muß: »Sie sahen zurück und konnten beobachten, wie die Fahrstühle aus den Dächern flogen. Der Lärm der schwankenden Aluminiumwolkenkratzer klang nach Krieg. Onkel Ringelhuth klopfte dem Pferd den Hals, trocknete sich die Stirn und sagte: ›Das Paradies geht in die Luft.‹«[117]

Der 35. Mai oder Konrad reitet in die Südsee ist wahrscheinlich Anfang November 1932 erschienen, und, so Kästner, er gefiel »allen, die ihn lesen, sehr gut«[118]. Daß dieses Urteil der Freunde Kästners nur die linken oder liberalen Rezensenten teilten, ist bei der politischen Intention des Buches nicht verwunderlich. In den Kritiken rechtsstehender Blätter kündigte sich das Unheil an, das Kästner schon bald zu erwarten hatte. So hieß es in der *Berliner Börsen-Zeitung* unter dem Titel *Warnung vor einem Kinderbuch*: »Kästners phantastischer ›Kinderroman‹ (als solcher wird er bezeichnenderweise vielfach empfunden) ist im Grunde zynisch und destruktiv. Und er ist das, weil sein Verfasser nicht nur jedem kindlich-gläubigen Gefühlsleben fernsteht und nur eine sehr schwache Ahnung von der unerschöpflich bunten, dem klügelnden Verstand des Erwachsenen verschlossenen Welt der Kindheit hat, sondern auch in sehr engem Rahmen dogmatisch denkt. Er teilt den Kindern u.a. nichts Geringeres als seine Kritik an der Weltgeschichte mit. An seiner Berufung besteht für ihn keinerlei Zweifel; denn ihm stellt sich die Weltgeschichte ungeheuer einfach dar (man schaudert vor so viel Fehlanstrengung der Menschheit), und Ehrfurcht vor geschichtlichen Schicksalen und zumal vor der Persönlichkeit ist ihm ein völlig fremder und vermutlich sehr anrüchiger Begriff.«[119] Der Autor dieses Artikels sollte in der NS-Zeit zu einem der schärfsten Kritiker Kästners werden; von ihm, Christian Jenssen, wird noch die Rede sein.

Schon vor der Machtübernahme durch die Nationalsozialisten besaß Kästner viele Feinde. Der »Deutsche Frauenkampfbund gegen die Entartung«, der ihn zur »Schmutzsonderklasse«[120] zählte, gehörte genauso dazu wie der nationalsozialistische »Kampfbund für die Deutsche Kultur« mit Alfred Rosenberg an der Spitze. Im wesentlichen war die Gegnerschaft zwar auf die schriftstellerische und publizistische Tätigkeit Kästners zurückzuführen, aber das allein würde als Begründung zu kurz greifen. Denn Kästner schrieb nicht nur über soziales und politisches Engagement, er wurde auch selbst aktiv. Zusammen mit Erich Mühsam und Anna Seghers arbeitete er zum Beispiel gegen Ende der Weimarer Republik im »Kampfkomitee für die Freiheit des Schrifttums«, das sich gegen die damals praktizierte Form von Zensur, das Republikschutzgesetz und die Pressenotverordnung, wandte. Er engagierte sich im »Schutzverband Deutscher Schriftsteller«, zeitweilig sogar als Beisitzer im Vorstand, und trat unter anderem dafür ein, daß vor allem seine jüngeren Kollegen gerechter von den Verlagen bezahlt würden. Auch im Privatleben zeigte er ein gutes Herz, wenn es darum ging, einem armen Menschen zu helfen. Seine Mutter hatte dafür kein Verständnis, was ihn allerdings wenig störte, wie einem Brief vom Februar 1931 zu entnehmen ist: »Ich verdiene doch genug und spare nur etwas weniger, wenn ich im Jahr fast hundert Mark für die armen Leutchen rausrücke. Wenn ich ein Kind hätte, wie Du eines hast, wäre ich anders. Aber so bin ich denn eben ein klein bißchen wohltätig. Wohltätigkeit ist die schönste christliche Tugend! Was hast Du nur dagegen?«[121]

Trotz der Vorhaltungen seiner Mutter unterstützte er gelegentlich seine Verwandten und seine früheren Freundinnen mit Geld, schenkte einem arbeitslosen Bäckergesellen zehn Mark für ein Paar Schuhe, verschaffte einem »stellungslosen Herrn« einen Aushilfsjob und versuchte sogar im Herbst 1931 eine eigene Winterhilfsaktion zu organisieren.

Am 14. September 1931 hatten der Reichspräsident, die Reichsregierung und die Wohlfahrtsverbände erstmals zur »Winterhilfe« aufgerufen, um im Krisenwinter 1931/32 Arbeitslose und andere Bedürftige mit Geld, Lebensmitteln, Kleidung und Heizmaterial zu unterstützen. Erich Kästners Idee, die er bereits erfolglos dem Innenministerium vorgetragen hatte, war folgende: »Ich möchte für den Winter in der ersten Etage vom Café Leon einen großen Mittagstisch für Notleidende veranstalten. Der Wirt ist einverstanden. Ich suche nun noch ein paar Helfer, dann wollen wir Geld zusammentrommeln, von Schauspielern, Schriftstellern, Filmleuten usw. Wenn das überall gemacht würde, gibt's im Winter keinen Krach. Sonst ganz bestimmt! Da laß ich mich fressen. Man kann doch nicht zusehen, wie Deutschland kaputtgeht. Mal sehn, ob man genug Geldgeber findet. Für 30 M im Monat kann eine Person Essen kriegen, Suppe und Fleischgericht, außerdem sitzen die Leute an gedeckten Tischen, sitzen warm und können lesen und sich unterhalten. Die Kellner vom ›Leon‹ wollen umsonst bedienen.«[122]

Als nächsten versuchte Kästner den Chefredakteur des *Berliner Tageblatts*, Theodor Wolff, für seinen Plan zu gewinnen. Aber er stieß wieder auf Ablehnung: »Er sagte, das sei nicht das Richtige. Sondern die Regierung müsse auf Lebensmittelkarten an Arbeitslose kostenlos Lebensmittel verteilen. Denn die Notleidenden wollten nicht im Café Leon, sondern bei sich zu Hause essen. Da hat er ja recht. Na, ich muß mal sehen, was ich mache. Die Leute sitzen alle da und scheinen zu denken: Wie Gott will. Aber damit ist keinem Menschen geholfen.«[123]

Berliner Erfolge

Der neue Frack – Ansichtskarte an Ida Kästner (8.2.1932)

Offenbar ist aus den Plänen Kästners nichts geworden. Am 7. November teilte er seiner Mutter mit, daß er nun in Berliner Buchhandlungen mit sehr mäßigem Erfolg seine Bände zugunsten der Winterhilfe signiere: »Die Geschäfte haben sich verpflichtet, 2% des Wochenumsatzes der Winterhilfe abzuführen.«[124]

Für Kästner war der persönliche Erfolg auch soziale Verpflichtung. Er freute sich, wenn er helfen konnte. Daß auch er sein Geld nicht leicht verdiente, macht sein Brief vom 16. Dezember 1932 deutlich, der ihn auf dem Höhepunkt seines ersten Ruhms zeigt – vielgefragt und vielbeschäftigt: »Ich hab dauernd Besprechungen und eilige kleine Aufträge, die sich summieren. (...) Jetzt kommt gleich jemand wegen Pünktchen: französische Filmgruppe. Nachher mit Preßburger am Kriminalstoff weiterarbeiten. Dann für ›Tingel Tangel‹ noch eine Strophe. Morgen früh schickt ›Berl. Illustrirte‹ Zeichnungen zu Silvester-Beitrag. Muß Montag fer-

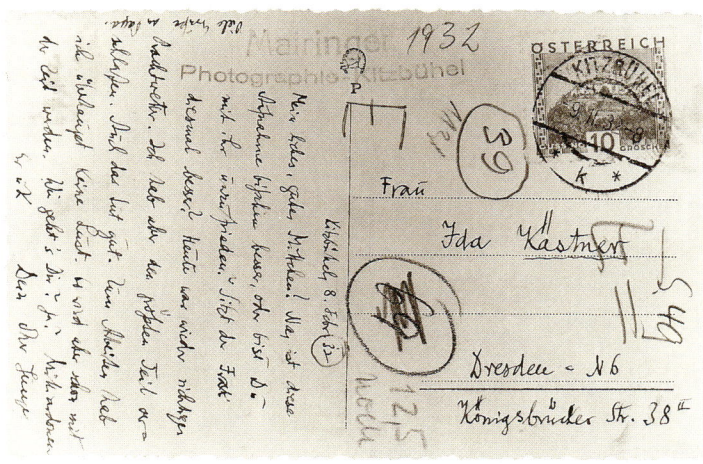

tig sein. Dann treff ich Weill 4 Uhr bei Robitschek. Der will bis Silvester auch noch zwei Beiträge haben.«[125]

Keine zwei Monate später war Kästner ein verfemter Autor, von dem kaum noch jemand etwas zu drucken wagte.

...und seine Väter
Eine Spurensuche

Als Werner Schneyder 1982 sein Buch über den »brauchbaren Autor« Erich Kästner veröffentlichte, war es zumindest in einer Hinsicht eine kleine Sensation. Denn im Gespräch mit Kästners Sohn Thomas hatte er etwas aus der Familiengeschichte erfahren, was bis dahin keiner gewußt hatte oder nicht wissen wollte. Es gebe so etwas wie ein Dreizehntes Zimmer im Kästner-Komplex, sagte der Sohn damals, und das sei die Herkunft seines Vaters. »Dann erfuhr ich«, schreibt Werner Schneyder, »Erich Kästner war der Sohn des Hausarztes der Eltern, des Sanitätsrates Dr. Zimmermann. Dieser Dr. Zimmermann emigrierte kurz vor dem Krieg, auf

Erich Kästner mit seinem »offiziellen« Vater und seiner Mutter

Umwegen, nach Brasilien. (...) Eine ganz kleine Personengruppe, Verleger und Freunde, dürften das gewußt haben, meinte Thomas Kästner. Die Mutter von Thomas Kästner (im folgenden als Mutter des Sohnes bezeichnet) bestätigt die Geschichte: Sie war 1957 nach einer schweren Geburt, erzählt sie, mit dem Kind die erste Nacht wieder aus der Klinik. Erich Kästner war bei ihr. Er teilte ihr mit, das Kind wäre Vierteljude, er Halbjude. Erich Kästner hatte die Information von seiner Mutter. Erich Kästner hat dann der Mutter seines Sohnes auch erzählt, wie er des öfteren zu Dr. Zimmermann geschickt wurde, um etwas Geld zu holen. Er hat auch einige Male von einer ›millionenschweren Halbschwester‹ gesprochen. Dann bestätigt die Mutter auch noch die Erzählung des Sohnes Thomas, wie er von einem Mitglied der Familie Zimmermann in einem Lokal auf Grund der Familienähnlichkeit als Enkel erkannt und angesprochen wurde.«[1]

Luiselotte Enderle, die damals das Erbe Kästners betreute, bestätigte dies, wie Schneyder formuliert, »indirekt«: »Das wäre sehr gut möglich, meint sie, aber sie sei ›nicht befugt, über Dinge zu sprechen, über die zu sprechen Kästner sie nicht autorisiert‹ habe. Ich stelle fest: Die Abkunft erklärt doch endlich Vieles im Schaffen Kästners. Darauf sagt sie: ›Natürlich, vor allem das Niveau.‹«[2]

Heute, fast zwanzig Jahre danach, sind die beiden Ohrenzeugen, die es von Kästner noch selbst gehört hatten beziehungsweise gehört haben konnten, Luiselotte Enderle und Friedel Siebert, tot.

Zweifel an ihren Aussagen und an den Recherchen von Werner Schneyder gibt es unterdessen so gut wie keine mehr. Ganz im Gegenteil: seit 1982 sind noch einige Bekannte und Freunde Kästners aufgetaucht, die die Angaben in Schneyders Buch bestätigten. Der Schauspieler Oliver Hassencamp zum Beispiel, ein Gefährte Kästners aus den Zeiten der »Schaubude« und der »Kleinen Freiheit«, durfte seinen Freunden davon erzählen, die es wiederum nicht für sich behalten wollten und es beiläufig an uns weiterreichten. Wir können also mit großer Wahrscheinlichkeit davon ausgehen, daß Erich Kästner der uneheliche Sohn des Sanitätsrates Dr. Zimmermann war. Aber schon die Frage nach dem Vornamen des später offenbar emigrierten Mediziners ist aus der vorhandenen Kästner-Literatur nicht zu beantworten. Trotz der großen Bedeutung des biographischen Details (vor allem für das Verhalten Kästners während der NS-Zeit), hat sich bisher niemand die Mühe gemacht, dem Leben des Königlich-preußischen Sanitätsrates Dr. Emil Zimmermann auf die Spur zu kommen. Die Nachforschungen, dies wollen wir gern einräumen, sind auch nicht eben einfach.

Dresden war 1945 eine der am stärksten zerstörten Städte in Deutschland. Fast alle Dokumente in Archiven, Einwohnermeldeämtern oder sonstigen Institutionen sind in den Feuerstürmen des Zweiten Weltkriegs verbrannt. Die Bestände der Jüdischen Gemeinden waren meist sogar schon vorher von den Nationalsozialisten vernichtet worden, und die neuen Machthaber im »ersten antifaschistischen Arbeiter- und Bauernstaat auf deutschem Boden« fühlten den Juden gegenüber keine besondere Verpflichtung, da sie selbst zu den Gegnern Hitlers gehört hatten. 1946 zählten die Jüdischen Gemeinden in der Sowjetischen Besatzungszone gerade noch 3000 Mitglieder. Zuletzt dürften in der DDR rund 4000 Juden gelebt haben.

Die Regierung half beim Wiederaufbau von Synagogen, zum Beispiel in Dresden, ließ jüdische Friedhöfe pflegen und stufte die Überlebenden des Holocaust als »Verfolgte des Naziregimes« ein. Allerdings erhielten Juden nur den Status »Opfer des Faschismus« zugebilligt, während Kommunisten als »Kämpfer gegen den Faschismus« galten. Dieser feine Unterschied hatte weitreichende Folgen für die geschichtliche Darstellung der NS-Zeit. Denn im Mittelpunkt des schulischen und außerschulischen Unterrichts stand der kommunistische Widerstand. Der Terror gegen die Juden wurde selbst in den zu Gedenkstätten umgestalteten Konzentrationslagern fast ganz ausgeklammert. Die Forschung über den Holocaust und die einst blühende jüdische Kultur in Deutschland galt als unerwünscht. Als Adolf Diamant 1973 seine *Chronik der Juden in Dresden* schrieb, konnte er aus Dresden selbst nur gedruckte Quellen zitieren.

Heute ist die Jüdische Gemeinde von Dresden eine der aktivsten in den neuen Bundesländern, doch die

Versäumnisse in den vergangenen fünfzig Jahren konnte und kann sie nicht mehr aufholen. Nur wenige Zeitzeugen leben noch. Aber die Mitarbeiter sind freundlich und hilfsbereit. Sie vermitteln Kontakte, können Bibliotheken und Archive nennen, wo zumindest die gedruckten Quellen stehen. So sind wir zu Ingrid Kirsch gelangt, die schon seit Jahren an einer Geschichte der Dresdner Jüdischen Gemeinde arbeitet. Frau Kirsch gibt, wie alle, auf die wir bei unserer Suche gestoßen sind, gern Auskünfte. Sie gibt uns die von ihr ermittelten Daten über Emil Zimmermann, seine Frau und seine beiden Kinder. Alle erreichbaren Archive in Deutschland hat sie ausgewertet und dabei viele wichtige Details gefunden, den Geburtsort von Emil Zimmermann aber nicht ermittelt. Da konnten wir aushelfen: Pitschen, Kreis Kreuzburg in Oberschlesien, heute Polen. Unsere Quelle ist zwar höchst dubios, aber zuverlässig: der *Deutsche Reichsanzeiger und Preußische Staatsanzeiger* vom 12.7.1941 mit der Liste der ausgebürgerten deutschen Staatsangehörigen. Unter dem Buchstaben »Z« werden dort auch Emil Zimmermann und seine Frau Gertrud Thekla, geborene Levy, mit ihren Geburtsdaten aufgeführt. Unsere Suche in Oberschlesien selbst blieb weitgehend erfolglos. Die in einem Findbuch aus der NS-Zeit für Pitschen aufgeführten evangelischen und katholischen Kirchenbücher sowie das Judenverzeichnis ab 1817 sind nicht mehr vorhanden.

Gesicherte Dokumente über Emil Zimmermann gibt es erst seit der Promotion in München, also seit 1889. Auch die Studienunterlagen sind während des Zweiten Weltkriegs verbrannt. Ähnlich dunkel sah es zunächst für die Zeit nach 1933 aus. Akten über die Familie existieren nicht mehr. Ein Antrag auf Wiedergutmachung, dem das Schicksal von Emil Zimmermann, seiner Frau und seiner Tochter zu entnehmen gewesen wäre, ist nie gestellt worden. Auch da half das erwachende Interesse in Dresden für den jüdischen Teil der Stadtgeschichte. 1996 veröffentlichte der Medizinhistoriker Albrecht Scholz in den *Dresdner Heften* einen Aufsatz über die jüdischen Ärzte in Dresden im zwanzigsten Jahrhundert[3]. Zimmermann wird darin zwar nicht erwähnt, weil der Aufsatz nur einen Ausschnitt aus dem gesamten Forschungsvorhaben wiedergibt. Aber im persönlichen Gespräch konnte Prof. Scholz eine Wissenschaftlerin nennen, die schon 1994 zusammen mit ihrem Mann über jüdische Ärzte in Dresden nach 1933 geschrieben hatte[4] und auch über Emil Zimmermann forscht. Über sie, die Radebeulerin Antje Koch, kamen wir in Kontakt zu der Familie und zu einem Freund von Emil Zimmermann in Brasilien: zu Rolf Pionkowski, dem Exdresdner, ferner zu Ernst Moritz Levy, dem Neffen von Gertrud Thekla Zimmermann, und zu Gerhard Arnhold, einem der drei Enkel von Emil Zimmermann. So rundete sich schließlich das Bild von einem jüdischen Leben in Deutschland, auf der Flucht und in der Emigration.

Von Emil Zimmermanns Leben bis zum Ersten Weltkrieg war schon die Rede[5]. Seit 1918 wird er in den Adreßbüchern der Stadt Dresden als Königlich-preußischer Sanitätsrat geführt. Zimmermann war nicht nur praktischer Arzt und Geburtshelfer, er durfte darüber hinaus physikalisch-diätetische Behandlungen durchführen, eine auch damals seltene Spezialisierung. Alles das deutet darauf hin, daß er ein hochqualifizierter und entsprechend angesehener Arzt war. Er verdiente gut und konnte sich in einer der besten Wohngegenden Dresdens ein repräsentatives Haus leisten, das im Zweiten Weltkrieg leider zerstört worden ist. Mit seiner Frau hatte er zwei Kinder, die 1895 geborene Tochter Else und den 1900 geborenen Sohn Hans Werner, der allerdings schon 1925 starb. Else Zimmermann heiratete 1917 den promovierten Juristen und Träger des Eisernen Kreuzes, Kurt Arnhold, der aus der berühmten Dresdner Bankiersfamilie stammte. Sie wurde die »millionenschwere Halbschwester«, von der Erich Kästner der »Mutter seines Sohnes« erzählte.

Bereits im Dezember 1905 war Zimmermann in den Gemeinderat der Israelitischen Religionsgemeinde von Dresden gewählt worden und bestimmte damit die Geschicke einer der größten und aktivsten jüdischen Körperschaften in Deutschland mit. Seit 1925 gehörte er dem fünfköpfigen Vorstand an und betreute das Finanzdezernat, was keine leichte Aufgabe war. Die Ausgaben für Verwaltung, Rabbinat, Synagoge, Gottesdienste, Schule, Friedhöfe, rituelle Fleischversorgung und Wohlfahrtspflege überstiegen fast regelmäßig die Ausgaben. Erst 1930 gelang Zimmermann ein ausgeglichener Haushalt mit einem, für damalige Verhältnisse, gewaltigen Volumen von 280000 Mark. Im Dezember desselben Jahres wurde er für seine fünfundzwanzigjährige Mitgliedschaft im Gemeinderat mit einer Festsitzung geehrt, zu der im *Gemeindeblatt* eine kleine Würdigung mit Bild erschien. Darin heißt es unter anderem: »25 Jahre wirkt er mit vorbildlichem Eifer, vornehmer Gesinnung, aufrichtiger Liebe zum Judentum an dem verdienstvollen Werke. (...) Stets liebenswürdig und zurückhaltend, reich an Erfahrung und Kenntnis des Lebens, wie sie die aufopfernde Arbeit des Arztes mit sich bringt, hat er die Achtung und Zuneigung aller, die ihm begegnen, und erst recht derer, die mit ihm zu arbeiten haben, in außerordentlich hohem Maße gewonnen, und seine Friedensliebe hat sich stets wohltuend und Spannungen lösend ausgewirkt. Die ganze Gemeinde dankt ihm an seinem Ehrentage und freut sich aufrichtig, einen Mann seiner Art an ihrer Spitze zu haben.«[6]

Die hohe Wertschätzung führte dazu, daß Zimmermann im Oktober 1931 das Amt des geschäftsführenden Vorstehers übernahm. Zu dieser Zeit hatten sich bereits dunkle Wolken über der Israelitischen Religionsgemeinde zusammengezogen. Neben den ständigen Geldproblemen und den politischen Richtungskämpfen innerhalb der Leitungsgremien erschütterte Ende des Jahres ein Betrugsskandal die gesamte Gemeinde. Der Bürodirektor und der Kassierer hatten erhebliche Summen veruntreut und damit die prekäre finanzielle Situation noch verschlimmert. Obwohl Zimmermann in den Zeitungen keinerlei Mitschuld gegeben wurde, dürfte ihn als Verantwortlichen der Betrug auch persönlich schwer getroffen haben. Denn schon im Februar 1932 meldete das *Gemeindeblatt,* daß sich Sanitätsrat Dr. Zimmermann »von der Leitung der Gemeindegeschäfte zurückgezogen«[7] habe. Als Grund wurde angegeben, daß er »schon im vergangenen Jahr (...) die Last der Arbeit auf junge Schultern legen (wollte), aber die schwierigen Verhältnisse in der Gemeindeverwaltung bestimmten ihn, dennoch sich weiter der anstrengenden, verantwortungsreichen Aufgabe zu widmen.« Offiziell wurde also das Alter als Rücktrittsgrund angegeben – bei einem Mann von siebenundsechzig Jahren durchaus verständlich.

Als Arzt praktizierte Zimmermann weiter, auch als die Nationalsozialisten die Macht übernahmen. Da für ihn als noch Königlich-preußischen Sanitätsrat die Ausnahmeregelung des »Gesetzes zur Wiederherstellung des Berufsbeamtentums« galt, durfte er weiterhin alle Mitglieder von Krankenkassen behandeln. »In den Jahren 1934 und 1935«, schreiben Antje und Matthias Koch in ihrem Aufsatz über das Schicksal der jüdischen Ärzte in Dresden, »kam es nicht zuletzt durch den Erlaß der Nürnberger Gesetze zu einer Verschärfung der Zulassungsbedingungen. So wurde nun die Kassenzulassung auch vom Nachweis der arischen Abstammung des Ehepartners abhängig gemacht. Am 25. Juli 1938 erging ein totales Berufsverbot, so daß alle praktizierenden deutschen jüdischen Ärzte ihre Tätigkeit einstellen mußten. Paragraph 1 der ›Vierten Verordnung zum Reichsbürgergesetz‹ bestimmte: ›Bestallungen jüdischer Ärzte erlöschen am 30. September 1938.‹«[8] Im Dresdner Stadtarchiv wird eine Liste vom 1. September 1939 aufbewahrt, in der die Namen aller damals in der Stadt lebenden »reichsdeutschen Juden« aufgeführt sind. Emil Zimmermann und seine Frau sind nicht mehr darunter.

Ihren Schwiegersohn Kurt Arnhold hatten die Finanzbehörden Anfang 1938 gezwungen, das renommierte Geldinstitut an die Dresdner Bank zu verkaufen. Göring selbst schaltete sich danach ein, um über die »Reichsfluchtsteuer« auch noch den Rest des Arnholdschen Familienvermögens an sich zu bringen. Unter dem Eindruck der Pogromnacht vom 9. November 1938 floh Kurt Arnhold nach Holland und ging dann wahrscheinlich über die Schweiz nach England. Dort gelang es ihm nach knapp einem Jahr, so Simone Lässig in ihrer Untersuchung über die Dresdner Bankiers, »für sich und seine Familie ein Einreisevisum nach Brasilien zu erlangen«[9]. Zu den Familienmitgliedern, die zunächst nach England und dann nach Brasilien emigrierten, gehörten auch Emil Zimmermann und seine Frau. Was Simone Lässig über die Generation von Kurt Arnhold schreibt, gilt in vielleicht noch sehr viel stärkerem Maß auch für Emil und Gertrud Thekla Zimmermann: »Während sich die Kinder vergleichsweise schnell einlebten, die Landessprache erlernten, neue Freunde oder Lebenspartner fanden, mit denen sie schon bald eine eigene Familie gründeten, konnten sich die Eltern nur schwer damit abfinden, die letzten Jahre ihres Lebens in einem Land verbringen zu müssen, in dem sie wirtschaftlich nur mühsam Boden unter die Füße bekamen, dessen Klima sie oft nicht vertrugen, dessen Sprache sie nicht richtig beherrschten und dessen Lebensgewohnheiten sich sehr von den deutschen unterschieden. Sie waren in Sicherheit, aber zugleich in der Fremde.«[10]

Emil und Gertrud Thekla Zimmermann in São Paulo (Privataufnahme der Familie)

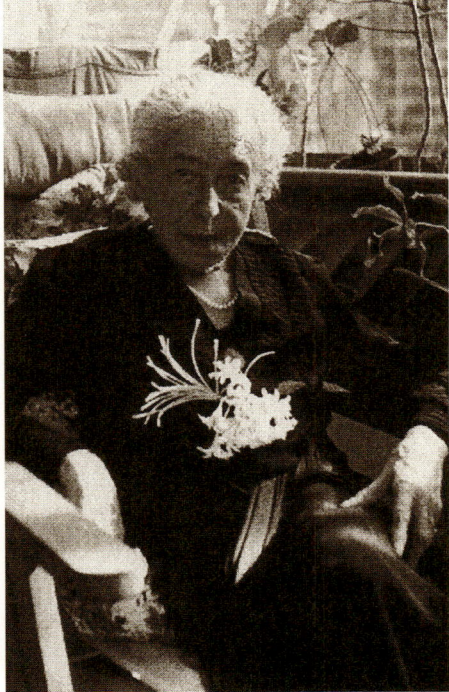

...und seine Väter

In São Paulo arbeitete der weit über siebzigjährige Emil Zimmermann nicht mehr. Seine deutsche Approbation hätten die brasilianischen Behörden auch nicht anerkannt. Am 17. März 1953 ist Dr. Emil Zimmermann als Emilio Israel Zimmermann in São Paulo gestorben. Der von den Nationalsozialisten für alle männlichen Juden verordnete Zwangsvorname »Israel«, der auch im Paß stehen mußte, begleitete ihn noch bis ins Grab. Beerdigt wurde er auf dem alten Friedhof der Israelitischen Gemeinde von São Paulo. Gerhard Arnhold, der Enkel von Emil Zimmermann, berichtet, daß seine Mutter erst sehr spät von ihrem Halbbruder Erich Kästner erfahren habe. Sie sei dann einmal nach München gefahren. Eine intensivere Verbindung habe sich aber aus diesem Besuch nicht entwickelt.

Grabstein von Emil Zimmermann auf dem alten Friedhof der israelitischen Gemeinde von São Paulo (die Friedhofsverwaltung gibt allerdings den 18. März 1953 an)

Ob der erwachsene Erich Kästner das Schicksal seines leiblichen Vaters auch nach 1933 noch verfolgt hat, wissen wir nicht. Aus seinen Briefen an die Mutter geht nichts hervor. Aber Briefe und Postkarten waren auch ein gefährliches Medium, denn jederzeit mußte mit ungebetenen Mitlesern gerechnet werden: vor 1933 mit Emil Kästner und nach 1933 mit der Gestapo. Man darf mit ziemlicher Sicherheit annehmen, daß Erich Kästners offizieller Vater von der wirklichen Abkunft seines Sohnes nichts wußte, möglicherweise sogar bis zu seinem Tod. Auch das war ein Geheimnis, das Mutter und Sohn noch fester zusammenband. Wann Ida Kästner ihrem Erich von dem wirklichen Vater erzählte, läßt sich nur vermuten. Vielleicht mit dem Beginn des Studiums, vielleicht aber schon etwas vorher. In den erhaltenen Briefen und Postkarten spielt Emil Kästner so gut wie keine Rolle. Auch das läßt schon Rückschlüsse zu. Außer den fast obligatorischen »Grüßen an E.« findet sich nur selten eine Bemerkung – und die ist noch seltener positiv. Es lohnt sich, die wenigen Sätze über Emil Kästner, der später in der sentimentalen Erinnerung des Sohnes so verklärt wurde, genauer zu betrachten. Luiselotte Enderle hat sie in ihrer Ausgabe der Muttchen-Briefe in der Regel weggelassen, weil sie nicht zu dem von ihr gepflegten Bild des trauten Familienglücks passen wollten.

Schon die erste substantielle Erwähnung zeigt überdeutlich, in welch gespanntem Verhältnis Ida und Emil Kästner lebten: »Daß EK wieder diese dummen Annäherungsversuche macht, ist zu peinlich«, äußerte Sohn Erich im Januar 1927 sein Mitgefühl. »Aber daß er gleich wieder zur Vernunft kam, beruhigt mich ein bißchen.« Und besorgt fragte er die Mutter: »Schließt Du Dich gut zu abends?«[11]

Offenbar schien sich die energiegeladene Mutter auch gelegentlich über ihren zu passiven Mann zu beschweren. Und Sohn Erich mußte trösten. »Mach Dir keine zu großen Sorgen wegen E.«, schrieb er im Oktober 1929. »Natürlich muß er auch selber bißchen was machen wollen. Denn nur rumsitzen, ist für Dich auf die Dauer sicher ganz schrecklich.« Und was Emil Kästner als Lohn nach Hause brachte, reichte hinten und vorne nicht. »Aber«, so der Sohn, »wegen des Geldes sollst Du Dir keine Gedanken machen. Wir sprechen das nächste Mal ganz ernsthaft drüber.«[12] Wenn Emil Kästner die Familie nur mehr schlecht als recht ernähren konnte, dann bot sich der Sohn als Retter an und diskriminierte damit seinen fleißigen, aber erfolglosen Vater noch mehr. Und weil Emil Kästner wußte, wie eng die Beziehung Mutter-Sohn war und wie sehr sie sein eigenes Verhältnis zu Ida Kästner störte, versuchte er mit allen (bescheidenen) Mitteln, die ihm zur Verfügung standen, einen Keil zwischen seine beiden Kontrahenten zu treiben. Besonders gemein, aber auch besonders wirkungsvoll war es, als er bezweifelte, Sohn Erich würde die (gelegentlich ausufernden) Briefe seiner Mutter gründlich lesen. »Was E. sagt«, entrüstete sich der Angegriffene, »ich würde Deine lieben Briefe gar nicht lesen – weißt Du ja, ist Kohl. Natürlich lese ich sie. Und oft paarmal. Wenn ich dann doch das Eine oder Andre zu beantworten vergesse, bist Du mir nicht böse.«[13] Aber Ida Kästner blieb von da an mißtrauisch, und Erich mußte sich mehr als einmal rechtfertigen, wenn er in seinen Antworten nicht auf alle mitgeteilten Befindlichkeiten und nicht auf alle Beschwerden seiner Mutter eingegangen war. Daß derartige Vorwürfe von Emil Kästner das Verhältnis zu seinem Sohn nicht gerade verbesserten, ist nicht weiter verwunderlich. Entsprechend lakonisch heißt es gelegentlich: »E. mag Dir den Buckel runterrutschen, wenn er Dich ärgert«[14] oder: »E. mag essen gehen, wo's ihm Spaß macht.«[15] Immerhin, der Geburtstag von Emil Kästner wurde nicht vergessen. Da schrieb Erich einen Gruß und steckte 20 Mark für Zigarren in den Umschlag. Die wenigen Zeilen, die beide miteinander wechselten, erschöpften sich in Floskeln. Von einem auch nur halbwegs herzlichen Verhältnis waren beide in dieser Zeit weit entfernt.

Auch wenn Erich Kästner im Laufe der Jahre zu einem anderen Umgang mit seinem Vater fand, nichts mehr gegen Besuche einzuwenden hatte und ihn nach dem Tod der Mutter sogar hofierte, ist der Befund aus den frühen Briefen eindeutig. Ida Kästner liebte ihren Mann nicht. Und sie vermittelte ihrem Sohn das Gefühl, weitgehend vaterlos aufgewachsen zu sein. Urlaubsreisen, ob ins Elbsandsteingebirge, an die Ostsee oder in die Schweiz und nach Italien, unternahmen Mutter und Sohn gemeinsam, während Emil Kästner im Keller werkelte. Der offizielle Vater war eine Unperson, die nur dann in Erscheinung treten durfte, wenn sie offiziell gefragt war. Andererseits hatte es Emil Kästner schon lange aufgegeben, mit seiner Frau um die Gunst des unterdessen erwachsenen Kindes zu kämpfen. Er fühlte, daß er seinen Sohn verloren hatte, aber er ahnte nicht einmal, daß Erich gar nicht sein leiblicher Sohn war. Hätte er das gewußt, wäre sein und Ida Kästners Leben sicherlich anders verlaufen. Diese Demütigung hätte er nicht mehr so geduldig ertragen wie die vielen anderen, die sein Leben verdüsterten. Aber diese letzte und vielleicht größte Demütigung blieb ihm erspart. Mutter und Sohn setzten alles daran, daß ihr Geheimnis nicht an die Öffentlichkeit drang. Dazu gehörte auch das Nicht-Verhältnis zum leiblichen Vater. Wie die Absprache zwischen Ida Kästner und

Emil Zimmermann aussah, läßt sich noch nicht einmal vermuten. Äußerstes Stillschweigen, keine Andeutungen, keine auffälligen Besuche – niemand in Dresden sollte ahnen, daß die resolute Näherin und der eher zurückhaltende Sanitätsrat ein gemeinsames Kind hatten. Von wem die Initiative für den Seitensprung ausgegangen war, wird sich nie mehr klären lassen. Emil Zimmermann hatte schon eine Tochter, während Ida Kästner nach siebenjähriger Ehe noch kinderlos war, sich aber sehnlichst ein Kind wünschte. Der von seiner Frau schon bald verachtete Ehemann war für Ida Kästner schon lange nicht mehr der Wunschvater. Mit der Geburt ihres Sohnes Erich hatte Ida Kästners Leben endlich einen Sinn. Da spielte die Frage, wer der Vater sei, keine Rolle mehr. Eine bescheidene finanzielle Unterstützung aus dem Hause Zimmermann wird es gegeben haben. Zu groß durfte sie auch nicht ausfallen, das hätten Emil Kästner, die Augustins und natürlich die aufmerksamen Dresdner in der Königsbrücker Straße schnell bemerkt.

Was der kleine Emil allerdings immer bei seinem leiblichen Vater bekam, war guter Rat, und den benötigte er, wie seine Kindheitserinnerungen zeigen, oft genug. Der persönliche Kontakt scheint aber schon früh abgebrochen zu sein. In den Muttchenbriefen taucht der Sanitätsrat fast stereotyp als Hausarzt auf, den Ida Kästner bei diesen oder jenen Wehwehchen konsultieren sollte. »Geh nur ganz, ganz bestimmt zu Zimmermann«, beschwörte Erich Kästner seine Mutter immer wieder. »Ich bitte Dich inständig drum. Grüß ihn von mir! Und laß Dich gründlich untersuchen! Nicht bloß hopphopp!«[16]

Nur ein einziges Mal verließ Erich Kästner diese Ebene des Unverbindlichen, als er im Januar 1930 Zimmermann seinen *Emil* schickte. Nach der obligatorischen Aufforderung, endlich zu »Z.« zu gehen und sich »erst mal gut untersuchen« zu lassen, bemerkte er am Schluß seines Briefes fast nebenbei: »Ob er den ›Emil‹ erhalten hat, weiß ich nicht. Es ist aber anzunehmen. Die nächsten Bücher kriegt er aber nicht. Hat sicher kein Interesse. Ist ja auch nicht nötig.«[17] Aber Zimmermann antwortete, und zwar gleich zweimal. Auf ein kurzes Dankschreiben folgte ein offenbar längerer Brief, über dessen Inhalt der sonst so mitteilungsfreudige Sohn zunächst Stillschweigen bewahrte: »Ich zeig Dir den Brief, wenn wir uns zum Geburtstag in Berlin treffen.«[18]

Danach ist wieder nur vom Arzt Zimmermann die Rede. Der allerdings verschwand nach 1933 auch langsam aus den Briefen. Am 3. Januar 1934 forderte Erich Kästner seine Mutter auf: »Geh doch bald zum Dr. Franke. Ja?«[19]

Verbrannt und verboten

Es sollte eine Satire werden, aber die Realität holte sie schon bald ein. Für die *Weltbühne* schrieb Kästner im Mai 1932 einen *Brief aus Paris, anno 1935*[1]. Darin schildert der ranghohe Nazifunktionär Bodo Graf Rassow seinem »lieben Weib«, was er in Paris so alles erlebt hatte. In Deutschland waren die Nationalsozialisten schon lange an der Macht. General h.c. Schulze-Naumburg hatte Hitler gestürzt und sich unter der Devise »Krieg als Arbeitsbeschaffung« zum unumschränkten Diktator gemacht. Bodo Graf Rassow verhandelte in Paris mit englischen Rüstungsfirmen und ließ bei seiner Frau durchblicken, daß der Krieg mit Frankreich unmittelbar bevorstehe. Nach dem schweren Tagesgeschäft hatte er sich und seinem Begleiter Oberst Bannermann von der »I.G. Farben, englische Gruppe«, etwas Erholung gegönnt und war dabei in eine merkwürdige Gesellschaft geraten: »Mit Taxi Montparnasse. Komischer Chauffeur. Deutscher. Ehemaliger Schriftsteller. Arzt auch. Döblin oder ähnlich. Seinerzeit, bei Machtübernahme, ausgewiesen worden. Entsinne mich dunkel an Prozeß. Evangelische Kirche gegen Pazifisten oder so. Fünf der Kerls verknackt. Rest über die Grenze. Gastgeschenk an Erbfeind. Besagter Döblin, miserabler Chauffeur übrigens, brachte uns in deutsches Lokal. Emigranten en gros. Bewirtschaftet von Gebrüder Mann. Der eine hinter der Theke. Thomas Vorname. Nobelpreisdiplom überm Ofen. Bruder im Cutaway. Quasi Empfangschef. Ganz gute Manieren. So wie seinerzeit russische Großfürsten in Berlin. Natürlich nur näherungsweise. Deutsche Kellnerinnen-Bedienung. Auch Literatur. Gewisse Marieluise Fleißer beispielsweise. Ein Herr Mehring sang deutsche Chansons. ›Deutsch‹, ist übertrieben. Sammelte anschließend per

Mütze. Oberst Bannermann wollte randalieren. Begreiflich, aber nicht opportun. Hielt ihn mühsam zurück. Apropos, gewisser Mühsam sang auch. Schandschnauzen, die Kerle. Hammelbeine mal gehörig langziehen sehr am Platze, leider keine Gelegenheit. Gehörten kaserniert und gedrillt, bis Intellekt durch die Rippen geschwitzt! Zweihundert Kniebeugen bei vierzig Grad Celsius, Geburt des Patriotismus nur Zeitfrage. Wetten, daß? Der eine Wirt, Thomas, sprach: Goethe und Weltbürgertum. Spaß! Goethe drei Jahre Militärdienst, hätte sich Weltbürgerei anders überlegt. Ganzer Laden voll Idealisten. Individualismus offensichtlich Art Gehirngrippe. Bannermann doch nicht mehr zu halten. Wurde von Garderobier, namens Toller, rabiater Bursche, rausgebracht. Kein Trinkgeld gegeben. Strafe muß sein.«

Diese ebenso glänzende wie prophetische Satire auf den herannahenden Nationalsozialismus und die damit verbundenen Konsequenzen für Intellektuelle in Deutschland steht in einer ganzen Reihe von Texten, mit denen Kästner in der *Weltbühne* vor Hitler und seinen Gefolgsleuten warnte. Berühmt und bei den braunen Agitatoren besonders verhaßt wurde das Gedicht *Ganz rechts zu singen,* das bereits am 1. Oktober 1930 erschienen war:

>Stoßt auf mit hellem hohem Klang!
>Nun kommt das dritte Reich!
>Ein Prosit unserm Stimmenfang!
>Das war der erste Streich!
>
>Der Wind schlug um. Nun pfeift ein Wind
>von griechisch-nordischer Prägung.
>Bei Wotans Donner, jetzt beginnt
>die Dummheit als Volksbewegung.
>
>Wir haben das Herz auf dem rechten Fleck,
>weil sie uns sonst nichts ließen.
>Die Köpfe haben ja doch keinen Zweck.
>Damit kann der Deutsche nicht schießen.

Kein schönrer Tod ist auf der Welt,
als gleich millionenweise.
Die Industrie gibt uns neues Geld
und Waffen zum Selbstkostenpreise.

Wir brauchen kein Brot, und nur Eins ist not:
Die nationale Ehre!
Wir brauchen mal wieder den Heldentod
und die großen Maschinengewehre.

Und deshalb müssen die Juden raus!
Sie müssen hinaus in die Ferne.
Wir wollen nicht sterben fürs Ullsteinhaus
aber für Kirdorf sehr gerne.

Die Deutsche Welle, die wächst heran,
als wie ein Eichenbaum.
Und Hitler ist der richtige Mann,
der schlägt auf der Welle den Schaum.

Der Reichstag ist ein Schweinestall,
wo sich kein Schwein auskennt.
Es braust ein Ruf wie Donnerhall:
Kreuzhimmelparlament!

Wir brauchen eine Diktatur
viel eher als einen Staat.
Die deutschen Männer kapieren nur,
wenn überhaupt, nach Diktat.

Ihr Mannen, wie man es auch dreht,
wir brauchen zunächst einen Putsch!
Und falls Deutschland daran zugrunde geht,
juvivallera, juvivallera,
dann ist es eben futsch.[2]

Kästner hatte Angst vor dem Nationalsozialismus, sogar sehr große Angst. Deshalb schrieb er diese Gedichte und Satiren. Wo er sie veröffentlichte, stieß er in der Regel auf Gleichgesinnte. Die Leser der *Weltbühne* oder der *Neuen Leipziger Zeitung* mußten nicht mehr von der

Gefährlichkeit Hitlers überzeugt werden. Aber für Kästner war es die einzige Möglichkeit, seiner Angst Luft zu machen.

Spätestens seit August 1931 sah er den Machtwechsel zugunsten der NSDAP konkret vor sich. Als die sogenannte »Nationale Opposition« mit einem Volksentscheid den preußischen Landtag auflösen wollte, äußerte er sich seiner Mutter gegenüber sehr besorgt und bezeichnete die Abstimmung als »gefährlichste(n) politische(n) Tag seit der Revolution von 1918. Wenn die Kerls damit durchkommen, können wir einpacken. Dann kommen die Hitlerleute an die Regierung, dann borgt uns Frankreich keinen Heller, dann weiß kein Mensch, was werden wird.«[3] Der Volksentscheid erhielt, gegen alle Erwartungen, nicht die nötige Mehrheit, was die Gegner Hitlers zunächst aufatmen ließ. Kästner konnte die Niederlage der nationalen Rechten aber nicht täuschen. Er blieb skeptisch und befürchtete schon ein Jahr vor der nationalsozialistischen Machtergreifung das Schlimmste. Der Brief vom 13. Januar 1932 an seine Mutter zeigt einen alles andere als kämpfenden Kästner. Tief resigniert schrieb er, nachdem seine Kinderbuch-Verlegerin noch immer nicht die ausstehenden Honorare gezahlt hatte: »Na, es wird ja wohl auf dasselbe herauskommen, ob ich mein Geld bei ihr oder erst im Dritten Reich verliere.«[4] Und angesichts der politischen Entwicklungen wollte er nicht mehr mit seinem vierten Gedichtband warten, wie es ihm sein Verleger angeraten hatte: »Aber was hat Warten für Zweck, wo man damit rechnen muß, daß das Schreiben bald nur noch unter ganz strenger Zensur möglich sein wird.«[5] Und offensichtlich fühlte er sich auch körperlich von den nationalsozialistischen Schlägerhorden bedroht, sonst hätte er wohl kaum seine Mutter vor der Fahrt nach Thüringen (wo die NSDAP noch vor kurzem den Innenminister gestellt hatte) geschrieben, er werde sich »schon vorsehen wegen der Nazis«[6]. Im selben Brief machte er deutlich, auf wem seine Hoffnungen ruhten: auf Hindenburg. Der ehemalige Generalfeldmarschall und überzeugte Monarchist hatte sich noch einmal als Kandidat für das Reichspräsidentenamt aufstellen lassen und trat damit gegen Hitler als stärksten Gegner an. Zugunsten Hindenburgs hatte die SPD auf einen eigenen Kandidaten verzichtet, so daß zum Beispiel auch sozialdemokratisch ausgerichtete Blätter wie die *Neue Leipziger Zeitung* offen für den amtierenden Reichspräsidenten eintraten, den sie sonst wegen seiner stockkonservativen Haltung heftig kritisierten. »Hindenburg wählen, ist im Augenblick das Beste«[7], empfahl Kästner seiner Mutter. Daß die Hoffnungen trogen, daß der greise Reichspräsident dann doch den von ihm verachteten Hitler zum Kanzler ernennen würde, erkannten die meisten erst, als es zu spät war.

Das eindeutige Votum für den deutsch-nationalen Militaristen Hindenburg läßt fragen, wo Kästner politisch stand. Mit letzter Sicherheit wird das nicht zu beantworten sein. Den Parteien der Weimarer Republik entzog er sich ganz bewußt. Die Konstanten seines Denkens sind der unbedingte Pazifismus und das gesellschaftliche Engagement, die am ehesten noch der sozialistischen Tradition entsprechen. Wo sich sein Denken am deutlichsten vom Kommunismus unterscheidet, ist die Frage, auf welchem Weg der gesellschaftliche Idealzustand erreicht werden könnte. Kästner ließ, zumindest zeitweilig, deutliche Sympathien für eine »Revolution von oben« erkennen, wie sie der englische Schriftsteller H.G. Wells in seinem Roman *Die Welt des William Clissold* propagierte. In seiner Rezension sprach Kästner 1928 vom »gescheiteste(n) Buch der letzten Jahre überhaupt«[8] und faßte den Inhalt so zusammen: »Arbeiter und Führer sind Verbündete und haben einen gemeinsamen Feind und ein großes Hindernis: die Staaten, die Regierungen. Man wird ganz einfach einmal diese antiquarischen Einrichtungen beiseite schieben müssen. Der kommende Weltstaat – mit Kontrolle der Wirtschaft, Einheitswährung, Weltpolizei, Weltuniversität usw. – muß von den Hauptaktionären des Weltkapitals eingerichtet und von den Arbeitern gebilligt werden. Dann ist keine Regierung länger fähig, den Fortschritt aufzuhalten. Dann wird es keinen äußeren Feind mehr geben und keinen Krieg und keine Ausgabe, die sinnlos wäre.

Dann kann, von diplomatischen Katastrophen ungehindert, an die Lösung bedeutender sozialer und wirtschaftlicher Aufgaben herangegangen werden.«

Und an die Adresse der Radikalsozialisten und Kommunisten gerichtet, veröffentlichte er nur wenige Monate später seine *Kritik des idealistischen Sozialismus,* in der er die Zusammenarbeit von »sozial und sozialistisch orientierten Menschen«[9] forderte: »Es gilt, das Los der Mehrheit zu bessern! Und wer Idealist genug ist, zu erwarten, daß sich dadurch die Menschheit selber bessern werde, der soll es glauben! Nur eins wird er rechtzeitig lernen müssen: auf die unvermeidliche Enttäuschung gefaßt zu sein, die einmal für ihn kommen muß. Es mag ihm genug sein, die Menschheit gesünder und klüger, vielleicht gar ein wenig zufriedener zu sehen. Mehr, oder auch nur soviel, wurde noch nie erreicht. So lange die Erde besteht. Und mehr kann nie erreicht werden.«

In diesem Sinn sind auch die Zeilen aus dem Gedicht *Ansprache an Millionäre* zu verstehen, die kapitalismuskritische Kästner-Leser noch heute irritieren: »Die Welt verbessern und dran verdienen – / das lohnt, drüber nachzudenken. / Macht Steppen fruchtbar. Befehlt. Legt Gleise. / Organisiert den Umbau der Welt! / Ach, gäbe es nur ein Dutzend Weise / mit sehr viel Geld...«[10]

Die Gefahren, die in dem von Wells propagierten Modell stecken, erkannte Kästner zunächst nicht. Auch wenn im *Fabian* deutliche Relativierungen zu erkennen sind, ließ ihn die Revolution von oben nicht los. In seinem Aufsatz *Reklame und Weltrevolution*[11] griff er 1930 die Ideen wieder auf und stellte einen Aspekt besonders heraus: die überragende Bedeutung der »Propaganda« (im Sinne von Werbung) für die Durchsetzung politischer Ziele. »Ohne Apostel und Propheten, ohne Werbung und Missionsreisen«, so Kästner, »wäre keine Religion groß geworden. Der Begriff Propaganda hängt nur irrtümlicherweise ausschließlich mit Handelsartikeln zusammen, er gehört genau so gut, als Verbreiter, zu den großen und größten Ideen der Menschheit. Ohne Propaganda kann gar nichts mehr verbreitet werden, keine Philosophie und keine Seife. Propaganda ist das Medium der Welt geworden.« Kästner sah die positiven Möglichkeiten der politischen Propaganda, gerade wenn es darum ging, den Menschen das Gute nahezubringen, aber er leugnete auch die offensichtlichen Gefahren nicht, wenn er resümierte: »Deshalb sind die Führer der Propaganda eine Weltmacht. Sie sind sich nur der Tragweite ihres Einflusses nicht bewußt.« Schon wenige Jahre später sollte sich einer dieser Macht bewußt sein und die Propaganda so einsetzen, wie es Kästner nicht gehofft hatte – auch gegen ihn selbst.

Daß der Skeptiker Kästner zumindest zeitweise einer Revolution von oben zuneigte, bedeutete nicht, daß er die Demokratie ablehnte oder gar Sympathien für Diktatoren gehabt hätte. Als Kritiker wußte er von Defiziten, die eine junge Demokratie wie die der Weimarer Republik haben mußte, aber eine realistische Alternative dazu gab es für ihn nicht: »Daß dem antiquierten Prinzip der Diktatur als Ideal das Prinzip des Parlamentarismus gegenübersteht, muß kaum noch gesagt werden.«[12] So hatte er schon 1926 geschrieben und gleichzeitig gewarnt: »Niemand bediene sich, um zu widersprechen, der üblichen abfälligen Worte, mit denen Parlamente kritisiert zu werden pflegen! Hier ist nicht von irgendeinem zufällig mangelhaften Parlamentarismus die Rede, sondern von diesem System.« Und das mochte Kästner nicht in Frage stellen. Denn er wußte, daß das Ende des Parlamentarismus die Auflösung der demokratischen Strukturen in Deutschland bedeutet hätte. Ein Salondemokrat, der nur in Caféhäusern oder in privaten Zirkeln schwadronierte, ansonsten aber politisch Abstinenz übte, um für alle Wechselfälle der Geschichte gerüstet zu sein, war Kästner nicht. Und das zog schon früh den Haß der Nationalsozialisten auf ihn. Bereits 1931 und 1932 hatte der *Völkische Beobachter* bei jeder sich bietenden Gelegenheit gegen Kästner gehetzt und damit angedeutet, was Schriftsteller wie er nach der »Machtübernahme« zu erwarten hatten. Nach außen hin blieb Kästner zunächst gelassen. Das Jahr 1933 hatte für ihn so begonnen, wie das vorhergehende geendet war – mit viel Arbeit. Kästner war ein beliebter und deshalb gern beschäftigter Autor, der persönlich jede Veranstaltung und mit seinen Texten jede Anthologie schmückte. Noch zum Almanach des Berliner Presseballs am 28. Januar 1933 steuerte er ein Gedicht bei, neben Joachim Ringelnatz, Asta Nielsen, Richard Tauber, Willy Fritsch, Harold Lloyd und Adele Sandrock. In Berlin, aber auch anderswo war Kästner ein Star, der fast selbstverständlich mit berühmten Schauspielern, Sängern und Schriftstellern verkehrte. Schon zwei Tage später, mit der nationalsozialistischen Machtübernahme, hatte sich alles geändert. Liest man die wenigen erhaltenen Briefe Kästners aus dieser Zeit, so ist nichts von der existentiellen Bedrohung zu spüren, die das nationalsozialistische Terrorregime für ihn bedeutete. Ganz im Gegenteil: er sei »mächtig vergnügt«[13], schrieb er auf einer Postkarte am 15. März 1933.

Der tägliche Kram. Ausgabe von 1953 mit den Illustrationen von Walter Trier

Vielleicht wollte er seiner Mutter Gelassenheit demonstrieren, die offensichtlich nur eine Befürchtung hatte: ihr Erich würde Deutschland verlassen. Als sie ihm ihre Sorge nach Meran schrieb, antwortete Kästner genau einen Monat nach dem Berliner Reichstagsbrand, noch in Urlaubslaune: »Also, mit dem Draußenbleiben, das kommt gar nicht in Frage. Ich hab ein gutes Gewissen, und ich würde mir später den Vorwurf der Feigheit machen. Das geht nicht. Außerdem bekommt mir das Fortsein immer nur paar Wochen.«[14] Auch der Mutter gegenüber war er nicht ganz ehrlich. Er wollte ihr nicht in aller Deutlichkeit sagen, daß er vor allem ihretwegen nicht emigrierte. Als erfolgreicher Autor, dessen Bücher in fast alle europäischen Sprachen übersetzt waren und dessen Kindergeschichten sich bestens für Verfilmungen eigneten, hätte ein Kästner im amerikanischen oder englischen Exil zum Großverdiener werden können. Nur wenige deutsche Schriftsteller brachten damals ähnlich gute Voraussetzungen mit, um im Ausland bestehen zu können. Entsprechend irritiert reagierten seine Freunde und Kollegen, als er die Chancen, die sich ihm boten, nicht ergriff. Kästner hat später für seine Sammlung *Der tägliche Kram* »über das Auswandern« geschrieben und dabei von seinen Erlebnissen in Zürich berichtet. In seiner Erinnerung war es »am selben Tage«, als »in Berlin das Reichstagsgebäude brannte«[15]. In Wirklichkeit muß es nach dem 27. März 1933, also gut einen Monat später, gewesen sein. In Zürich traf er einen deutschen Verleger, der ihm den Rat gab, »in der Schweiz zu bleiben; und einige Kollegen, die bereits emigriert waren, Anna Seghers befand sich unter ihnen, teilten seine Meinung. (...) Daß ich trotzdem nach Berlin zurückkehren wollte, führte in dem kleinen Zürcher Café zu lebhaften Auseinandersetzungen. Kurz bevor mein Zug aus Zürich abfuhr, kam am Nebengleis ein Schnellzug aus Deutschland an. Dutzende von Bekannten und Kollegen stiegen aus. Sie waren über Nacht geflohen. Der Reichstagsbrand war das Signal gewesen, das sie nicht übersehen hatten. Als sie mich und meine Absicht erkannten, verstärkten sie den warnenden Chor der Freunde. Ich aber fuhr nach Berlin zurück und bemühte mich in den folgenden Tagen und Wochen, weitere Gesinnungsgenossen von der Flucht ins Ausland abzuhalten. Ich beschwor sie zu bleiben. Es sei unsere Pflicht und Schuldigkeit, sagte ich, auf unsere Weise dem Regime die Stirn zu bieten. Der Sieg dieses Regimes und die schrecklichen Folgen eines solchen Sieges seien, sagte ich, natürlich nicht aufzuhalten, wenn die geistigen Vertreter der Fronde allesamt auf und davon gingen. Sie hörten nicht auf mich. Hätten sie auf mich gehört, dann wären sie heute wahrscheinlich alle tot. Dann stünden sie, auch sie, in den Listen der Opfer des Faschismus. Mir wird, so oft ich daran denke, heiß und kalt. Wenn es mir damals gelungen wäre, auch nur einen einzigen zu überreden, den man dann gequält und totgeschlagen hätte? Ich trüge dafür die Schuld...«[16]

In Berlin erlebte Kästner, wie die Nationalsozialisten mit ihren Gegnern umgingen. Rundfunkintendanten, Chefredakteure und Schriftstellerkollegen saßen in Konzentrationslagern oder in sogenannter »Schutzhaft«, meist ohne offizielle Anklage. Hans Otto, den politisch engagierten Schauspieler, hatte die Gestapo verschleppt. Nach brutalen Mißhandlungen stürzten die Nazischergen den alten Schulfreund Kästners aus einem Fenster in der Prinz-Albrecht-Straße. Carl von Ossietzky, der Leiter der *Weltbühne*, war gleich nach dem Reichstagsbrand verhaftet worden. Die bereits geplante Ausgabe für den 14. März 1933 hatte nicht mehr erscheinen können. Kästner wäre darin mit dem Gedicht *Frau Pichlers Ankunft im Himmel* vertreten gewesen:

> Lieber Gott, mein Herz ist schwer.
> Jetzt kommt Max, mein Mann, aus dem Büro,
> und ich lebe doch nicht mehr!
> Ich bin tot. Und das kam so:
>
> Eben trat ich zum Balkon hinaus
> und befühlte die gewaschnen Socken.
> Denn ich wußte, Max kommt gleich nach Haus,
> und ich dachte, sicher sind sie trocken.
>
> Auf der Straße war Geschrei.
> Menschen brüllten. Andre warfen Steine.
> Irgendwo pfiff Polizei.
> Und ich nahm die Socken von der Leine.
>
> Denn ich dachte, daß ich eilen müsse,
> und ich freute mich aufs Abendbrot.
> Plötzlich fielen auf der Straße Schüsse.
> Einer traf mich. Und da war ich tot.
>
> Ach, ich hätte Max so gern
> vorher noch ein Mal gesprochen!
> Werd ich nun ein kleiner Stern?
> Und die Nudeln werden überkochen!
>
> Wenn er heimkommt und mich liegen sieht,
> wird er stillstehn und es erst nicht glauben.
> Herr, von dem, was in der Welt geschieht,
> dürftest du sehr Vieles nicht erlauben.
>
> Lieber Gott, mein Herz ist schwer.
> Max wird weinen und mich nie vergessen.
> Warum leb ich denn nicht mehr?
> Wenn ich nicht gestorben wär,
> würden wir jetzt abendessen ...[17]

Kästners Gedicht auf das Ende der Weimarer Republik kann auch als Parabel auf das Unrechtsregime des »Dritten Reiches« gelesen werden, denn, so hatte es Kästner erfahren, jederzeit konnte jeder spurlos verschwinden, und, wenn es den neuen Machthabern in den Kram paßte, sogar ermordet werden.

Diese Zeit der Gesetzlosigkeit, des braunen Terrors wollte er, in seiner offiziellen Lesart, als Chronist miterleben, um später davon berichten zu können. Noch den beiden amerikanischen Soldaten, die ihn 1945 in Mayrhofen befragten, versuchte er so sein Ausharren in Deutschland zu erklären. In der gedruckten Fassung seines Tagebuchs hat Kästner den Dialog mit dem Geheimdienst-Offizier Joseph Dunner ausführlich wiedergegeben. Dunner, in Fürth geboren und selbst Emigrant, blieb skeptisch, als ihm Kästner seine Geschichte erzählte, die Geschichte des verbotenen Schriftstellers und unerwünschten Bürgers, der sein Land nicht verlassen hatte, um Augenzeuge zu sein. »Darüber hätte ich mich, meinte er, auch im Ausland informieren können, beispielsweise in der Schweiz, etwa durch gründliche Zeitungslektüre.«[18] Kästner widersprach natürlich und führte an, daß er sich schon bei Theateruraufführungen nicht gern auf Korrespondentenberichte verlassen hatte, »geschweige bei der drohenden Tragödie des Jahrhunderts«. Dunner leuchtete diese Begründung offenbar ganz und gar nicht ein. Das Gespräch entwickelte sich langsam zum Verhör, blieb aber letztlich ohne Ergebnis. »Einen Helden«, resümierte Kästner aus der Erinnerung, »hätte er vielleicht verstanden. Die Wahrheit verwirrte ihn.«

Allerdings war es auch nicht die ganze Wahrheit. Ida Kästner taucht nämlich in dem Gedächtnisprotokoll nicht auf, obwohl sie der Hauptgrund für Kästners Ausharren in Deutschland gewesen sein dürfte. Außer Tagebuchaufzeichnungen aus den Jahren 1941, 1943 und 1945 hat Kästner wenig hinterlassen, was als Materialsammlung für den großen Roman über die NS-Zeit gedeutet werden könnte. Im Vorwort zu *Notabene 45* geht er darauf ein. Es sei schon schwer genug gewesen, den Alltag im Krieg und unter Terror hinzunehmen und zu überdauern.»Auch noch, Jahr um Jahr, sein pünktlicher Buchhalter zu sein, überstieg meine Geduld.«[19] Und um dem Einwand zu begegnen, er habe nie ernsthaft mit dem Gedanken an eine literarische NS-Chronik gespielt, fügte er hinzu: »Ich dachte an einen großen Roman, aber ich habe ihn nicht geschrieben. Ich kapitulierte aus zwei Gründen. Ich merkte, daß ich es nicht konnte. Und ich merkte, daß ich's nicht wollte. Wer daraus schlösse, ich hätte es nicht gewollt, nur weil ich es nicht konnte, der würde es sich's leichter machen, als ich es mir gemacht habe. (...) Das Tausendjährige Reich hat nicht das Zeug zum großen Roman.«[20]

Kästner blieb also in Deutschland – wegen seiner Mutter, die zu keinem Ortswechsel mehr zu bewegen gewesen wäre; wegen seiner Freunde, die noch in Berlin lebten; vielleicht weil er den großen Roman der NS-Zeit schreiben wollte; aber ganz bestimmt, weil er hoffte, der ganze Spuk würde nicht so lange dauern und irgendwie könnte er sich schon durchschlagen, findig war er ja.

Sicherlich unterschätzte er die Gefahren nicht, die ihm drohten. Aber ob er wirklich ahnte, was ihm alles hätte passieren können – dem »Halbjuden« und »Asphaltliteraten«? Bei allem Sicherheitsdenken, das Kästner besonders dann an den Tag legte, wenn es ums Geld ging, überrascht schon gelegentlich sein Draufgängertum.

Offenbar hatte er wenig Angst davor, daß seine jüdische Abstammung entdeckt werden könnte. Zu gut war die Tarnung, die seine Mutter noch durch detaillierte Stammbäume der Familien Kästner und Augustin vollendete. Wie überzeugend sie wirkte, zeigen die offiziellen Dokumente, die sich aus der NS-Zeit erhalten haben. Nur ein einziges Mal ist, nach unserem Wissen, Kästner als Jude bezeichnet worden, und zwar 1935 in einem Brief der »Reichsstelle zur Förderung des deutschen Schrifttums« an den Nationalsozialistischen Lehrerbund. Wie weit hinter der Formulierung »Bei diesem Schriftsteller handelt es sich um einen Juden!«[21] wirkliches Wissen stand oder ob durch diese Behauptung ein mißliebiger Autor noch mehr diskreditiert werden sollte, ist aus dem Zusammenhang nicht mehr erkennbar. Es hätte aber für die parteiamtlichen Stellen und für die NS-Kulturbürokratie keinen Grund gegeben, den jüdischen Schriftsteller Kästner

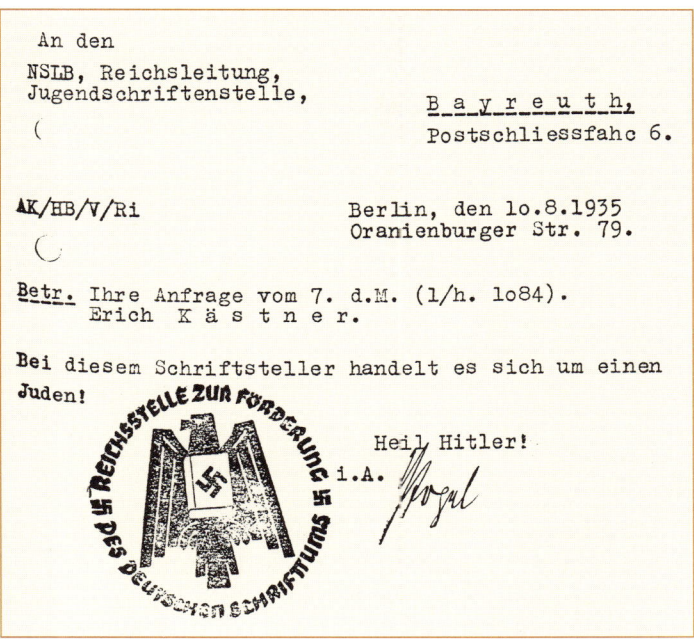

nicht auch als »jüdisch« zu bezeichnen. Zumal dadurch weitere Möglichkeiten eröffnet worden wären, den verfemten Schriftsteller ganz auszuschalten. Als sogenannter »Halbjude« mit »arischer« Mutter war er zwar nicht von Deportation und Vernichtung bedroht, aber er hätte weitere erhebliche Einschränkungen in seinem Privatleben und in seiner schon stark reduzierten beruflichen Tätigkeit hinnehmen müssen.

Eine jüdische Identität konnte er, selbst wenn er es gewollt hätte, unter diesen Bedingungen nicht ausprägen. Aber er wollte es auch nicht. Kästner fühlte sich nicht als Jude. Er hatte zwar jüdische Freunde, denen er die Treue hielt, aber seine Mimikry ging so weit, daß er in den Briefen an seine Mutter (von denen er wahrscheinlich zu Recht glaubte, daß sie von der Gestapo gelesen würden) Distanz zu Juden erkennen ließ. So schrieb er im Dezember 1933 über seine Freundin, die Schauspielerin Else Eckersberg: »Die Eckersberg hat blöde Einfälle, das mach ich nicht. Ihr Mann, der Baron Schey, ist Jude!«[22] Auch später wird er in seinen Tagebuchaufzeichnungen lediglich als Chronist über Deportationen und Erschießungen von Juden berichten.

Gefährdet, wie er war, konnte sich Kästner nicht den geringsten Fehler erlauben. Wollte er weiter publizieren, dann durfte er unter keinen Umständen politisch auffallen. Diese selbstauferlegte Schweigepflicht hat er zwölf Jahre lang ohne eine einzige Ausnahme durchgehalten.

Seine letzte gedruckte Stellungnahme zum politischen Geschehen datiert vom 17. März 1933. Auf eine Umfrage der *Literarischen Welt*, an der sich u. a. auch Richard Huelsenbeck, Robert Neumann, Erik Reger und Arnold Zweig beteiligten, schrieb Kästner kurz und trotzig: »Es gibt Schriftsteller, die fordern, daß man die Anschauungen der anderen verbieten soll. Und es gibt Schriftsteller, die glauben, daß man ihre eignen Anschauungen verbieten kann. Die Wenigen, die übrigbleiben, gehören, trotz aller Differenzen, zusammen. Und nur sie sind wichtig.«[23]

Kästners Appell an die Solidarität der Einzelgänger verhallte ungehört. Als sein kleiner Artikel erschien, war er publizistisch schon weitgehend ausgeschaltet. In einem Brief aus dieser Zeit klagte Elfriede Mechnig gegenüber Hermann Kesten in Paris, wie schwer es geworden sei, Texte von Erich Kästner in Zeitungen oder Zeitschriften zu plazieren: »Es ist alles wie abgeschnitten. Ich habe nicht viel zu tun, d. h. ich mache mir Arbeit, verschicke unter Pseudonym, weil niemand in Deutschland mehr seinen Namen druckt, aber es ist im ganzen recht still. Die Bücher werden nicht mehr ausgegeben und es erscheinen Aufrufe in den Zeitungen, die Bücher der Juden Kerr, Kästner, Tucholsky, Feuchtwanger usw. zu boykottieren.«[24]

In die Front gegen Kästner reihten sich jetzt auch die ein, die ihn früher hofiert und ständig um neue Texte gebeten hatten. Selbst die *Neue Leipziger Zeitung*, deren Mitarbeiter er zehn Jahre gewesen war, wagte seine

Gedichte nur noch unter Pseudonym zu drucken – das
letzte, *Besuch im Garten*, am 16. Juni 1933:

Für seine Kinder hat man keine Zeit.
(Man darf erst sitzen, wenn man nicht mehr gehen
   kann.)
Erst bei den Enkeln ist man dann so weit,
Daß man die Kinder ungefähr verstehen kann.

Spielt hübsch mit Sand und backt euch Sandgebäck!
Ihr seid so fern und trotzdem in der Nähe,
Als ob man, über einen Abgrund weg,
In einem fremden, bunten Garten sähe.

Spielt brav mit Sand und baut euch Illusionen!
Ihr und wir Alten wissen ja Bescheid;
Man darf sie bauen, aber nicht drin wohnen.
Ach, bleibt so klug, wenn ihr erwachsen seid.

Wir möchten euch auch später noch beschützen.
Denn da ist vieles, was euch dann bedroht.
Doch unser Wunsch wird uns und euch nichts nützen.
Wenn ihr erwachsen seid, dann sind wir tot.[25]

Dieses Gedicht, sicher eines der besten von Kästner, klingt wie ein melancholischer Abschied von den eigenen Illusionen, von dem Glauben an eine bessere Welt. Es ist die Resignation des Fast-Lehrers Kästner, der sich sechs Jahre zuvor so vehement für eine Jugend eingesetzt hatte, die einmal Frieden, Freiheit und Gerechtigkeit schaffen sollte. Aber die Chance dafür hatte sie nicht mehr.

Der Mahner Kästner war nicht mehr gefragt. Zeitschriften und Zeitungen, für die er jahrelang geschrieben hatte, existierten nicht mehr. Und die Blätter, die noch erscheinen durften, waren nicht mehr bereit, etwas von ihm zu drucken – obwohl seine Schriften offiziell nicht verboten waren. Aber die Stimmung, die gegen seine Bücher und ihn selbst gemacht wurde, genügte, um ihn weitgehend auszuschalten. Selbst Germanisten wie Heinz Kindermann, die Kästner während der Weimarer Zeit überschwenglich gelobt hatten, beeilten sich nun, die öffentliche Diskriminierung des Autors wissenschaftlich zu untermauern. »Eine ganze Welt von Idealen und Illusionen«, so Kindermann über Kästner, »wird – mit Hilfe ausgesprochen aktueller Polemik – durch diese radikalen Sachlichkeitsdichter eingerissen; aber sie haben nicht die Kraft, über diesem Trümmerhaufen ein positives Neues zu errichten. (...) Die Natur wurde von diesen Dichtern einer ›Radikalen Sachlichkeit‹ entgöttert, die Kraft des Eros zum Sexus entwertet, die Welt alles Übersinnlichen – Gott mit eingeschlossen – verneint oder totgeschwiegen. (...) Diese skeptisch-zerlösende oder höhnisch-ironische Haltung aber, sie gedeiht fast ausschließlich im sozialen Raum der Großstadt mit ihrer bei steigernder Wirtschaftskrise und intensivierter Technik immer schroffer auftretenden Psychose der Enge und trotzdem zugleich der furchtbarsten Vereinsamung mitten unter dieser Menschenfülle. (...) Aber die Lebenszeit dieser radikalen Richtung ist vermutlich nur mehr kurz bemessen. Selbst in den Lagern, von denen seinerzeit diese Parole einer destruktiven Dichtung ausgegeben wurde, begreift man heute, daß mit bloßen Negationen und mit bloßer Opposition auf die Dauer nichts ausgerichtet werden kann.«[26]

So wissenschaftlich munitioniert, war es für die Gegner Kästners ein leichtes, den »negativen« Autor, der so gar nicht mehr in die vermeintlich positive Aufbruchstimmung des »neuen Deutschland« passen wollte, zu eliminieren. Und das geschah auf verschiedenen Wegen, zunächst über die Bibliotheken und den Buchhandel.

In einzelnen Städten gingen bereits im April 1933 Studenten gegen die Bücher der Autoren vor, die nur wenige Wochen später auf den Scheiterhaufen landen sollten. So berichtete zum Beispiel die *Vossische Zeitung* aus Breslau, daß dort eine SA-Abteilung »unter Führung eines Philosophiestudenten« in mehreren großen Buchhandlungen Werke von Zweig, Wassermann, Kästner u. a. beschlagnahmt hatte. »Die Bücher wurden zunächst in den Buchhandlungen belassen, doch wurde erklärt, daß Ausstellung und Verkauf von ernsten Folgen sein würden. Der Führer der SA-Truppe erklärte, auf höhere Weisung zu handeln.«[27]

Dieser Artikel findet sich neben anderen aus dieser Zeit im Nachlaß von Erich Kästner. Er beweist, wie intensiv sich der unterdessen geächtete Autor mit den Maßnahmen gegen ihn beschäftigte, auch wenn er nach außen hin Ruhe und Gelassenheit demonstrierte. Überblicken konnte er die gemeinsamen Strukturen der Einzelaktionen nicht. Dahinter stand zunächst die »Deutsche Studentenschaft« als Dachverband aller deutschen Studenten. Auf fatale Weise sollte sich jetzt das bewahrheiten, was Kästner 1927 in seinen Artikeln gegen diesen Zusammenschluß der angehenden Akademiker geschrieben hatte. Ihre Ideale lägen in der Vergangenheit, »in der Reaktion, im Nationalismus, im Deutschtümeln. (...) Die Gefahren, die eintreten müssen, sobald diese Jugend regierungsfähig wird, sind unübersehbar.«[28]

Nun war diese Jugend am Ruder, zumindest was die »Säuberung« von Buchhandlungen und Leihbüchereien betraf. Die Initiative dafür war, wie Jan-Pieter Barbian in seiner Studie über die NS-Literaturpolitik nachweist, weder von Goebbels noch vom preußischen Kultusministerium ausgegangen: »Zwar kam es in der zweiten Aprilhälfte zu einer Kooperation mit dem ›Ausschuß zur Neuordnung der Berliner Stadt- und Volksbüchereien‹, der im Auftrag des Berliner Oberbürgermeisters und des preußischen Kulturministeriums operierte. Die vom Ausschuß zusammengestellten ›Schwarzen Listen‹ wurden am 27.4.1933 von der Deutschen Studentenschaft als Vorlage für die ›Sammlungsaktion‹ an die Einzelstudentenschaften verschickt. Doch hielten die Kultusverwaltungen der Länder die Studentenvertretungen aus den behördlichen Maßnahmen zur Neuordnung der öffentlichen Bibliotheken völlig heraus.«[29]

Trotzdem gelang der Deutschen Studentenschaft mit der von ihr geplanten Bücherverbrennung die spektakulärste Aktion wider den deutschen Geist. Schon drei Tage vorher hatte der *Berliner Börsen-Courier* die »schwarze Liste« für die Bibliotheken veröffentlicht, die für Kästner die Bemerkung enthielt: »alles, außer ›Emil‹«.

Als am 10. Mai 1933 in Berlin und anderen deutschen Universitätsstädten die Scheiterhaufen loderten, nahm Kästner in den Feuersprüchen einen hervorragenden Platz ein. In Berlin war es der »Zweite Rufer«, der die Bücher von Kästner, Heinrich Mann und Ernst Glaeser in die Flammen warf und dabei in die Mikrophone von Wochenschau und Rundfunk brüllte: »Gegen Dekadenz und moralischen Zerfall! Für Zucht und Sitte in Familie und Staat!«[30] Kästners Name folgte unmittelbar denen von Marx und Kautsky. In Bonn, wo ebenfalls eine stark beachtete »Kundgebung wider den undeutschen Geist« stattfand, nannte der Feuerredner Prof. Dr. phil. Eugen Lüthgen Kästner gleich zu Beginn in einem Atemzug mit Kautsky, Marx, Mann und Glaeser: »Hinein in die Flammen mit dem Gift des Klassenkampfes und des Materialismus, mit den Zeugen der Dekadenz und des moralischen Verfalls.«[31]

Das Autodafé in Berlin erlebte Kästner selbst mit. Über seine Gefühle berichtete er 1946 in seiner ersten Buchveröffentlichung nach dem Ende der NS-Zeit. »Und im Jahre 1933«, heißt es dort, »wurden meine Bücher in Berlin, auf dem großen Platz neben der Staatsoper, von einem gewissen Herrn Goebbels mit düster-feierlichem Pomp verbrannt.« Kästner stand vor der Universität, »eingekeilt zwischen Studenten in SA-Uniform, den Blüten der Nation, sah unsere Bücher in die zuckenden Flammen fliegen und hörte die schmalzigen Tiraden des kleinen abgefeimten Lügners. Begräbniswetter hing über der Stadt. Der Kopf einer zerschlagenen Büste Magnus Hirschfelds stak auf einer langen Stange, die, hoch über der stummen Menschenmenge, hin und her schwankte. Es war widerlich. Plötzlich rief eine schrille Frauenstimme: ›Dort steht ja der Kästner!‹ Eine junge Kabarettistin, die sich mit einem Kollegen durch die Menge zwängte, hatte mich stehen sehen und ihrer Verblüffung übertrieben laut Ausdruck verliehen. Mir wurde unbehaglich zumute. Doch es geschah nichts. (Obwohl in diesen Tagen gerade sehr viel zu ›geschehen‹ pflegte.)«[32]

In der Tat ist es überraschend, daß Kästner zwar immer an vorderster Stelle genannt wurde, wenn es den

Nationalsozialisten darum ging, ihre literarischen Gegner aufzuzählen, daß er aber weitgehend unbehelligt blieb. Während in Zuchthäusern und Konzentrationslagern die intellektuellen Repräsentanten der Weimarer Republik (soweit sie nicht schon emigriert waren) zum Teil übel mißhandelt oder zumindest eingeschüchtert wurden, konnte Kästner weiterhin ungehindert in sein Stammcafé gehen, mit Filmfirmen verhandeln und sein nächstes Buch vorbereiten. Daß es für ihn, auch im Rückblick, nicht selbstverständlich war, macht eine Passage in seiner Rede vor der Hamburger PEN-Tagung am 10. Mai 1958, also genau fünfundzwanzig Jahre nach der Bücherverbrennung, deutlich. »Ich war nur passiv geblieben«, sagte er nicht ohne Selbstkritik. »Auch damals und sogar damals, als unsere Bücher brannten. Ich hatte angesichts des Scheiterhaufens nicht aufgeschrien. Ich hatte nicht mit der Faust gedroht. Ich hatte sie nur in der Tasche geballt. Warum erzähle ich das? Warum mische ich mich unter die Bekenner? (...) Weil keiner unter uns und überhaupt niemand die Mutfrage beantworten kann, bevor die Zumutung an ihn herantritt. Keiner weiß, ob er aus dem Stoffe gemacht ist, aus dem der entscheidende Augenblick Helden formt.«[33]

Daß er kein Held gewesen war, wußte Kästner, und es ist überliefert, daß er sich deswegen auch Vorwürfe machte. Aber mutete er sich da im nachhinein nicht zuviel zu? Sein Schicksal hing 1933 und in den Jahren danach an einem dünnen Faden. Daß er nicht riß, ist Kästners Umsicht und seiner Kompromißbereitschaft den neuen Machthabern gegenüber zu verdanken. Eine Anklage aus heutiger Sicht darf man daraus nicht formulieren. Da hatte Kästner recht.

Wer die Chronologie des Jahres 1933 verfolgt, der sieht, wie konsequent dieser Schriftsteller aus dem Literaturbetrieb entfernt wurde, der sieht aber auch, wie verzweifelt sich ein Autor bemühte, weiterschreiben zu dürfen.

Bereits im März 1933 war Kästner aus dem gleichgeschalteten »Schutzverband deutscher Schriftsteller« ausgeschlossen worden, dessen Hauptvorstand er einmal als Beisitzer angehört hatte. Seit den Aktionen der Deutschen Studentenschaft wurden seine Bücher Exemplar für Exemplar aus den Volksbibliotheken entfernt. Im Juni 1933 erschien in der *Berliner Börsen-Zeitung* unter dem Titel »Der gestürzte Olymp« ein Artikel von Christian Jenssen (der später im Literaturbetrieb der Bundesrepublik eine nicht unbedeutende Rolle spielte), in dem offen zur Hatz auf Kästner geblasen wurde. Mit dem schnarrenden ›Humor‹ der NS-Literaturbetrachtung charakterisierte er Kästner als Autor, »der sein Herz auf Taille schnürte, sich zwischen die Stühle setzte und nur noch am 35. Mai fortlebt«[34]. Es lohnt, ausführlicher aus dem Artikel zu zitieren, da die *Berliner Börsen-Zeitung* zu den einflußreichsten in dieser Anfangsphase des »Dritten Reichs« zählte. »Die Hemmungs- und Schamlosigkeit, für die Gotteslästerung schon ›Lyrik‹ war«, so Jenssen, »ist seines Wesens bestimmender Teil geblieben. Ihr hat er eine geradezu teuflische Phantasie und Wortwendigkeit nutzbar gemacht in den Versbüchern (...), Reimereien, die in frecher Ueberheblichkeit Geist und Gefühl fratzenhaft verzerren oder mit nahezu sadistischer Lust zerpflückten.« Und auch der Verlag, der Kästners Gedichtbände veröffentlichte, wurde in die Kollektivhaftung des braunen Literaturideologen genommen: »Man schämt sich für die D e u t s c h e Verlags-Anstalt, die sie herausbrachte.« Dann wandte sich Jenssen dem Roman *Fabian* zu, in dem sich »ein anarchistischer Intellekt (...) bis zum Wahnwitz« austobe. Was Kästner aber sehr viel mehr als diese Geifereien erregt und bedrückt haben dürfte, war der Schluß des Artikels, der über die Angriffe der Deutschen Studentenschaft deutlich hinausging: »Das Tollste aber ist, daß ausgerechnet ein so lebensfremder Schattenfänger hinging und Kinderbücher schrieb. Aber er hatte eines Tages den raffinierten Einfall, den Abenteuersinn der Jugend aufs Kriminelle zu hetzen (›Emil und die Detektive‹) – und dann wurden zur Ausdeutung des Erfolges und zur bequemen Verbreitung einer pazifistisch-aggressiven Tendenz weiterhin burschikose Launen ausgequetscht zu ›Pünktchen und Anton‹ (mit fürchterlich verunglückten Moralpauken) und zum ›35. Mai‹ (...). Ein wunderbar herzstärkender Wind hat die meisten dieser Trolle vor die Tür des deutschen Hauses gefegt. Aber wir wollen auf der Hut sein, daß sie sich nicht durch irgendein Hintertürchen materieller Angleichung wieder einschleichen, wollen der immer noch drohenden i n n e r l i c h e n Gefahr unnachgiebig die Stirn bieten. Man sollte deshalb auch den ›Emil‹ in keiner Kinderbücherei mehr zulassen, obwohl ihn die Schwarze Liste noch geschont hat. Wir haben zu oft schmerzlich erfahren, was es heißt, den kleinen Finger zu reichen...«

Ähnlich hatte sich der völkische Schriftsteller und Herausgeber der Zeitschrift *Die neue Literatur*, Will Vesper, bereits vor der nationalsozialistischen Machtübernahme geäußert. Und er wurde nicht müde, den »›liberalen‹ deutschen Literaturspießer«[35] zu attackieren, der »kein besseres Futter für seine Kinder« wisse als Erich Kästners Bücher.

Noch konnten sich diese Literaturzensoren, die selbst Goebbels und Rosenberg an Radikalität übertrafen, nicht durchsetzen. Aber im Hintergrund braute sich neues Unheil gegen Kästner zusammen. Denn nach den Volksbibliotheken sollten schon Mitte 1933 auch die Buchhandlungen »gesäubert« werden. Allerdings war das organisatorisch nicht so leicht, da es sich bei den Buchhandlungen nicht um staatliche oder kommunale Stellen, sondern um kommerzielle Unternehmen handelte, auf die auch der Börsenverein nur einen eingeschränkten Zugriff hatte. Schon die Volksbibliothekare hatten sich gegen die pauschalen Angaben in den Schwarzen Listen gewehrt, wie einem Artikel aus der *Frankfurter Zeitung* vom 8. Oktober 1933 zu entnehmen war, den sich Kästner ebenfalls aufgehoben hatte. Denn darin war das Referat eines Mitgliedes des »Ausschusses für die Büchereinigung« wiedergegeben, der ausdrücklich betonte, zum Beispiel im Falle Kästners nicht schematisch vorzugehen, sondern differenziert zu urteilen.

Da es für den Buchhandel zunächst keine Schwarzen Listen gab, war der Verkauf von Kästner-Büchern noch nicht eingeschränkt. Scharfmacher vom Schlage Will Vespers ließen allerdings keine Gelegenheit aus, die Buchhändler und ihre Standesorganisation zu mahnen, endlich die Veröffentlichungen von mißliebigen Autoren wie Kästner aus den Regalen und Schaufenstern zu nehmen. Letztlich hatten sie damit schneller Erfolg, als es von den betroffenen Autoren befürchtet worden war. Durch den persönlichen Einsatz von Goebbels war bereits im Mai 1933 unter der Leitung des »Kampfbundes für die deutsche Kultur« ein »Arbeitsausschuß« gegründet worden, dem auch Vertreter des Buchhandels angehörten.

»Am 13.7.1933«, so Barbian in seiner umfassenden Untersuchung, »legte dieser ›Arbeitsausschuß‹ dem Propagandaministerium eine erste Zusammenstellung von Werken der ›Schönen Literatur‹ vor, die zunächst aus dem Buchhandel entfernt werden sollten. (...) Die Fertigstellung der Indizierungslisten, die nun auch für die Volks- und gewerblichen Leihbüchereien gelten sollten, wurde dem Propagandaministerium von der Reichsleitung des Kampfbundes für Ende Juli 1933 zugesagt. Aufgrund der Mitwirkung der Deutschen Bücherei in Leipzig war die dann vorgelegte, nach Autoren, Verlagen, Serien und Sammelwerken gegliederte ›Liste der unerwünschten Literatur‹ nicht nur weitaus umfangreicher, sondern auch weitaus präziser in der bibliographischen Erfassung der Werke als die eilig zusammengestellten ›Schwarzen Listen‹ des Berliner Stadt- und Volksbibliotheks-Ausschusses.«[36]

In diesen neuen Listen waren wieder alle Werke Kästners aufgeführt – mit einer einzigen Ausnahme, dem *Emil*. Es dauerte allerdings noch bis zum November 1933, ehe der Börsenverein diese Liste an alle Verlage verschickte und ihnen unmißverständlich mitteilte, daß das »Angebot und der Vertrieb der unten genannten Werke aus nationalen und kulturellen Gründen nicht erwünscht ist und deshalb unterbleiben muß«[37]. Um das Verbot nicht öffentlich werden zu lassen, mußte die Benachrichtigung streng vertraulich behandelt werden. Jede Indiskretion und jeden Verstoß gegen das Verbot wollte der Börsenverein mit allen ihm zustehenden Mitteln ahnden. Was das konkret bedeutete, wußten die angesprochenen Verleger genau: der Verlust der Mitgliedschaft im Börsenverein kam einem Berufsverbot gleich.

Kästners Bücher waren also – mit Ausnahme des *Emil* – seit November 1933 aus dem Vertrieb genommen. In den Buchhandlungen lagen sie zwar noch, aber Nachbestellungen durften nicht mehr ausgeführt werden. Kästner selbst ahnte davon noch nichts.

Allerdings blieb ihm auch nicht verborgen, daß sich in seinem Verhältnis zur Deutschen Verlags-Anstalt schon Mitte des Jahres einiges verändert hatte. Als er während seines Sommerurlaubs in Eibsee seinem Verleger begegnet war, schrieb er der Mutter mit sichtlicher Distanz: »Eben ist Dr. Kilpper samt Familie eingetroffen. Kurze sch… freundliche Begrüßung. Na, ich werd ihm meistens aus dem Weg gehn.«[38]

Trotzdem war die wegen ihrer Kästner-Publikationen heftig attackierte »Deva« bereit, auch das neueste Kinderbuch ihres verfemten Autors zu veröffentlichen: *Das fliegende Klassenzimmer*. Die Geschichte einer Schulklasse und ihres Lehrers Justus, die im Internat gemeinsam ein Theaterstück für den letzten Tag vor den Weihnachtsferien proben, erschien mit Illustrationen von Walter Trier Ende November 1933. »Heute früh kamen die ersten Exemplare vom ›Klassenzimmer‹. Sehr hübsch«[39], schrieb Kästner nicht ohne Stolz an seine Mutter. Allerdings gab es einen Wermutstropfen: »Triers Namen hat man auf dem Umschlagbild entfernt. Gemein, was?«

Wieder ballte Kästner die Faust nur in der Tasche. Er war froh, daß er überhaupt noch veröffentlichen durfte, und versprach seiner Mutter auf derselben Postkarte: »Morgen beginne ich die Reichsverbandsgeschichte in Angriff zu nehmen.«

Um seinen Beruf weiterhin ausüben zu dürfen, mußte Kästner Mitglied des Reichsverbandes deutscher Schriftsteller werden, der Nachfolgeorganisation des aufgelösten Schutzverbandes. Zu der Gründung des Reichsverbandes, am 9. Juni 1933, war Kästner, wohl eher versehentlich, eingeladen worden, wie er 1946 in der *Neuen Zeitung* berichtete. Er nannte das ein »nettes Berufsabenteuer«[40], was er da im »Haus der Presse« am Opernplatz erlebt hatte: »Als ich den Sitzungssaal betrat, mich, hübsch für mich allein, an ein Tischchen setzte, mir ein Bier bestellte und mich dann umschaute, sah ich, das kann ich getrost sagen, ziemlich viele entgeisterte Gesichter auf mich gerichtet. Die ›neuen Herren‹ in SA-Uniform, die als Majorität einen Riesentisch umsäumten, erkundigten sich bei nichtuniformierten, dienstälteren Kollegen, wer der Fremdling sei. Mein Name schwirrte in allen Flüsterstärken durch den Saal. Ich durfte mich als erster in die Anwesenheitsliste eintragen, und mein Autogramm wurde an diesem Abend, während die Liste kursierte, so gründlich bestaunt wie nie vorher oder nachher.« Natürlich war die ganze Veranstaltung eine Farce, die nur dazu diente, NS-Funktionäre und ihnen nahestehende Schriftsteller in die wichtigsten Positionen zu hieven: »Auf dem Heimweg überlegte ich mir genau, ob auch nur einmal Worte wie ›Literatur‹, ›Dichtung‹, ›Schriftstellerei‹ oder etwas Ähnliches am Rande erwähnt worden waren. Nein, nicht ein einziges Mal. Für einen Uneingeweihten hätte es ebensogut eine Sitzung des Braunkohlesyndikats oder der Schnürsenkelkleinverteiler sein können. Irgendeine Sitzung zur Knebelung nichtnationalsozialistischer Verbandsmitglieder.«

Trotz aller Vorbehalte gegen eine NS-Institution wie den Reichsverband mußte Kästner nach der formellen Gründung der Reichskulturkammer um die Mitgliedschaft nachsuchen, wenn er in Deutschland publizieren wollte. Kästner tat das. Sicher mit Widerwillen, aber nicht ohne Nachdruck. Er bemühte Freunde und Bekannte, um seinen Aufnahmeantrag voranzubringen. Selbst seinen Verleger schaltete er ein. »Heute war ich mit Kilpper zusammen«, schrieb er seiner Mutter am 8. Dezember 1933. »Er hat einen Herrn aus dem Propagandaministerium angerufen – in meiner Gegenwart – der auch im Präsidium der Reichsschrifttumskammer sitzt, und hat ihn gefragt, ob schon über meine Mitgliedschaft etwas bekannt sei. Nein, erst müßte der Reichsverband eine Vor-Entscheidung treffen, ehe die Kammer sich damit befasse. Das heißt also: Abwarten.«[41] Obwohl er im selben Brief stolz vermeldete, daß sein *Fliegendes Klassenzimmer* (als vom Börsenverein-Verbot noch nicht betroffene Neuerscheinung) in mehreren Buchhandlungen im Schaufenster liege und Kilpper »etliche tausend Exemplare« habe nachdrucken müssen, spürte Kästner immer deutlicher, was es hieß, ein verfemter Autor zu sein. Bereits Anfang Dezember hatte er der Mutter geklagt, daß »die Firmen meinen Namen nicht gern hören«[42], als es um Filmpläne mit dem Freund Robert A. Stemmle ging. Und nur wenige Tage später berichtete er über seine Freundin Karlinchen, die Schauspielerin Cara Gyl: »Anscheinend schikaniert man sie neurdings auch deswegen, weil sie mit mir befreundet ist. Sie macht so Andeutungen.«[43]

Obwohl Kästner schon Anfang Dezember von Hans Richter, dem zweiten Vorsitzenden des Reichsverbandes, eine baldige Nachricht signalisiert worden war (»Den Fragebogen hab ich schon unterschrieben«[44]), dauerte es noch sechs Wochen, bis die Entscheidung fiel. Am 16. Januar 1934 beriet der Präsidialrat der Reichsschrifttumskammer über die Aufnahmeanträge von Kästner und anderen Autoren, deren Fälle zweifelhaft waren. Der Präsident, Hans Blunck, hatte vorher seinem Kollegen, dem *Volk ohne Raum*-Dichter Hans Grimm, dargelegt, daß die Antragsteller vom Reichsverband bereits abgelehnt waren, »wegen früherer nihilistischer oder aber rein destruktiver Tätigkeit«[45]. Er führte dagegen aus, daß diese Autoren »im März dieses Jahres nicht dem Zug der Emigranten gefolgt sind (,) sondern im Reich blieben und heute bereit sind, ein Bekenntnis zum neuen Staat abzulegen, wie es die Aufnahmeerklärung verlangt«[46]. Unter diesen Voraussetzungen war der Präsidialrat bereit, Kästner eine »Bewährungsfrist« einzuräumen. Wörtlich heißt es im Protokoll: »Dr. Blunck teilt mit, dass der Reichsverband ihn absolut ausschliessen will. Er nimmt dazu wie folgt Stellung: Es ist nicht so, dass wir aus irgend welchen politischen Gründen jemand ausschliessen dürfen. Im Fall Kästner ist nur die Frage zu entscheiden, ob sein Verhalten unehrenhaft war. Dr. Grimm ist dafür, dass die Mitgliedschaft auf 1 Jahr aufgeschoben wird und dass man ihm erlauben soll, unter einem Namen, den wir kennen, zu schreiben. Zum Schluss einigten sich alle Herren darauf, dass er unter seinem Pseudonym probeweise schreiben darf.«⁴⁷ In derselben Sitzung wurde übrigens auch der Fall Alfred Döblin verhandelt, mit der einstimmigen Entscheidung, ihn nicht aufzunehmen, weil er die Verpflichtung nicht unterschrieben habe.

Kästner durfte also wieder schreiben: was, wie, in welchem Umfang und unter welchem Pseudonym, blieb allerdings unklar.

Das Jahr 1933 war für Kästner so zu Ende gegangen, wie es begonnen hatte – mit einem Schock. Am 11. Dezember schrieb er seiner Mutter: »Eben wollte ich auf der Bank etwas Geld abheben. Da sagten sie mir, mein Konto sei leider beschlagnahmt.«⁴⁸ Was danach passierte, ist dem Brief zu entnehmen, den er drei Tage später an seine Mutter richtete. Kästner war verhaftet und verhört worden: »Die polizeiliche Vernehmung war nach 1 ½ Stunden schon vorüber. Man dachte also, ich lebe in Prag und sei heimlich da, um Geld zu beheben.«⁴⁹ Laut Luiselotte Enderle wurde Kästner bei dem Verhör ein Gedicht vorgelegt, »das in einer Prager Emigrantenzeitschrift erschienen war. Es war von Kästner. Ein altes ›Montag Morgen‹-Gedicht. Nur – die letzten drei Strophen, die waren nicht von ihm. Und diese zwölf Zeilen strotzten von aktuellen Angriffen auf das Dritte Reich.«⁵⁰ Kästner gelang es, die Vorwürfe zu entkräften. Sein Konto blieb aber noch ein Jahr gesperrt.

Mit Schreiben vom 8. Februar 1934 hatte ihn der Reichsverband von der Entscheidung der Reichsschrifttumskammer informiert. Kästner konnte also wieder und dieses Mal ganz offiziell mit dem Schreiben beginnen. Was er zunächst in Angriff nahm, war die Ausarbeitung einer Stoffidee als Roman und Theaterstück. Die Geschichte war simpel: Ein Millionär gewinnt im Preisausschreiben seiner eigenen Firma einen Winterurlaub im Grandhotel, reist aber inkognito, so daß ein arbeitsloser Akademiker, der nur den zweiten Preis gewonnen hatte, für den Finanzmagnaten gehalten und entsprechend verwöhnt wird, während der wirkliche Millionär mit einer kalten Dachkammer vorliebnehmen muß. Zum guten Schluß heiratet die Tochter des Millionärs den arbeitslosen Akademiker. Ein modernes

Märchen also mit nicht enden wollenden Verwechslungen und komischen Situationen. Im »zweiten Vorwort« zur Buchausgabe erzählte Kästner die Geschichte, wie es zu Roman und Theaterstück gekommen sei. Im Zug habe man gesessen, er und sein Freund Robert, und einem älteren Herrn zugehört, der die unglaubliche Komödie zum besten gab. Darauf seien die beiden Schriftsteller überein gekommen, aus dem Stoff etwas zu machen. Die Münze habe entscheiden müssen, wer das Theaterstück und wer den Roman schreibe. Das Lustspiel sei an Freund Robert hängengeblieben, der sich darüber ganz und gar nicht gefreut habe. Soweit die Schilderung Kästners, die natürlich schon Teil des Romans selbst ist. Aber zumindest einige Fünkchen Wahrheit enthält sie.

Kästner schrieb seinen Roman *Drei Männer im Schnee* und hoffte, ihn unter seinem Namen bei der Deutschen Verlags-Anstalt publizieren zu können. Zunächst sah es ganz danach aus; schließlich war ihm von der Reichsschrifttumskammer eine »Probezeit« eingeräumt worden. Gleichzeitig ging er daran, den Stoff für die Bühne zu bearbeiten. Das Stück mit dem Titel *Das lebenslängliche Kind* sollte mit der Autorenangabe »Robert Neuner« in die Theater kommen. Dieses Pseudonym führte Kästners Freund und Schriftstellerkollege Werner Buhre. Inwieweit Buhre an der Komödie mitwirkte, ist infolge des komplizierten Versteckspiels, das Kästner betrieb, heute nicht mehr auszumachen. Möglicherweise stammt keine einzige Zeile von ihm. In den Briefen an seine Mutter jongliert Kästner mit den verschiedenen Namen und führt noch zusätzlich die Person »Eduard« oder »Onkel Eduard« ein, um mitlesende Staatsorgane zu verwirren. Er wollte damit Vorsorge treffen. Auch nach einem endgültigen Schreibverbot für ihn sollte wenigstens noch Robert Neuners *Lebenslängliches Kind* aufgeführt werden können. Für die Vermutung, daß er der alleinige Autor war oder zumindest den überwiegenden Teil verfaßt hatte, sprechen einige Briefstellen. So berichtete Käst-

Originalumschlag von *Drei Männer im Schnee* (Zürich 1934)

ner seiner Mutter am 17. Februar 1934: »Nun hat Eduard den 1. Akt fertig und fängt mit dem 2. an.«[51]

Noch während die Vorarbeiten für die ersten Premieren in Bremen (wo die Uraufführung am 7. September war), Berlin, Dresden, Braunschweig und Altona liefen, braute sich neues Unheil zusammen. Mit dem »Fall Kästner« beschäftigten sich unterdessen gleich mehrere Stellen der NS-Kulturbürokratie, vor allem wegen des Romans. Der Betroffene selbst blieb seiner Mutter gegenüber optimistisch. »Wenn alle Stränge reißen«, so Kästner Anfang Oktober 1934, »lassen wir das Buch in der Schweiz erscheinen. Und der Schweizer Verleger darf es nämlich nach Deutschland liefern! Dann wären wir um die Schwierigkeiten herum. Das ist schon ein Durcheinander, was? Na, irgendwie kommt Onkel Eduard immer wieder mit dem Rücken an die Wand. Das wissen wir ja.«[52] Dieses Mal war es allerdings schwerer als jemals zuvor. Bei Luiselotte Enderle liest sich das, was dann passierte, so: »Im Herbst 1934 erschien im Buchhändlerbörsenblatt die ganzseitige Anzeige eines neuen Kästner-Buches, *Drei Männer im Schnee*. Goebbels tobte. Eine Stunde später hatte die Deutsche Verlags-Anstalt bereits die Mitteilung von Kästners erneutem und endgültigen Verbot in Händen. Man habe ihm nur erlaubt, ›für sich‹ zu schreiben und es dem ›Promi‹, dem Propagandaministerium, vorzulegen.«[53]

Das abrupte Ende der »Probezeit« im Oktober 1934 bestätigt auch ein Brief von Martin Mörike, dem Theaterverleger Kästners, der vom 20. November 1934 datiert ist. Auf den Inhalt dieses Schreibens werden wir noch zurückkommen.

Kästner war es also nicht mehr erlaubt, in einem deutschen Verlag zu veröffentlichen. Was er seiner Mutter so salopp angedeutet hatte, wurde nun Wirklichkeit. Der Roman *Drei Männer im Schnee* kam noch 1934 bei Max Rascher in Zürich heraus und wurde – als Import – auch in Deutschland ein Erfolg. Bereits im Februar 1935 waren, trotz fehlender Werbung, zehntausend Exemplare verkauft, und Kästner konnte seiner Mutter nicht ohne Stolz vermelden, daß sich das Propagandaministerium beschwert habe, »weil die Schneemänner in den Schaufenstern lägen. Das kann doch nicht verboten sein. Was? Na ja. Fassen wir uns in Geduld. Jeden Tag Anfragen wegen Verfilmung. Heute wieder zwei Angebote.«[54]

Aber nicht nur gegen den Roman, auch gegen das Theaterstück gingen die staatlichen Stellen vor. Nachdem auch Düsseldorf, Bochum, Erfurt und Wiesbaden ihr Interesse am *Lebenslänglicher Kind* bekundet hatten, griff Anfang Oktober 1934 (wohl im Zusammenhang mit dem generellen Publikationsverbot für Deutschland) Reichsdramaturg Rainer Schlösser ein und ordnete die Absetzung von allen Spielplänen an. Was der Grund dafür war, erläuterte Martin Mörike in seinem nichtadressierten Brief vom 20. November 1934, der wohl an die Intendanten der betroffenen Schauspielhäuser gerichtet war. »Der Herr Reichsdramaturg«, so Mörike, »steht auf dem Standpunkt, dass, so sehr er die Auswirkung seiner Anordnung den Theatern, dem Autor und dem Verlag gegenüber bedauert, es doch ›nicht angängig ist, dass ein Bühnenwerk, an dem ein in den Kreisen der nationalsozialistischen Bewegung bisher abgelehnter Autor teilhat, von den Theatern gegeben wird, ehe sie ihre kulturpolitischen Aufgaben denjenigen Dichtern gegenüber erfüllt haben, die einen inneren Anspruch an den Dank des nationalsozialistischen Staates erheben können.‹«[55]

Kästner, Buhre und Mörike hatten seit dem 10. Oktober alles versucht, um das Verbot zu verhindern. Selbst die Bühnenverleger hielten eigens eine Krisensitzung ab, aber, so Kästner lakonisch, »die haben ja auch die Hosen voll«[56]. So gutgemeint die Versuche auch waren, Erfolg hatten sie keinen. Auch die Einwände der Theater, die endlich einmal eine erfolgreiche Komödie auf den Brettern hatten, blieben wirkungslos.

Was Kästner noch härter als das Verbot des Stückes traf, war die Tatsache, daß dadurch die Verfilmung des Stoffes in Deutschland unmöglich wurde. Verhandlungen mit der Ufa hatte er bereits geführt, und sie waren erfolgversprechend verlaufen – allerdings immer unter der Bedingung, daß Kästner nicht zu den verbotenen

Autoren gehörte. »Heute früh rief die Ufa an«, schrieb er am 10. Oktober 1934 an seine Mutter, »ob ich arbeiten dürfe. Das mußte ich nun leider ablehnen. Na ja. Tennisspielen ist ja auch gesünder.«[57] So resigniert, wie sich diese Briefstelle liest, war Kästner aber nicht. Nur einen Tag später meldete er seiner Mutter, daß er gegen den Bescheid der Reichsschrifttumskammer beim Präsidenten Einspruch erhoben habe. »Weil das Buchverbot etc. unrechtmäßig geschehen ist. Vielleicht nützt das ein wenig. Es scheint, daß man auf mich besonders schlecht zu sprechen ist, weil im Ausland Klaus Mann in seiner Zeitschrift etwas aus meinen Bänden abgedruckt hat. Und nun glauben die Behörden, *ich* hätte es hingeschickt! So ein Wahnsinn!«[58] Kästner irrte sich. Klaus Mann hatte sich in seinem Exil nicht positiv mit dem in Deutschland gebliebenen Autor beschäftigt, sondern die im *Börsenblatt* abgedruckte Anzeige für *Drei Männer im Schnee* zum Anlaß für eine Generalabrechnung genommen. »Was wird aus Schriftstellern im Dritten Reich?« Mit dieser Frage begann er seinen Artikel im *Neuen Tage-Buch*, das in Paris und Amsterdam erschien. Es war das Blatt, in dem Kästner vor der NS-Zeit einen wichtigen Teil seiner Gedichte veröffentlicht hatte. Und daran erinnerte Klaus Mann, wenn er schrieb: »Ueber seinen Wert und Rang konnte man verschiedener Ansicht sein. Aber er gehörte zur Literatur; man rechnete ihn sogar zu ihrem ›linken Flügel‹. Der sächsische Gemütsmensch genoss den Ruf eines bissigen Satirikers.«[59] Aber nun habe er sich mit seinem neuesten Roman dem Unterhaltungsbedürfnis des Propagandaministeriums angepaßt: »Mit welcher Fixigkeit das hinuntergleitet, ganz hinab, bis zum morastigen Schlammgrund der Ufa-Presse, wo die bettlerähnliche Gestalt ein verkleideter Geheimrat ist und der arbeitslose junge Mann das reizende und besorgte Millionärstöchterlein kriegt – denn mir ahnt doch so was. Wie das im Kotigen plätschert und zahlreiche prachtvolle Witze aus der Tiefe seines sittlichen Absturzes ruft! Ach, da sind wir immer aufs Neue überrascht – wenngleich kaum unterhalten. Das war doch einmal ein Schriftsteller. Eine Zeit lang überlegte er sogar, ob er es nicht lieber bleiben wollte. Er dachte daran, in die Emigration zu gehen. Aber inzwischen hat er mit all seinen schlagfertigen Reden dahin gefunden, wohin er also gehört.«[60]

Mit einem Mal saß Kästner zwischen allen Stühlen. Nur noch im Ausland hielten ihm seine Leser die Treue. Immer neue Übersetzungen erschienen von seinen Büchern, aber viel Geld war damit nicht zu verdienen.

Kästner mußte also erneut einen Vorstoß bei der Reichsschrifttumskammer unternehmen, um das Publikationsverbot für Deutschland aus der Welt zu schaffen. Am 20. Oktober 1934 war er, wie er seiner Mutter zwei Tage später berichtete, zusammen »mit Dr. Pagel von der Verlags-Anstalt beim Geschäftsführer der Reichsschrifttumskammer zum Tee. Wir haben uns ganz nett unterhalten. Er will noch einmal versuchen, ob in meiner Sache etwas zu machen ist.«[61] Es war nicht der letzte Teebesuch, und nach Weihnachten sah sich Kästner sogar gezwungen, den NS-Funktionär zu sich einzuladen. »Mit seiner Frau. Das ist ja mächtig ulkig, was?«[62] Ob diese nicht freiwillig zustande gekommene Gegeneinladung tatsächlich realisiert wurde, ist nicht mehr auszumachen – ebensowenig wie der Name des Funktionärs. Kästner selbst erinnerte sich 1946 an Gespräche mit dem stellvertretenden Präsidenten der Reichsschrifttumskammer, Heinz Wismann, der aber als Vertreter des Propagandaministeriums nicht zugleich Geschäftsführer war. Wismann soll es nach Angaben von Luiselotte Enderle auch gewesen sein, der Kästner die »Chance« bot, »in der Schweiz eine deutsche Zeitschrift herauszugeben. Sie solle Stimmung gegen die Emigranten machen. Das Propagandaministerium werde sie, getarnt, finanzieren. Kästner entging der ekelhaften Zumutung mit Logik und Eleganz. Zu viele dieser Emigranten seien bekanntermaßen seine Freunde. Niemand im Ausland werde ihm den Gesinnungswechsel glauben.«[63]

Während das Propagandaministerium noch hoffte, Kästner in seinem Sinn beeinflussen zu können – so viele international bekannte Autoren waren schließlich nicht in Deutschland geblieben –, ging die Hetze unvermindert weiter. Als geistige Fortsetzung der Bücherverbrennung veröffentlichte der Referent in der Reichsschrifttumskammer Werner Schlegel 1934 sein Buch *Dichter auf dem Scheiterhaufen,* das das Autodafé vom 10. Mai 1933 noch einmal ausführlich begründen sollte. Erich Kästner, als »Dichter des Verfalls«, nahm in dieser offiziösen Schrift breiten Raum ein – neben Alfred Kerr, Kurt Tucholski (!), Emil Ludwig, Ernst Glaeser, Lion Feuchtwanger, Bert Brecht und Klaus Mann. Aber, so Schlegel: »Die Zeit des Verfalls ist durch die deutsche Revolution beendet und damit die traurige Rolle dieser Machwerke und der um jeden Preis original und modern sein wollenden Autoren ausgespielt.«[64]

Das war mehr als eine unverhüllte Drohung, auch wenn aus dem Propagandaministerium gelegentlich andere Signale kamen. Kästner blieb vorsichtig. Als zum Beispiel im Sommer 1934 in den USA ein Betrüger auftauchte, der unter Kästners Namen Lesungen abhielt, sich kritisch über den Nationalsozialismus äußerte und die Filmrechte am *Emil* verkaufen wollte, wandte er sich an die Amerikanische Botschaft in Berlin und bat, dem Schwindler das Handwerk zu legen. Kopien seines Briefes schickte er per Einschreiben an das Geheime Staatspolizeiamt in Berlin, das Auswärtige Amt und den Reichsverband Deutscher Schriftsteller, »um etwaigen Missverständnissen rechtzeitig vorzubeugen«[65].

Trotz der beruflichen Turbulenzen blieb Kästner noch genügend Zeit, um sich seiner Freundin Cara Gyl (»Karlinchen«) intensiver zu widmen. Die Schauspielerin, die gerade an ihrem ersten Stück arbeitete, benötigte den Beistand dringend. Auf ihren eigenen Wunsch war sie zur Beobachtung in eine psychiatrische Anstalt eingeliefert worden. »Das arme, arme Ding!«[66] klagte Kästner seiner Mutter. »Sie hat während eines Anfalls alles aus dem Fenster geworfen. Die letzten Nächte nur noch geschrieben. (...) Eine Wahrsagerin in Dresden scheint Cara viel Zeug eingeredet zu haben. Sie sähe furchtbar schlecht aus. Und sie hat es sicher in Dresden schon geahnt, denk ich mir. Sie war so melancholisch oft.« Obwohl er zu dieser Zeit schon mit der Schauspielerin Herti Kirchner liiert war, kümmerte er sich rührend um Cara Gyl. Er fuhr nach Frankfurt, wo sie behandelt wurde, und begleitete sie nach Mainz. Dort hatte ihr Stück *Die Tournee* am 28. August 1934 Premiere. Immer wieder berichtete er danach seiner Mutter von Karlinchen, die lange Zeit brauchte, sich als Schauspielerin zu etablieren. Später ging Cara Gyl, die eigentlich Käte Hörnemann hieß, an das Preußische Staatstheater nach Kassel. Ein weiteres Lustspiel verfaßte sie nicht mehr.

Die Erfahrungen mit Karlinchen gaben Kästner Anlaß, wieder einmal über seine weiblichen Partner nachzudenken und eine Lebensmaxime zu formulieren: »Ich bin bei Frauen nicht fürs Komplizierte.«[67]

Ob seine neue Freundin Herti Kirchner dieser Vorstellung entsprach, ist aus den erhaltenen Briefen nur schwer zu erkennen. Eine ganz einfache Person war sie sicher nicht. Obwohl sie Ida Kästner immer wieder selbst Grüße sandte oder sie grüßen ließ, achtete sie sorgsam darauf, daß sich die Lebenswege nicht zu oft kreuzten. Herti Kirchner, gerade einundzwanzig Jahre alt, als sie Kästner kennenlernte, arbeitete intensiv an ihrer Filmkarriere und war bereits eine – zumindest in Berlin – bekannte Schauspielerin. In dieser Hinsicht entwickelte sich ihre Beziehung mit Kästner zu einem Risiko für sie, was sie aber wenig störte – vielleicht auch, weil sie zu jung war, um sich die möglichen Konsequenzen zu überlegen. Sie verlor nie ihr Ziel aus den Augen, und das gefiel Erich Kästner, auch wenn er nicht mit allem, was sie tat, einverstanden gewesen sein dürfte. So berichtete er im Oktober 1935 seiner Mutter, daß Herti Kirchner einen »Vertrag für die weibliche Hauptrolle in einem großen Film gemacht«[68] habe, und schob als Erläuterung und ohne Wertung nach: »Es ist eine Rolle à la Lucie Englisch. Mit ein paar Außenaufnahmen in Neustrelitz. Blomberg, der Heeresminister, tritt auch auf. Ein Militärfilm also.« Oder um es deutlicher auszudrücken: ein Propagandafilm. Kästner sah darin eine Chance für seine Freundin, die diese offenbar glänzend nutzte. Denn danach war sie eine gefragte Filmschauspielerin, die sich die Rollen aussuchen konnte und dann Komödien bevorzugte. Auf dem Weg zum Star, gerade als sie das Lustspiel *Wer küßt Madeleine?* abgedreht hatte, verunglückte sie 1939 tödlich mit dem Auto. Wie Kästner auf ihren Tod reagierte, ist nicht überliefert. Briefe aus dieser Zeit haben sich nicht erhalten.

Daß die Beziehung Kästner-Kirchner der Gestapo bekannt war, beweist das Aussageprotokoll eines Spitzels vom 15. Mai 1935, das Helga Bemmann in ihrer Biographie zitiert. »Wie mir bekannt ist«, berichtete Max Elsner, im Hauptberuf Geschäftsführer des Kabaretts »Tingel-Tangel«, »verkehrt Herti Kirchner mit dem Kommunisten Dr. Kestner (!), der ihr Freund ist, und da ihm das Schreiben für Bühnen verboten ist, schreibt er getarnt und gibt diese Texte den Autoren«[69]. Bereits Ende 1934 hatte die Gestapo begonnen, die »Katakombe« Werner Fincks und das »Tingel-Tangel« (in dem auch Herti Kirchner auftrat) zu überwachen. Für die »Katakombe« war Kästner auch nach 1933 einer der wichtigeren Autoren geblieben. Obwohl er unter Pseudonym schrieb, verzichtete er in seinen Gedichten und Liedern auf politische Anspielungen. Zu Recht, wie der Spitzelbericht zeigt. Während Werner Finck nach der Zwangsschließung der »Katakombe« (am 10. Mai 1935) im KZ Esterwegen interniert wurde und wenig später Auftrittsverbot erhielt, konnte Kästner unbehelligt weiter an seinem Roman arbeiten, den er »Emil 2« nannte.

Die Haltung, die die NS-Kulturbürokratie Kästner gegenüber einnahm, war erstaunlich inkonsequent. Einerseits wurde sein Name immer dann genannt, wenn von »Asphalt«- oder »Zersetzungsliteraten« die Rede war, andererseits erhielt er kein generelles Schreibverbot, obwohl er die Entscheidungen der Reichsschrifttumskammer ignorierte und Kabarettexte verfaßte. Offenbar hatte Kästner einflußreiche Freunde, vor allem in Schauspielerkreisen, die sich bei Goebbels oder Göring für ihn einsetzten.

Nach der Schließung »seines« Berliner Kabaretts hatte Kästner in Deutschland keine Beschäftigungsmöglichkeiten mehr. Während in Großbritannien ein *Emil*-Spielfilm gedreht wurde, für den sein englischer Übersetzer Cyrus Brooks das Drehbuch geschrieben hatte, und sogar eine japanische Ausgabe des beliebten Kinderbuchs erschien (wofür er einen Kimono als Honorar erhielt), schloß er seinen Roman *Emil und die drei Zwillinge* ab. Die Geschichte, die dieses Mal an der Ostsee spielt, versammelt die »Detektive« aus dem ersten Band. Natürlich muß eine Reihe von neuen Fällen gelöst werden, in deren Mittelpunkt ein elternloser Artistenjunge steht. Im Vergleich zu den früheren Kinderbüchern hat sich wenig geändert. Nur noch bunter ist die Szenerie geworden. Sicher hatte Kästner beim Schreiben schon das Drehbuch oder den fertigen Film vor Augen.

Eine Besonderheit weist der Roman allerdings doch auf. Emils Mutter hat nämlich beschlossen, wieder zu heiraten und dem vaterlosen Treiben ein Ende zu machen. Das greift tief in die Symbiose von Mutter und Sohn ein, zumal die endgültige Entscheidung vom Votum Emils abhängen soll. Zwischen Gefühl und Verstand hin- und hergerissen, vermag der kleine Junge, von dem so große Dinge verlangt werden, nur schwer eine Lösung zu finden. Kästner hat auch hier ein Stück seiner unseligen Kindheit wieder aufleben lassen. Denn seine Mutter war es gewesen, die ihm immer wieder schwierige Entscheidungen abverlangt hatte. Und noch als erfolgreicher Schriftsteller fühlte er sich von ihren Briefen oft unter psychischen Druck gesetzt, weil sie mehr in sein Leben hineinreden wollte, als er tolerieren konnte.

Die mögliche Heirat der Mutter, die den kleinen Emil bedrückt, steht aber auch für etwas anderes im Gefühlsleben von Erich Kästner. Wie er die Mutter seines Romanhelden gut versorgt sehen wollte, wenn der Sohn einmal das Haus verlassen haben würde, so wünschte sich auch Kästner jemanden, der mit ihm die Verantwortung für das seelische Befinden seiner Mutter geteilt hätte. Immer wieder ist in seinen Briefen zu spüren, wie er Freundschaften für Ida Kästner stiften wollte. Er freute sich, wenn sie Bekannte oder Verwandte besuchte, auch wenn sie in anderen nur das Negative sah. Sie blieb auf ihren Sohn fixiert, und er schrieb weiter Geschichten, aus denen die Mutter als wahre Lichtgestalt hervorleuchtete.

Obwohl er sehr viel weniger produzierte als vor 1933, war Erich Kästner weiterhin ein fleißiger Autor. Noch wurden seine Bücher in Deutschland verkauft. Im Ausland, vor allem in Großbritannien, erfreuten sich seine Romane als Lektüre im Deutschunterricht großer Beliebtheit. Und gelegentlich gab es sogar eine Schultheateraufführung von *Emil und die Detektive*. Von einer in Failsworth im April 1935 wissen wir durch Zufall. Martin Mörike, immer besorgt um den Bestand seines Verlages, hatte den Brief der Schule und die Antwort Kästners an die Reichskanzlei geschickt, weil er glaubte, »daß der Schlußabsatz des Schreibens der englischen Jungens auch den Führer und Reichskanzler interessieren und freuen wird«[70].

»Gerade zu dieser Zeit«, hatte der englische Lehrer geschrieben, »wo die Verhältnisse zwischen den verschiedenen Ländern so gespannt sind, tun wir möglichst alles, ein übernationales Freundschaftsgefühl zu pflegen, und wir halten es für unsere Pflicht, jedes Misstrauen gegen die verschiedenen Völker vollkommen auszurotten. Wir hätten es daher sehr gern, wenn Sie in dieser Aufführung Ihres ausgezeichneten Schauspiels ein kleines Zeichen der englischen Freundschaft sehen.«[71] Und Kästner hatte entsprechend geantwortet und von der Pflicht gesprochen, »die alle anständigen Menschen aller Völker aufs angelegentlichste pflegen sollten: nämlich das Freundschaftsempfinden zwischen den Völkern im Rahmen der eigenen Mittel und Möglichkeiten zu stärken und dadurch das internationale Mißtrauen zu verringern«[72]. So staatstragend der Briefwechsel auch war, er bewirkte dort, wo er in Kopie hingeschickt wurde, wenig. Ministerialrat Thomsen bestätigte den Eingang und versprach, Hitler bei Gelegenheit Kenntnis davon zu geben. Dazu dürfte es aber nicht gekommen sein. Hitler interessierte sich weder für Völkerfreundschaft noch für Schultheateraufführungen in England, und Erich Kästner haßte er, wie noch zu zeigen sein wird.

Kästner mußte weiter allein für sich kämpfen.

Nachdem er bereits im Oktober 1935 seine Mutter über »die Verhandlungen zwischen Deva und dem neuen Verlag wegen des ›Fl. Klassenz.‹«[73] informiert hatte, meldete er Ende November Vollzug: »Der Verlag meiner Bücher heißt jetzt also: Atrium Verlag, Basel – Wien – Mährisch Ostrau. Na, siehst Du, nun ist die Schweiz doch dabei!«[74] Der Atrium Verlag war von Kurt L. Maschler gegründet worden, der bereits Williams & Co. von Edith Jacobsohn übernommen hatte. »Sein Büro«, so Luiselotte Enderle, »unterhielt er jedoch in Wien, da er in der Schweiz keine Aufenthaltsgenehmigung erhalten konnte; die Auslieferung wurde durch den befreundeten Kittls Verlag in Mährisch-Ostrau vorgenommen. (...) Die Leitung des Berliner Verlags übernahm Cecilie Dressler, Edith Jacobsohns langjährige Mitarbeiterin.«[75]

Zwar hatte Kästner nun einen neuen Verlag, aber der Verkauf in Deutschland bereitete ihm weiterhin Sorgen. Von *Emil und die drei Zwillinge* bestellte der Buchhandel nur sehr zögerlich vor. In Norddeutschland konnte der Vertreter gerade eintausend Exemplare absetzen. Auch davon ließ sich Kästner nicht entmutigen. Zum ersten Mal in seinem Leben schrieb er einen Kriminalroman, *Die verschwundene Miniatur*. Er selbst war mit der Verwechslungsfarce um den Fleischermeister Oskar Külz sehr zufrieden. Und tatsächlich ist ihm ein kurzweiliges Unterhaltungsstückchen gelungen mit zahlreichen witzigen Situationen und einer Handlung voller Überraschungen. Daß er mit seiner neuen Geschichte im Verlag selbst auf große Vorbehalte stieß, kränkte Kästner zutiefst, wie er seine Mutter am 16. Dezember 1935 wissen ließ: »Der Kriminalroman gefällt dem Verleger nicht. Und zwar ganz und gar nicht. Den anderen Leuten im Verlag auch nicht. Und mir, Dir & Co u. Buhre gefällt er doch nun im Gegenteil sehr gut. Er will ihn natürlich bringen. Aber innerlich ist er dagegen. Das verdirbt einem als

Amerikanische und niederländische Schulausgaben von *Die verschwundene Miniatur*

Autor gründlich die Laune, muß ich schon sagen.«⁷⁶ Und zwei Tage später fügte er hinzu: »Ich lese das Manuskript noch einmal, und wenn mir's wieder gefällt, werde ich pampig.«⁷⁷

Schließlich erschien der Roman Anfang 1936 bei Atrium, und schon im Februar konnte Kästner berichten, daß bereits im Mai eine dänische Ausgabe herauskommen würde. Auch der Verkauf von *Emil und die drei Zwillinge* entwickelte sich über Erwarten gut. Noch 1935 waren siebentausend Exemplare von den Buchhändlern abgesetzt worden. Kästner spürte, daß er in Deutschland doch noch ein Publikum hatte, und wagte sich an einen Gedichtband. Für *Doktor Erich Kästners Lyrische Hausapotheke* stellte er bereits erschienene und neue Gedichte zu einer Anthologie zusammen, die nicht nur für seine Leser, sondern auch für ihn selbst von wohltuender Wirkung sein sollte. »Der vorliegende Band ist der Therapie des Privatlebens gewidmet!« schrieb er in seinem Vorwort. »Er richtet sich, zumeist in homöopathischer Dosierung, gegen die kleinen und großen Schwierigkeiten der Existenz. Er betrifft die Pharmazie der Seele und heißt zu Recht ›Hausapotheke‹.«⁷⁸

Um den therapeutischen Erfolg nicht zu gefährden und der NS-Kulturbürokratie keinen neuen Vorwand gegen seine Bücher zu liefern, verzichtete Kästner auf seine pazifistischen und sexuell freizügigen Gedichte.

Diese Vorsichtsmaßnahmen kamen allerdings zu spät. Der handliche Lyrikband durfte in Deutschland nicht mehr vertrieben werden. Seine Wirkung verfehlte er trotzdem nicht. Helga Bemmann berichtet in ihrer Kästner-Biographie, daß eine Abschrift des Buches im Warschauer Ghetto weitergereicht wurde und sich heute im Jüdischen Museum in Warschau befindet.

Das endgültige Publikationsverbot für Kästner in Deutschland hatte sich bereits seit einem Jahr vorbereitet. Am 10. April 1935 war das »Schund- und Schmutzgesetz« aus der Weimarer Republik (gegen das Kästner so vehement gekämpft hatte) aufgehoben worden. Daraufhin erließ die Reichsschrifttumskammer eine »Anordnung über schädliches und unerwünschtes Schrifttum«, die in Paragraph eins die Vereinheitlichung der bisher sehr diffus ausgeübten Verbotspraxis ankündigte. Darin heißt es: »Die Reichsschrifttumskammer führt eine Liste solcher Bücher und Schriften, die das nationalsozialistische Kulturwollen gefährden. Die Verbreitung dieser Bücher und Schriften durch öffentliche Büchereien und durch den Buchhandel in jeder Form (Verlag, Ladenbuchhandel, Versandbuchhandel, Reisebuchhandel, Leihbüchereien usw.) ist untersagt.«[79]

Die »Liste 1 des schädlichen und unerwünschten Schrifttums« erschien im Oktober 1935 und umfaßte sämtliche Schriften von Erich Kästner. Damit war der Weg frei, alle Bücher von ihm aus den Läden und Bibliotheken zu verbannen, also auch den bisher immer ausgenommenen Roman *Emil und die Detektive*.

Es dauerte allerdings noch bis zum 29. Januar 1936, bis die Reichsschrifttumskammer das Geheime Staatspolizeiamt in der Berliner Prinz-Albrecht-Straße bat, beim Verlag Williams & Co. die Restbestände des *Emil* »als auch die noch vorhandenen Prospekte sicherzustellen«[80].

Bereits am 17. Februar 1936 meldete die Preußische Geheime Staatspolizei an das Geheime Staatspolizeiamt Vollzug. Bei Williams & Co. waren zwei Bände des Romans und 2000 Prospekte beschlagnahmt worden; in der Berliner Auslieferung des Verlags hatte die Gestapo weitere 173 Bücher von Kästner und noch 1000 Prospekte »sichergestellt«. Gleichzeitig ging »an alle in Preußen und Politische Polizeien d. übrigen Länder«[81] folgender Funkspruch: »Vereinzelt taucht noch das Buch *Emil und die Detektive* von Erich Kästner auf. Weise darauf hin, daß sämtliche Schriften Kästners in der Liste der Reichsschrifttumskammer über schädliches und unerwünschtes Schrifttum aufgenommen sind. Noch vorhandene Bestände oder auftauchende Exemplare polizeilich beschlagnahmen und einziehen.«

Diese Anordnung wurde noch dadurch verschärft, daß auch alle Schutzumschläge anderer Bücher, auf denen für Kästner nur geworben wurde, ebenfalls beschlagnahmt werden sollten.

Bereits am 11. Februar 1936 hatte Kästner in einem persönlichen Brief an Heinz Wismann als seinen Ansprechpartner in der Reichsschrifttumskammer versucht, das Verbot von *Emil und die Detektive* rückgängig zu machen. Er erinnerte an ein Gespräch mit ihm im Oktober 1934 und an sein Verhalten seit der nationalsozialistischen Machtübernahme: »Ich lebe jetzt, im Jahre 1936, noch immer hier. Warum vergilt die RSK dieses mein Verhalten nunmehr mit der Beschlagnahme des letzten meiner Bücher, gegen das drei Jahre lang nichts unternommen wurde? Besonders schmerzlich berührt mich die Maßnahme, weil sie ein Buch trifft, das wohl von den meisten Deutschen, soweit sie es gelesen haben, als ein ausgesprochen deutsches Buch angesehen wird; ein Buch, das in über 30 fremde Sprachen übersetzt wurde, um den Kindern anderer Länder eine Vorstellung vom Kameradschaftsgeist und dem Familiensinn des deutschen Kindes zu vermitteln; ein Buch, das in den englischen, amerikanischen, polnischen und holländischen Schulen mit Hilfe von kommentierten Schulausgaben dazu verwendet wird, um die deutsche Sprache und Verständnis für das deutsche Wesen zu lehren!«[82]

Der Brief hatte keine Wirkung. Das Verbot blieb bestehen.

Da von der Polizeiaktion auch der Roman *Drei Männer im Schnee* betroffen war, protestierte der Verlag Rascher & Cie., bei dem Kästner den Band 1934 veröffentlicht hatte, bei der Staatspolizei in Hamburg, wohl zunächst in der irrigen Annahme, nur in der Hansestadt wäre die Gestapo aktiv gewesen. Rascher glaubte an ein Versehen, weil er vor der Veröffentlichung mit »deutschen Regierungsstellen« vereinbart hatte, »dass das Buch in der Schweiz erscheinen und in Deutschland verkauft werden dürfe. Es war lediglich verboten, für dieses Buch in Deutschland intensiv Propaganda zu machen«[83].

Da es sich bei Rascher & Cie. um einen Verlag in der neutralen Schweiz handelte, zog der Protest Kreise, bis der Präsident der Reichsschrifttumskammer in einem Brief an das Geheime Staatspolizeiamt in Berlin abschließend feststellte, »dass der gesamte Fragenkomplex betr. Beschlagnahme von in Schweizer Verlagen erschienenen Druckschriften im deutschen Reichsgebiet mit dem bei der Schweizer Gesandtschaft in Berlin akkreditierten Herrn Dr. Zuber durchgesprochen worden ist. Herr Dr. Zuber hat sich bereit erklärt, in sämtlichen Fällen, zu denen auch der Fall Erich Kästner gehört, an seine Regierung nach Bern zu berichten, um weiteren Einzelbeschwerden auf diese Art aus dem Wege zu gehen. Im Fall Kästner bemerke ich noch, dass von einer Rückgabe der Exemplare keine Rede sein kann, da die Werke von Kästner ursprünglich in Deutschland bei der Deutschen Verlagsanstalt Stuttgart verlegt wurden und nur unter der ausdrücklichen Bedingung in dem Schweizer Verlag erscheinen durften, dass sie nicht nach Deutschland importiert würden.«[84] So stand Behauptung gegen Behauptung. Tatsache bleibt aber, daß die *Drei Männer im Schnee* eineinhalb Jahre ohne Beanstandung nach Deutschland geliefert worden waren.

Verärgert, allerdings über Kästner, reagierte der Atrium Verlag. »Wir glauben nicht betonen zu müssen«, heißt es in dem Brief vom 5. März 1936, »wie enttäuschend der Eintritt dieser Zwangsmassnahme auf uns wirkt. Sie haben uns doch vor Vertragsabschluß ausdrücklich zugesichert, daß Ihre Bücher wohl in Deutschland nicht erwünscht seien, daß die Reichsschrifttumskammer aber gegen den Übergang der Verlagsrechte an einen im Auslande befindlichen Verlag nichts einzuwenden habe. Daß man die Bücher trotzdem beschlagnahmt, erscheint uns im direkten Gegensatz zu dieser Zusicherung zu stehen.«[85]

Der Protest des Atrium Verlags hatte genausowenig Erfolg wie die Beschwerde, die Williams & Co. am 14. März 1936 einlegte. Die Bücher von Erich Kästner blieben verboten.

Noch im Spätsommer 1936 war die Gestapo damit

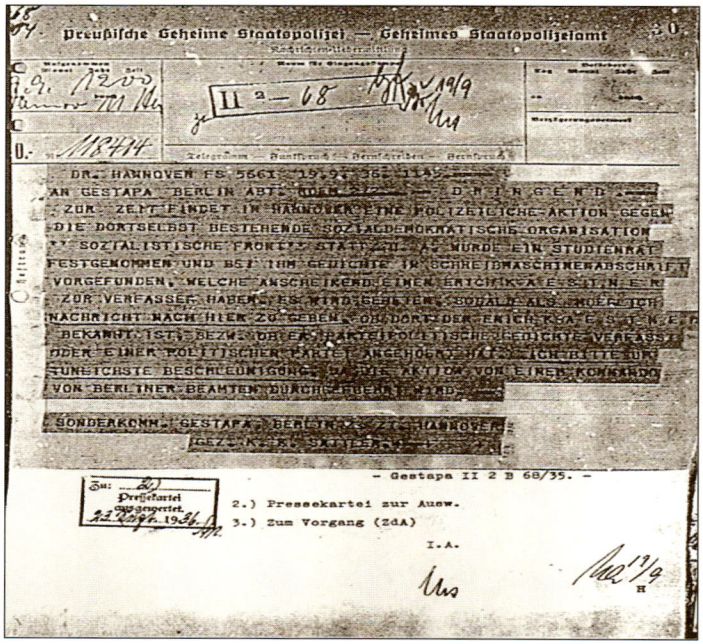

beschäftigt, die letzten literarischen Spuren von Kästner zu tilgen, allerdings war offenbar schon nicht mehr jedem Beamten klar, um wen es sich bei dem verfolgten Schriftsteller wirklich handelte. So funkte die Staatspolizei Hannover am 19. September 1936 als »dringend« nach Berlin: »Zur Zeit findet in Hannover eine polizeiliche Aktion gegen die dortselbst bestehende sozialdemokratische Organisation ›Sozialistische Front‹ statt. U.a. wurde ein Studienrat festgenommen und bei ihm Gedichte in Schreibmaschinenschrift vorgefunden, welche anscheinend einen Erich Kaestner zum Verfasser haben. Es wird gebeten, sobald als moeglich, Nachricht nach hier zu geben, ob dort der Erich Kaestner bekannt ist, bezw. ob er parteipolitische Gedichte verfasst oder einer politischen Partei angehoert hat. Ich bitte um tunlichste Beschleunigung, da die Aktion von einem Kommando von Berliner Beamten durchgeführt wird.«[86]

Die Preußische Geheime Staatspolizei antwortete postwendend: »Erich Kästner ist Kulturbolschewist übelster Sorte, der sich, früher in Berlin-Charlotten-

Verbrannt und verboten

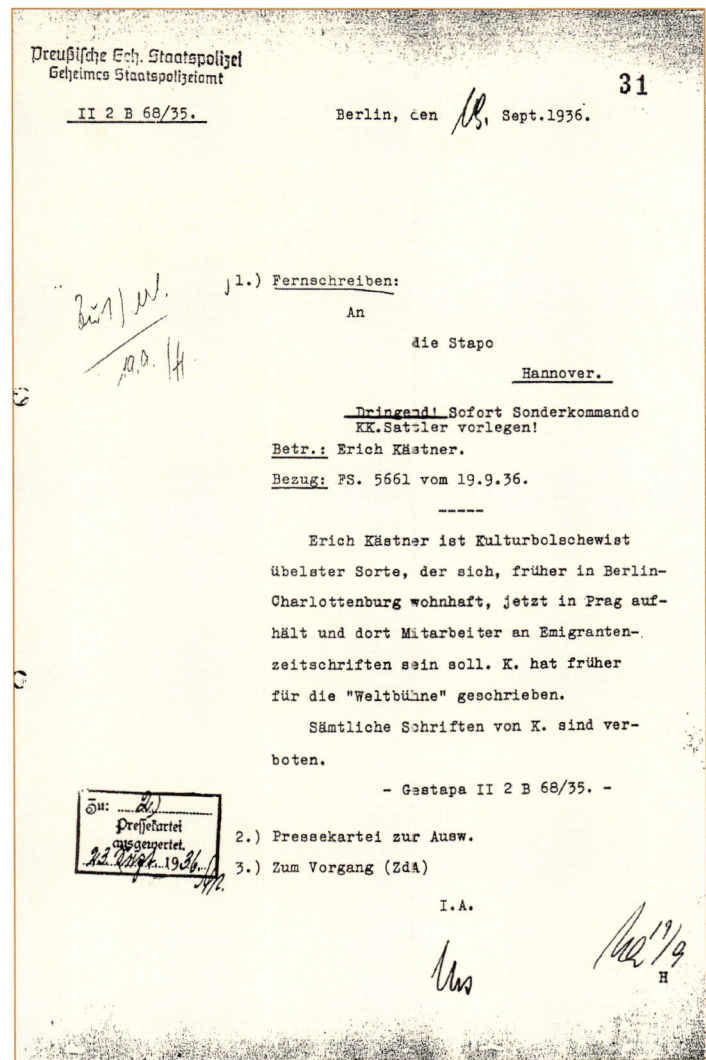

burg wohnhaft, jetzt in Prag aufhält und dort Mitarbeiter an Emigrantenzeitschriften sein soll. K. hat früher für die ›Weltbühne‹ geschrieben. Sämtliche Schriften von K. sind verboten.«[87]

Notabene 36 bis 45

Spätestens seit Frühjahr 1936 war Kästner ein verbotener Autor in Deutschland. Seine Bücher lagen nicht mehr in den Schaufenstern, und selbst unter dem Ladentisch wurden sie nicht mehr gehandelt. Kästner mußte mehr denn je sein Publikum im Ausland suchen. Seine Bücher erschienen weiterhin in deutscher Sprache bei Atrium, als Schulausgaben zum Beispiel bei Meulenhoff in Amsterdam und als Übersetzungen in London, New York, Paris, Stockholm, Kopenhagen, Warschau, Sofia, Dublin, Tel Aviv, Tokio, Lissabon, Bukarest, Barcelona, Prag, Mailand, Budapest, Oslo und anderen europäischen Städten. Kästner war ein weltberühmter Autor, ein Botschafter deutscher Kultur, aber in seinem Heimatland selbst war es schon gefährlich, ihn persönlich zu kennen. Der Komponist Edmund Nick zum Beispiel mußte erhebliche berufliche Nachteile in Kauf nehmen, weil er für *Leben in dieser Zeit* die Musik geschrieben hatte. Gleich zweimal, im September 1935 und im März 1938, hieß es in internen Stellungnahmen des Amtes für Kunstpflege, in denen es um die Wiederbeschäftigung des aus allen Diensten entlassenen Nick ging, er sei »durch seine Zusammenarbeit mit Erich Kästner und auch durch seine übrige kulturpolitische Haltung belastet«[1]. Nick blieb mit Kästner befreundet, wie auch andere, die die Sanktionen durch die NS-Bürokratie nicht fürchteten – unter ihnen Werner Buhre, Eberhard Keindorff, Axel Eggebrecht und Erik Ode, die unterdessen alle für den Film arbeiteten.

Daß auch in dieser Zeit das Verbot seiner Werke noch nicht endgültig durchgesetzt war, verwirrte sogar Kästner selbst. Zwar gab es keine Bücher mehr von ihm zu kaufen, aber der *Emil*-Film lief noch 1936 in

Berlin – mit seinem Namen auf den Plakatsäulen. Erst im März wurde er nicht mehr genannt, worüber sich Kästner fast amüsierte: »Da ja doch alle Welt weiß, von wem's ist, wirkt das Weglassen des Namens nur komisch.«[2] Martin Mörike hatte sogar erfahren, daß die NS-Organisation »Kraft durch Freude« noch im Juni 1936 »mit ihrem eigenen Tonfilmwagen den Tonfilm ›Emil und die Detektive‹ von Erich Kästner im Gau Sachsen (und vermutlich auch darüber hinaus) aufführt«[3] und fand sich dadurch ermutigt, einen weiteren Vorstoß beim Propagandaministerium in Sachen *Lebenslängliches Kind* zu unternehmen: »Wenn eine kulturell führende nationalsozialistische Organisation kein Bedenken trägt, einen Film von Erich Kästner aufzuführen, ist schwer einzusehen, wieso auf der anderen Seite ein Lustspiel verboten ist, dessen Autor Erich Kästner nicht einmal ist, sondern an dem er nur sehr bedingt Teil hat.« In einem weiteren Brief, dieses Mal an die Reichskanzlei, fügte Mörike noch hinzu, daß *Das lebenslängliche Kind* »das einzige in den letzten Jahren in Deutschland geschriebene Lustspiel« sei, »das auch im Ausland mit Freude aufgenommen wird und ausser in allen deutschsprachigen Ländern in Italien, Holland, Dänemark, Norwegen, Schweden, Tschechoslowakei, Ungarn, Polen usw. zahlreiche Aufführungen erzielt«[4].

Eine Aufhebung des Verbots konnte Mörike damit nicht erreichen. Schon vorher waren auch seine Versuche, das Theaterstück *Emil und die Detektive* wieder auf die Bühne bringen zu dürfen, gescheitert. Der *Emil*-Film soll laut Luiselotte Enderle noch im Januar 1937 in »vielen großen Kino«[5] gelaufen sein.

Kästner konzentrierte sich in seinen Aktivitäten jetzt ganz auf das Ausland. Er mußte aber damit rechnen, und er rechnete auch damit, daß alles, was er tat und schrieb, beobachtet und registriert wurde. Offenbar legten gleich mehrere Institutionen Dossiers über Kästner an. So findet sich zum Beispiel im Bestand der Deutschen Arbeitsfront, also der NS-Einheitsgewerkschaft, eine Erzählung Kästners, die die *Neue Zürcher Zeitung* am 24. November 1936 veröffentlicht hatte. Die Schauspieler- und Liebesgeschichte trägt den Titel *Der kurze*

Besuch und ist bisher noch nicht bibliographisch erfaßt gewesen, wie überhaupt niemand weiß, wie oft und wo Kästner während der NS-Zeit in ausländischen Zeitungen publizierte.

Wie er es verkraftete, als Schriftsteller in Deutschland nicht mehr existent zu sein, entzieht sich der Kenntnis. Entsprechende Äußerungen aus dieser Zeit fehlen. Selbst die Briefe an die Mutter enthalten kaum noch Hinweise. Kästner vermutete sicher zu Recht, daß auch seine gesamte Korrespondenz kontrolliert würde und drückte sich entsprechend vorsichtig aus. Angriffe gegen NS-Institutionen finden sich in den erhaltenen

Postkarte von Erich Kästner an seine Mutter (2.10.1937)

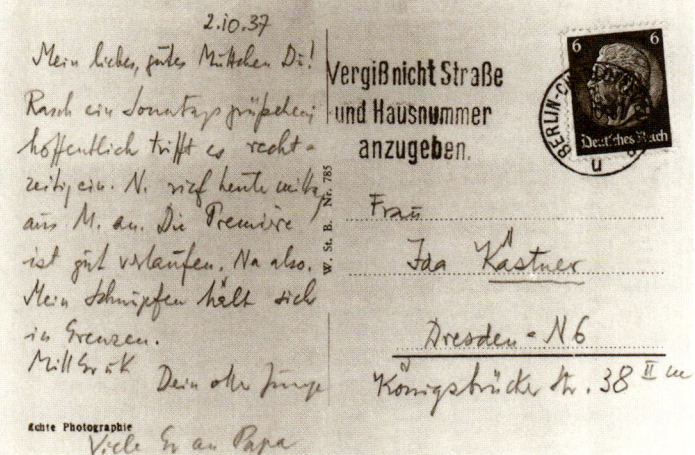

Briefen und Postkarten keine; Probleme werden, wenn überhaupt, nur verschlüsselt angedeutet. Der früher so intim und intensiv geführte Gedankenaustausch ist zu oberflächlichem Geplauder geworden, mehr Lebenszeichen als Bericht. Seiner Mutter gegenüber blieb Kästner Optimist, breitete kleine positive Erlebnisse aus und versuchte den Eindruck zu vermitteln, er sei durch nichts aus der Ruhe zu bringen. Ein gutes Beispiel dafür ist ein Brief, den er seiner Mutter am 23. Februar 1936 schickte – gerade waren seine letzten in Deutschland lieferbaren Bücher von der Gestapo beschlagnahmt worden: »Nun ist es also soweit: 37 Jahre alt. Huhu! Ich sitze allein zuhause, habe eben die Wundertüte, also das Geburtstagspaket, aufgemacht und Geschenk für Geschenk auf der Couch aufgebaut. Wunderschön ist alles. Vielen, vielen Dank, und da hast Du wohl ein bißchen allzutief in Deine Spendierhosen gegriffen! Du, Du! Ich freu mich sehr, meine Gute, und sitze zwischen Blumensträußen, Glücksmarzipan, all den wundervollen Tennissachen (so schön sind sie!) und den prächtigen Taschentüchern. Den Schal hab ich gerade vorm Spiegel anprobiert. Er paßt großartig, und ich behalte ihn gleich um, weil ich noch zum Briefkasten stiefeln will.«[6] Nur im Postskriptum ist etwas von Kästners wirklicher innerer Verfassung zu spüren: »Die Staatsanleihe würde ich an Deiner Stelle verkaufen.«

Auch daß Kästner in den Monaten danach verzweifelt um seine Bücher kämpfte, ist den Briefen nur in wenigen Andeutungen zu entnehmen. Etwa wenn er berichtete, an Wismann geschrieben zu haben oder daß die Verlage nun Schritte unternähmen. Ansonsten ist aus den vor allem Postkarten eine eher heitere Stimmung abzulesen. Selbst die Olympischen Spiele in Berlin besuchte Kästner mehrfach. »Vielleicht kann man's einmal für eine Geschichte brauchen.«[7]

Seine Arbeit hatte Kästner unter all den Pressionen nicht aufgegeben. Was ihn stützte, waren die Mutter, die einen depressiven Sohn unter keinen Umständen geduldet hätte, und die Erfolge im Ausland. Im Oktober 1936 zum Beispiel wurden fünftausend Exemplare des *Fliegenden Klassenzimmers* nachgedruckt, und von den *Drei Männern im Schnee* hatten sich bereits fünfzehntausend Bände verkauft.

Was Kästner aber besonders faszinierte und worin er seine ganze Hoffnung legte, war der Verkauf von Filmrechten. Denn Neuübersetzungen taten zwar seiner Seele gut. Aber: »Wenn doch endlich etwas mehr Geld dabei zu verdienen wäre!«[8] Beim Film dagegen, vor allem in Hollywood, war wirklich Geld zu verdienen, und zwar Dollars und Pfund, die auch dem Propagandaministerium die Aktivitäten Kästners schmackhaft machen konnten. Denn Devisen benötigten die Machthaber des »Dritten Reichs« mehr, als ihnen zur Verfügung standen, und Devisenbringer wie Kästner ließ man zwar zähneknirschend, aber unbehelligt gewähren, solange sie brav ihre Abgaben zahlten. Auch in diesem Punkt zeigt sich wieder die Ambivalenz des NS-Staates gegenüber Kästner. Ein in Deutschland verfemter Autor durfte zum Botschafter deutscher Kultur werden, wenn er nur entsprechende Einnahmen garantierte und sich politisch neutral verhielt.

Kästner nutzte diese Ausnahmeregelung so intensiv wie möglich.

1935 war, wie schon erwähnt, in Großbritannien eine englische Fassung von *Emil und die Detektive* gedreht worden, die auch den amerikanischen Markt abdeckte, so daß es für Kästner kaum noch Chancen gab, das Drehbuch an eine der großen US-Filmfirmen zu verkaufen. Er konzentrierte sich deshalb zunächst ganz auf *Drei Männer im Schnee*. Schon die Theaterfassung hatte das Publikum so begeistert, daß Kästner auch an den Erfolg der Verfilmung glaubte. Die Weltrechte an seinem Stoff hatte er dazu an die Pariser Mega-Film vergeben. Er selbst sollte zehn Prozent Provision erhalten, wenn ihm eine Vermittlung gelang. Kästner kümmerte sich deshalb persönlich um den Verkauf an die Metro. Noch vor Weihnachten 1936 wandte er sich an den Agenten Paul Kohner in Beverly Hills. Kohner kannte er noch aus Berlin und war sich deshalb sicher, auf

Ein großer Erfolg: *Drei Männer im Schnee,* hier die RoRoRo-Ausgabe (1947)

offene Ohren zu stoßen. Glücklicherweise haben sich die Briefe Kästners im Nachlaß von Kohner erhalten. Die kleine Sammlung beginnt mit zwei Schreiben vom 22. und 31. Dezember 1936, in dem Kästner die bisherige Verwertung seines Romans beschreibt. Offenbar hatte die Mega-Film bereits eine (filmographisch bisher noch nicht bekannte) französische Fassung unter dem Titel *L'oiseau rare* herausgebracht. »Was ich allein an Standfotos von der französischen Version gesehen habe«, so Kästner, »steigt auf Bäume.«[9] Außerdem erwähnte Kästner zwei weitere Versionen: »eine norwegische für Skandinavien und eine tschechische in Prag«[10]. Ein norwegischer Film ist nicht nachweisbar, dafür aber eine schwedische Produktion (*Stackars Miljonärer*) aus dem Jahre 1936, in der aus dem liebenswürdigen Millionär ein herzloser Geschäftsmann geworden war. Von der tschechischen Version behauptete Kästner, sie sei bereits gedreht worden. Ein Nachweis dafür hat sich bisher allerdings nicht finden lassen.

Die französische Ausgabe von *Drei Männer im Schnee*

Kästner selbst war mit den von ihm genannten Fassungen nicht sehr zufrieden und hoffte auf einen baldigen Abschluß mit Metro-Goldwyn-Mayer, »denn es sind bereits neue Verhandlungen mit anderen Ländern im Gange, zum Beispiel wegen der italienischen, bzw. ungarischen Version und ich finde es schrecklich, dass, ehe mein Buch endlich mal hübsch verfilmt würde, also von der Metro, vorher mit allen möglichen Ländern kleine schlechtgemachte Groschenfilme mit demselben Sujet laufen«[11]. Kästner war auch sehr interessiert daran, an dem Drehbuch selbst mitzuarbeiten und dafür nach Hollywood zu kommen. Für die englischsprachigen Rechte sollten übrigens eintausend Pfund gezahlt werden, eine nicht unbeträchtliche Summe, von der Kästner ein Zehntel als Provision einzunehmen hoffte.

Gleichzeitig bot er dem einflußreichen Vermittler sein *Lebenslängliches Kind* als Theaterstück sowie *Die verschwundene Miniatur* und *Das Fliegende Klassenzimmer* als Filmstoff an. Später sollte noch *Pünktchen und Anton* dazukommen.

Die Verhandlungen gestalteten sich von Anfang an schwierig. Die Rechtslage war so klar nicht, wie es Kästner vermutet hatte, und das Londoner Büro der Metro führte Gespräche auf eigene Faust, so daß keine Provision mehr zu erwarten war. Auch was die Mitarbeit am Drehbuch betraf, mußte Kohner seinen Autor enttäuschen. Es war ihm nicht möglich gewesen, Kästner »bei der Firma durchzudruecken. Erstens musste ich sofort mit den Arbeiten fuer das Drehbuch beginnen und zweitens herrscht, wie Sie ja verstehen koennen, eine starke Stroemung gegen den Import in Deutschland lebender Autoren. Da hilft leider auch nicht dass ich weiss dass Sie nicht anders koennen.«[12] Wieder saß Kästner zwischen allen Stühlen. Seine Ideen waren gewünscht, seine Mitarbeit aber nicht, weil er noch in Deutschland lebte. Aber auch das von Paul Kohner verfaßte Drehbuch kam nicht zum Zuge. Durch den Streit, ob die englische Version in allen Ländern gezeigt werden dürfe oder nur in denen, die noch keine eigenen Rechte erworben hatten, konnte der Film vor dem Winter 1937 nicht mehr gedreht werden.

»Mein Film ist momentan buchstaeblich ins Wasser gefallen«, schrieb Kohner resigniert Ende April 1937, »denn mit dem Schnee ist's vorbei. Also vorlaeufig kann ich bis naechsten Winter nichts mehr tun. Hoffentlich wird bis dahin alles geregelt sein. Das Maloer ist, dass man leider immer solche Schwierigkeiten hat, wenn man mit europaeischen Filmen verhandeln will. Immer ist irgend etwas nicht in Ordnung, und nie so wie es die Leute behaupten.«[13]

Zwar war im folgenden Jahr alles geregelt, aber mit seinem Drehbuch hatte Paul Kohner weiterhin Pech. Für die MGM-Produktion *Paradise for Three* schrieben George Oppenheimer und Harry Ruskin das Drehbuch. Regie führte Edward Buzzell. Der Streifen kam 1938 in die Kinos, und er hielt sich weitgehend an die Vorlage. »Die stärkste Veränderung«, so der Filmhistoriker Ingo Tornow, »wurde einem der Stars des Films, Mary Astor, zuliebe vorgenommen. Ihre Rolle der Frau Mallebré, einer der mondänen Damen, die im Hotel dem Millionär nachstellen, wurde gewaltig aufgewertet und ausgebaut.«[14] Bei der zeitgenössischen Kritik kam der Streifen ausgesprochen gut an. Die Zeitschrift *Variety* zählte ihn sogar zu den besten Komödien der Saison.

Mit den *Drei Männern im Schnee* hatte sich die MGM auch gleich die Filmrechte an der *Verschwundenen Miniatur* gesichert. Schon im April 1937 waren Vorverträge abgeschlossen worden. In diesem Fall besaß Kästner alle Rechte, so daß er selbst verhandeln konnte. Schwierigkeiten gab es damit, daß der englische Verlag für seine Übersetzung einhundert Pfund von der MGM haben wollte, was den Abschluß aber nur unwesentlich verzögerte.

Im Herbst 1937 hatte Kästner also gleich zwei Vorlagen an die damals weltweit größte Filmfirma verkauft. Das war ein gutes Polster für ihn, zumal die MGM plötzlich auch Interesse an einer neuen Fassung des *Emil* zeigte.

Aber alle weiteren Pläne zerschlugen sich. Sogar *Die verschwundene Miniatur* wurde nicht mehr gedreht. Der Kriegsausbruch im September 1939 hatte die Stimmung gegenüber Deutschland noch einmal verschlechtert. Keine amerikanische Filmfirma mochte unter diesen politischen Umständen eine Kriminalkomödie drehen, die einen in Deutschland lebenden Schriftsteller zum Autor hatte.

Mitte der dreißiger Jahre war es Kästner noch möglich gewesen, im Ausland zu publizieren. Käufer für seine Bücher gab es genug, so daß der Atrium Verlag trotz des Verbreitungsverbots für Deutschland bereit war, Neues von ihm herauszubringen. 1936 begann Kästner mit seinem Roman *Der Zauberlehrling* über einen Kunstgelehrten, der auf einen Gedankenleser trifft, allerlei merkwürdige Dinge erlebt und schließlich in Davos einem sehr seltsamen Doppelgänger begegnet. Trotz der knapp einhundert Seiten, die der Text in der Druckfassung einnimmt, ist er aus unbekannten Gründen Fragment geblieben. Und das, obwohl Kästner auf Einladung des Verkehrsvereins 1936 in Davos selbst recherchiert hatte. Erstmals veröffentlicht wurde das Fragment in zwei Teilen in den Gesamtausgaben von 1959 und 1969.

Vielleicht hatte Kästner das Manuskript zur Seite gelegt, weil er mit einem neuen Roman beginnen wollte, der unterhaltsamer sein sollte und sich auch besser für die Verfilmung eignen würde.

Zunächst aber mußte Kästner zur Musterung, die genau so verlief, wie er es erwartet hatte. »Na, die Musterung war schnell vorüber für mich«, berichtete er am 12. Mai 1937 seiner Mutter. »Wer sich nicht kriegsverwendungsfähig fühle, solle sich melden. Da meldeten sich zehn Mann, ich auch. Drei davon durften gleich wieder gehen, nach flüchtiger Untersuchung. Zehn Kniebeugen, Herz behorcht, weggetreten. Na also. Nach einer Stunde war ich wieder zuhaus.«[15] Das Herz, das ihm Sergeant Waurich ruiniert hatte, rettete ihn jetzt vor der Wehrtauglichkeit und damit auch vor dem späteren Einsatz als Soldat.

In diese Zeit fiel seine zweite Verhaftung durch die Gestapo, die Luiselotte Enderle in ihrer Biographie schildert. Danach war Kästner von zu Hause abgeholt und drei Stunden in der Prinz-Albrecht-Straße verhört worden. Man wollte vor allem von ihm wissen, in welchen Verlagen seine Bücher erschienen und wovon er lebte. Für Kästner war die überraschende Aktion Schock und Warnsignal zugleich. Die Staatsmacht demonstrierte ihm, daß sie jederzeit Zugriff auf ihn hatte und nicht den geringsten Widerstand von seiner Seite tolerieren würde.

Im Sommer 1937 fuhr Kästner für zwei Wochen nach Bad Reichenhall. Eigentlich wollte er in Salzburg, wo gerade die Festspiele stattfanden, Walter Trier treffen, um mit ihm ein neues Buch durchzusprechen. Aber um deutsches Geld ausführen zu können, war eine besondere Genehmigung erforderlich, die Kästner zunächst nicht erteilt und dann ganz abgelehnt wurde. Es blieb ihm also nichts anderes übrig, als in Bad Reichenhall im Kurhaus und Grand Hotel Axelmannstein Quartier zu

»Mein liebes Muttchen! Dieses prächtige Foto mußte ich für den Wehrpaß machen lassen, den ich gar nicht bekommen habe.« (Mai 1937)

beziehen und im sogenannten »Kleinen Grenzverkehr« täglich hin und her zu pendeln. Anfangs war das Ganze noch ein Spaß, »mit meinem Freßpaket über die Grenze« zu fahren, »ohne Geld«, und sich »drüben zu einer Tasse Kaffee oder einem Glas Bier«[16] einladen zu lassen, aber auf die Dauer hing ihm »diese ewige Hin- und Hergondelei (...) weit zum Halse hinaus. Aber etwa 8 Tage werde ich mich schon noch in S. umsehen müssen, ehe ich genug gesehen habe, um ein hübsches Buch zu machen«.[17] In Salzburg besuchte er die Festspiele mit dem *Jedermann* und dem *Rosenkavalier*. Er sah Walter Mehring und Ödön von Horváth wieder und traf sich täglich mit Walter Trier, der unterdessen im englischen Exil lebte und gerade seine Mitarbeit an dem Magazin *Lilliput* begonnen hatte. Ein kleines, aber sehr charakteristisches Erlebnis ist Kästner besonders im Gedächtnis geblieben. Er hat es 1959 in seinem Vorwort für einen Trier-Auswahlband ausführlich erzählt. An einem Abend in der Salzburger Stieglbräu warteten beide auf das Essen. »Trier rauchte eine Virginia, eine jener langen, dünnen Zigarren der Österreichischen Tabakregie, die als Mundstück einen Strohhalm besitzen. Der schmale, mit einem Zellophanfenster versehene Pappkarton, dem er die Virginia entnommen hatte, lag vor ihm auf dem Tisch. Wir waren müde, hatten Hunger und schwiegen. Plötzlich nahm er den im oberen Drittel durchsichtigen Deckel der Schachtel in die Hand, betrachtete ihn nachdenklich, legte ihn auf die Tischplatte zurück und begann zu spielen. Er drehte mit Brotkügelchen, tunkte rote Schwefelholzkuppen in eine kleine Bierlache, brannte andere Streichhölzer ab, daß sie schwarz wurden, und begann nun, ein Miniaturpuppentheater zu improvisieren. Mit Köpfen und Körpern aus Brot, mit roter Streichholzfarbe, mit verkohltem Kuppenschwarz, mit zerzupftem Serviettenpapier, mit Bleistift und Füllfedertinte, mit Brotrinde und bunten Bierfilzpartikeln. Manchmal legte er probeweise den Pappdeckel mit dem Zellophanfenster drüber, nahm ihn wieder weg, ergänzte und veränderte die Szene, und schließlich war er mit seinem Werk zufrieden. Es war ein komplettes Kasperletheater entstanden! Die umsitzenden Gäste, die Kellnerinnen, der Zahlkellner und der Geschäftsführer waren hingerissen. Am liebsten hätten sie einen Glassturz über das Ganze gestülpt und das kleine Kunstwerk, denn das war es gewesen, ins Museum gebracht. Doch dazu hätten sie den Tisch mitnehmen müssen, worauf das Opus der Muße und der Muse lag, und der Tisch war, während der Festspielzeit, unabkömmlich.«[18]

Trier zeichnete während dieser beiden Wochen viel und schuf später auch den Schutzumschlag für den Roman, in dem Kästner seine Salzburg-Erlebnisse verwertete. Wieder war es ein überaus liebenswertes Buch, das unter dem Titel *Georg und die Zwischenfälle* 1938 im Atrium Verlag erschien. Zwar bildete die nationalsozialistische Devisenpolitik den Hintergrund der Handlung, aber sie wurde nicht kritisiert, sondern im Gegenteil: Hätte der Titelheld Georg Rentmeister in dem Salzburger Café, wo er vergeblich auf einen Freund wartete, seine Zeche bezahlen können, wäre die Geschichte ohne Happy-End geblieben. So aber mußte ihm das Stubenmädchen Konstanze aushelfen, das natürlich kein Stubenmädchen war, sondern eine verkleidete Komtesse. Ihr Vater, ein dilettierender Komödienautor, benutzte nämlich seine Familie als Staffage, um daraus Ideen für seine Lustspiele zu schöpfen.

So unwahrscheinlich die Geschichte klang, so gekonnt hatte sie Kästner arrangiert und mit atmosphärisch dichten Salzburg-Schilderungen durchwirkt. Tagebucheintragungen und die Gedanken des Titelhelden verliehen dem schmalen Band formale Spannung und verhinderten, daß aus der trivialen Geschichte auch ein trivialer Roman wurde.

Im Jahr 1938 brachte der Atrium Verlag noch Erich Kästners Nacherzählung von Till Eulenspiegels Streichen heraus. Wieder schuf Walter Trier den Schutzumschlag. Der Figur des Eulenspiegel fühlte sich Kästner sehr nah verwandt. Auch er narrte manche Menschen gern, vor allem die NS-Kulturbürokratie, wie noch zu zeigen sein wird. *Till Eulenspiegel* blieb Kästners letztes Buch während der NS-Zeit.

Besprochen wurden die Neuerscheinungen von Kästner in Deutschland nicht mehr. Warum auch! Es konnte sie ja keiner kaufen. Wenn man nach Rezensionen aus dieser Zeit sucht, wird man höchst selten fündig. Wirklich intensiv widmeten sich nur die amerikanischen Germanisten dem Autor, dessen Geschichten in den USA zur beliebten College-Lektüre geworden waren. Bis auf wenige Ausnahmen lagen 1939 alle Romane von ihm in Schulausgaben vor, die im Deutschunterricht die bisherigen Texte verdrängten und selbst, wie ein Rezensent bemerkte, »einem solchen Klassiker des deutschen Anfangsunterrichts wie ›Immensee‹ Konkurrenz«[19] machten. *The German Quartely*, die Zeitschrift der »American Association of Teachers of German«, stellte die meisten der Kästner-Schulausgaben vor und lobte regelmäßig die spannenden Geschichten und die Verständlichkeit der Texte. Eine ganze Schülergeneration in den USA, soweit sie sich für die deutsche Sprache interessierte, lernte mit Kästner die Kultur eines Landes kennen, das sich gerade anschickte, die Welt in einen neuen Krieg zu stürzen.

Bei den deutschen Emigranten in den USA dagegen war der einst so erfolgreiche und populäre Autor kein Begriff mehr. In ihrem Buch *Escape to Life,* das 1939 in Boston erschien, gaben Erika und Klaus Mann ein Gespräch »über die kulturelle Situation im Dritten Reich« wieder, das sie in Zürich mit einem jungen Deutschen geführt hatten. Sie fragten ihn nach den Autoren, die noch in Deutschland lebten und mit denen sie früher bekannt gewesen waren. Dabei kam die Sprache auch auf Erich Kästner: »›Was macht Erich Kästner, der so amüsante satirische Verse und das hübsche Jugendbuch *Emil und die Detektive* geschrieben hat?‹ – Die Antwort – die wir schon fast im voraus wußten – lautete: ›Auch um den ist es still geworden. Er schreibt keine satirischen Verse mehr, sondern kleine Romane, die so harmlos sind, daß sie schon fast wie boshaft wirken. Es ist, als wollte der Verfasser seinem Publikum zeigen: Seht Ihr – solchen Unsinn muß ich nun schreiben, so weit hat man mich gebracht – und Ihr erinnert Euch doch alle, daß ich einmal sehr begabt und witzig gewesen bin.‹«[20]

In Großbritannien war die Situation etwas anders. Auch dort gehörten Kästners Bücher zur selbstverständlichen Lektüre im Deutschunterricht, aber sie wurden darüber hinaus in englischer Sprache von vielen Erwachsenen gelesen. Dafür sorgte schon sein rühriger Übersetzer und Agent Cyrus Brooks, den er im September 1938 besuchte und der ihn mit einflußreichen Persönlichkeiten zusammenbrachte: dem Privatsekretär Churchills, Brendan Bracken, und der Frau des ehemaligen Kriegsministers Duff Cooper, Lady Diana, die als Schauspielerin unter anderem mit Max Reinhardt gearbeitet hatte. Wieder traf er sich mit Walter Trier. »Wir trugen uns mit neuen Plänen. Wir spielten in Regent Park Tennis. Doch wenige Tage später fuhr ich Hals über Kopf nach Berlin zurück. Denn es drohte Krieg. Als das Boot in Hoek van Holland einlief, wurden Extrablätter verkauft. Die akute Kriegsgefahr war abgewendet. Chamberlain war auf dem Weg nach München. Sollte ich umkehren? Ich kehrte nicht um und habe Trier nicht wiedergesehen.«[21]

Erich Kästner kehrte immer wieder nach Deutschland zurück. Er blieb trotz aller Repressionen, und er blieb, als er deutlich erkennen konnte, was mit den Juden geschehen würde. Nach dem Ende der NS-Zeit hat er mehrfach versucht, für sich den »kleinen« Widerstand zu reklamieren. So berichtete er 1958 in seiner Ansprache »Über das Verbrennen von Büchern« davon, wie er im Berliner Sportpalast bei einer Amateurboxmeisterschaft nicht den Arm gehoben und das Horst-Wessel-Lied gesungen hatte, sondern sitzengeblieben war und geschwiegen hatte. »Hundert schauten mich drohend und lauernd an. Nach jedem Boxkampf wurde das Interesse an mir größer. Trotzdem lief dieses Nebengefecht des Abends, zwischen dem Sportpalast und mir, glimpflich ab. Es endete unentschieden.«[22]

Ob es sich genau so zugetragen hatte, ist aus heutiger Sicht schwer zu sagen. Es fällt aber auf, daß sich dieser »kleine« Widerstand an einem ganz besonderen Ort ereignet hatte, nämlich dort, wo Joseph Goebbels später vor einem fanatisch tobenden »Volk« den »totalen Krieg« ausrufen sollte. Ähnlich symbolbeladen ist eine weitere Geschichte, die Kästner erstmals 1945 in der *Neuen Zeitung* erzählt hatte und dann in sein Tagebuch *Notabene 45* aufnahm. Es ist die Erinnerung an die Pogromnacht vom 9. auf den 10. November 1938. Kästner war in dieser Nacht mit einem Taxi auf dem Heimweg, den Tauentzien und den Kurfürstendamm entlang. Überall sah er Männer die Scheiben jüdischer Geschäfte einschlagen. »Dreimal ließ ich das Taxi halten. Dreimal wollte ich aussteigen. Dreimal trat ein Kriminalbeamter hinter einem der Bäume hervor und forderte mich energisch auf, im Auto zu bleiben und weiterzufahren. Dreimal erklärte ich, daß ich doch wohl aussteigen könne, wann ich wolle, und das erst recht, wenn sich in aller Öffentlichkeit, gelinde ausgedrückt, Ungebührliches ereigne. Dreimal hieß es barsch: ›Kriminalpolizei!‹ Dreimal wurde die Wagentür zugeschlagen. Dreimal fuhren wir weiter. Als ich zum vierten Mal halten wollte, weigerte sich der Chauffeur. ›Es hat keinen Zweck‹, sagte er, ›und außerdem ist es Widerstand gegen die Staatsgewalt!‹ Er bremste erst vor meiner Wohnung.«[23]

Natürlich ist man bei dieser Erzählung versucht, an den Verrat des Petrus im Neuen Testament zu denken, zumal Kästner an einer anderen Stelle in *Notabene 45* direkt darauf anspielt. Wollte Kästner vielleicht mit der Form der Parabel auf seine eigene Schuld hinweisen, daß er nicht aktiven Widerstand geleistet hatte, als Menschen nur wegen ihrer angeblich anderen »Rasse« verfolgt wurden? Vielleicht ist der kleine Text ein Zeichen, wie sich Kästner während der NS-Zeit wirklich fühlte: machtlos und verzweifelt.

Aktiven Widerstand, in welcher Form auch immer, konnte sich Kästner nicht erlauben, wenn er seine Schreiberlaubnis für das Ausland nicht verlieren wollte. Außerdem war er weiterhin zuversichtlich, in absehbarer Zeit in die Reichsschrifttumskammer aufgenommen zu werden. Daß seine Hoffnung einen realen Hintergrund hatte, beweist ein internes Gutachten des damaligen Kammerreferenten Alfred Richard Meyer vom 21. Juni 1937. Meyer, der als »Munkepunke« einmal zur literarischen Boheme in Berlin gehört hatte, unterzog die seit 1933 erschienenen Bücher von Kästner einer kritischen Sichtung. *Emil und die drei Zwillinge* nannte er »grösstenteils auch wundervoll in der Kameradschaft liebenswerter Flegelknaben«[24]. Und er verstieg sich zu dem für die Zeitumstände fast unglaublichen Lob: »Kästner könnte, wenn er diesen Stil weiter pflegte, etwas ähnliches wie ein Mark Twain der deutschen Sprache werden.« Auch *Das fliegende Klassenzimmer* war für Meyer »nicht zu beanstanden. Vielmehr wird in sehr sympathischer und oft witziger Weise der Wert junger Kameradschaft betont.« Dagegen gefiel ihm in der *Verschwundenen Miniatur* nicht, daß der Fleischermeister »ausgerechnet einen grünen imprägnierten Lodenanzug und einen braunen Verlourhut tragen muss, dazu einen buschigen, graumelierten Schnurrbart, in der rechten Hand einen knorrigen Spazierstock und in der linken Griebens Reiseführer«. Diese Karikatur des deutschen Touristen erinnerte Meyer doch zu sehr an einen »Hetzzeichner« aus dem Elsaß. Aber sonst war auch dieser Roman »nicht zu beanstanden«. Und bei den *Drei Männern im Schnee* geriet der Kammerreferent gar ins Schwärmen: »In einer, für Deutschland sehr selten graziösen Art, wird hier ein Schwank im winterlichen Gebirgsort inszeniert, ein Schwank, der es bis zu einem gütigen Humor des Herzens bringt. Hier offenbart sich die andere, bessere Seite des Verfassers. Wenn er diese andere, bessere Seite einzig und allein pflegen wollte, so sollte uns Kästner als deutscher Schriftsteller sehr willkommen sein.«

Illustration von A.B. Savrann für die amerikanische Schulausgabe der *Verschwundenen Miniatur* (1938)

Die für Meyer »schlechtere« Seite war die des Lyrikers Kästner – verdeutlicht am Beispiel der *Hausapotheke*: »So frisch und humoristisch der Verfasser in seinen Kinderromanen sein kann, so müde und bitter und defaitistisch gibt er sich in seinen Gedichten. Bisweilen lässt er diesen Defaitismus bis zum Nihilismus sich steigern, so dass zu den einzelnen Seiten die Empfindung: *Kulturbolschewismus* nicht zu unterdrücken ist.« Bei seiner Lektüre stieß Meyer auf »widerlichste Erinnerung«,

bekam »bittersten Geschmack auf die Zunge« und entdeckte manches, was er als »typisch für die Weltanschauung« Kästners ansah. Schließlich glaubte er mit einem Scherz enden zu müssen: »Die Arzneien dieser Hausapotheke sind uns zu bitter und entpuppen sich bisweilen als Gifte, die wir lieber meiden wollen.«
 Ganz so negativ sollte aber sein Gesamturteil nicht ausfallen. Meyer empfahl deshalb, »Kästner einmal zu einer prinzipiellen Besprechung in die Reichsschrifttumskammer zu bestellen«.
 Ob das tatsächlich geschah, ist den Akten nicht zu entnehmen. Allerdings schrieb Kästner seiner Mutter am 20. September 1937, daß er gerade zwei Tage lang seinen Ahnenpaß ausgefüllt habe: »4 bis 5 Stunden Arbeit. Wegen der Kammer. Morgen will & Co. ihn beglaubigen lassen.«[25] Und Mitte Dezember 1937 sah er sich, obwohl er sich nicht danach fühlte, gezwungen, zu einer Abendeinladung zu gehen. »Hängt irgend wie mit der Kammer zusammen. Nichts Wichtiges, aber abschlagen konnte ich's auch schlecht.«[26]
 Kästner hielt also über lange Zeit den Kontakt zur Reichsschrifttumskammer. Wie intensiv er war, ist aus den wenigen erhaltenen Originaldokumenten nicht zu erkennen. Aber Briefkopien, die sich im Nachlaß erhalten haben, ist zu entnehmen, daß Kästners Anwalt Achim Friese am 23. November 1938 (mit Ergänzungen am 16. und 19. Dezember 1938) eine Eingabe verfaßt hatte, um die Aufnahme seines Mandanten in die Reichsschrifttumskammer zu erreichen. Friese ging in der letzten Ergänzung so weit, zu erklären, »daß Dr. Kästner von den negativen Gedichten innerlich abgerückt ist«[27]. Es ist sehr wahrscheinlich, daß diese Formulierung, die ganz den Intentionen des Kammerreferenten Meyer entsprach, von Kästner gebilligt worden war, sonst hätte sie Friese sicher nicht verwendet.
 Aber alle »Richtigstellungen«, die Friese auflistete, und die Distanzierung von den frühen Gedichten nutzten Kästner nichts. Die Antwort kam aus dem Ministerium für Volksaufklärung und Propaganda. Verfaßt hatte sie der Leiter der Schrifttumsabteilung, Ministerialdirektor Alfred-Ingemar Berndt. Und sie fiel in

einer Weise aus, die Kästner nach den vorangegangenen Kontakten so nicht erwartet hätte. Mit Datum vom 18. Januar 1939 schrieb Berndt, »daß eine Aufnahme des Zersetzungsliteraten Dr. Erich Kästner in die Reichsschrifttumskammer unter keinen Umständen in Frage kommt. Ich habe auch die Reichsfilmkammer entsprechend verständigt. Herr Dr. Kästner zählt nicht nur zu den Kulturbolschewisten, sondern er ist selbst Prototyp der Kulturbolschewisten. Ich bin erstaunt, daß ein nationalsozialistischer Rechtsanwalt den Versuch macht, die literarische Tätigkeit Dr. Kästners in der Zeit vor 1933 abzuschwächen und als harmlos hinzustellen. Es ist wohl kaum Schlimmeres in deutscher Sprache an Zersetzendem geschrieben worden, als die Hunderte von pornographischen Gedichten Kästners über die Abtreibung, die Homo-Sexualität und alle sonstigen Verirrungen. Kästner kann von Glück sagen, daß man im Jahre 1933 aus irgendeinem Grunde vergessen hat, ihn auf eine Reihe von Jahren in ein Konzentrationslager zu sperren und ihm so Gelegenheit zu geben, durch seiner Hände Arbeit sich sein Leben zu verdienen. Wer in solcher Weise wie Kästner vor 1933 literarisch hervorgetreten ist, hat ein für alle mal das Recht verwirkt, noch jemals in deutscher Sprache zu schreiben. Diese Stellungnahme ist endgültig.«[28]

Nach einem solchen Ablehnungsbescheid in Deutschland geblieben zu sein, ist schon bemerkenswert genug. Aber Kästner ging noch einen Schritt weiter. Er harrte nicht nur in seiner Heimat aus, sondern schrieb auch weiter illegal Theaterstücke und Filmdrehbücher – natürlich nicht unter seinem Namen. Da der Reichsschrifttumskammer auch alle Pseudonyme zur Kenntnis gebracht werden mußten, lieh er sich den Künstlernamen eines Freundes.

Kästner war nicht mehr der vorsichtige Taktierer, der nichts riskieren wollte, was seine Aufnahme in die Reichsschrifttumskammer gefährdet hätte. Immer mehr kehrte er einen Charakterzug nach außen, der schon früher sein Verhalten in ganz anderen Situationen geprägt hatte. Kästner war auch ein Draufgänger, ein Mann mit Chuzpe, der sich nicht jede Demütigung gefallen ließ, nur um weiterhin in Deutschland leben zu dürfen. Je weniger er zu verlieren hatte, um so mehr wuchs sein Mut.

Trotz des strikten Verbots Theaterstücke und Drehbücher zu publizieren war mehr als kühn. Im Versteckspiel, das er praktizierte, war Kästner geübt – auch seinen jüdischen Vater hatte er so erfolgreich in seiner Biographie verborgen, daß seine Karteikarte in der Reichsschrifttumskammer den Vermerk enthielt: »Ariernachweis ist von der RSK überprüft«.

Allerdings brachte Kästner dieses Mal auch einen anderen Menschen in Gefahr: den Schriftsteller und Drehbuchautor Eberhard Keindorff. Der drei Jahre jüngere Freund hatte seit 1933 schon mehrere Komödien veröffentlicht und führte als Pseudonym den Namen Eberhard Foerster. Ob Kästner dieses Pseudonym ab 1937 ganz benutzte oder ob er die bis 1940 publizierten Komödien mit Keindorff zusammen schrieb, ist eines der dunklen Kapitel in seiner Lebensgeschichte. Ingo Tornow, der in seinem schon zitierten Buch *Erich Kästner und der Film* erstmals auf diese Theaterstücke hinwies, geht davon aus – und er beruft sich dabei auf den früheren Testamentsvollstrecker Kästners –, daß die Lustspiele *Verwandte sind auch Menschen* (1937), *Die Frau nach Maß* (1938), *Das goldene Dach* (1938) und *Seine Majestät Gustav Krause* (1940) von Kästner allein unter Verwendung des Pseudonyms von Eberhard Foerster verfaßt wurden.

Dafür spricht auch eine maschinenschriftliche Notiz auf einem Briefumschlag, die im Nachlaß aufbewahrt wird. Als »in der Nazizeit geschrieben« sind die vier Komödien dort aufgeführt. Da Kästner aber Erfahrung im gemeinsamen Verfassen von Theaterstücken und Drehbüchern hatte, könnte es genausogut sein, daß er Eberhard Keindorff beteiligte. Das würde den handschriftlichen Zusatz auf dem Bühnenmanuskript von *Seine Majestät Gustav Krause* erklären. Dort schrieb Kästner unter den Namen Foerster »= Keindorff (in Zusammenarbeit mit mir. EK)«. Warum sein Freund so bereitwillig den eigenen Namen zur Verfügung stellte und damit seine schriftstellerische Existenz gefährdete, ist ein weiteres der vielen ungelösten Rätsel um Kästner. Am Erlös der drei verfilmten Komödien wurde Keindorff nach 1945 auch vertraglich beteiligt.

Die vier Stücke waren Gelegenheitsarbeiten, die Kästner nach dem Ende des Zweiten Weltkriegs nicht mehr öffentlich erwähnte, obwohl *Seine Majestät Gustav Krause* noch gespielt und 1971 sogar ein Fernsehfilm nach der Vorlage gedreht wurde. Die autobiographisch gefärbte Geschichte eines reich gewordenen Pferdehändlers, der sich seiner Familie entfremdet hat, aber am Schluß wieder zu ihr zurückfindet, war 1942 unter dem Titel *Der Seniorchef* in die Kinos gekommen. Damals hatten Eberhard Keindorff und Wolf Neumeister gemeinsam das Drehbuch geschrieben. Unter der Regie von Peter Paul Brauer spielten unter anderem Otto Wernicke und Max Gülstorff.

Bereits zwei Jahre vorher hatte der junge Helmut Käutner aus der Foerster-Komödie *Frau nach Maß* einen Film gemacht, der im Theatermilieu angesiedelt war. Hans Söhnker, Fritz Odemar, Ursula Herking und Wilhelm Bendow spielten in einem Streifen, den Ingo Tornow als »konstruiert und unglaubwürdig«, »im ganzen etwas flach«[29] bezeichnet. Er hatte ebensowenig Erfolg wie der 1939 gedrehte Film *Verwandte sind auch Menschen* nach dem gleichnamigen Theaterstück von Foerster/Kästner. Allerdings war es dem Regisseur Hans Deppe gelungen, aus der Geschichte eines verbitterten Millionärs, der seine Familie strafen will und schließlich bemerkt, daß sie so übel gar nicht ist, einen handwerklich gekonnten Streifen zu machen, der aber von der Vorlage erheblich abwich.

Die vierte Komödie von Foerster/Kästner, am 12. Dezember 1939 am Berliner Schillertheater uraufgeführt, wurde nicht verfilmt. Das lag höchstwahrscheinlich an der Fabel des Stücks, die den sittlichen Vorstellungen der Nationalsozialisten nicht ganz entsprochen haben dürfte. Wer die Lebensgeschichte Kästners kennt, kann autobiographische Züge erkennen. Denn der Apotheker (nicht Arzt) Konrad Quandt hat einen unehelichen Sohn, den er seiner Frau und seinen vier Töchtern verheimlicht. Aber alle wissen davon, sogar der Sohn seit seiner Schulzeit. Trotzdem zahlt er brav seit Jahren »Schweigegeld« an seine frühere Geliebte, deren Mann und seinen Sohn. In Umkehrung der Verhältnisse wird seine leibliche Tochter Ulrike von einem leichtsinnigen Maler verführt und mit ihrem Kind wegen einer semiprofessionellen Prostituierten sitzengelassen. Der weitere Fortgang der Erbschaftsgeschichte ist dann nicht mehr sehr interessant. Schließlich wird Quandts nichtehelicher Enkel die Apotheke übernehmen, weil er als einziger alle geforderten Bedingungen erfüllt.

Der *Süddeutschen Apotheker-Zeitung* war die Uraufführung eine längere Besprechung wert, die nur eingeschränkt positiv ausfiel. »Drei Apothekergestalten in einer Apotheke in einem Spielstück mit ansprechenden und erfolgverheißenden Zügen – das hätte bei fachlicher Beratung des Dichters diesem und der Apotheke eine einzigartige literaturgeschichtliche Wertung gesichert. So bleibt trotz dieser ›geballten Pharmazie‹ als Ergebnis der literarisch-fachlichen Untersuchung, daß keine innere Notwendigkeit bestand, das Stück mit dem Apothekerstand zu verquicken.«[30]

Die innere Notwendigkeit gab es vielleicht für Kästner, der in dieser Komödie ein Stück seiner eigenen Lebensgeschichte verarbeitete. Zwei uneheliche Kinder, ein verantwortungsloser Maler und eine Prostituierte, die sich von ihren Künstlerfreunden aushalten ließ, das war nicht das Inventar, das sich das Propagandaministerium für seine Filmkomödien wünschte. Die anderen drei Stücke von Foerster/Kästner waren da weitaus besser geeignet. Sie boten harmlose Unterhaltung auf zwischenmenschlichem Niveau, ohne politischen, gesellschaftskritischen oder gar literarischen Anspruch. In der Welt der Schönen und Reichen waren die Konflikte angesiedelt, die sich am Ende wie von selbst auflösten und das Gute im Menschen zum Vorschein brachten. Insoweit unterscheiden sich die Komödien nicht von den Romanen Kästners aus dieser Zeit.

So witzig er in seinen Lustspielen war, so locker plaudernd er an seine Mutter schrieb, so einsam und verbittert war er wirklich. In seiner ersten Gesamtausgabe aus dem Jahr 1959 hat Kästner seine *Briefe an mich selber* veröffentlicht, die von ihm im Januar 1940 geschrieben worden waren. Die Idee dafür hatte er einem kleinen Bericht im *Berliner Tageblatt* (vom 18. Juli 1936) entnommen. Kästner sammelte in sogenannten »Stoffmappen« Zeitungsartikel und eigene Aufzeichnungen, die sich vielleicht einmal verwerten ließen. Die Geschichte eines Stadt- und Kirchenfunktionärs, der ständig in seinen beiden Ämtern mit sich selbst korrespondieren mußte, findet sich in der »Stoffmappe 1934« und beginnt mit den Zeilen: »Menschen, die sich selbst Briefe schreiben, gibt es wenig. Meist sind es Einsame, die sich auf diese Weise eine rege Korrespondenz vortäuschen möchten.«[31] Und ähnlich klingt es im ersten Brief, der das Datum vom 12. Januar 1940 trägt: »Wer Sie flüchtig kennt, wird nicht vermuten, daß Sie einsam sind; denn er wird Sie oft genug mit Frauen und Freunden sehen. Diese Freunde und Frauen freilich wissen es schon besser, da sie immer wieder empfinden, wie fremd Sie ihnen trotz allem bleiben. Doch nur Sie selber ermessen völlig, wie einsam Sie sich fühlen und welcher Zauber, aus Glück und Wehmut gewoben, Sie von den Menschen fernhält. Sie sind deshalb bemitleidet und auch schon beneidet worden. Sie haben gelächelt. Man hat Sie sogar gehaßt. Das hat Sie geschmerzt, aber nicht verwandelt. Kein Händedruck, kein Hieb und kein Kuß werden Sie aus der Einsiedelei Ihres Herzens vertreiben können. Wer das nicht glaubt, weiß überhaupt nicht, worum es geht. Er denkt vielleicht an den tränenverhangenen Weltschmerz der Jünglinge, die sich vor drohenden Erfahrungen verstecken wie scheue Kinder vor bösen Stiefvätern. Doch Sie, mein Herr, sind kein Jüngling mehr. Sie trauern nicht über Ihren Erinnerungen, und Sie fürchten sich vor keiner Zukunft. Sie haben Freunde und Feinde in Fülle und sind, dessen ungeachtet, allein wie der erste Mensch!«[32]

Dieser erste Brief, dem noch eine Anmerkung und ein zweiter Brief folgten, ist ein sehr viel genaueres Psychogramm Kästners in dieser Zeit als die Korrespondenz mit der Mutter. Er hatte seine Freundin Herti Kirchner durch einen Autounfall verloren, seine Freunde aus der Schul- und Seminarzeit starben auf den Schlachtfeldern des Zweiten Weltkriegs, und ihm selbst waren alle Veröffentlichungsmöglichkeiten genommen. In seiner »Stoffmappe 1941« hat sich eine Notiz erhalten, aus der hervorgeht, daß er aus den Briefen einen Essayband oder eine Erzählung machen wollte. Auch daraus ist nichts geworden.

Dafür ereignete sich 1941 etwas, was Kästner nicht mehr vermutet hatte. Plötzlich war er wieder ein gefragter Autor. Bereits im März hatte *Das lebenslängliche Kind* in Berlin Premiere. Es folgten dann Neuinszenierungen unter anderem in Dresden, Hamburg, Königsberg, Arnstadt und Bremen, wo das Stück noch im September 1943 vom Schauspielhaus herausgebracht wurde. Was den Gesinnungswandel bei den NS-Kulturbehörden bewirkt hatte, ist aus den vorhandenen Unterlagen nicht auszumachen. Aber eine zeitliche Parallelität fällt auf. Mit der Aufhebung des Aufführungsverbots begann Kästner auch seine Arbeit an dem Drehbuch für den Film *Münchhausen*.

Kästner hatte nach 1933 seine guten Kontakte zu Filmleuten noch ausgebaut und war mit einigen Schauspielern, Drehbuchautoren und Produzenten befreundet. Sie dürften auch davon gewußt haben, daß er unter Pseudonym weiterschrieb. Seine glückliche Hand für Komödienszenen bewiesen seine Stücke, aber auch die Filme, an denen er mitgearbeitet hatte.

Wer ihn 1941 fragte, ob er für den Jubiläumsfilm zum 25jährigen Bestehen der Ufa das Drehbuch schreiben wolle, ist nirgends schriftlich überliefert. Vielleicht war es, wie Luiselotte Enderle berichtet, der Herstellungsgruppenleiter der Ufa und Freund Eberhard Schmidt. Allerdings wird das Schmidt kaum ohne die Rückendeckung seiner Vorgesetzten getan haben. Der damalige Reichsfilmintendant und Leiter der Filmabteilung im Propagandaministerium, Fritz Hippler, legte nach dem Zweiten Weltkrieg Wert darauf, daß er auf Kästner gestoßen war und dann seine Abteilungsleiterkollegen überzeugt hatte. Offenbar fehlten dem Propagandaministerium in Deutschland Drehbuchautoren, die einen so herausragenden Film adäquat gestalten konnten. Hippler will seine Kollegen deshalb unter anderem mit dem Argument überzeugt haben, daß Kästner zweifellos schreiben könne, dies aber nur für das Ausland dürfe, obwohl gerade im Inland Bedarf sei.³³ Goebbels habe sich ebenfalls überzeugen lassen und schließlich seine Einwilligung gegeben.

Aus der Sicht Kästners stellte sich diese Hängepartie selbstverständlich etwas anders dar. Luiselotte Enderle schreibt, daß zunächst eine Verfilmung des Romans *Der tolle Bomberg* von Josef Winckler vorgesehen war. »Kästner schlug statt dessen *Münchhausen* vor. Man war sofort einverstanden.«³⁴ Tatsächlich scheinen die ersten Verhandlungen schnell zu einen Ergebnis gekommen zu sein. Bereits am 27. Oktober 1941 meldete Kästner seiner Mutter (nachdem in den vorgegangenen Karten von dem Film noch keine Rede war), daß er seit Mittag mit Hans Albers und »den anderen Brüdern«³⁵ zusammensitze. »Das Drehbuch hat sehr gefallen, soll aber erst im nächsten Frühjahr gedreht werden.« Und einen Monat später schrieb er, wieder ganz geschäftig: »Eben rief die Wien-Film an, ob ich Zeit für eine Arbeit hätte. Na, da hab ich eben leider absagen müssen. Denn die Münchhausen-Sache wird sich ja – toi, toi, toi – hoffentlich günstig entscheiden, und da hab ich ja dann erst mal zu tun, bis alles in Ordnung ist.«³⁶ Offenbar war es in der Filmbranche schon bekannt, daß Kästner wieder arbeiten durfte, wer immer ihm die Genehmigung dazu erteilt hatte.

Hans Albers als »Münchhausen«

Die nächsten Tage vergingen mit Warten. Aber Kästner blieb zuversichtlich: »Das Gutachten, das die Herren Beamten geschrieben haben, sei so gut, haben sie der Ufa erzählt, daß es voraussichtlich klappen müßte.«³⁷ Am 29. November schließlich konnte Kästner davon berichten, daß am Tag vorher »G. den Film genehmigt habe«³⁸. Zu Weihnachten 1941 schenkte er seiner Mutter das bis heute im Nachlaß aufbewahrte Originaldrehbuch mit der handschriftlichen Widmung: »Endlich mal wieder was Gedrucktes unterm Christbaum.«

Ob Goebbels zu diesem Zeitpunkt schon mit dem Drehbuchautor Kästner einverstanden war, ist zweifelhaft. Denn die Karteikarte, die die Reichsschrifttumskammer über Kästner führte, vermerkt, daß die Aufnahme in die Reichskulturkammer und die Erteilung einer Sondergenehmigung vom Minister am 29. Dezember 1941 abgelehnt worden sei. Die Arbeit am Drehbuch scheinen die innerministeriellen Vorgänge nicht berührt zu haben. Am 13. März 1942 zum Beispiel meldete sich Kästner mit einer Ansichtskarte aus Salzburg bei seiner Mutter und berichtete von einem großen Ufa-Treffen: »Albers ist auch dabei. Man wird wohl vor allem über die Besetzung der Rollen sprechen wollen.«[39]

Am 14. April war dann Drehbeginn in Babelsberg mit der Szene in der Bodenwerder Schloßküche. Kurz vorher hatte sich Heinz Rühmann bei Kästner gemeldet. Er suchte einen Bearbeiter für das Drehbuch von Bobby E. Lüthge zu der Seitensprung-Geschichte *Ich vertraue dir meine Frau an*. Kästner übernahm den Auftrag, wollte aber nicht mit seinem Pseudonym Bertold Bürger im Vorspann genannt werden. »Das Rühmann-Drehbuch ist vervielfältigt worden«, schrieb er seiner Mutter am 14. Mai 1942, »und auf dem Titel steht: Lüthge und Bürger. Obwohl ich den Brüdern ausdrücklich gesagt habe, ich wolle hierbei nicht genannt werden. Es hat doch keinen Zweck, daß dauernd der Name Bürger auftaucht! Es gibt schon Neider genug!«[40]

Daß der Name Bürger dauernd auftauchte, hing auch damit zusammen, daß Kästner bereits an einem weiteren Drehbuch saß, nämlich der Verfilmung seines Romans *Georg und die Zwischenfälle*. Im Juli sollte Drehbeginn in Salzburg sein, aber noch fehlte die Genehmigung des Ministeriums.

Da traf schon die nächste Anfrage ein. Emil Jannings wollte ein Drehbuch geändert haben. Obwohl Kästner wußte, daß er ablehnen würde, fuhr er zu dem berühmten Schauspieler an den Wolfgangsee und war tief beeindruckt: »Es ist ein herrliches Anwesen am See. Mit zwei Häusern. Zwei Schweinen, vielen Hunden, Ziegen, Enten, Hühnern, Gemüsegärten, ein Gerstenfeld usw. Heute morgen waren die Berge um den See bis tief herab eingeschneit. Bootshaus, Badekabinen. Es gab gut zu essen. Vor allem: hausschlachtene Wurst, wenn auch nicht viel, und echte Butter. Oje! man weiß wirklich nicht mehr, wie das schmeckt. Daß ich die Arbeit abgelehnt habe, nahm er gar nicht übel. Er verstand, daß mir das ganze Drehbuch nicht gefiel. Aber vielleicht mach ich im nächsten Jahr was eigenes für ihn. (...) Wenn das mit dem Verbot nicht gekommen wäre, hätten wir jetzt auch ein Grundstück in dieser Gegend, und Ihr könntet Euch aalen. Es war eben Pech! Aber ärgern tut's mich doch.«[41]

Am 5. Juni hatte er mit der Arbeit am Drehbuch seines Salzburg-Films begonnen, aber Goebbels war immer noch unentschieden. »Eben rief Jahn, der Ufa-Chef, an«, berichtete er einen Tag später seiner Mutter. »Ich soll wieder mal alle meine Bücher ›borgen‹. Diesmal für Dr. G. persönlich. Wegen meiner offiziellen Mitgliedsnummer. Und dann krieg ich die Bücher nie wieder. Ich kenne das nun langsam. Und mit der Mitglieds-Nr. wird's wieder nichts werden. Das kenn ich nun auch schon langsam.«[42]

Während er sich in Salzburg zu Recherchen aufhielt und Jannings besuchte, schrieb der Präsident der Reichsschrifttumskammer einen Brief an den Reichsfilmintendanten, aus dem hervorgeht, daß »vom Sekretariat Dr. Goebbels« die Anweisung ergangen sei, »dass in dieser Sache vor Ablauf von 14 Tagen nichts unternommen werden dürfe«[43]. Noch deutlicher wurde der Personalbeauftragte des Reichsfilmintendanten, der wenige Tage später direkt an Goebbels eine Anfrage richtete, in der es hieß: »Der Obengenannte ist der Verfasser des Drehbuchs für den Ufa-Film ›Münchhausen‹. Die Tätigkeit des Drehbuchautors setzt an sich voraus, dass er Mitglied der Reichsschrifttumskammer ist. Tatsächlich ist Bürger im Jahre 1939 gemäß § 10 wegen seines zersetzenden Einflusses auf geistigem Gebiet als Mitglied der Reichsschrifttumskammer abgelehnt worden. Falls die Betrauung Bürgers mit der Herstellung des Drehbuches mit Ihrer Zustimmung erfolgt ist, wäre ich für entsprechenden Bescheid dankbar, damit Bürger wieder in die Kammer aufgenommen werden kann. Sollte aber dieses nicht der Fall sein, würde ich vorschlagen, die Fertigstellung des Filmes abzuwarten, damit dann die Zuverlässigkeit Bürgers im Sinne von § 10 der Ersten Durchführungsverordnung zum Reichskulturkammergesetz erneut geprüft werden kann, sodass seine Tätigkeit bei der Herstellung des Drehbuches für ihn eine Chance bedeutet, die früheren Argumente, die zu seiner Ablehnung geführt haben, zu entkräften.«[44]

Offenbar war die Beauftragung Kästners so konspirativ erfolgt, daß die zuständigen Kammern und Behörden nichts davon wußten. Goebbels selbst übernahm die Verantwortung und wies die Reichskulturkammer an, Kästner eine »Sondergenehmigung zur Berufsausübung« zu erteilen. Das geschah am 20. Juli 1942 unter der Bedingung, »daß die Manuskripte und Drehbuch-

```
Der Reichsfilmintendant              Berlin W.15, den 31. Juli 1942
 - Der Personalbeauftragte -         Meinekestr. 21

        An
den Herrn Präsidenten
der Reichsschrifttumskammer
        in
             Berlin

Betrifft: Berthold Bürger (bürg. Name Erich Kästner).

                Auf Weisung des Herrn Ministers soll der Obenge-
       nannte als Drehbuchautor einstweilen zugelassen werden. Über
       sein Schaffen wünscht der Herr Minister einen jährlichen Bericht.
       Letzteres wird von hier veranlasst werden. Ich stelle anheim,
       Bürger nach § 9 von der förmlichen Mitgliedschaft zur Reichs-
       schrifttumskammer zu befreien und ihn einstweilen zuzulassen.

Wv. 1.7.1943.  mod. Wa.
```

aufträge Kästners unter dem bereits von ihm geführten Namen ›Bertold Bürger‹ herausgebracht werden. Über die Art seiner Tätigkeit und seine politische und menschliche Haltung, Letzteres hat durch Einholung von Gutachten zu erfolgen, ist nach Ablauf eines Jahres hierher zu berichten.«[45]

An Kästner ging die offizielle Genehmigung durch die Reichsschrifttumskammer fünf Tage später. Im Rahmen dieses Verfahrens wurde ihm die Mitgliedsnummer 14923 zugeteilt und eine Gebühr von zwölf Reichsmark erhoben.

Obwohl sich Kästner manchmal mehrmals in der Woche mit Albers, Hippler, dem Produktionschef Jahn und dem Regisseur in der »Kameradschaft der Künstler« traf, sogar zu Besprechungen ins Ministerium kam oder im Kantinengarten der Ufa sein Bier trank, wurde seine Sondergenehmigung offiziell wie eine Geheime Reichssache behandelt. Allerdings wußten letztlich sehr viele davon. Kästner selbst geriet in einen wahren Schaffensrausch. Was er in den wenigen Monaten bis zur Rücknahme seiner Arbeitserlaubnis alles an Film-Treatments und sonstigem verfaßte, ist nur bruchstückhaft bekannt. Er ging auch offensiv auf Schauspieler zu, für die er Drehbücher schreiben wollte. So berichtete er zum Beispiel am 8. August 1942 seiner Mutter, daß die damals sehr bekannte Jenny Jugo seinen Vorschlag, die Turandot, »brennend gern machen« wolle. »Die Ufa kann einen so teuren Film aber erst im nächsten Jahr machen. Bis dahin soll ich mir etwas anderes einfallen lassen.«[46]

Im September schickte er seiner Mutter das fertige Drehbuch für den *Kleinen Grenzverkehr* mit der handschriftlichen Widmung: »Da kriegst Du schon den zweiten Film von Dr. Berthold Bürger! Viel Spaß!«[47]

Der Film wurde dann nicht, wie zunächst vorgesehen, mit Axel von Ambesser und Luise Ulrich, sondern mit Willy Fritsch und Hertha Feiler realisiert. »Die Ulrich – im 4. Monat Kind unterwegs – kam nicht aus dem Urlaub zu den Kostümproben und darüber ärgerte sich Jahn mit Recht und engagierte, schwupp! Rühmanns Frau, die Hertha Feiler. Ja, die Ulrich wäre zu alt gewesen, ist aber die bessere Schauspielerin.«[48] Regie führte wieder Hans Deppe. Auch dieser Streifen sollte erst nach dem neuerlichen Verbot für Kästner, Ende April 1943, in die Kinos gelangen.

Im September 1942 überlegte die Ufa gleich noch einen weiteren Film mit ihm. Wieder war es Jenny Jugo, für die er ein Drehbuch schreiben sollte, und zwar für eine Doppelrolle. Kästner wollte sich dazu den letzten Garbo-Film anschauen, in dem die schwedische Diva eine lustige und eine seriöse Schwester verkörperte. Aber *The Twofaced Woman* lief natürlich nicht in deutschen Kinos. Wie Kästner im Juni 1945 amerikanischen Offizieren erzählte, hatte er den Ufa-Chefs erklärt, »daß Filmdoppelrollen unweigerlich von gleichen und ähnlichen Lustspielsituationen lebten. Diese gelte es zu vermeiden! Deshalb müsse ich den Film sehen. Denn ich hätte keine Lust, mich eines Tages als Plagiator anpöbeln zu lassen. Damit hielt ich die Angelegenheit für erledigt. Statt dessen drückte man uns ein paar Tage später die Flugkarten in die Hand und Schweizer Franken als Diätgelder und natürlich die amtlichen Reisepapiere!«[49] In der Schweizer Filiale der Metro-Goldwyn-Mayer sah Kästner den Film Ende November 1942. Aus dem Projekt wurde dann allerdings nichts mehr. Auch seine Idee, eine Zwillingsgeschichte als Film zu realisieren, gelangte nicht zur Ausführung. Kästner hatte den Stoff bereits Ende 1937 der 20th Century Fox als Doppelrolle für Shirley Temple angeboten[50] und offenbar für die Ufa neu bearbeitet. Einer maschinenschriftlichen Notiz im Nachlaß ist zu entnehmen, daß Kästner das Drehbuch für *Das doppelte Lottchen* unter dem Titel *Das große Geheimnis* bereits in dieser Zeit abgeschlossen hatte. Dafür sprechen auch einige inhaltliche Punkte, die eher der Zeit vor 1945 zuzurechnen sind. 1949 ließ Kästner zunächst den Roman erscheinen. Verfilmt wurde der Stoff dann ein Jahr später von Josef von Baky, dem Regisseur des *Münchhausen*.

Für den Ufa-Jubiläumsfilm war nichts zu teuer und zu aufwendig gewesen. Während die Menschen in Deutschland mit dem täglichen Mangel leben mußten, schwelgte der Lügenbaron in jedem Luxus. Statt 4,5 Millionen Reichsmark verschlang das Monumentalwerk schließlich knapp 6,5 Millionen. Die Zeitungen und Zeitschriften berichteten in großer Aufmachung über die Dreharbeiten, brachten Fotoserien über das Staraufgebot und schwelgten in Superlativen – natürlich ohne den Namen Bertold Bürger zu erwähnen. Mitte Dezember 1942 waren die Dreharbeiten beendet. Was Kästner damals noch nicht wußte: am 12. Dezember 1942 war er zusammen mit Arnold Bronnen und Ernst Glaeser auf die Liste der verbotenen Autoren gesetzt worden. Hitler persönlich hatte entweder durch Zufall oder durch eine gezielte Denunziation von der Sondergenehmigung für Kästner erfahren. Unter dem 9. Dezember 1942 heißt es im Tagebuch von Joseph Goebbels: »Der Führer wendet sich über Bormann gegen die Beschäftigung der ehemaligen dafaitistischen Literaten vom Schlage der Bronnen, Gläser und Kästner. Ich ordne an, daß sie im ganzen Kulturbereich nicht mehr beschäftigt werden.«[51]

```
    Reichskulturkammer
  - Hauptgeschäftsführung -          Berlin, den 9. Januar 1943
  Abteilung Kulturpersonalien        W 15, Schlüterstr. 45
                                     Tel.: §2 80 11
    RKK-KP-4020-04/41-105

    An den
    Herrn Präsidenten der
    Reichsschrifttumskammer
    Berlin-Charlottenburg 2
    Hardenbergstrasse  6

    Betr.:  Schriftsteller Erich  K ä s t n e r .
    Bezug:  Dort. Schr. v. 23.12.1942 Az.: II - 010210 - Do.

           Auf Grund einer neuerlichen Entscheidung ist die dem
    Obengenannten erteilte Sondergenehmigung zu widerrufen.
           Ihren Vorgang erhalten Sie anbei zurückgesandt.
           Vom Veranlassten wird um Nachricht gebeten.
    1 Anlage (RSK-Akte 010210)
                                     Im Auftrage:
                                     gez.: F u n k e
                                     Beglaubigt:
```

Der Bescheid an Kästner mit Datum vom 14. Januar 1943 untersagte ihm, »im Zuständigkeitsbereich der Reichsschrifttumskammer als Schriftsteller tätig zu sein«[52]. Damit wäre der Status vor der Sondergenehmigung wiederhergestellt worden. Die Anordnung von Goebbels ging aber weiter. Das schien dann auch den

Funktionären in der Reichsschrifttumskammer aufgefallen zu sein, und sie schoben zwölf Tage später per Einschreiben einen Satz nach, der Kästner jede Form literarischer oder publizistischer Arbeit unmöglich machte: »Im Nachgang zu meinem Schreiben vom 14.1.1943 mache ich noch darauf aufmerksam, dass das Berufsverbot auch die schriftstellerische Betätigung vom Inland nach dem Auslande hin umfasst.«[53]

Karteikarte von Erich Kästner, angelegt von der Reichsschrifttumskammer (RSK)

```
Kästner, Erich                    RSK II - 010210 - Do.
(Berthold Bürger )                RKK-KP-4020-04/41-105
geb.: 23.2.1899 in Dresden
wohnh.: Berlin-Charlottenburg, Roscherstr. 16
Ariernachweis ist von der RSK überprüft.

Reichsdeutscher                   Schriftsteller
Die Aufnahme des K. in die RSK wurde wegen seiner kultur-bolschewistischen
Haltung im Schrifttum vor 1933 abgelehnt. 1941 stellte K. erneut Antrag
auf Wiederaufnahme in die RSK. Die Aufnahme des K. in die RKK, sowie die
Erteilung einer SG wurde vom Minister am 29.12.1941 abgelehnt. Der Leiter F.
bittet mit Schr. v. 4.7.42 nach Vorschlag des Ministeramts, Dr. Naumann,
um erneute Vorlage des Falles K. beim Minister. Am 20.7.42 wird dem K. nach
Ministerentscheidung eine SG erteilt. Voraussetzung für die SG ist, dass die
Manuskripte und Drehbuchaufträge des K. unter dem bereits vom ihm geführten
Namen " Berthold Bürger " herausgebracht werden. Auf Grund einer neuerlichen
Entscheidung ist die oben erteilte SG. zu widerrufen ; lt. Schr. d. RKK
v.9.1.43 an die RSK.                                        9.1.1943
```

Damit konnte Kästner nur noch für die Schublade schreiben, zum Beispiel sein Stück *Zu treuen Händen,* das erst 1949 uraufgeführt wurde.

Bis zu seinem endgültigen Berufsverbot in der NS-Zeit schien sich Kästner wenig Gedanken darüber gemacht zu haben, daß er mit seinen Drehbüchern auch Teil des NS-Propagandaapparats geworden war. *Münchhausen* sollte die Leistungsstärke der deutschen Filmindustrie beweisen und zugleich – nach der Niederlage von Stalingrad und nach der Ausrufung des »totalen Kriegs« – die Volksgenossen das tägliche Elend vergessen lassen. So wie sich der unerschütterliche

Lügenbaron an den eigenen Haaren aus dem Sumpf zog, auf einer Kanonenkugel ins feindliche Lager ritt, jedes Duell gewann und schließlich sogar den Mond eroberte, so sollten die Deutschen einen schon fast verlorenen Krieg noch gewinnen. Zur Erbauung der arg gebeutelten Volksseele diente ein solcher Streifen mehr als offene Propaganda, die fast jeden Tag durch die Alliierten Lügen gestraft wurde. Die politisch deutbaren Anspielungen wie »Die Zeit ist kaputt« oder »Die Staatsinquisition hat tausend Augen und Arme. Und sie hat die Macht, recht und unrecht zu tun, ganz wie es ihr beliebt« registrierten die Unterhaltung erwartenden Kinobesucher wohl kaum. Vielleicht brauchte sie Kästner als persönliches Alibi. Aber einen Kassiber wollte er nicht in die Lichtspielhäuser schmuggeln. Das wäre der Zensur, die tatsächlich tausend Augen hatte, nicht verborgen geblieben. Selbst die Kritiker des Films in der in sich zerstrittenen NS-Kulturbürokratie bemängelten nicht mögliche politische Aussagen, sondern die Tatsache, daß Erich Kästner das Drehbuch schreiben durfte. So protestierte zum Beispiel das Hauptamt Kunstpflege gegen eine positive Besprechung in den *NS-Monatsheften,* weil der in der »Systemzeit (…) führende Kulturbolschewist (…) die alte Abenteuergeschichte von Münchhausen, die Erzählung eines fantastischen Aufschneiders, in eine der Vorlage völlig fremde Atmosphäre gezogen«[54] habe. Auch sei das Ziel nicht erreicht worden, »ein vollwertiges Gegenstück zu amerikanischen Spitzenfilmen« zu schaffen. »Im Gegenteil ist die an sich ursprüngliche Münchhausener Abenteuergeschichte durch das falsche Pathos, das sie durch Erich Kästner und die übrigen Verantwortlichen erhalten hat, verzerrt und seiner Ursprünglichkeit entkleidet worden.«

Auch Neid spricht aus diesen Zeilen, Neid auf den Triumph von Joseph Goebbels. Denn ein Triumph war die festliche Premiere vor 2000 Gästen am 5. März 1943 im Berliner Ufa-Palast am Zoo gewesen. Wer das Drehbuch geschrieben hatte, war den Zuschauern allerdings verschwiegen worden. Verbittert notierte Kästner am 11. März 1943 in sein »blaues Buch«: »Münchhausen

Notabene 36 bis 45

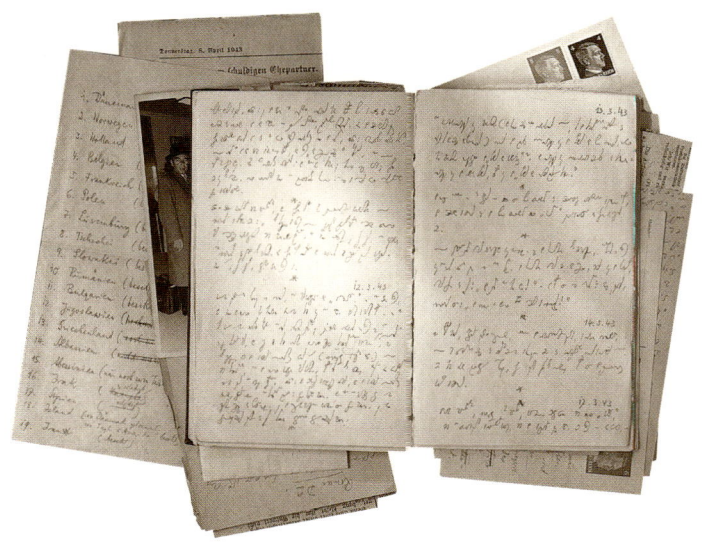

Das »blaue Buch« von Erich Kästner

war anscheinend der Auftakt zu einem großen Erfolg. Goebbels sagte in der Nacht bei Professor Froelich (dem Präsidenten der Reichsfilmkammer, d. Verf.), wohin die Geladenen gefahren worden waren, ohne zu wissen, wohin die Fahrt ging, wenn die Zeiten weniger ernst wären, hätte er ein neues Prädikat geschrieben, um es erstmalig M. zu verleihen. Dann hielt er den dutzend Herren noch einmal seine Sportpalastrede, hier, vor wenigen, nicht recht am Platz, und wies darauf hin, daß die Regierung, sollte es schiefgehen, noch unter Deutschlands Trümmern kämpfen würde.«[55]

Die Tagebuchnotizen Kästners aus dieser Zeit sind bisher noch nicht veröffentlicht. Über die Geschichte seines »blauen Buchs« schrieb er im Vorwort zu *Notabene 45*: »Die leeren Seiten füllten sich mit winziger Stenographie. In Stichworten hielt ich, als seien es Einfälle für künftige Romane, vielerlei fest, was ich nicht vergessen wollte. Und dreimal begann ich Tagebuch zu führen, jeweils etwa sechs Monate lang, in den Jahren 1941, 1943 und 1945. (...) Bis Ende November 1943 stand das blaue Buch, aufs sichtbarste verborgen, zwischen viertausend anderen Büchern im Regal. Dann steckte ich es, da die Luftangriffe auf Berlin bedenklicher wur-

den, zu dem Reservewaschbeutel, der Taschenlampe, dem Bankbuch und anderen Utensilien in die Aktenmappe, die ich kaum noch aus den Händen ließ. So entging es dem Feuer, als im Februar 1944 die anderen viertausend Bücher verbrannten. Und es existiert mein ›Blaubuch‹ heute noch, genau wie das Bankbuch.«[56]
Was Kästner notierte, war im Sinne der NS-Justiz »Volksverrat«, auf den die Todesstrafe stand. Trotzdem trug er sein blaues Buch eine Zeitlang immer bei sich. Seine Behauptung, er habe damit wertvolle Aufzeichnungen vor der Vernichtung retten wollen, ist nur ein Teil der Wahrheit. Denn daneben gibt es noch einen tieferliegenden, psychologischen Grund. Mit dem Buch in der Aktenmappe wollte er für sich dokumentieren, wie fern er dem System stand, auch wenn er immer wieder zu Zugeständnissen gezwungen war. Sein ungebrochener innerlicher Widerstand spricht aus jeder Zeile. Sein blaues Buch war ein Symbol dafür, daß er nicht zu den Blockwarten und Uniformträgern gehörte, nicht zu den Parteigenossen aus Überzeugung und den Funktionären von Hitlers Gnaden. Wie ein Zauberbuch, das Dämonen fernhalten sollte, nahm er es mit in die Luftschutzkeller und zuletzt gar nach Mayrhofen, wo sein Ufa-Team das Kriegsende erwartete. Daß er sich schließlich nur dafür entschied, die letzten Aufzeichnungen in bearbeiteter Form herauszubringen, erklärt sich möglicherweise daraus, daß dies der geschlossenste und interessanteste Teil ist. Aber neben *Notabene 45* hätte es genausogut ein *Notabene 41* oder ein *Notabene 43* geben können.
1941 führte er von Mitte Januar bis Ende September sein Tagebuch, 1943 von Mitte Februar bis Ende März und von Anfang August bis Mitte September. Die Notizen sind als Gedächtnisstützen sehr knapp gehalten und behandeln in großen Teilen die Kriegslage. Kästner registrierte Truppenbewegungen, Siege, Niederlagen, Machtwechsel, Schiebereien, Bestechungen und offizielle Verlautbarungen. Hinter allem wollte er das nahe Kriegsende erkennen. Die Hoffnung auf Frieden prägt die Aufzeichnungen, die die »großen« und »kleinen Dinge« des Alltags oft in einem Satz verbinden. Kästner erzählt von persönlichen Erlebnissen seiner Freunde,

die in der Presseabteilung des OKW, in Verlagen oder beim Film arbeiteten. Anekdoten und Witze über Nazigrößen stehen neben politischen Analysen und Berichten über Deportationen.

Es ist erstaunlich, was Kästner alles in Berlin erfuhr: den Tod Walter Benjamins, den bevorstehenden Kriegsbeginn mit der Sowjetunion, Spottlieder über den England-Flug von Rudolf Heß, die Widerstandsaktionen der »Roten Kapelle«, die Verhaftung von Mitgliedern der »Weißen Rose« und die wahren Vorgänge in Stalingrad. Kästner wußte auch, was mit den deportierten Juden geschah. So lautet die Eintragung vom 18. Februar 1943: »Von den Judenerschießungen im Osten erzählt jemand, daß vorher ein SS-Mann mit einem Pappkarton von einem zum andern geht und ihnen Ringe und Ohrringe abzieht.« Er selbst sah dann, wie er am 11. März 1943 notierte, »die Restabholung der Berliner Juden, darunter Lastwagen voller Kinder zwischen drei bis sechs Jahren«.

Kästner registrierte das, was er sah und erfuhr. Emotionen leistete er sich nur selten. Über ihn selbst, über sein Leben in dieser Endphase des Zweiten Weltkriegs geben die Aufzeichnungen so gut wie keine Auskunft. Ist es schon schwer, Kästners Biographie bis 1943 halbwegs verläßlich zu verfolgen, so wird es in den letzten Jahren des »Dritten Reichs« fast unmöglich. Während beispielsweise Goethes Leben von Tag zu Tag bekannt und systematisch erforscht ist, ragen aus dem dichten Nebel, die Kästners Existenz nach dem generellen Schreibverbot umgibt, nur wenige biographische Details heraus.

Aus dem Fragebogen, den Kästner 1945 für die Amerikanische Militärregierung ausfüllte und der sich in Kopie im Nachlaß erhalten hat, geht hervor, daß er mit seinem Ufa-Engagement insgesamt 115000 Reichsmark verdient hatte. Das war auch in einer Phase der beginnenden Inflation viel Geld. Damit konnte Kästner die nächsten Jahre ohne finanzielle Sorgen überstehen. Aber was machte er den ganzen Tag, nachdem Goebbels in seiner berüchtigten Sportpalastrede allen Müßiggängern mit drakonischen Strafen gedroht hatte und die meisten Berliner Bars geschlossen waren? Die wenigen erhaltenen und im allgemeinen sehr knapp gefaßten Postkarten an die Mutter sagen darüber fast nichts aus. Offenbar traf sich Kästner mit Künstlerfreunden da, wo es noch möglich war, zusammenzusitzen und zu essen oder zu trinken, was der Wirt besorgt hatte. Lange Zeit war es das »Café Leon«, dann das »Bardinet«, über das, so Luiselotte Enderle, es bei der Gestapo sogar eine »Akte über den ›Kästnertisch‹«[57] gegeben haben soll. Und schließlich, mitten im Bombenkrieg, trafen sich die Schriftstellerin Oda Schaefer, ihr Mann Horst Lange, Luiselotte Enderle und Erich Kästner mit den wenigen noch verbliebenen Freunden in der »Jockey-Bar« in der Lutherstraße, »während am Nebentisch die Gestapo-Spitzel saßen und verbotene Gespräche zu belauschen versuchten. Sie waren sofort zu erkennen, sie waren spießig, lauernd, von tierischem Ernst und paßten keineswegs in die ungezwungene Atmosphäre.«[58] So beschrieb Oda Schaefer das kleine Lokal, in dem es für die Stammgäste sogar noch Schinken, Hummer und alten Rotwein gab. In der Erinnerung der Schriftstellerin, die wie Kästner in Deutschland geblieben war, obwohl sie Hitler und die Nationalsozialisten haßte, taucht noch ein anderes Lokal auf, wo die Heimatlosen zumindest für wenige Stunden vertraut miteinander reden konnten: das »Kleine Künstler-Restaurant« an der Ecke Kurfürstendamm/Waitzstraße, das von Jonny, dem früheren Romeo des Meininger Theaters, betrieben wurde. »Dort treffen wir unseren Freund Erich Kästner wieder. Ich war nicht dabei, als Horst in Uniform einmal, nach einem schlimmen Luftangriff, einige äußerst leichtsinnige wie auch bösartige Bemerkungen machte, in Gegenwart eines Unbekannten an der Bar, der sich als Kriegsgerichtsrat herausstellte und Horst verhaften lassen wollte. Schon schritt er zum Telefon, da schraubte Erich Kästner die Sicherungen heraus, im ganzen Lokal war es plötzlich stockdunkel, er zerrte Horst am Koppel zur Hintertür heraus und stieß ihn auf eine gerade haltende Straßenbahn. In Zürich, als wir uns 1947 nach allem Schrecken in einer friedlichen Welt trafen, erzählte Kästner, man hätte Horst Lange die ›Schnauze‹ mit Leukoplast zukleben müssen, es sei ein Wunder, daß er heil durchgekommen sei.«[59]

Wenn es darauf ankam, konnte Kästner mutig sein, vielleicht auch, weil ihn die Bombenangriffe auf Berlin in seiner Zuversicht bestätigten, daß der Krieg bald zu Ende sein würde. Nicht Kapitulation war es allerdings, an was er dachte, sondern der Sturz des Naziregimes, der den Weg für Friedensverhandlungen frei gemacht hätte.

Die Schrecken des Krieges, die ihn bis dahin noch verschont hatten, holten ihn am 15. Februar 1944 mit aller Wucht ein, als seine Wohnung in der Roscherstraße nach einem alliierten Angriff völlig ausbrannte. »Ein Paar Kanister ›via airmail‹ eingeführten Phosphors aufs Dach«, erinnerte er sich drei Jahre später in der *Neuen Zeitung*, »und es ging wie das Brezelbacken. Geschwindigkeit ist keine Hexerei. Dreitausend Bücher, acht Anzüge, einige Manuskripte, sämtliche Möbel, zwei Schreibmaschinen, Erinnerungen in jeder Größe und mancher Haarfarbe, die Koffer, die Hüte, die Leitzordner, die knochenharte Dauerwurst in der Speisekammer, die Zahnbürste, die Chrysanthemen in der Vase und das Telegramm auf dem Schreibtisch: ›ankomme 16. früh anhalter bahnhof bringe weil paketsperre frische wäsche persönlich muttchen‹.«[60] Wie so viele andere Berliner hatte nun auch Kästner seine Wohnung verloren und mit ihr einen Teil seines Lebens und seiner Arbeit. »Hinterher ist einem seltsam leicht zumute. Als habe sich das spezifische Gewicht verändert. Für solidere Naturen bestimmt ein abscheuliches Gefühl. Nicht an die Güter hänge dein Herz! Die Bücher werden mir am meisten fehlen. Einige Briefe. Ein paar Fotos. Sonst? Empfindungen wie: ›Jetzt geh ich heim, leg mich auf die Couch, guck in den Kronleuchter, denk an fast gar nichts, lauf nicht ans Telefon und nicht an die Tür, wenn's läutet, bin so allein, daß die Tapete Gänsehaut kriegt...‹ Damit ist's aus. Für Jahrzehnte. Und dann die Bettwäsche, die Oberhemden, die gestickten Taschentücher, die Krawatten, die mir Mutter allweihnachtlich schenkte. Die stolze Schenkfreude, die sie nach jeder großen Wäsche immer wieder neu hineingeplättet hat. Das ist nun mitverbrannt. Ich glaubte, dergleichen könne gar nicht verbrennen.«[61]

Und »Mama« brachte die Wäsche, nicht ahnend, daß es dafür keinen Schrank mehr gab. Verbrannt waren auch das Klavier, an dem Kästner schon als Kind geübt hatte, seine Möbel aus den Deutschen Werkstätten und das Silberbesteck, das ihm seine Mutter Jahr für Jahr und Stück für Stück als eine Art Aussteuer zusammengekauft hatte.

Erich Kästner zog zu Luiselotte Enderle in die Sybelstraße. Die Journalistin, die er noch von Leipzig her kannte, hatte er 1935 in Berlin wiedergetroffen und sich mit ihr enger befreundet. Als »Lottchen« taucht sie erstmals im April 1942 in den (erhaltenen) Briefen an die Mutter auf. Bei ihr wohnte Kästner nun, »schrieb dort an der Komödie *Chauvelin* und hin und wieder ein Epigramm«[62].

Die ersten Monate des Jahres 1944 brachten Kästner noch zwei weitere Schicksalsschläge. Seine beiden Freunde Erich Ohser und Erich Knauf fielen dem nationalsozialistischen Terror zum Opfer. Das machte ihm deutlich, in welcher Gefahr auch er schwebte.

Erich Knauf, nach der NS-Machtübernahme ins Konzentrationslager gesperrt und aus dem Reichsverband der deutschen Presse ausgeschlossen, war unterdessen ein erfolgreicher Lieddichter geworden. Von ihm stammen die Texte für so bekannte Filmschlager wie *Heimat, deine Sterne* oder *Mit Musik geht alles besser*. Erich Ohser hatte mit seinen *Vater und Sohn*-Bildergeschichten eine bis heute beliebte Cartoon-Reihe geschaffen, arbeitete aber seit 1940 auch als politischer Karikaturist für die Propagandazeitschrift *Das Reich*, obwohl er selbst dem Nationalsozialismus fernstand.

Nachdem zunächst Ohser und dann Knauf ausgebombt worden waren, wohnten sie zusammen in Kaulsdorf in dem Haus eines Arztes. Dort zog Mitte Januar 1944 auch die Familie des Hauptmanns Bruno

Erich Knauf

Schulz ein. Dieser Offizier war es, der Knauf und Ohser wegen »zersetzender Äußerungen« anzeigte. Nach seiner Aussage sollen sie im vertrauten Gespräch erklärt haben: »Der Krieg sei verloren, wir müßten bedingungslos kapitulieren. – Es wäre das größte Unglück für Deutschland, wenn der Krieg gewonnen würde, weil wir dann erst recht die Segnungen des Nationalsozialismus zu kosten bekämen. Das hätte der Führer selber angedroht. – Der Führer könne nichts weiter, als seine verdientesten Generäle in die Wüste schicken.«[63] Außerdem hätten beide führende Persönlichkeiten des Staates verächtlich gemacht. Am 27. März 1944 wurden Ohser und Knauf verhaftet. Einen Tag vor der Verhandlung vor dem Volksgerichtshof, am 5. April 1944, beging Ohser Selbstmord, nachdem die Gestapo noch ein Geständnis von ihm erpreßt hatte. Senatspräsident Roland Freisler verurteilte Erich Knauf in dem Schauprozeß zum Tode. Am 2. Mai 1944 wurde er im Zuchthaus Brandenburg mit dem Fallbeil hingerichtet. Die Witwe erhielt eine Rechnung über 585,74 Reichsmark, was Kästner später in einem Artikel für die *Neue Zeitung* mit der Frage verband: »Was macht denn dieser Herr Schulz, damals Hauptmann der Reserve im OKW?«[64]

Über seine beiden Freunde schrieb Kästner nach dem Krieg: »Sie wollten, mit einem Minimum an Konzessionen, das braune Reich überdauern. Sie hofften, es werde gutgehen, und es ging nicht gut. Sie verbargen ihre eigentlichen Talente, damit sie nicht mißbraucht würden. Ihre eigentliche Meinung konnten sie auf die Dauer nicht verbergen. Sie wurden denunziert und dem Volksgerichtshof ans Messer geliefert.«[65]

Kästner hatte Glück, daß kein Denunziant ihm zuhörte, denn im Freundeskreis riskierte auch er ein offenes Wort. Im Ausland schien man es gar nicht für möglich zu halten, daß er noch lebte. Nachdem ihn bereits die Schweizer Presse im Februar 1942 für tot erklärt und mit anrührenden Nachrufen verabschiedet hatte, erschien im April 1944 in den *Deutschen Blättern* der gereimte Nachruf einer New Yorker Kästner-Verehrerin, der mit der Strophe schloß:

Notabene 36 bis 45

Wer hilft mir einen Kranz für ihn zu winden,
Der uns den Spiegel unsres Lebens gab? –
Wir werden überall ihn wiederfinden…
Denn er ist hier – im All – und nicht im Grab.[66]

Kästner hätte diese Form naiver Bewunderung sicher sehr gefreut. Aber er erfuhr natürlich nichts davon. In Berlin kämpfte er um Entschädigung für seine zerstörte Wohnung, korrespondierte ausführlich mit seiner Mutter über den Versand der Wäschepakete, versuchte mit dem täglichen Mangel zu leben und machte sich bei jedem Alarm Sorgen um seine Eltern, wenn die Bomberverbände weiter nach Sachsen flogen. Im Herbst 1944 mußte Kästner erneut zur Musterung, dieses Mal für den Volkssturm. Da er, wie er in *Notabene 45* schreibt, kein Telefon und kein Fahrrad hatte, kam er zum letzten Aufgebot. Sein Volkssturm-Ausweis, der das Datum vom 5. November 1944 trägt, hat sich im Nachlaß erhalten.

Als Dresden am 13. Februar 1945 im Feuersturm unterging, saß Kästner »in einem Berliner Luftschutzkeller, blickte auf die angegriffene Blaupause einer Planquadratkarte von Deutschland, hörte den Mikrophonhelden des ›Gefechtsstands Berlin‹ von feindlichen Bomberströmen reden und begriff, mittels der von ihm heruntergebeteten Planziffern, daß meine Vaterstadt soeben zugrunde ging. In einem Keller jener Stadt saßen meine Eltern…«[67] Noch authentischer wie dieser 1946 verfaßte Text ist das, was Kästner am 15. Februar 1945 notierte: »Heute mittag der vierte Luftangriff auf Sachsens Mitte, besonders auf Dresden. Wir mußten, weil ein Teil der Flugzeuge nördlich abschwenkte, auch in den Keller. Zu denken,

Volkssturm-Ausweis von Erich Kästner

daß die beiden alten Leute womöglich ohne Wohnung im Keller hocken, daß die Mama die beiden Manuskripttaschen trotz Tod und Teufel eisern umklammert hält, macht mich geradezu krank. (Es ist zweifellos viel wirkungsvoller, wenn jemand unsere Angehörigen quält, statt uns selber, ein altes Hausmittel der Menschheit.)«[68]

Während Berlin Tag für Tag mehr in Schutt und Asche fiel, kehrte Kästner immer häufiger der Stadt den Rücken und wich nach Ketzin zu dem Textilkaufmann Paul Odebrecht aus, der ein gastliches Haus führte. In *Notabene 45* nennt er seinen Gastgeber Karl, dem es das Schicksal verwehre, Not zu leiden. »Man trägt ihnen, nach Einbruch der Dunkelheit, das Notwendige samt dem Überflüssigen korbweise ins Haus. Man drängt ihnen auf, was es nicht gibt. Bei Nacht kommen nicht nur die Diebe, sondern auch die Lieferanten. Sie bringen Butter, Kaffee und Kognak, weiße Semmeln und Würste, Sekt und Wein und Schweinebraten, und sie brächten den Kreisleiter der NSDAP, wenn er eßbar wäre. Karl honoriert soviel Mannesmut und Hilfsbereitschaft mit Kostüm- und Anzugstoffen, und dann ruft er, vom Berliner Geschäft aus, ein Dutzend Freunde und Bekannte an. ›Kommt doch am Sonntag für eine halbe Woche aufs Land! Abgemacht? Wir freuen uns!‹ Der Gastgeber freut sich. Die Gäste freuen sich. Die Freude ist allgemein. Man lacht und tafelt in einem Landhaus an der Havel, und die russischen Panzer stehen, bei Frankfurt und Küstrin, an der Oder.«[69]

Die russischen Panzer blieben nicht an der Oder stehen, und vom Westen näherten sich die amerikanischen Truppen. Wer konnte, flüchtete aus Berlin. Kästner hatte Glück, daß er immer noch mit Filmleuten befreundet war und daß Luiselotte Enderle als Dramaturgin bei der Ufa arbeitete. Auch in den letzten Kriegstagen ließ Goebbels noch Filme drehen, als stehe der »Endsieg« nahe bevor. Die Babelsberger Traumfabrik funktionierte noch, auch wenn wegen der ständigen Luftangriffe an andere Orte ausgewichen werden mußte. Prag war bei Schauspielern besonders beliebt, ebenso Bayern und Tirol; sogar die Lüneburger Heide rangierte weit vor Berlin. Viele Filmleute wußten vom nahen Ende des Krieges und wollten an einem möglichst sicheren Ort überleben.

Eberhard Schmidt, Herstellungsleiter bei der Ufa, ermöglichte Kästner das Verlassen der Stadt. Mit einem sechzigköpfigen Team sollte er im Zillertal den Film *Das verlorene Gesicht* drehen. Schmidt »setzte sich an die Schreibmaschine und stellte, auf meinen Namen, alle notwendigen Papiere aus. Es waren von Staatsrat Hans Hinkel unterzeichnete Formulare. Eberhard schrieb, ich sei der Autor des Drehbuchs, das in Mayrhofen verfilmt werde, und vervollständigte die Gültigkeit der

Pension Steiner; dort wohnte Kästner während seines Aufenthalts in Mayrhofen

Ausweise durch seine eigene Unterschrift.«[70] Mit diesen Papieren war es für Kästner leicht, die restlichen Formalitäten zu erledigen und sich noch mit Geld zu versorgen. Mitte März 1945, nach einer abenteuerlichen Reise, kamen Schmidt und Kästner in Mayrhofen an. Unter der Regie von Harald Braun sollten unter anderem Hannelore Schroth und Ulrich Haupt spielen. Daß daraus nichts mehr werden konnte, wußten alle Beteiligten. Aber der Schein mußte gewahrt werden, um der Einberufung zu den Tiroler Standschützen zu entgehen. »Deshalb zog heute, denn die Sonne schien«, so Kästner am 19. April 1945, »die Ufa, mit den geschminkten Schauspielern an der Spitze, geschäftig durch den Ort, hinaus in die Landschaft, und drehte, was das Zeug hielt. Die Kamera surrte, die Silberblenden glänzten, der Regisseur befahl, die Schauspieler agierten, der Aufnahmeleiter tummelte sich, der Friseur überpuderte die Schminkgesichter, und die Dorfjugend staunte. Wie erstaunt wäre sie erst gewesen, wenn sie gewußt hätte, daß die Filmkassette der Kamera leer war! Rohfilm ist kostbar. Bluff genügt.«[71]

Kästner hatte bereits am 7. Februar und noch in Berlin damit begonnen, wieder sein »blaues Buch« mit Notizen zu füllen. Seine Aufzeichnungen in Mayrhofen

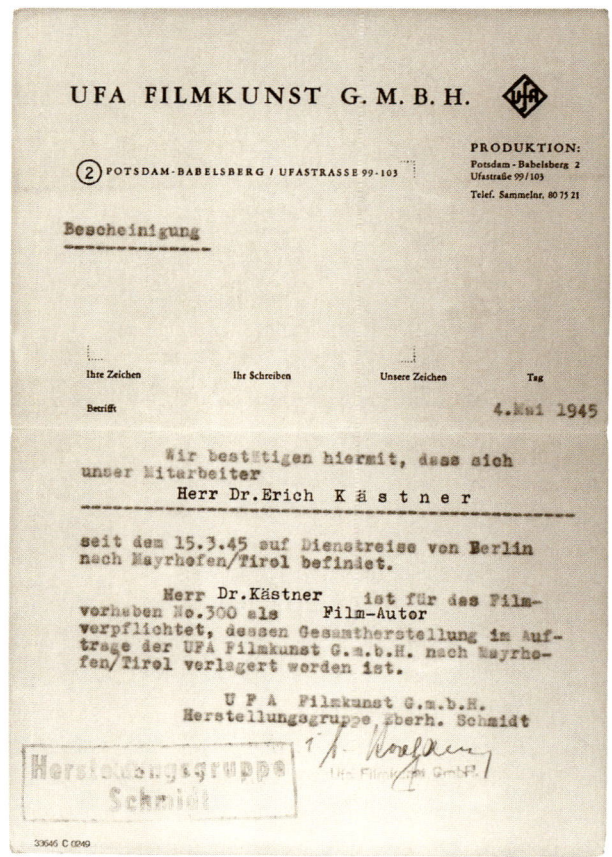

beginnen mit dem 22. März. Kästner beobachtete nicht nur das Verhalten des Filmteams, sondern auch den Opportunismus der Mayrhofener Bevölkerung, die den Wechsel von der NS-Diktatur zur alliierten Besatzung ohne jede Skrupel vollzog. Er berichtet von der Stimmung, die sich langsam gegen das Filmteam wandte, von den vielfältigen Gerüchten über Nazigrößen, von den erschöpften deutschen Soldaten, die auf ihrem Rückzug durch das Zillertal marschierten, von seiner Sorge um die Eltern, von den siegreichen amerikanischen Truppen und von den Verhören, die alliierte Offiziere mit ihm führten. Unter ihnen war auch der in Hellerau bei Dresden geborene und 1933 emigrierte Peter de Mendelssohn, der ihn am 30. Juni fragte, ob er »an einer in München zu gründenden Zeitung mitarbeiten wolle; zweimal wöchentlich solle sie erscheinen«[72]. Damit waren die Weichen gestellt für den Neubeginn in München. Aber bis dahin sollte es noch einige Monate dauern – mit Aufenthalten in dem immer ungastlicher werdenden Mayrhofen, in Olching und schließlich bei einem Hochschulprofessor in Schliersee. Diese Unterkunft hatte die Schwester von Luiselotte Enderle vermittelt. Und dort wurde Kästner zum ersten Mal mit dem millionenfachen Mord in den Konzentrationslagern konfrontiert – durch einen ehemaligen Häftling, mit dessen erschütterndem Bericht die Aufzeichnungen im blauen Buch am 29. Juli 1945 schließen.

Kästner hat sein »Kriegstagebuch 1945« fünfzehn Jahre später für den Druck bearbeitet. Die Fassung, die 1961 unter dem Titel *Notabene 45* erschien, weicht erheblich vom Original ab, das sich als Typoskript im Nachlaß befindet. Für ihn waren die zwischen Februar und Ende Juli geschriebenen Notizen nur eine Vorlage, die er ausformulierte und erweiterte sowie mit neuen Gedanken und Erinnerungen ergänzte. »Zündstoff fürs eigene Gedächtnis«[73] nannte Kästner sein Tagebuch im Vorwort. »Meine Aufgabe war, die Notizen behutsam auseinanderzufalten. Ich mußte nicht nur die Stenographie, sondern auch die unsichtbare Schrift leserlich machen. Ich mußte dechiffrieren. Ich mußte das Original angreifen, ohne dessen Authentizität anzutasten. Es war eine mühsame Beschäftigung, eher die eines Konservators als eines Schriftstellers, und ich habe sie so gewissenhaft durchgeführt, wie ich es vermochte. Ich habe den Text geändert, doch am Inhalt kein Jota.«[74]

Trotz dieser einführenden Erläuterungen wurde *Notabene 45* als bis zum letzten Komma authentisches Zeugnis angesehen – für freiheitlichen Denkens am Ende der NS-Zeit. Kästners politische Klarsicht war aber nicht immer die des Jahres 1945, wie der direkte Vergleich des Typoskripts mit der Druckfassung zeigt. Ein markantes Beispiel dafür ist der Bericht Kästners über den Tod Hitlers. Im Original heißt es unter dem 2. Mai 1945: »Hitler ist in Berlin ›gefallen‹.« Daraus wurde in *Notabene 45*: »Hitler liegt, nach neuester Version, nicht im Sterben, sondern ist ›in Berlin gefallen‹! Da man auf vielerlei Art sterben, aber nur fallen kann, wenn man kämpft, will man also zum Ausdruck bringen, daß er gekämpft hat. Das ist nicht wahrscheinlich. Ich kann mir die entsprechende Szene nicht vorstellen. Er hätte dabei mit Ärgerem rechnen müssen, mit der Gefangennahme, und dieses Spektakel konnte er nicht wollen. Ergo: Er ist nicht ›gefallen‹.«[75] Beispiele dieser Art gibt es viele in der Druckfassung. Das Original-Tagebuch beschränkt sich über weite Strecken auf die Wiedergabe von persönlich Erlebtem und Gehörtem, bleibt also im großen und ganzen dem Faktischen verpflichtet. Was Kästner damals dachte oder gedacht haben könnte, rundet sich erst in *Notabene 45* zu einem Gesamtbild. Da das Typoskript bis vor kurzem nicht zugänglich war, sind die teilweise sehr starken Veränderungen erst jetzt zu erkennen. In der neuen Gesamtausgabe zum hundertsten Geburtstag von Erich Kästner sind sie dokumentiert.

Notabene 45 bleibt trotzdem ein wichtiges Zeugnis nicht nur für menschliches Verhalten an der Schwelle vom Krieg zum Frieden, von der Diktatur zur Demokratie, sondern auch für einen entscheidenden Abschnitt im Leben Erich Kästners: den Wechsel von Berlin über Mayrhofen nach München.

Die Verheißung des Neubeginns

»Das schmale Pensionszimmer, in dem ich augenblicklich kampiere, steckt schon am frühen Morgen voller Menschen. Alte Freunde und neue Bekannte teilen sich in den Genuß, mir beim Waschen, bei der Zahnpflege und beim Rasieren zuzusehen.« So meldete Erich Kästner sich am 18. Oktober 1945 in der ersten Ausgabe der *Neuen Zeitung* zu Wort. »Die Portion Aufmerksamkeit, die übrigbleibt, widmen sie der Debatte. Sie hocken auf dem Sofa, auf dem Bett, auf den Stühlen, die das Mädchen und die Wirtin begeistert nachliefern. Es ist angenehm kühl im Raum, weil es an Fensterscheiben mangelt, und wenn unten amerikanische Lastwagen vorüberdonnern, wird man den Eindruck nicht los, einer Unterhaltung zwischen aufgeregten Taubstummen beizuwohnen. Es soll Zimmer geben, in denen man den Straßenlärm besser hört als auf der Straße selber. Ich habe Glück gehabt. Ich habe so ein Zimmer gemietet.«[1]

Zunächst nur für ein paar Tage war er, wie seit Mitte Juni einige Male schon, im August 1945 von Schliersee aus nach München gefahren. In einem Parterrezimmerchen der Pension Dollmann in der Thierschstraße 49 hatte er diesmal rasch eine Bleibe und, was noch viel wichtiger war, in Rudolf Schündlers wenige Wochen zuvor gegründetem Kabarett »Die Schaubude« (es war das allererste im zerstörten Deutschland) auch eine feste Anstellung gefunden – auf dem Papier zumindest, in dem ihm dies alles am 20. August 1945 von Schündlers eigener Hand bestätigt wurde, weil anders eine Zuzugsbewilligung nicht zu erlangen war: »Zuzug bekam man nur schwer«, bezeugt der Schriftsteller und Übersetzer Walter Kolbenhoff, den es nach der Rückkehr aus amerikanischer Kriegsgefangenschaft nach München verschlagen hatte, »außer man war eine wichtige Per-

Die Verheißung des Neubeginns

sönlichkeit oder hatte die richtigen Beziehungen.«² Im Hauptwohnungsamt war eigens eine »Abteilung Zuzug« eingerichtet worden, die – freilich immer noch unter Bezugnahme auf die Verordnung zur Wohnraumlenkung vom 27. Februar 1943 – eine sogenannte Zuzugsbewilligung erteilte. Kästner bekam sie am 16. Oktober 1945. Sie war bis zum 7. Januar 1946 befristet. Immer noch diente ihm als Ausweispapier ein maschinengeschriebenes Dokument, in dem der Bürgermeister von Mayrhofen bescheinigte, daß die auf dem dazugehefteten Paßfoto abgelichtete Person der Schriftsteller Erich Kästner sei. Der Ausweis trägt das Datum vom 5. Juni 1945. Von der amerikanischen Militärregierung hatte er sich ein für »Dr. Erich Kästner and Luise Enderle and A. Heilmann« gültiges Visum ausstellen lassen, das die genannten Personen von Ausgangssperren, vor allem aber von Reisebeschränkungen ausnahm.

Zuzug bekam man nur schwer – außer man war eine wichtige Person

Was ihn nach München lockte, geht aus einem Brief hervor, den er, mit der Bitte um eine Aufenthaltsgenehmigung für Schliersee, am 12. Juli dem Landrat des Kreises Miesbach geschickt hatte: »Bei Erich Kästner handelt es sich um einen international, sowie vor 1933 auch in Deutschland sehr bekannten Autor, der von 1933 bis 1945, also während der Gesamtdauer des Dritten Reiches, seinen Beruf nicht ausüben durfte. Ausserdem gehört er zu den 24 namhaften deutschen Schriftstellern (mit Thomas Mann, Heinrich Mann, Stefan Zweig, Wassermann usw.), deren Bücher im Frühjahr 33 in Berlin von Dr. Goebbels öffentlich verbrannt wurden. Kästner und seine Begleiter sind vorgesehen, in München beim kulturellen Wiederaufbau (Gründung einer grossen Zeitung, Neugründung der Bavaria-Filmgesellschaft usw.) eingesetzt zu werden. Maßgebliche

251

Stellen des amerikanischen und englischen Hauptquartiers, Mr. Kennedy und Mr. Peter Mendelsohn, kamen im Juni und in den ersten Julitagen aus München nach Mayrhofen, um diesbezügliche Pläne zu erörtern.«[3]

Vom Troß waren in Schliersee nur Kästner, Luiselotte Enderle (die in den Schreiben der Gemeinde Mayrhofen stets als seine Braut angesprochen wird) und der Filmregisseur Albert Heilmann übriggeblieben. Vor dem Umzug nach München trennten sich Enderle und Kästner von Heilmann und bezogen für 48 Mark in der Woche, zuzüglich zehn Prozent Bedienung und zwei Mark für Strom, in der Pension Dollmann ein Zweibettzimmer. Der Schriftsteller Horst Lange hat dem Wiedersehen in München eine eindrucksvolle Charakterskizze gewidmet, aus der seine Frau Oda Schaefer in ihren Lebenserinnerungen zitiert: »Als ich ihn wiedersah, in diesem ein wenig unordentlichen und verwohnten Zimmer, wurde mir nicht sogleich deutlich, was sich an ihm eigentlich verändert hatte. Er saß in einer merkwürdigen Gelassenheit unter der Lampe und drehte Zigaretten, die er gerecht und in einer bestimmten Reihenfolge verteilte. Der Lampenschirm, an dem lange Fransen waren, begann sich vom Atem der Gespräche zu drehen. Die Schattenfransen fuhren rundum über die Wand und über die Gesichter. Alles schien zu kreisen und wegzugleiten, was doch in Wirklichkeit fest und unverrückbar war. Er selber wurde von dieser Bewegung nicht erfaßt. Es kam wohl daher, daß sein Standpunkt der einer milden Entschlossenheit war. Das Fragwürdige, mit dem er sich lange genug in seinen Büchern auseinandergesetzt hatte, erregte ihn nicht mehr, weil es ihm selbstverständlich geworden war. Es war etwas Versöhnliches und Ausgleichendes an ihm zum Vorschein gekommen, das die verzweifelte und bittere Ironie der frühen Gedichte, die seinen Ruhm begründet hatten, in den Schatten stellte. Und alles, was er sagte, meinte im Grunde wohl dieses: ›Laßt eure Theorien beiseite! Berauscht euch nicht an Worten! Wir haben genug Lärm um uns gehabt. Seid still und arbeitet und macht nicht zuviel davon her...‹«[4]

In München trafen sich alle, die es in den Kriegswirren nach West- und Süddeutschland verschlagen hatte: Schauspieler und Sänger, Maler und Musiker, Theaterdirektoren und Regisseure, Schriftsteller und Verleger, Kabarettisten und Kritiker. Also debattierten sie, auf Kästners Sofa so oft und so ausdauernd wie im Hof der Kammerspiele oder in den zügig wiedereröffneten Kneipen Schwabings, über Literatur und Theater, über Kunst und Kino, über Ausstellungen und Kabarettprogramme, Zeitschriften, Verlage und Lizenzen, auch über Bohnenkaffee, Zigarettenpreise und Zementscheine. »Ich traf Wolfgang Koeppen und Arnulf Schröder. In den Kammerspielen proben Arthur Maria Rabenalt und Rudi Schündler für ein literarisches Kabarett: Villon, Ringelnatz, Baudelaire usw., mit Tanz, hübschen Mädchen usw.«[5], schrieb Kästner am 20. Juni 1945 in sein Tagebuch. In der Druckfassung trug er nach: »Hübsche Mädchen seien weniger rar als gute Texte, und aktuelle Chansons fehlten ihnen völlig. Mich schicke der Himmel. Ich müsse mitmachen. Daß ich nichts Neues geschrieben hätte, sei bedauerlich, aber reparabel. Sie würden mir ein paar Tage Zeit lassen. Das gehe nicht? Morgen nachmittag führe ich wieder ins Zillertal? Was ich denn dort oben wolle? So ein Nonsens! Hier in München bräche die Kultur aus, und ich führe in die Himbeeren!«[6]

Schündlers Kabarett, mit Texten aus dem Fundus von Kästner, Matthias Claudius, Werner Finck und Joachim Ringelnatz, hatte am 15. August Premiere. In den Kammerspielen eröffnete der neue Intendant Erich Engel seine erste Spielzeit mit *Macbeth*. Im Ballsaal der Residenz probte Paul Verhoeven, der Direktor des Staatlichen Schauspiels, Goldonis *Kaffeehaus*. Das ausgebombte Volkstheater-Ensemble war in den Kammerspielen mit Bruno Franks *Sturm im Wasserglas* zu Gast. Die Staatsoper, vorübergehend im Prinzregententheater untergebracht, begann unter Knappertsbusch mit dem *Fidelio*, die Regensburger Domspatzen absolvierten eine Morgenfeier und Harald Kreutzberg seine erste Tanzmatinee. In einer Nymphenburger Turnhalle gab es Zuckmayers *Fröhlichen Weinberg* und in den Kinos amerikanische Unterhaltungsfilme anzuschauen. Die Münchner

Philharmoniker hatten ihr erstes Konzert im Juli, die Volksbüchereien waren seit Oktober wieder zugänglich, die Universität begann ihr erstes Semester nach Kriegsende im Dezember. Was es noch nicht gab, war auf jeden Fall geplant, Kleinkunsttheater namens »Steckenpferd« und »Wespennest« oder Zeitschriften namens »Pinguin« zum Beispiel: »Alle Welt scheint am Werke, einen Überfluß der Künste vorzubereiten. Daß man wie die Zigeuner leben muß, hinter zerbrochnen Fenstern, ohne Buch und zweites Hemd, unterernährt, angesichts eines Winters ohne Kohle, niemanden stört das. Keiner merkt's. Das Leben ist gerettet. Mehr braucht's nicht, um neu zu beginnen.«[7] Ein wenig Gemeinsinn, sagt Kästner an anderer Stelle, brauchte es vielleicht auch: »Wer jetzt beiseite steht, statt zuzupacken, hat offensichtlich stärkere Nerven als ich. Wer jetzt an seine Gesammelten Werke denkt statt ans tägliche Pensum, soll es mit seinem Gewissen ausmachen. Wer jetzt Luftschlösser baut, statt Schutt wegzuräumen, gehört vom Schicksal übers Knie gelegt. Das gilt übrigens nicht nur für die Schriftsteller.«[8]

Schon am 28. Mai 1945 hatte Bob Kennedy, der Filmoffizier der amerikanischen Militärregierung für Bayern, Kästner in Mayrhofen das erste Mal aufgesucht, um ihm die Mitarbeit an der für den Herbst vorgesehenen Produktion deutscher Spielfilme in den Studios von Geiselgasteig anzutragen. Am 30. Juni wurde er von Peter de Mendelssohn begleitet. Mendelssohn, in München geboren und in Dresden aufgewachsen, aus Protest gegen die ideologischen Ziele der Nationalsozialisten 1933 nach London emigriert, war im Auftrag der britischen Kontrollkommission unterwegs. Er kam, um Kästner zu fragen, »ob ich an einer in München zu gründenden Zeitung mitarbeiten wolle, die zweimal wöchentlich erscheinen soll. Chefredakteur soll ein Hauptschriftleiter der katholischen Zeitschrift ›Hochland‹ werden, als Mitarbeiter werden Süskind und Hausenstein genannt.«[9] Wenige Wochen später nahm der Plan konkrete Gestalt an. Erster Chefredakteur des als überregionale »amerikanische Zeitung für die deutsche Bevölkerung« gegründeten Blattes, das vom 18. Oktober

Die Verheißung des Neubeginns

1945 an zunächst dreimal wöchentlich, dann täglich mit einer Auflage von zweieinhalb Millionen Exemplaren erschien, wurde der emigrierte Wiener Journalist Hans Habe, der als amerikanischer Major nach Deutschland

Erich Kästner, der Feuilletonchef der *Neuen Zeitung*, mit Hans Habe, dem ersten Chefredakteur des Blattes

zurückgekehrt war. Als Habe ihm, im September, die Leitung der Feuilletons anbot, zögerte Kästner nicht einen Augenblick: »Einverstanden. Im Auto fahren wir im Land umher und trommeln Mitarbeiter zusammen. Wo kriegen wir Bücher her? Woher ein Archiv? Woher einen Musikkritiker? Woher ausländische Zeitschriften? Wir arbeiten Tag und Nacht. Es geht zu wie bei der Erschaffung der Welt.«[10]

Der Schriftsteller Alfred Andersch, damals einunddreißig Jahre alt und gerade aus der Kriegsgefangenschaft entlassen, traf Ende 1945 in München ein. Da er ein Zeugnis des *Prisoner of War Education Program* besaß, das ihn als *selected citizen of Germany* auswies, war er dem Chefredakteur willkommen, schien auch durchaus für die Zeitungsarbeit tauglich und wurde von Habe zu Kästners Assistent ernannt. »An Major Habe habe ich nur eine undeutliche Erinnerung, denn er wurde schon wenige Wochen später von seinem Posten entfernt und von einem anderen amerikanischen Major, Hans Wallenberg, abgelöst«, schreibt Andersch in seinen autobiographischen Aufzeichnungen. »Er war ein großer

Die Verheißung des Neubeginns

Die Antworten Kästners zum Fragebogen der Militärregierung – in einer vorläufigen Fassung

Mann mit etwas hervortretenden Augen, von femininer Schönheit, eigentlich war er eine Frau, der Ruf eines erfolgreichen *lady-killers* hing um ihn wie der Duft eines Gesellschaftsberichts aus Budapest im *Neuen Wiener Journal*. Wallenberg war ein ganz anderer Typ, ein sympathischer häßlicher Frosch aus dem Berliner Journalismus der Weimarer Republik, scharf und nüchtern. (...) Diese beiden Juden, der wiener und der berliner, machten, als US-Majore verkleidet, ein Blatt, um das man sich nicht nur in der amerikanischen Besatzungszone riß. *Verve* heißt das Wort, mit dem man die *Neue Zeitung* charakterisieren kann; sie wurde gemacht mit dem Elan von Männern, die, aus Deutschland vertrieben, ein Dutzend Jahre lang darauf hatten warten müssen, ihren Beruf wieder ausüben zu können.«[11]

Kästner wird es ähnlich zumute gewesen sein. Zwölf Jahre lang hatte unter seinem Namen in Deutschland nichts gedruckt werden dürfen. Obwohl ausreichend Stoff für mindestens zwei Romane und drei Theaterstücke bereitlag, »zugeschnitten und mit allen Zutaten«[12], entschied er sich, »weil es nötig ist, daß jemand den täglichen Kram erledigt und weil es zu wenig Leute gibt, die es wollen und können«[13], vorerst gegen den Beruf des Schriftstellers und für die Tätigkeit des Zeitungsredakteurs. Was Moral sei und was sie im Alltag bedeute, exemplifizierte der pragmatische Moralist Erich Kästner im Blick auf die Lehren aus diesem Zweiten Weltkrieg an der persönlichen Arbeitsmoral. »Davon, daß jetzt die Dichter dicke Kriegsromane schreiben, haben wir nichts«, mahnte er seine Kollegen. »Die Bücher werden in zwei Jahren, falls dann Papier vorhanden ist, gedruckt und gelesen werden, und bis dahin – ach du lieber Himmel! – bis dahin kann der Globus samt Europa, in dessen Mitte bekanntlich Deutschland liegt, längst zerplatzt und zu Haschee geworden sein.«[14] Ein Gedanke, der den meisten seiner Zeitgenossen erst viel später in den Sinn kam.

Im Anstellungsvertrag mit der *Neuen Zeitung* figurieren Kästner als »leitender Redakteur des Feuilletons« und Luiselotte Enderle als »Stellvertreterin des leitenden Feuilletonredakteurs«. Beide Verträge sind

Die Verheißung des Neubeginns

Mit Luiselotte Enderle auf dem Faschingsfest der Münchner Kammerspiele 1950

am 15. Oktober 1946, offenbar nach Verhandlungen über die Höhe der Redakteursgehälter, durch neue Ausfertigungen ersetzt worden. Vorausgegangen war ein Brief des seit Januar 1946 amtierenden Chefredakteurs Hans Wallenberg, in dem Kästner »ein Fixum von 2200 RM und Spesen von 300 RM monatlich«[15] sowie ein Honorar für seine in der *Neuen Zeitung* veröffentlichten Artikel garantiert wurde. Ausdrücklich erlaubt waren ihm Nebentätigkeiten fürs Kabarett und für Zeitschriften wie den *Pinguin,* dessen erste Ausgabe am 1. Januar 1946 erschienen ist und für den vom zweiten Heft an Kästner als Herausgeber verantwortlich zeichnete.

Das Privileg, über ein Vorzimmer zu verfügen, genossen in der Redaktion nur Wallenberg und Kästner. Hildegard Brücher, für Wissenschaft zuständig, und Hans Lehmann, der Leiter des Wirtschaftsressorts, besaßen ein Büro für sich; Robert Lembke, der sich damals noch Robert E. Lembke nannte und im Impressum als Chef des Ressorts Innenpolitik aufgeführt war, residierte in einer Art Glasverschlag; die übrigen »hockten alle zusammen in einem großen Raum mit nur zwei Telefonen, um die ein täglicher Kampf geführt wurde«[16]. Wer weder einen freien Stuhl noch eine funktionstüchtige Schreibmaschine fand, suchte sich einen Platz in der legendären Kantine, »wo wie auf einer Insel inmitten des Hungers und der Kälte Besatzer und Besiegte zusammen speisten, wo täglich mit einer kräftigen Suppe zu rechnen war, manchmal einer dicken Scheibe Corned Beef, einem Stück Weißbrot oder gar einem Doughnut«[17]. Der Ansturm der freien Mitarbeiter, so Hans Habe, »war fast so groß wie der der Abonnenten. Wenn ich am Morgen mein Vorzimmer durchquerte, hatte ich den Eindruck, halb Deutschland wolle sich dem Journalismus verschreiben.«[18] Nicht nur die unvergleichliche Kantine lockte, auch das Zeilenhonorar von achtzig Pfennigen lag deutlich über den Sätzen des *Münchner Mittag* oder der *Süddeutsche Zeitung,* die ihren Autoren zwischen zwanzig und dreißig Pfennigen zahlten.

Beeindruckend die Liste der Schriftsteller, deren Texte sich seit den ersten Ausgaben der *Neuen Zeitung* in deren Feuilleton gedruckt fanden. Ihre Namen reichten von Sherwood Anderson und Karel Čapek, George Bernard Shaw und Antoine de Saint-Exupéry über Sigrid Undset und Ernest Hemingway, Edgar Lee Masters und Eugene O'Neill, Wallace Stevens und Thornton Wilder bis zu Jean Giraudoux und André Gide, Julien Green und André Malraux, Jean-Paul Sartre und Paul Valéry, Sergej Jessenin und Adrien Turel, von Max Frisch und Carl Zuckmayer, Horst Lange und Thomas Mann über Franz Werfel und Bertolt Brecht bis zu Alfred Polgar und Lion Feuchtwanger, Bruno Frank und Heinrich Mann. Stefan Heym, der anfangs der Redaktion angehörte, schrieb Leitartikel; aus London berichtete Alfred Kerr; als Reporter festangestellt war Walter Kolbenhoff. Auch eines der allerersten Gedichte, die im Nachkriegsdeutschland publiziert wurden[19], stand in der Eröffnungsnummer. Die neunzehnjährige Dagmar Nick, Tochter des Komponisten Edmund Nick, der schon 1929 Kästners Hörspiel »Leben in dieser Zeit« vertont hatte und nun zu den Programmen der »Schaubude« die Musik schrieb, war die Verfasserin.

Kästners Beitrag für die erste Ausgabe der *Neuen Zeitung* war mit sanft ironischer Untertreibung bloß »Münchner Theaterbrief« überschrieben. Das klang, als lasse sein Verfasser darin die Stücke, Aufführungen und Akteure einer Saison der Reihe nach Revue passieren, die in Wahrheit noch lange nicht begonnen hatte. Doch las es sich weder als Theaterkritik noch als Probenbericht, verstand sich weder als Glosse noch als Essay, war weder Momentaufnahme noch Panorama, sondern ein flapsig vergnügter Blick aus dem eigenen Parterrefenster auf eine Landschaft, in der, wie Kästner an anderer Stelle protokolliert hat, fast alles sich verändert hatte und dennoch das meiste sich gleichgeblieben war.

Das Münchner Volkstheater zum Beispiel eröffnete die Spielzeit 1945 mit einem Schwank von Hans Wolfgang Hillers: demselben Stück, das am Ende des Dritten Reiches als letztes über die Bühne gegangen war. Gewiß nur eine Marginalie. Doch sie lasse abgrundtief blicken, behauptete der Zeitkritiker Kästner: »Denn es gibt nicht nur wirkliche, sondern auch scheinbare Kleinig-

Der ehemalige Feuilletonchef liest sein Blatt, 1951 im Foyer des Münchner Kabaretts »Die Kleine Freiheit« fotografiert

keiten. Und während die wirklichen getrost als Brosamen vom Tisch der Zeit fallen können, wollen die scheinbaren Kleinigkeiten sorgfältig betrachtet sein. Sie sind beim näheren Zusehen keine bloßen Details, sondern Symptome.«[20] Seine Kritik über Hillers »Hammelkomödie«, am 15. September 1945 in der *Münchener Zeitung* (der seit Juni 1945 erschienenen Vorläuferin der *Neuen Zeitung*) veröffentlicht, war eine seiner ersten Publikationen nach Kriegsende.

Mit verläßlichem Sinn für die Aussagekraft des exemplarischen Details machte er solche scheinbar unscheinbaren Kleinigkeiten immer wieder zum Thema seiner Publizistik: die Pfiffe im Kino, mit denen das gemeine Volk »von den in Aussicht gestellten demokratischen

Rechten und Pflichten«[21] Gebrauch zu machen begann; den in der britisch besetzten Zone unternommenen Versuch, nach englischem Vorbild auch im Deutschen die Kleinschreibung einzuführen, in dem er die Knospen eines separatistisch aufblühenden Föderalismus zu erkennen glaubte; die Sprüche derer, die im Gefolge Hitlers allenfalls Mitläufer gewesen sein wollten wie die Filmregisseurin Leni Riefenstahl.

Kein Gedanke an Gegenwart und Zukunft, aus dem die Erinnerung an die Vergangenheit gänzlich zu tilgen wäre. Und nur wenige Ereignisse von öffentlichem Rang in den frühen Nachkriegsjahren, die diese Erinnerung nicht sogleich mit Nachdruck wachriefen. Der da durch Deutschland reiste, um von den Theaterpremieren in Konstanz, Darmstadt oder Heidelberg, vom ersten Tag der Prozesse gegen Göring und Heß, Keitel und Rosenberg in Nürnberg oder vom internationalen Kongreß des PEN-Zentrums in Zürich zu berichten, war nicht nur ein aufmerksamer Beobachter und ein verläßlicher Protokollant. Er war, vor allen Dingen, ein Schriftsteller: ein Chronist, dem zu den Namen, Daten und Fakten stets anschauliche Bilder und einleuchtende Vergleiche einfielen: »In Brandenburg an der Havel hielt ein Personenzug, den nur Brueghel hätte malen können. Doch zu seiner Zeit gab es keine überfüllten Eisenbahnen, und heute gibt's keinen Brueghel. Es ist nicht immer alles beisammen... Die Trittbretter, die Puffer und die an den Waggons entlangführenden Laufstege waren mit traurigen Gestalten besät, und oben auf den Wagendächern hockten, dicht aneinandergepreßt, nicht weniger Fahrgäste als unten in den Coupés. Von dem Zug, den wir sahen, war nichts zu sehen, – er war mit Menschen paniert!«[22] Die melancholisch getrübte Ironie, die in solchen Sätzen beredten Ausdruck fand, war Kästners Hausmittel gegen Feierlichkeit und Emphase. »Es wäre unwürdig«, so notierte er vor Weihnachten 1945, »die Situation durch eine festliche Beleuchtung verdunkeln zu wollen.«[23]

Dem Journalisten Kästner genügten Streiflichter, auch wenn es um die Nürnberger Prozesse zu tun war. Sie erfaßten die Haupt- und Nebenschauplätze gleichermaßen, schoben sie ineinander, als gehörte eines zum anderen wie Bild und Spiegelbild: »Ein mit Dung beladener Ochsenkarren stolpert durch den Nebel. Die Räder stecken bis zur Nabe in weißlich brauendem Dampf. Und drüben, mitten im Feld, ragen ein paar Dutzend kahler, hoher Hopfenstangen in die Luft. Es sieht aus, als seien die Galgen zu einer Vertreterversammlung zusammengekommen.«[24] Aus der Weitwinkel-Perspektive des als Zeitzeuge im Parkett sitzenden Schriftstellers wurde das Tribunal zur Theaterszene. Also mußte, im November 1945, sechs Monate nach dem Ende der Hitlerdiktatur, zuvörderst von den Kulissen und von den Kostümen, wenn nicht von den allen Figuren eigenen Masken die Rede sein. Denn über die Rolle, die den Akteuren auf den Leib geschrieben war, verrieten sie viel mehr als alle Auskünfte zur Person: »Göring trägt eine lichtgraue Jacke mit goldenen Knöpfen. Die Abzeichen der Reichsmarschallwürde sind entfernt worden. Die Orden sind verschwunden. Es ist eine Art Chauffeurjacke übriggeblieben. (...) Auch Keitel ist etwas schmäler geworden. Er sitzt, in seiner tressenlosen Uniformjacke, grau mit grünem Kragen, ernst und ruhig da. Wie ein Forstmeister. (...) Baldur von Schirachs Gesicht ist bleich und bedrückt. Er wirkt wie ein schlecht vorbereiteter Abiturient im Examen.«[25] Aus Kästners Blickwinkel angeschaut, verloren diese Gestalten, über die in Nürnberg zu Gericht gesessen wurde, alles Diabolische, alles Dämonische auf der Stelle. Es war Hitlers Chauffeureska, die sich dort ein letztes Mal versammelte: willfährige Gehilfen, die sich von ordinären Verbrechern nur durch das Ausmaß ihrer Mordtaten unterschieden.

Zweifellos wußte der Journalist, der Reporter Erich Kästner, wie man die Worte setzen muß, damit sie Wirkung zeigen. Er war ein Meister der Beiläufigkeit – der vom Plauderton auch dann nicht lassen mochte, wenn es todernst wurde. Wo alle Welt ebenso scheinheilig wie schrill Zeter und Mordio schrie, schien er mit vernehmlicher Genugtuung mehr zu sich selbst zu reden: »Es sind übrigens nicht mehr vierundzwanzig Angeklagte. Ley hat sich umgebracht, Krupp, heißt es, liegt im Sterben, Kaltenbrunner hat Gehirnblutungen. Und Martin Bormann? Ist er auf dem Wege von Berlin nach Flensburg umgekommen? Oder hat er sich, irgendwo im deutschen Tannenwald, einen Bart wachsen lassen?«[26] So gallig, daß es fast zynisch klingt, war Kästner selten. Er hatte das Augenzwinkern verinnerlicht. Das Pathos war ihm fremd, auch als Zeitkritiker neigte er zum Kabarett, gab sich stirnrunzelnd und achselzuckend im selben Atemzug: »Ich habe vorübergehend vergessen, was ich schon seit zwanzig Jahren weiß: Man kann mit seiner Überzeugung nur diejenigen beeinflussen, die bereits der gleichen Überzeugung sind.«[27] Ein Anstrich von Resignation? Oder Ausdruck abgeklärter, versöhnlich gestimmter Gelassenheit, wie Horst Lange vermutete? Nach Alfred Anderschs Urteil zweifellos ein Anflug von Melancholie: »Nicht einmal die Weimarer Republik war ein Staat, in dem sein Glauben an die Vernunft recht behielt, so daß seine politischen Gedichte zu satirischen gerieten. Kästners Satire ist wirkungslos, Benjamin hat beschrieben, warum, aber sein Urteil ist zu hart, Kästner war ein linker Geist, nur gehörte er zu jener Spielart von linken Intellektuellen, die schon resigniert hat, ehe sie beginnt zu schreiben. Man könne doch nichts machen, sagt sie und beklagt das Unabänderliche.«[28]

Erich Kästner war nicht unglücklich als Feuilletonchef einer Zeitung, die nach Rang und Umfang als das bedeutendste Blatt der ersten Nachkriegszeit gelten darf.[29] Doch »daß ich nun in einem fort im Büro sitze, am laufenden Band Besuch empfange, redigiere, konferiere, kritisiere, telefoniere, depeschiere, diktiere, rezensiere und schimpfiere«[30], verstörte und ärgerte ihn, weil der Redakteur dem Romancier, der Publizist dem Poeten alle Zeit stahl. Er verließ die *Neue Zeitung* im Herbst 1946, vermachte die Leitung des Feuilletons seiner Lebensgefährtin Luiselotte Enderle und wollte nach der Währungsreform 1948 auch nicht länger Herausgeber des *Pinguin* sein. Aus Enttäuschung und Resignation? Zweifellos mochte er, anstelle des tagtäglichen Pflichtpensums an Kritiken und Kommentaren, viel lieber Chansons und Gedichte, Theaterstücke oder Filmdrehbücher und Romane für Kinder schreiben – also ausschließlich Schriftsteller sein, frei und unabhängig wie zuletzt vor 1933, und nicht Verwalter der Dienstgeschäfte eines verantwortlichen Redakteurs. Seine letzten Beiträge für die *Neue Zeitung* und den *Pinguin* wurden dort im März 1948 beziehungsweise im Februar 1949 veröffentlicht. Danach erschienen seine Aufsätze und Glossen, Feuilletons und Kritiken, Reden und Kommentare gleichmäßig (und einigermaßen wahllos) verstreut in Tages- und Wochenzeitungen, Magazinen und Zeitschriften fast aller Größen und Couleurs.

Der *Pinguin,* die von Kästner inspirierte Jugendzeitschrift aus dem Stuttgarter Rowohlt-Verlag, war am 1. Januar 1946 zum ersten Mal in die Kioske gekommen. Ganz wie in seinen jungen Leipziger Jahren, in denen er eine Zeitlang Redakteur der »Kinderzeitung« des Familienblatts *Beyers für Alle* gewesen war, hatte der Journalist Erich Kästner sich darin noch einmal als väterlicher Freund der Kinder zu Wort gemeldet: ein um zwölf ereignis- und erfahrungsreiche Jahre älterer Mitschüler, der die Einsichten, die er allen voraushatte, gern mit ihnen teilte. Doch reckte er nicht, streng wie ein Schulmeister, den Zeigefinger in die Höhe, sondern den Daumen – zur Aufmunterung und als Ansporn, wie die Erwachsenen damals zu sagen pflegten. »Ich rede, wie mir der Schnabel gewachsen ist. Ich lache, wie es mir gefällt. Ich will mich anfreunden mit all denen, die jung sind und sich jung fühlen. Ich liebe das Leben und alles, was lebendig ist«, sprach im Editorial zum ersten Heft der kleine Pinguin als Wappentier, um den jungen Leuten deutlich zu machen, daß nun vor allem Selbstbewußtsein und Tatkraft gefordert seien, »ich will euch begeistern für all das, was wir tun können, um uns selbst ein besseres Leben zu schaffen.«

Entscheidend allerdings, die Initiative nicht den Trägen zu überlassen und die Handlungsvollmacht nicht den Sonntagsrednern zu übertragen, die immerfort Moral predigen, weil sie von den drängenden politischen und sozialen Problemen nichts wissen wollen und womöglich aus wirtschaftlichen Gründen an Lösungen noch nicht denken mögen. »Man kann vom Katheder, von der Kanzel und vom Balkon aus an die Moral appellieren. Es wird wenig Sinn haben. Man kann höhere Strafen erlassen. Es wird wenig Sinn haben. Man muß sich mit dem Gedanken vertraut machen, daß es an der Zeit ist, statt der unveränderlichen Menschen die veränderliche Komponente zu ändern: die Zustände!« wetterte Kästner 1947 im Tonfall des Sozialrevolutionärs. Und fuhr fort: »Die wenigsten haben Lust und Antrieb genug, sich zehn Zentimeter emporzuarbeiten, solange sie damit rechnen müssen, im nächsten Augenblick zwanzig Zentimeter tiefer zu sinken. Deswegen arbeiten viele nicht. Deswegen halten viele ihre Ware zurück. Deswegen schlachten die Bauern zu wenig Vieh. Deswegen wird getauscht, statt verkauft. Deswegen gedeiht der Schwarze Markt. Die unnatürliche Situation erzeugt das unnatürliche Verhalten. Es ist nicht wahr, daß die wirtschaftliche Unmoral bereits gesiegt habe. Es ist noch nicht wahr!«[31]

Wiedersehen in Dresden anno 1947: Ludwig Renn und Kästner

Zorn und Eifer, sonst ironisch gepolstert und pointensicher camoufliert, setzten in den Beiträgen für den *Pinguin,* von denen Kästner später viele in die *Gesammelten Schriften für Erwachsene* aufnahm, ungewohnte Akzente. Der vertrauensvoll Verständnis und Verständigungsbereitschaft signalisierende Ton im Dialog mit der nachgewachsenen Generation schien ein Maß an Vertraulichkeit und Bekenntnisfreude zu fordern, das sich der Publizist Kästner sonst offenbar nicht gestatten mochte. Naturwüchsige Spötter wären als Schulmeister wahrscheinlich fehl am Platze und als Moralisten völlig unglaubwürdig, solange sie das eine mit dem anderen zu vermengen suchten. Der Schriftsteller Erich Kästner hat sich ein Leben lang davor gehütet und seine »Bücher für kleine Jungen und Mädchen« von den »bitterbösen Satiren«[32] streng geschieden. Der Publizist Erich Kästner machte es nicht anders. Die Arbeit für den *Pinguin* verstand er als pädagogisches Programm: Kindern und Jugendlichen an anschaulichen Beispielen aus der Geschichte der Menschheit, übrigens nicht bloß des deutschen Teils davon, vor Augen zu führen, wie die Fehler der Vergangenheit entstanden sind und wie es sich, zur Beförderung des Allgemeinwohls, vermeiden ließe, sie zu wiederholen.

Auch im *Pinguin* hat Kästner als Beispiel gern seine eigene Lebensgeschichte angeführt, wenn er von den Parallelen, den großen Übereinstimmungen in den Erfahrungen der beiden jüngsten Kriegs- und Nachkriegsgenerationen berichtete. So beschwörend, fast flehentlich manchmal, als fürchte er, daß der zwischen Vätern und Söhnen aufgerissene Graben nicht mehr zu schließen, die Chinesische Mauer zwischen den Generationen nicht mehr niederzureißen sei: »Soviel über die Jugend eines Vertreters der älteren Generation. Gewiß, wir haben ein paar Jahre die Luft der Freiheit geatmet. Aber es war eine recht dünne Luft. Uns zu verstehen, sollte eigentlich nicht schwerer sein, als uns zu beneiden oder zu bedauern. Und wenn wir uns über Kunst oder Erziehung oder Politik unterhalten – muß es denn wirklich so aussehen, als ob sich Blinde mit Taubstummen unterhielten? Ist denn wirklich eine Chinesische Mauer da? Nein, ich kann es nicht glauben.«[33]

Undenkbar, daß er in der *Neuen Zeitung* so engagiert für Zivilcourage, Ehrlichkeit, Gesinnungstreue, Mitleid und Frömmigkeit gestritten hätte wie im ersten Heft des *Pinguin*. Undenkbar auch, daß er an irgendeiner anderen Stelle Aufrufe wie den folgenden formuliert haben sollte: »Wir wollen Deutschland neu aufbauen und bei unserem Charakter beginnen!«[34] Es finden sich in Kästners Beiträgen für die *Neue Zeitung* durchaus ähnlich feierliche Sätze in vergleichbaren Zusammenhängen. Doch wirken sie satirisch zugespitzt, klingen ein wenig schrill und spürbar nach Übertreibung und sind schon durch die Wahl von Sujet und Genre (»Gespräch mit Zwergen« zum Beispiel) als literarischer Unernst kenntlich gemacht. Oder werden durch ein überflüssiges Postscriptum gehörig relativiert: »Das Gespräch mit den Zwergen ist natürlich erfunden.«[35]

Im *Pinguin* zeigte sich der pragmatische Moralist Kästner, der als »Urenkel der deutschen Aufklärung«[36] durchaus nicht schlecht charakterisiert wäre, wie sonst so deutlich nur in seinen Kinderbüchern von der Seite des Idealisten: »Er glaubt an den gesunden Menschenverstand wie an ein Wunder, und so wäre alles gut und schön, wenn er an Wunder glaubte, doch eben das verbietet ihm der gesunde Menschenverstand. Es steckt jeder in seiner eigenen Zwickmühle.«[37] Eine Klemme, aus der dem Kinderbuch-Autor Erich Kästner nur ein Märchen half: das »Märchen von der Vernunft«[38], an das und an die der Lyriker, der Kabarettist, der Publizist gleichen Namens längst nicht mehr uneingeschränkt zu glauben vermochte. Nach der Währungsreform im Sommer 1948 übergab Kästner die Leitung der erfolgreichen Zeitschrift an Cläre With, die sie in seinem Sinne weiterführte, bis anderthalb Jahre später der Verlag wechselte und einen neuen Herausgeber berief. Im Mai 1951 erschien der *Pinguin* zum letzten Mal.

Auch das Ende des Kabaretts »Die Schaubude« im Januar 1949 mochte Kästner nicht abwarten. Zu acht Programmen hatte er Chansons und Couplets beigesteuert, am neunten, das unter dem Titel »Das Ministerium ist beleidigt« im Dezember 1948 Premiere hatte, war er nicht mehr beteiligt. In seiner am 4. August 1947 in der *Neuen Zeitung* gedruckten »Kleinen Sonntagspredigt« über Sinn und Wesen der Satire hatte er die Satiriker, als »Lehrer. Pauker. Fortbildungsschulmeister«, durchaus zu den »Idealisten« gerechnet und ihr Genre der Volkspädagogik zugeschlagen: »Der satirische Schriftsteller ist, wie gesagt, nur in den Mitteln eine Art Künstler. Hinsichtlich des Zwecks, den er verfolgt, ist er etwas ganz anderes. Er stellt die Dummheit, die Bosheit, die Trägheit und verwandte Eigenschaften an den Pranger. Er hält den Menschen einen Spiegel, meist einen Zerrspiegel, vor, um sie durch Anschauung zur Einsicht

Während eines Vortrags im Münchner Amerikahaus, 1948

zu bringen. Er begreift schwer, daß man sich über ihn ärgert. Er will, daß man sich schämt. Daß man gescheiter wird. Vernünftiger. Denn er glaubt, zumindest in seinen glücklicheren Stunden, Sokrates und alle folgenden Moralisten und Aufklärer könnten recht behalten: daß nämlich der Mensch durch Einsicht zu bessern sei.«[39] Doch solche Stunden schienen gezählt und gewiß nicht zu überwiegen.

Was Sinn und Wesen, Zweck und Ziel von Satire sei, formuliert Kästner wie eine trotzige Parole gegen stetig wachsenden Zweifel. Auch in den für die »Schaubude« geschriebenen Texten, dem berühmten »Deutschen Ringelspiel 1947« allen voran, ist der resignative Beiklang nicht zu verkennen:

»Der letzte Schuß ging längst daneben.
Ihr krocht aus Kellern und aus Gräben.
Das große Sterben war vorbei.
Der Tod war satt, und ihr begannt zu leben
wie einst im Mai.
Ich bin der Dichter, der euch anfleht und beschwört.
Ihr seid das Volk, das nie auf seine Dichter hört.
Die Welt ging diesmal fast zugrunde.
Die Welt ging diesmal beinah vor die Hunde.
Ihr saht das Zweitjüngste Gericht.
Doch die Bedeutung dieser schwarzumwehten Stunde
fühltet ihr nicht!
Ich bin der Dichter, der euch anfleht und beschwört.
Ihr seid das Volk, das nie auf seine Dichter hört.«[40]

Die erste Premiere der »Schaubude«, am 15. August 1945 in den Räumen der Münchner Kammerspiele, wirkte mehr wie ein »bunter Abend«, erinnert sich Ursula Herking, »mit Ausdruckstanz, alten Texten von Tucholsky, Ringelnatz und vielen anderen.«[41] Kästner war, da an Nachkriegstexte aus seiner Feder noch nicht zu denken war, mit zwei Gedichten aus seiner Sammlung *Herz auf Taille* (1928) vertreten: der »Elegie mit Ei« und dem »Wiegenlied«, das in der Kabarettversion unter dem Titel »Wiegenlied eines Vaters an seinen Sohn« bekannt wurde. Schündler selbst trat vor den Vorhang, als »Schau-

Die Verheißung des Neubeginns

budenbesitzer« annonciert, und trug mit Elisabeth Braun zusammen vor, was nach dem Zweiten Weltkrieg so aktuell war wie nach dem Ersten: »Wir sind die kleinen Erben großer Übeltäter. / Sie luden uns bei ihrer Schuld zu Gast.«[42]

Zum Ensemble gehörten Willy Berling, Eva Maria Duhan, Karl John, Bum Krüger, Barbara Pleyer und Rudolf Schündler, Anfang 1946 stießen Inge Bartsch, Ursula Herking, Eva Immermann, Sepp Nigg und Helmuth Krüger dazu, der Otto Osthoff als Conférencier ablöste. Die meisten Texte schrieben Kästner, Axel von Ambesser, Helmuth Krüger und Herbert Witt, die Kompositionen stammten von Edmund Nick, der vom zweiten Programm an auch die musikalische Begleitung übernahm.

Der Eingang zur »Schaubude«, die seit April 1946 ihr Domizil in der Reitmorstraße hatte

Die Themen waren Wohnungsnot und schwarzer Markt, Sperrstunde und Entnazifizierung, Kriegsgefangenschaft und Besatzungsmacht, Hitler und Bayernpartei, »Lustiges neben Ernstem, Aufruf und Anklage, ein bißchen Trauer um verlorengegangene Romantik, Zartes und Groteskes«[43], notiert die Herking in ihren Memoiren. Sie hatte ihren großen Auftritt im Rahmen des zweiten Programms (»Bilderbogen für Erwachsene« war sein Titel), mit dem die »Schaubude« am 21. April 1946 endlich ihr eigenes Domizil in der Reitmorstraße eröffnete. Premiere war am späten Nachmittag, mit Rücksicht auf das Ausgangsverbot nach 22 Uhr. »Schon nach den ersten drei Minuten war der Kontakt da«, schreibt Ursula Herking. »Als ich den letzten Ton des ›Marschliedes‹ gesungen hatte, sprangen die Menschen von den Sitzen auf, umarmten sich, schrien, manche weinten, eine kaum glaubliche ›Erlösung‹ hatte da stattgefunden. Das lag nur zum kleinen Teil an mir, es war einfach das richtige Lied, richtig formuliert, richtig gebracht, im richtigen Moment.«[44]

Autor des »Marschlieds 1945«, das als der »Neubeginn des deutschen Nachkriegskabaretts«[45] gefeiert wurde, war Erich Kästner. Eine junge Frau in Männerhosen und altem Mantel, so seine Regieanweisung, zieht mit Rucksack und zerbeultem Koffer über die Landstraße, am ausgebrannten Wrack eines Panzers vorbei. Sie singt:

»Ich trage Schuhe ohne Sohlen.
Durch die Hosen pfeift der Wind.
Doch mich soll der Teufel holen,
wenn ich nicht nach Hause find.
In den Fenstern, die im Finstern
lagen, zwinkert wieder Licht.
Freilich, nicht in allen Häusern.
Nein, in allen wirklich nicht...
Tausend Jahre sind vergangen
samt der Schnurrbart-Majestät.
Und nun heißt's: Von vorn anfangen!
Vorwärts marsch! Sonst wird's zu spät!«[46]

Es war das Lied einer verlorenen Generation, die alle physischen Kräfte, jede moralische Anstrengung aufs Überleben verwandte und ins Leben, in die Normalität nur zaghaft zurückfand. »Von vorn anfangen! Vorwärts marsch!« So rief man einander in tiefster Finsternis zu, um sich selber Mut zu machen. Und spendete gern laut und ausdauernd Beifall, sobald man, tief im Keller, solche Töne vernahm.

Die dankbare Ergriffenheit des geneigten Publikums freilich hielt nicht lange vor. »Diese Premiere in der ›Schaubude‹ war ein so großer Erfolg, daß unser Irrtum, wir könnten auf diese Weise ›erzieherisch‹ wirken und die Menschen zu Demokraten machen, verzeihlich ist. Noch schwammen wir auf der Welle der Begeisterung«[47], resümierte Ursula Herking. Erich Kästner, gewiß der anspruchsvollste Textautor der »Schaubude«, hätte es nicht anders formuliert, auch wenn er so unverdrossen wie in der Zeit unmittelbar vor 1933 gegen Kleingeist, Unvernunft und Heuchelei zu Felde zog. Oliver Hassencamp, der 1948 zur Truppe der »Schaubude« stieß und von 1951 an dem Ensemble der »Klei-

Die Verheißung des Neubeginns

Gestern – Heute – Übermorgen mit Sepp Nigg, Bum Krüger und Otto Osthoff

nen Freiheit« angehörte, spottete später in seinen *Erinnerungen an die Zeit des Wirtschaftswunders* achselzuckend: »Am 20. Juni 1948 war die Vorstellung nicht wie gewohnt ausverkauft. Auch an den folgenden Tagen konnten wir abzählen, wer wohl stärker vertreten sei – Publikum oder Ensemble. Schaufenster quollen plötzlich über, Theater blieben leer. Die Rematerialisierung hatte begonnen. Mit neuer D-Mark. Rudolf Schündler wurde vom Steuerberater beschworen, sein Musenkind unverzüglich umzubringen.«[48]

Der 19. Juni 1948, ein verregneter Sonntag übrigens, »war der Sterbetag manchen Übels und einiger Hoffnungen gewesen«[49], wie Kästner sich erinnerte. Der »Schaubude« lief das Publikum davon, es mochte von Hunger und Elend, Wohnungsnot und schwarzem Markt nichts mehr hören. Denn über Nacht war, allenthalben deutlich sichtbar, die Nachkriegszeit angebrochen, hatte die Epoche des nachträglich so genannten Wirtschaftswunders eingeläutet und den verschämt und verstört, schuldbewußt und schlechten Gewissens auf die Vergangenheit gesenkten Blick mit rasch erwachendem Selbstbewußtsein wieder in die Zukunft gelenkt. Schlechte Zeiten für Kabarettisten, so schien es nach der Währungsreform eine Zeitlang, und in der Tat war die »Schaubude« nicht das einzige Etablissement dieser Provenienz, das seinen Spielbetrieb einstellte.

Die nächste Nachkriegsetappe, wie Kästner diesen Zeitraum später nannte[50], dauerte abermals dreißig Monate und markiert die Anfänge des sogenannten Wirtschaftswunders: »Wir arbeiteten wie die Wilden, um uns wieder einmal satt zu essen. Wir arbeiteten wie die Besessenen, um uns einen Anzug zu kaufen, der nicht aus Holz gesponnen war. Wir arbeiteten wie die Berserker, um im Winter zehn Zentner Kohlen zu haben. Wir arbeiteten wie die Sklaven, um nicht länger unter Woilachs schlafen und auf Margarinekisten sitzen zu müssen«, bilanzierte er 1952 in seinen »Nachträglichen Vorbemerkungen« zum Band *Die kleine Freiheit,* der Chansons und Gedichte, Szenen und Epigramme, Feuilletons und Glossen aus den Jahren 1949 bis 1952 enthielt und die 1948 veröffentlichte Sammlung *Der tägliche Kram* fortschrieb. Was in der Aufbruchsstimmung der ersten Friedensmonate »Die Schaubude«, wurde nun, nachdem man sich in der so euphorisch angekündigten neuen Zeit zurechtgefunden hatte und vielfach schon abzufinden anfing, »Die kleine Freiheit«. Originalton Kästner: »Als wir schließlich – wenn auch nicht alle, so doch viele – eines schönen Tages einigermaßen satt, in einem ziemlich warmen Zimmer, auf einem beinahe stuhlähnlichen Gegenstande sitzend, mit sauber gewaschenem Hals, denn auch Seife gab's ja wieder, aus unserer großen Lethargie erwachten und das eben erworbene Radio andrehten, staunten wir nicht schlecht. Wir waren in der Zwischenzeit an die Vergangenheit verkauft worden! Wir besaßen allerdings, bis auf Widerruf, die im Grundgesetz verbriefte ›kleine Freiheit‹, darüber zu murren und zu schimpfen. Und ein Kabarett gleichen Namens zu

Karl John in der »Schaubude«

gründen. Das war nicht viel. Aber es war besser als gar nichts.«[51]

Treibende Kraft der »Kleinen Freiheit« war die 1950 aus der Emigration zurückgekehrte Schauspielerin und Kabarettistin Trude Kolman. Eigentlich hieß sie Gertrud Kohlmann, war in den späten Zwanzigern und den frühen Dreißigern im Berliner »Larifari« und in Werner Fincks »Katakombe« aufgetreten und hatte gemeinsam mit Günter Lüders 1935 und ebenfalls in Berlin das »Tingel-Tangel-Theater« geleitet. Sie stellte 1951 für den Münchner Fasching unter dem Titel »Die Kleine Freiheit« ein Kabarettprogramm zusammen, das am 25. Januar 1951 über die Bühne des Schwabinger »Atelier-Theaters« ging. Die Eröffnungsnummer (»Der Titel des Programms«), in den nachfolgenden Programmen unter dem Titel »Die Kleine Freiheit« gern ans Ende gesetzt, hatte Erich Kästner geschrieben. Deren zweite Strophe lautet:

»Die große Freiheit ist es nicht geworden.
Es hat beim besten Willen nicht gereicht.
Aus Traum und Sehnsucht ist Verzicht geworden.
Die Angst ist erste Bürgerpflicht geworden.
Die große Freiheit ist es nicht geworden,
die kleine Freiheit – vielleicht!«[52]

Das Provisorium in dem zum Zimmertheater ausgebauten obersten Stockwerk eines Miethauses an der Elisabethstraße entwickelte sich, so das Urteil des Kabarett-Historikers Klaus Budzinski, »zum besten Kabarett Münchens zwischen 1951 und 1955, sowohl was die Qualität der Texte wie der Darsteller, der Ausstattung und ihrer Regie anbetraf«[53]. Zwei Monate nach der Premiere bezog man vorübergehend Quartier im ersten Stock der Bar »Barberina« in der Pacellistraße, fand aber noch im selben Jahr ein festes Domizil im Keller des »Opern-Espressos« an der Maximilianstraße. Die Texte schrieben Kästner, Robert Gilbert und Per Schwenzen, später kamen Curt Bry, Oliver Hassencamp, Werner Wollenberger und Martin Morlock dazu. Wie Ursula Herking, die Trude Kolman aus Hamburg nach München zurückgeholt hatte, dachten auch andere Akteure der »Schaubude« in dem neuen Kabarett an die früheren Erfolge anzuknüpfen: Karl Schönböck und Bum Krüger ebenso wie Hannelore Schützler und Christiane Maybach.

Kästner, der in fast allen der ersten zwölf Programme mit Texten vertreten war, schien im Lauf der frühen Fünfziger die Lust am politisch-literarischen Kabarett allmählich verloren zu haben. Einer der Anlässe mochte gewesen sein, daß Trude Kolman schon nach sechs Programmen im Frühjahr 1952 das zeitkritische Kabarett zugunsten anderer Spielformen zu vernachlässigen begann und mit Stücken wie Christopher Frys *Ein Phönix zuviel* oder Ernst Penzoldts *Squirrel* lieber vergnügliches »kabarettistisches Theater« in Szene setzte als die aggressive politische Satire des bekennenden Antifaschisten und Antimilitaristen Kästner. Daß viele seiner Beiträge für die »Kleine Freiheit« der »schieren Unterhaltung«[54] dienten, hat er gewiß nicht geleugnet – darin unterschieden sich die frühen fünfziger von den späten vierziger Jahren deutlich. Andererseits verstand er Nummern wie die im fünften Programm erstmals aufgeführte »Kantate ›De minoribus‹« als (auch autobiographisch[55] zu lesende) »Rechenschaftsberichte eines Turmhahns, der sich nicht drehen kann«[56]. Dies spielte auf eine Szene im allerersten Programm der »Kleinen Freiheit« an, in der Bum Krüger, als Inspizient und Faktotum auf der Bühne an seinem Butterbrot kauend, dem Publikum erklärt hatte, warum die vielen Turmhähne in Stadt und Land den Charakter von Wetterfahnen besitzen: Sie drehen sich mit jedem Wind gefällig in jede Richtung – anders als Kabarettisten und Satiriker vom Schlage und vom Rang Erich Kästners, der nicht gegen Windmühlen, sondern gegen Wetterfahnen zu Felde zog, in einen nicht weniger aussichtslosen Kampf.

Mit Per Schwenzen und Robert Gilbert in der »Kleinen Freiheit«

Die Verheißung des Neubeginns

Aus den Verheißungen des Neubeginns in der Stunde Null war ein wilder, besessener, besinnungsloser Wiederaufbau geworden, ein Währungs- und Wirtschaftswunder, das die Vergangenheit am liebsten zum Betriebsunfall der Weltgeschichte marginalisiert hätte und in Wahrheit längst schon wieder zur Tagesordnung übergegangen war:

»Hauptsache, daß wir wieder Ordnung kriegen.
Und das deutsche Rückgrat wieder gradebiegen.
Und daß wir wieder mal richtig liegen.
Und, wenn es sein muß, zum drittenmal siegen!«[57]

So schwadroniert der General im »Solo mit unsichtbarem Chor« aus dem sechsten Programm der »Kleinen Freiheit«, das im Dezember 1951 Premiere hatte. Fünf Jahre nach Kriegsende, ein Jahr nach Gründung der Bundesrepublik besaß man in Deutschland schon wieder eine Dienststelle, die sämtliche »mit der Vermehrung der alliierten Truppen zusammenhängenden Fragen« untersuchen sollte, darunter an erster Stelle solche nach der dringlich gewünschten und von Adenauer mit Nachdruck betriebenen Wiederaufrüstung. Unter dem Eindruck des Koreakrieges hatte Bundeskanzler Adenauer im August 1950 von der Alliierten Hohen Kommission gefordert, die Besatzungstruppen zu verstärken und der Volkspolizei der DDR eine westeuropäische Streitmacht mit deutschen Kontingenten entgegenzusetzen. Die »Dienststelle Blank«, ursprünglich dem Bundeskanzler unterstellt, wurde im Juni 1955 umgewidmet und firmierte nunmehr als Bundesministerium für Verteidigung. Im Januar 1956 zogen die ersten Freiwilligen als Bundeswehrsoldaten in die Kasernen von Andernach, Nörvenich und Wilhelmshaven. Kästner hatte es vorausgesehen und vorausgesagt. Die Generäle, selbstbewußt und siegessicher, triumphierten unangefochten:

»Wir haben ziemlich jeden Schwur
geschworen und gehalten.
Das liegt nun mal in unsrer Natur,
und wir sind noch ganz die alten.

Die Verheißung des Neubeginns

> Wir kommen, sehn und siegen
> in ziemlich allen Kriegen,
> ganz wurscht, unter welcher Regierung.
> Das ist eine Frage der Führung.
> Na also und hurra:
> Drum sind wir wieder da.«[58]

Soldat muß man sein, wenn man den Krieg überleben will. Und General, um ihn zu gewinnen. Das liegt in der Natur der Sache und nicht in der Befugnis derer, die allemal zu den Verlierern gehören, solange sie an den gesunden Menschenverstand und an die Vernunft, wenn nicht sogar an das Gute glauben. Erich Kästner allerdings hatte diesen Glauben längst verloren und sich mit seiner »Kantate ›De Minoribus‹« auf die Seite der Fatalisten geschlagen:

> »Bete, wer kann! Er ist zu beneiden.
> Kriege lassen sich nicht vermeiden.
> Der Mensch muß leiden. Er kann nichts tun.
>
> Was nützt da Vernunft? Was helfen Choräle?
> Kriege sind Stürme wie der Taifun.
> Stürme erteilen sich selbst die Befehle.
> Das ist auch die Ansicht der Generäle.
> Was nützen Verträge? Was helfen Choräle?
> Der Mensch muß leiden. Er kann nichts tun.«[59]

Trude Kolman war es, die (allerdings erst zehn Jahre später) aussprach, was auch Erich Kästner gedacht haben mag: »Ich bin gegen politisches Kabarett, weil ich die Zeit dafür für zu ernst halte und die Eisen als zu heiß empfinde, als daß man sie komisch anfassen könnte.« Einen bemerkenswerten Satz fügte sie noch hinzu: »Und so meine ich, daß es besser war, sich dem Sozial- und Kulturkritischen zuzuwenden, und dies in entsprechend liebenswürdiger Form.«[60] Auch dies hätte Kästner sofort unterschrieben – lächelnd vielleicht, wie es seine Art war, wenn er zustimmte, ohne noch einmal aussprechen zu wollen, was an anderer Stelle längst gesagt war, wenn nicht gedruckt stand.

Das Glück der Kinder

Mag sein, daß es dem Schriftsteller Erich Kästner zu schaffen machte, daß sein literarisches Werk von Lesern und Kritikern, den nachgeborenen zumal, als »ein Gebinde aus Gänseblümchen, Orchideen, sauren Gurken, Schwertlilien, Makkaroni, Schnürsenkeln und Bleistiften«[61] mißverstanden werden könnte: Romane und Theaterstücke, Gedichte und Essays, Chansons und Filmdrehbücher, Reportagen und Leitartikel, bitterböse Satiren und die liebenswürdigsten Kindergeschichten wie Reiskörner, Bohnen, Linsen und Erbsen durcheinandergewürfelt, die nur durch Zufall oder aus Versehen in dieselbe Tüte geraten und scheinbar weder unter einen Hut noch auf einen gemeinsamen Nenner zu bringen waren. Wo immer er auf dieses »ziemlich heillose Durcheinander« zu sprechen kam, tat er es gern aus volkspädagogischem Impuls, als besorgt um die angemessene Lesart des Werks bemühter Exeget der eigenen Person. »Unser Gast, meine Damen und Herren«, so erklärte er in dem häufig zitierten »analytischen Eigenversuch«, den er 1949 als Tafelrede vor dem Zürcher PEN-Club gehalten hat, »ist gar kein Schöngeist, sondern ein Schulmeister! Betrachtet man seine Arbeiten – vom Bilderbuch bis zum verfänglichsten Gedicht – unter diesem Gesichtspunkte, so geht die Rechnung ohne Bruch auf. Er ist ein Moralist. Er ist ein Rationalist. Er ist ein Urenkel der deutschen Aufklärung.«[62] Und so uneinsichtig, so immun gegen Erfahrung, wie Idealisten zu sein pflegen. Den Glauben an das Gute mochte Kästner sich nicht nehmen lassen. Nicht den Glauben an das Gute im allgemeinen allerdings, sondern an die unschuldige Moral der Kinder: »Denn Kinder, das glaube und wisse er, seien dem Guten noch nahe wie Stubennachbarn. Man müsse sie

Das Glück der Kinder

Kästner und Carl Zuckmayer 1952 in der Münchner Internationalen Jugendbibliothek

nur lehren, die Tür behutsam aufzuklinken...«[63] Dem Idealisten wird Resignation nicht gestattet, so wenig wie dem Schulmeister. »Mir scheint«, so Kästner 1953 zu einer Ausstellung von Kinderzeichnungen aus Israel in der Münchner Internationalen Jugendbibliothek, »daß wir auch in den dunkelsten Stunden, während wir an nichts mehr glauben, noch immer an alles glauben, nur nicht mehr an erfüllbare Hoffnungen, hier, jetzt und durch uns selber. Deshalb, wenn auch keineswegs nur deshalb, wenden viele von uns ihre gesamte Aufmerksamkeit, Mühe und Zuversicht den Kindern zu. Denn die Kinder sind unschuldig. Selbstverständlich nicht so, als ob sie Engel zu Fuß wären, sondern weil sie zum Schuldigwerden noch keine Zeit hatten. Daß wir wieder werden wie die Kinder, ist eine unerfüllbare und bleibt eine ideale Forderung. Aber wir können zu verhüten suchen, daß die Kinder werden wie wir.«[64]

Den Glauben an die Unschuld der Kinder und den pädagogischen Auftrag aller Moralisten, Idealisten und Schulmeister bewahrte Kästner sich in Geschichten: der von *Pünktchen und Anton* (1931) samt den als »Nachdenkereien« eingeflochtenen Traktaten über Pflicht und Dankbarkeit, Mut und Stolz, Respekt und Freundschaft und den Ernst des Lebens ebenso wie der über *Die Konferenz der Tiere* (1949), einem moralischen Märchen aus der Zeit nach dem Sündenfall – über die globalen Folgen nach dem epidemischen Aussetzen der Menschenvernunft und die Notwendigkeit, das zu verhindern: »Wie man die Menschen davon überzeugen könne, daß sie sich, mindestens ihren Kindern zuliebe, vertragen müßten. Ob man sie notfalls zur Vernunft zwingen solle, und wie das wohl zu machen sei.«[65]

Daß der Feuilletonist die Redaktionsstube räumte, sich aus der *Neuen Zeitung* und schließlich auch von seinem Schützling, dem Jugendmagazin *Pinguin*, zurückzog, an der Satire alsbald die Lust verlor, als Chansonnier verstummte und als Kabarettist den Dienst quittierte, läßt Anflüge von Müdigkeit, Enttäuschung und Resignation erkennen. Man sollte sie nicht als persönliches, Gott und die Welt einschließendes Leiden an Sein und Zeit, Dichtung und Wahrheit mißverstehen. Kästners Resignation hatte ihre Ursache im Verdruß des Schriftstellers über das Ungenügen, die mangelnde Wirkung solcher literarischen Spielarten, denen es vor allem um die moralische Aufklärung des geneigten Publikums zu tun ist. Seine scheinbare Müdigkeit war die Folge des im Lauf einer durchaus wechselvollen Lebensgeschichte gewachsenen, durch Erfahrung gereiften Mißtrauens gegen die Möglichkeiten der öffentlich sich artikulierenden Vernunft – gleich welcher Medien, welcher Formen sie sich auch bedient. Eine Müdigkeit übrigens, von der nichts zu spüren war, sobald er, nach den Attacken gegen die Trägheit der Herzen und die Unbelehrbarkeit der Köpfe, »jedesmal von neuem das unausrottbare Bedürfnis verspürte, Kindern Geschichten zu erzählen.«[66]

An das Gute glaubte Kästner, weil er die Kinder liebte. Daß er zugleich die Menschen fürchtete, steht auf einem anderen Blatt. Hermann Kesten, der über Jahrzehnte sein Freund war, hat von einem »doppelten Gefühl« gesprochen und es, in seinem Geburtstagsgruß zum Siebzigsten, folgendermaßen charakterisiert: »Schon mit fünf Jahren kann ein Kind die Intuition und den unbefangenen Blick haben, welche zwei Voraussetzungen des Talents für Witz und Weisheit sind. Den Witz und die Weisheit fördert das doppelte Gefühl, in der eigenen Welt zu Hause zu sein und doch darin sich fremd oder mindestens befremdet zu finden und das Gewohnte zu sehen wie zum ersten Mal.« Dieser Schriftsteller, so fährt er fort, »ward darum ein so exemplarischer Dichter für Kinder, wie er es für Erwachsene ist, weil er schon als Kind wie ein Erwachsener reagierte – und in höheren Jahren nie vergessen hat, wie Kinder reagieren«[67]. Sein Leben lang ist Erich Kästner gern und aufrichtig Sohn geblieben, hat er diesen Part freilich auch gespielt wie eine Rolle, mit der nachhaltig Eindruck zu machen war. Ohne Zweifel hat er seine Mutter mit der größten Anhänglichkeit geliebt und verehrt, auch wenn im Umgang mit ihr (wie solche Briefe ausweisen, in denen er ihr von Herzen gute Genesung wünschte, doch im gleichen Atemzug besorgt nach seiner Wäsche fragte) viel Berechnung zu walten schien.

Die anrührendsten Zeugnisse der Liebe zwischen Mutter und Sohn stammen aus der Zeit, als sie nach den quälend langen Monaten des Schweigens und der Ungewißheit im Herbst 1945 ihre seit dem Frühjahr unterbrochene Korrespondenz in den gewohnten Tagesabständen wiederaufnehmen konnten. Im Nachlaß fand sich ein auf den 30. November 1945 datierter Brief Ida Kästners, dem allerdings schon einige andere voraufgegangen sein müssen. Die Mutter dankte für eine Postkarte vom 19. November, in der Erich ihr von der unmittelbar bevorstehenden Dienstreise nach Nürnberg berichtet hatte. In der ihr eigenen Diktion schrieb sie ihm: »Mein guter Junge ist eben eine ganz gesuchte Persöhnlichkeit. Nun mußt Du wieder auf ein paar Tage nach Nürnberg fahren wegen Görings Proceß und da sollst Du wohl eine Kritik darüber schreiben. Na das wirst Du mir ja schreiben mein guter Junge. Im Wagen wirst Du abgeholt. Da mögen sie Dich nur recht behutsam fahren mein guter Junge. Mit dem Auto? Denn mit Pferden das giebts ja wohl nicht mehr. Hast Du Deine schöne Acktenmappe voll gepackt, Zahnbürste Seife Handtuch Brot Butter und Wurst. Hoffentlich auch genug mitgenommen damit Du satt wirst, richtig satt wirst mein guter Junge. Denn wenn man unterwegs ist hat man den meisten Hunger. Du schreibst mir bald wieder, da freue ich mich schon jetzt darauf. Und auf Dein Kommen erst. Denn Weihnachten wird es ein Jahr das wir uns nicht gesehen haben. Da habe ich große Sehnsucht nach Dir mein herzensguter Junge. Wann Du kommen wirst, weißt Du ja wohl auch noch nicht.«[68]

Daß sie ihren Sohn fast ein Jahr nicht mehr gesehen, in den schlimmsten Wochen und Monaten des Krieges nicht das geringste Lebenszeichen von ihm empfangen hatte, war für Ida Kästner schlimmer als Hunger und Kälte, schlimmer als die Angst vor den Bomben. Doch das Ärgste war die unaufhörliche Furcht davor, daß ihrem Erich etwas zugestoßen sein könnte, und die zermürbende Gewißheit, daß sie mit ihm zugleich ihren einzigen Lebensinhalt, ihren Lebenszweck verloren hätte. Daran ist sie zerbrochen, wie Kästners Lebensgefährtin Luiselotte Enderle bezeugt: »Sie war nicht an den Schrecken gescheitert, die das Naziregime, jahrelang, mit stündlicher Angst um den Sohn für sie bedeuten mußte; jene lebensgefährliche Zeit hatte eher noch ihr Lebensgefühl bestärkt. Mit ihrer Spannkraft war es erst zu Ende, als die Postverbindung abriß. Wo blieben die Karten, durch die sie an seinem Leben, als sei es das ihre, Anteil genommen hatte? Nicht die Diktatur und nicht der Kriegslärm, sondern die lähmende Stille war es, die Kopf und Gemüt der Mutter allmählich verwirrten.«[69]

Für das zweite Programm der »Schaubude«, das am 12. April 1946 Premiere hatte, schrieb Kästner ein Chanson (*Der Briefkasten*), das von der Verzweiflung einer Mutter erzählt, als deren Vorbild Ida Kästner gelten darf. Es beruhe auf einer wahren Begebenheit, hat der Autor angemerkt, als er den Text unter dem Titel *Lied einer alten Frau am Briefkasten* in seine *Gesammelten Schriften* aufnahm. Darin heißt es:

»Die Sehnsucht ist ein wildes Tier
und beißt mich nachts ins Herz.
Klopft's in der Brust? Klopft's an der Tür?
Ich habe nichts gehört von dir
seit März, mein Kind, seit März!

(...)
Ich hab noch etwas Briefpapier
und auch ein paar Kuverts.
Sie lassen dich nicht her zu mir?
Ich bücke mich und schreibe dir
vor Schmerz, mein Kind, vor Schmerz!

(...)
Die Sehnsucht schickt dir Briefe,
als ob ich selber liefe,
um dir recht nah zu sein.
Wenn mich der Tod jetzt riefe, –
wer schriebe dir dann Briefe
und würfe sie hier ein?«[70]

Es sind Zeilen, die den Leser von Ida Kästners Briefen anmuten, als seien sie wörtlich daraus zitiert.

Die Mutter verzehrte sich vor Schmerz und Enttäuschung darüber, daß die Reisebeschränkungen einen Besuch des Sohns in Dresden vorläufig nicht gestatteten. »Ich freue mich so, wenn ich Deine Post bekomme. Aber glücklich und überglücklich, wenn Du heimkommst. Denn wir sahen uns nun bald ein Jahr nicht, und das ist für eine gute Mutter sehr lang, nicht wahr«[71], so beschwor sie ihn, bettelte und flehte und suchte ihn mit der Erinnerung an die glückliche Zeit zu locken, in der sie ihm regelmäßig die gewaschene und gebügelte Wäsche geschickt hatte: »Jetzt habe ich mal nachgesehen, wie viel Oberhemden ich noch da habe: 1 Rotseidenes mit Kragen, 1 Rot und weiß gestreiftes ohne Kragen und ein Grün und weiß gestreiftes ohne Kragen. Da sind aber viele weiße Kragen, die werden dazu umgebunden. Ein weißseidenes mit Kragen und Bündchen, zwei blaue Oberhemden mit Kragen und Bündchen. Dann ein neues mit Manshetten, dazu wird ein weißer Kragen umgebunden, da sind ja genug da, die sind leicht zu plätten, die nimmst Du Dir mit, wenn Du kommen kannst, mein guter Junge. Frau Rittmayer aus Herbergen war gestern da, sie brachte mit Mehl, Brot, 215 Gramm Speck, den hebe ich auf, bis Du mal kommst, da wird er ausgelassen und bekommst Speckfett-Schnitten. Eben lese ich Deinen Brief nochmals. Ich weiß ja, das Du so gern heimkämst, aber wenn es verboten ist, ja noch nicht kommen kannst.«[72]

Die Eltern froren in ihrer ungeheizten Wohnung, ernährten sich von trockenem Brot, Kartoffeln und Kohlrabi und waren dankbar für die Nahrungsmittel, die Erich in vielen kleinen Päckchen (mehr als fünfhundert Gramm waren nicht erlaubt) auf die Post gab oder durch seine langjährige Berliner Sekretärin Elfriede Mechnig, die Eltern von Luiselotte Enderle und alte Freunde wie Jonny Rappeport schicken ließ, in dessen Bar Kästner während seiner Berliner Jahre Stammgast gewesen war und bei dem er in den späten Vierzigern gelegentlich wohnte, wenn er in Berlin zu Besuch war.

Nach mehreren Versuchen, die er in Berlin hatte abbrechen müssen, weil russische Grenzsoldaten ihm die Einreise in die Sowjetisch Besetzte Zone verweigerten, gelang Erich Kästner im September 1946 zum ersten Mal die Weiterfahrt nach Dresden: nicht mit dem Zug, sondern gemeinsam mit Elfriede Mechnig im privaten Auto. Sie erreichten Dresden mit großer Verspätung erst am frühen Abend und fuhren sogleich zu seinen Eltern in die Königsbrücker Straße. In der Wohnung trafen sie niemanden an. Emil und Ida Kästner hatten seit dem frühen Morgen auf dem Neustädter Bahnhof ausgeharrt. Enttäuscht und vom stundenlangen Warten zermürbt, machten sie sich schließlich auf den Heimweg. Das ergreifende Wiedersehen hat Kästner am 30. September 1946 in einem Feuilleton für die *Neue Zeitung* geschildert: »Ich sah die Eltern schon von weitem. Sie kamen die Straße, die den Bahndamm entlangführt, so müde daher, so enttäuscht, so klein und gebückt. Der letzte Zug, mit dem ich hätte eintreffen können, war vorüber. Wieder einmal hatten sie umsonst gewartet... Da begann ich zu rufen. Zu winken. Zu rennen. Und plötzlich, nach einer Sekunde fast tödlichen Erstarrens, beginnen auch meine kleinen, müden, gebückten Eltern zu rufen, zu winken und zu rennen.«[73]

Seit den Weihnachtstagen 1944 war er das erste Mal wieder in Dresden. Er erkannte die Stadt nicht mehr wieder: »Ich lief einen Tag lang kreuz und quer durch die Stadt, hinter meinen Erinnerungen her. Die Schule? Ausgebrannt... Das Seminar mit den grauen Internatsjahren? Eine leere Fassade... Die Dreikönigskirche, in der ich getauft und konfirmiert wurde? In deren Bäume die Stare im Herbst, von Übungsflügen erschöpft, wie schrille, schwarze Wolken herabfielen? Der Turm steht wie ein Riesenbleistift im Leeren... Das Japanische Palais, in dessen Bibliotheksräumen ich als Doktorand büffelte? Zerstört... Die Frauenkirche, der alte Wunderbau, wo ich manchmal Motetten mitsang? Ein paar klägliche Mauerreste... Die Oper? Der Europäische Hof? Das Albert-Theater? Kreutzkamm mit den duftenden Weihnachtsstollen? Das Hotel Bellevue? Der Zwinger? Das Heimatmuseum? Und die anderen Erinnerungsstätten, die nur mir etwas bedeutet hätten? Vorbei. Vorbei.«[74] Das erste Wiedersehen wurde zugleich ein Abschied für immer. Auch in der Folgezeit hat er Dresden besucht, einmal im Jahr wenigstens, solange die Mutter lebte, doch es waren Reisen in die fremd gewordene Ferne. Der Sarkasmus seiner Formulierungen verrät das Ausmaß seiner persönlichen Betroffenheit: »Ich weiß, daß man die Fühlungnahme mit Andersgesinnten nicht suchen soll, weil sonst womöglich die menschliche Wertschätzung den Unfrieden stören könnte. Ich weiß: die Köpfe sind, kaum daß sie wieder einigermaßen festsitzen, dazu da, daß man sie sich gegenseitig abreißt. Ich weiß, daß es nicht auf das ankommt, was alle gemeinsam brauchen

Mit Kasimir Edschmid und Hermann Friedemann 1951 in Darmstadt vor der Gründung des deutschen PEN-Zentrums

und wünschen, sondern darauf, was uns voneinander trennt. Ich weiß auch, wie vorteilhaft sich solche Zwietracht auf die Stimmung zwischen den vier Mächten auswirken muß.«[75] Die gleiche Verbitterung zeigte Kästner zu Beginn der fünfziger Jahre auch als erster Präsident des westdeutschen PEN-Clubs. Das westdeutsche Zentrum war im Dezember 1951 aus Protest gegen das von Schriftstellern der DDR dominierte und von Johannes R. Becher geleitete »gesamtdeutsche PEN-Zentrum« gegründet worden. Die Spaltung in zwei deutsche PEN-Zentren, eine Spielart des Kalten

Kriegs mit rhetorischen Mitteln, entsprach dem politischen Willen auf der einen wie auf der anderen Seite. Mehr als vierzig Jahre lang war sie politische Praxis – eine Denkgewohnheit, von der man selbst nach dem Vollzug der deutsch-deutschen Vereinigung nicht einstimmig Abschied nehmen wollte.

Schon vor seinem Besuch in Dresden hatte Kästner die Eltern eingeladen, nach Öffnung der Zonengrenzen in seine Nähe, »nach Bayern«[76], zu ziehen. Die Mutter antwortete am 1. März 1946: »Frau Grüttner erzählte heute, den Möbelladen hätten Russen gepachtet und die Wohnungen würden vieleicht denen ihre Angestellten bekommen. In eine andre Wohnung ziehe ich nicht mit, da käme ich nach München.«[77] Im Januar 1946 hatte das Dresdner Wohnungsamt eine »wunschgemäße Wohnungszuweisung« verfügt und das Ehepaar Kästner angewiesen, eines ihrer Zimmer leer zu räumen und an eine alleinstehende ältere Dame namens Louise Mieth unterzuvermieten. »Kommt Ihr mit der alten Frau gut aus? Es hilft ja nichts«[78], tröstete sie der Sohn eilig, um im nächsten Brief ein wenig weiter auszuholen: »Wie schade, daß Du Deine Brille verloren hast; denn heute eine neue zu kriegen, ist verflixt schwierig. Hoffentlich kriegst Du Anfang März wirklich eine! Und wegen des kleinen Zimmers habt Ihr nun die anderen Räume vollstellen müssen! Nun erleben wir schon den zweiten verlorenen Krieg miteinander! Und verlorene Kriege sind leider gar nicht hübsch. Und auch wenn man so dagegen war wie ich, muß man mit darunter leiden. Na, im Frühjahr wird es wieder ein bißchen besser werden.«[79]

Emil und Ida Kästner litten in Dresden zweifellos mehr als ihr Sohn in München. Während er Anfang 1946 in der Fuchsstraße zu Schwabing endlich eine seinen Wünschen und Bedürfnissen entsprechende Wohnung gefunden hatte, erhielten seine Eltern Post von der volkseigenen Grundstücksverwaltung: Auf Anweisung des Ministeriums für den Außenhandel der UdSSR in Moskau sei ihre Wohnung zum 15. September 1946 gekündigt, für eine andere Bleibe werde gesorgt. Warum die Kästners über diesen Zeitpunkt hinaus in der Königsbrücker Straße wohnen bleiben durften, hat sich nicht endgültig klären lassen. Vermutlich hing es mit der Erkrankung der Mutter und den wiederholt notwendig gewordenen Aufenthalten in verschiedenen Dresdner Krankenanstalten und Sanatorien zusammen. Am 30. Juni 1947 schließlich erreichte Kästner ein Telegramm des Vaters: »Lieber Erich, heute morgen 7 Uhr wurde nur uns von 10 Parteien die Wohnung gekündigt. Bis 5. Juli räumen. Grüße. Dein Vater: Emil Kästner.«[80] Nach einer Intervention des Dresdner Oberbürgermeisters Weidauer verschob sich der Umzug noch einmal um fünf Monate. Am 4. Dezember 1947 zog Emil Kästner gemeinsam mit seiner Untermieterin in eine Dreizimmerwohnung in der Bernerstraße 7, nur wenige Minuten vom Sanatorium Dr. Stoelltner entfernt, in dem Ida Kästner untergebracht war.

Der »Bericht von der Durchführung der Umquartierung von Herrn E. Kästner«, von einem Mitglied der FDJ-Gruppe angefertigt, die im Fall der Kästners »so etwas wie eine Patenschaft übernommen« hatte, fand sich in einer Kopie unter den Habseligkeiten des Vaters. Der letzte Satz des Protokolls lautet: »Mein größter Wunsch ist, daß es auch unserem Erich Kästner gefallen wird, vielleicht so, daß er einmal paar Tage länger in Dresden bleibt.«[81] Diese Erwartung hat sich nicht erfüllt. Wiederholt ist Kästner bis zum Tod der Mutter am 5. Mai 1951 in Dresden gewesen. Dies waren jedoch, wie aus den Unterlagen der zuständigen Behörden hervorgeht, ausnahmslos »kurzfristige Aufenthalte«.

Die Ehe der Kästners war von Anfang nicht sehr glücklich und mag von Emil als eine lebenslange Demütigung empfunden worden sein. Ida verachtete ihn, und Erich verhielt sich, wie seiner Korrespondenz mit der Mutter zu entnehmen ist, über viele Jahre nicht anders. Erst in den letzten Lebensjahren der Mutter, als statt der Mutter jetzt der Vater den Briefwechsel mit ihm fortsetzte und ihn, wann immer er Gelegenheit dazu fand, vom Befinden der verwirrten Patientin und den Auskünften der Ärzte in Kenntnis setzte, änderte sich das spürbar. »Es war herzzerreißend, wie der Ehemann, den die Frau ein Leben lang geringgeachtet hatte, sich nun mit Sorge und Liebe der Verstörten annahm. Älter als sie, war er erfüllt von dem Wunsch, alles zu tun, was ihr helfen konnte. Es gab wenig Lebensmittel, und kaum solche, die der Kranken zuträglich waren«, berichtet Luiselotte Enderle. »Er lief

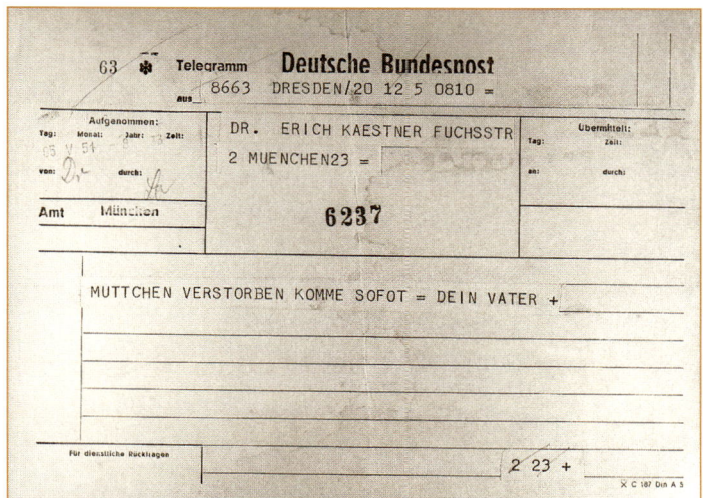

Die Nachricht vom Tod der Mutter am 5. Mai 1951

Tag für Tag, eine Thermosflasche mit dünnem heißen Kakao unterm Arm, ins Sanatorium, band seiner Frau das Mundtuch um und erfand, so gut er konnte, ein paar Nachrichten über den Sohn. Sie faßte sie kaum mehr.«[82] Emil Kästner, der seine Frau um sechs Jahre überlebte, wurde nahezu einundneunzig Jahre alt. Er starb an Silvester 1957 in Dresden, zwei Wochen nach der Geburt von Kästners Sohn Thomas. Ein Jahr zuvor war Emil Kästner auf seine erste große Reise gegangen. Erich hatte ihn nach München eingeladen. Die Fotos von diesem Besuch zeigen den alten Herrn mit Erich, Elfriede Mechnig und Luiselotte Enderle zusammen.

Das Glück der Kinder

Ein Jahr vor seinem Tod besuchte Emil Kästner seinen Sohn in München. Das Foto von dieser Reise zeigt ihn in München mit Erich, Elfriede Mechnig und Luiselotte Enderle

Ich möchte endlich einen Jungen haben...

Die Geburt von Thomas und der Tod des Vaters fielen in ein Jahr, mit dem für Erich Kästner die Zeit der Rückblicke anfing. Er ging auf die Sechzig zu und war ein erfolgreicher, in aller Welt geschätzter, in die wichtigsten Sprachen übersetzter Schriftsteller. Den Ruhm im eigenen Land allerdings pflegte er durchaus mit gemischten Gefühlen zu genießen und das öffentliche Interesse an seiner Person vor allem als Möglichkeit zu nutzen, an ausgesuchten Kapiteln aus der eigenen Lebensgeschichte (dem Abschnitt zwischen 1933 und 1945 zumal) deutlich zu machen, was fürs Gemeinwohl daraus zu lernen sei. Eine Art von persönlicher Nachhilfe auf dem gemeinsamen Weg in die nach den Jahren der Diktatur eilig verordnete staatsbürgerliche Mündigkeit. Eine Nachhilfe für die Vergeßlichen, wie Kästner in seiner Rede zur Entgegennahme des Büchnerpreises, ebenfalls 1957, erklärte: »Meine Damen und Herren, als mir vor zwei Jahren die Stadt München ihren Literaturpreis zuteilte, stellten die Zeitungen zu ihrer Verblüffung fest, daß dies meine erste Auszeichnung sei. Ihre Verblüffung war verblüffend. Hatte man denn vergessen, wie meine sogenannte Karriere verlaufen war? Ich will sie Ihnen in ein paar Worten skizzieren, und ich darf es tun, weil ich dabei nicht etwa nur mich selber im Auge habe. Ich bin nur der Gesichtspunkt im Blickfeld.«[83]

Auch die im selben Jahr unter dem Titel *Als ich ein kleiner Junge war* veröffentlichten Jugenderinnerungen Kästners nahmen allemal exemplarische Erfahrungen in den Blick: den sozialen Abstieg einer Familie aus dem Kleinbürgertum selbständiger Handwerker ins Proletariat der Fabrikarbeiter; das Ende des Wilhelminismus; das ebenso geschäftige wie geschäftstüchtige Säbelrasseln der besseren, nämlich kriegswichtigen Handel treibenden Kreise vor jener Völkerschlacht, die als Erster Weltkrieg Niederschlag in den Geschichtsbüchern fand. Kästner war sein Leben lang Zeuge gewesen – ein verläßlicher Zeuge, der sich anschaulich und einprägsam zu erinnern vermochte. Ein exemplarischer Dichter für Kinder und vielleicht darum auch ein exemplarischer Dichter für Erwachsene: »Kästner liebt das Spiel mit vertauschten Rollen. Er hielt es oft für richtig, die Leser seiner Essays und Artikel so zu behandeln, als wären sie noch Kinder. Und er nahm die Leser seiner Kinderbücher immer so ernst, wie Erwachsene behandelt werden wollen. Auch die Romane für Kinder sind zunächst und vor allem poetische Plädoyers für die Vernunft in den Zeiten der Unvernunft«, urteilte der Literaturkritiker Marcel Reich-Ranicki. »Doch diejenigen, die in diesen Büchern die Welt vom Standpunkt des gesunden Menschenverstands beurteilen, die sich als zielstrebige Sachwalter der Vernunft und der Ordnung erweisen, das sind eben nicht die Erwachsenen, sondern die Kinder und die Halbwüchsigen.«[84]

Als Kästner vor seinem sechzigsten Geburtstag daranging, sein literarisches Œuvre zu sichten, die Schubladen und Regale aufzuräumen, seine Bücher und Manuskripte zu ordnen und in Gestalt der ersten, sieben Bände umfassenden Werkausgabe Bilanz zu ziehen, hat er seine Erinnerungen an die Dresdner Kindheit den Romanen für Kinder vorangestellt: »Die Sammlung der Jugendschriften des Autors wird folgerichtig mit seinen eigenen Kindheitserinnerungen eröffnet. Denn sie sind, in Stoff und Stimmung, das Herkunftsland seiner ›Romane für Kinder‹.«[85] Man versteht *Emil und die Detektive* (1929) oder *Pünktchen und Anton* (1931), *Das doppelte Lottchen* (1949) oder *Das Schwein beim Friseur* (1962) nicht falsch, wenn man sie als Proben aus der Lebens- und Lerngeschichte ihres Autors liest. Kästners Kindheitserinnerungen waren die Quelle, aus der er seine Kraft, seinen guten Glauben und, eigener Erfahrung zum Trotz, auch seine Zuversicht schöpfte.

Zu dieser Quelle ist er noch als Mann von über sechzig Jahren gern zurückgekehrt: seinem Sohn zuliebe, für den er die abenteuerlichen Geschichten von Mäxchen Pichelsteiner erfand, die dann als Romane namens *Der kleine Mann* (1963) und *Der kleine Mann und die kleine Miss* (1967) am Ende seines literarischen Schaffens standen – wie ein vergnügter und versöhnlicher Schlußakkord.

Die Dresdner Neustadt war Kästners emotionale Heimat: ein mythischer Ort, sein Vineta, das viele seiner Bücher beschwören wie ein heimliches Zentrum. Noch in den frühen neunziger Jahren war dort fast alles genauso anzutreffen, wie er es beschrieben hatte, und auf den ersten Blick leicht wiederzuerkennen.[86] Den im Sozialismus so genannten Platz der Einheit und den Platz der Thälmann-Pioniere, die Togliattistraße und die Dimitroff-Brücke gab es natürlich längst nicht mehr. Und die Otto-Buchwitz-Straße nannte sich wieder Königsbrücker Straße wie vor dem Krieg, als die Antonstadt rechts der Elbe noch die Neustadt war. In den maroden Villen am Albertplatz wuchsen, als habe die Zeit dreißig oder vierzig Jahre lang den Atem angehalten, Gras und Büsche durch die Fußböden. Ein Teil des Anwesens der Familie Augustin, Albertplatz 1 lautete die vornehme Adresse, hatte zu Zeiten der DDR den städtischen Verkehrsbetrieben als Kontor gedient. Lange gab es, in die verwitterte Mauer eingelassen, jenen uralten Stahltresor zu besichtigen, in dem der rasch zu erstaunlichem Reichtum gelangte Pferdehändler Franz Augustin, einer von Ida Kästners Brüdern, vor mehr als neunzig Jahren seine Barschaft aufzubewahren pflegte. Als Erich ein kleiner Junge war, hat er in diesem Haus, in diesem Garten seine Nachmittage verbracht, Johannisbeeren gepflückt und mit einer Wäschestange die Nüsse vom Baum geklopft.

»Fast alles hat sich geändert, und fast alles ist sich gleichgeblieben«[87], lesen wir in Kästners Jugenderinnerungen und dürfen raten, was wohl überwogen haben mag, als er dies 1957 zu Papier brachte: seine Verwunderung oder seine Genugtuung darüber. Was früher die Pferdeställe der Augustins auf dem unteren Stück der Hechtstraße, waren noch vor wenigen Jahren Garagen – die schweren Tore so fußbodenbraun gestrichen wie schon vor neunzig Jahren. Wer das Glück hatte, Hilde Schlögel kennenzulernen, die Tochter des Bäckers, in dessen Haus Onkel Paul, Pferdehändler wie alle Augustins, zur Miete gewohnt hatte, durfte die gepflasterten Hinterhöfe anschauen und Fragen stellen. Die nach dem Sanitätsrat Dr. Zimmermann zum Beispiel. Da legte sie, eine Dame von achtzig Lenzen, als wir sie trafen, verschämt die Hände ineinander und flüsterte: Erichs Vater. So sei es in der Königsbrücker Straße damals von Mund zu Mund gegangen.[88]

Gern wird, wo von Erich Kästners am 15. Dezember 1957 in München geborenem Sohn Thomas die Rede ist (und auch davon, daß Kästner mit der Mutter des Jungen nicht verheiratet war – sowenig wie Ida Kästner mit Erichs leiblichem Vater), ein Gedicht zitiert, dessen erste Strophen lauten:

»Ich möchte endlich einen Jungen haben,
so klug und stark, wie Kinder heute sind.
Nur etwas fehlt mir noch zu diesem Knaben.
Mir fehlt nur noch die Mutter zu dem Kind.

Nicht jedes Fräulein kommt dafür in Frage.
Seit vielen langen Jahren such ich schon.
Das Glück ist seltner als die Feiertage.
Und deine Mutter weiß noch nichts von uns,
                              mein Sohn.

Doch eines schönen Tages wird's dich geben.
Ich freue mich schon heute sehr darauf.
Dann lernst du laufen, und dann lernst du leben,
und was daraus entsteht, heißt Lebenslauf.«[89]

Zum ersten Mal veröffentlicht wurde der Text, damals mit dem Titel *Ein Brief an die Zukunft* versehen, am 9. März 1931 in der *Volkszeitung für das Vogtland*. Im Jahr darauf erschien er, als *Brief an meinen Sohn*, in Kästners viertem Lyrikband *Gesang zwischen den Stühlen* und war um folgende »Anmerkung« ergänzt worden: »Da der

Ich möchte endlich einen Jungen haben...

Autor, nach dem Erscheinen des Gedichts in einer Zeitschrift, Briefe von Frauen und Mädchen erhielt, erklärt er, vorsichtig geworden, hiermit: Schriftliche Angebote dieser Art werden nicht berücksichtigt.«[90] Eine poetische Harlekinade, natürlich, und in dieser unverfänglich ironischen Kostümierung zugleich die Preisgabe eines anrührenden Wunschtraums, dessen Erfüllung der Autor, abermals natürlich, in eine nicht näher bezeichnete Zukunft verlegte. Vermutlich nicht des Sohnes wegen, den er sich zu Zeiten vielleicht aufrichtig wünschte, sondern weil der Sohn ohne eine Mutter (die womöglich Ehefrau zu sein beanspruchte – für Kästner ein unvorstellbarer Gedanke) nicht zu haben war.

Noch in seiner am 21. Februar 1969 in Berlin, am Wohnort von Friedhilde Siebert, der Mutter seines Sohns, unterzeichneten »Letztwilligen Verfügung« unterlief ihm eine Formulierung, die deutlich macht, wie er in dieser Frage sein Leben lang zu denken pflegte. Grundsätzlich mochte er die Existenz leiblicher Kinder nicht ausschließen. Sich dafür allerdings auf eine Eheschließung einzulassen, schien ihm eine völlig abwegige Vorstellung. Und ganz selbstverständlich übertrug er seine eigene Lebenspraxis auf den Sohn – indem er unterstellte, daß als dessen zukünftige Erben zwar Kinder, nicht aber eine Ehefrau in Betracht kämen: »Sollte, der statistischen Lebenserwartung entsprechend, Frau Enderle nach mir zuerst sterben, ginge ihr Anteil an Thomas und dessen Mutter über, und auch dieser wäre zwischen ihnen hälftig zu teilen, bis dann, wieder unterm Gesichtspunkt der Lebenserwartung, Frau Siebert als nächste stürbe. Nun wäre Thomas der Gesamterbe mit dem Recht, das Ganze an seine Kinder weiterzuvererben.«[91]

Friedhilde Siebert, am 21. Februar 1926 in Maybach an

Vater und Sohn: Erich und Thomas Kästner im Februar 1974

Ich möchte endlich einen Jungen haben...

Mutter und Sohn: Friedel Siebert und Thomas Kästner

der Saar geboren, war dreiundzwanzig Jahre alt, als ihr Kästner 1949 das erste Mal begegnete. In München wohnte sie seit 1942: zuerst in der Wohnung ihrer Mutter, Katharina Siebert, in der Barer Straße, von 1955 an in einer eigenen Wohnung an der Pienzenauer Straße. Im selben Jahr verzog sie an den Paulsplatz, von dort 1958 an den Rotkreuzplatz und im März 1960 schließlich in die Groffstraße. Im Juli 1960 verließ sie München und zog mit ihrem Sohn für wenig mehr als ein Jahr nach Küsnacht am Zürichsee. Vom 18. April 1962 an war sie wieder in München gemeldet, abermals im zweiten Stock des Hauses Barer Straße 69, in der Wohnung ihrer damals sechzigjährigen Mutter. Wie ein von Luiselotte Enderle im November 1962 beauftragter Privatdetektiv ermittelte, wohne Friedhilde Siebert in Wirklichkeit jedoch nicht dort, sondern in Nymphenburg und fahre vor der Wohnung ihrer Mutter meistens mit einer Taxe vor. Einer Berufstätigkeit scheine sie nicht nachzugehen. Schon im November 1951 hatte Frau Enderle ein Detektivbüro nachforschen lassen, »wen Dr. Kästner bei seinen abendlichen Ausgängen jeweils besucht«. Als »verdächtige Liebhaberin« war von ihr »ein Fräulein

Siebert, möglicherweise mit dem Vornamen Evelin«[92] benannt worden. Friedel Siebert war unter allen ihren Rivalinnen zweifellos die, von der sie am meisten zu fürchten hatte und von der sie am wenigsten wußte.

Erst drei Jahre nach der Geburt des Sohns[93], für den er 1964 (und dank seiner Prominenz mit raschem Erfolg) den Familiennamen Kästner beantragte, vermochte er seiner Lebensgefährtin zu gestehen, daß er Vater geworden war und sie mit der bedeutend jüngeren Frau schon seit Jahren betrog: durchaus in der Absicht, mit Friedlinde Siebert ein gemeinsames Kind zu haben. Wie schmerzhaft, wie demütigend dieses Bekenntnis für Luiselotte Enderle war, ist einem sechs Seiten langen Brief zu entnehmen, den Kästner ihr am 4. und 5. Juni 1963, also wiederum drei Jahre später, aus dem Sanatorium in Agra schrieb und den Thomas Kästners Anwalt Peter Beisler, zugleich Verwalter des Enderle-Nachlasses, in Verwahrung hat.

»Ich bin ein Einzelgänger und ein Schriftsteller und muß Geld verdienen. Solange ich nicht arbeite, solange bin ich dicht am Verzweifeln«, schreibt Kästner. Sie sei der Mensch, an dem er am meisten hänge, erklärt er ihr, ohne freilich auf die Nähe zu seinem Sohn und dessen Mutter verzichten zu wollen. Er schlägt darum, wie schon einmal drei Jahre zuvor, einen Kompromiß vor: »Der Mittelweg hieße: halbieren. Mich und, es ist schlimm, auch Dich. Wie im Versuche Küsnacht, der mißglückte. Mit Dir bei uns wohnen, leben und arbeiten. Und dann auch dort. Abwechselnd. Wenn das nicht möglich wäre, bliebe übrig, daß ich, zusätzlich, allein in einem Zimmer lebte und von dort aus, Gebirge oder sonstwo, bald im Herzogpark wäre, bald in Nymphenburg. Jeweils eine Zeit lang.«[94] Man arrangierte sich, wenn auch auf Umwegen und nach heftigen Auseinandersetzungen. Im Herbst 1964 zogen Friedel Siebert und Sohn Thomas nach Berlin. Das Namensschild am Klingelbrett, meldeten Reporter einer Berliner Zeitung, laute auf Kästner. Denn der berühmte Dichter sei entschlossen, seinen Hausstand in München aufzulösen und Anfang Dezember ein Haus im Berliner Außenbezirk Hermsdorf zu beziehen.[95] Dazu kam es nicht.

Ich möchte endlich einen Jungen haben...

Mit Luiselotte Enderle, München 1952

Kästner entschied sich, nach einiger Bedenkzeit, die er in Berlin verbrachte, für den Mittelweg des geringsten Widerstands. Er zog es vor, nach München zurückzukehren und auch in Zukunft mit Luiselotte Enderle zusammen im gemeinsamen Haus am Herzogpark zu leben; er änderte allerdings sein viele Jahre zuvor niedergelegtes Testament, das seine lebenslange Partnerin als Alleinerbin vorgesehen hatte, zugunsten von Thomas und dessen Mutter. Damit wird Luiselotte Enderle sich abgefunden haben. Daß Kästner seinen Sohn regelmäßig zu sehen wünschte und oft zu sich nach München einlud, mußte sie geschehen lassen. Freilich bestand sie darauf, daß er im Hotel übernachtete. Thomas sei immer wieder nach München gefahren, berichtet Werner Schneyder, »aber in sich steigerndem Maße ungern. Die Atmosphäre im Hause des Vaters, die Spannungen, die seine Anwesenheit auslösten, waren dem Kind unerträglich.«[96] Noch über Kästners Tod im Juli 1974 hinaus muß Frau Enderle es als Kränkung empfunden haben, weder seine Ehefrau noch die Mutter seines Kindes gewesen zu sein. Wie nachhaltig sie darunter litt, verrät der Kopf des Briefpapiers, das sie Anfang der siebziger Jahre drucken ließ: Luiselotte Enderle-Kästner.

Jahre des wiederkehrenden Ruhms

Solange er nicht arbeite, neige er zu verzweifeln, schrieb Kästner aus Agra. Arbeiten, um nicht verzweifeln zu müssen: dies war sein Wappenspruch ein Leben lang, zumal in den Jahren nach 1933 oder nach 1945, als alles in Trümmern lag und das Leben gewissermaßen noch einmal von vorn beginnen sollte. Vielleicht hat er tatsächlich, nach den Jahren entwürdigender Tarnung und Selbstverleugnung, »die Zeit nach 1945 wie die nach 1920 empfunden«[97]: als neuen Anfang auf den alten Fundamenten also. So vermutet Werner Schneyder. Der Literaturhistoriker Hermann Kurzke sieht es ähnlich. Für ihn markieren die Jahre von 1945 bis 1952 einen zweiten Höhepunkt in Kästners Schaffen, »das silberne Zeitalter nach dem goldenen von 1927 bis 1933«[98]. Wie in den späten Zwanzigern, den frühen Dreißigern war Kästner abermals eine Zeitlang Zeitungsredakteur, arbeitete fürs Kabarett, schrieb Filmdrehbücher, Gedichte und Romane für Kinder, schien aus dem Vollen zu schöpfen und sonnte sich gutgelaunt im ungeminderten Ruhm.

Denn Arbeit hatte er genug, als er endlich wieder schreiben durfte: »Stoff für zwei Romane und drei Theaterstücke lag in den Schubfächern meines Gehirns bereit. Zugeschnitten und mit allen Zutaten.«[99] Die beiden Romanmanuskripte, *Die Doppelgänger* und *Der Zauberlehrling*, stammten aus den dreißiger Jahren und sind Fragment geblieben. Über die Gründe hat Kästner sich in einer um 1947 verfaßten, allerdings ungedruckt gebliebenen Vorbemerkung zu den *Doppelgängern* geäußert, deren Typoskript sich im Nachlaß fand: »Das bisher unveröffentlichte Romanfragment entstand 1932. Und es blieb bei dem Bruchstück. Die Gründe hierfür hatten und waren Ursachen. Als einem ›unzuverlässigen und politisch unerwünschten‹ Schriftsteller, der nicht emigrieren wollte, wurde es mir 1933 untersagt, in Deutschland zu publizieren. Und die ›Auslandserlaubnis‹, die jederzeit rückgängig gemacht werden konnte (und 1943, als es in Europa kein Ausland mehr gab, rückgängig gemacht wurde), bedeutete Kontrolle und, im Ernstfalle, Gegenmaßnahmen. Der Roman ›Die Doppelgänger‹, wie er geplant war, hätte, zu Ende geführt und im Ausland veröffentlicht, einen Ernstfall geschaffen. Um für die Schublade zu schreiben, fehlte es mir an Lust, Muße und Geld.«[100] Die *Doppelgänger* wurden 1958 erstmals in der Zeitschrift *Merkur* und 1959 gemeinsam mit den ersten vier Kapiteln des 1936 im Anschluß an die *Doppelgänger* entworfenen *Zauberlehrlings* in den *Gesammelten Schriften* gedruckt.

Bei den drei Theaterstücken, deren Manuskripte oder Entwürfe Kästner in seinem Luftschutzgepäck nach München gerettet hatte, handelte es sich um den ersten Akt der historischen Komödie *Chauvelin oder Lang lebe der König*, um das Lustspiel *Zu treuen Händen* und das Vorspiel zur Komödie *Das Haus Erinnerung*. Der *Chauvelin* ebenso wie *Das Haus Erinnerung* scheinen, den Angaben von Frau Enderle zufolge[101], 1940 niedergeschrieben worden zu sein, während *Zu treuen Händen* vermutlich um 1943 entstand, zur selben Zeit ungefähr wie die Drehbücher zum *Münchhausen* und zum *Kleinen Grenzverkehr* und das Treatment zu einem Film, der 1950 unter dem Titel *Das doppelte Lottchen* in die Kinos kam und mit dem ersten Bundesfilmpreis ausgezeichnet wurde. Regie führte Josef von Baky. So war es schon 1942 verabredet worden, als Kästner an dem damals noch *Das große Geheimnis* überschriebenen Exposé arbeitete. Das Lustspiel *Zu treuen Händen*, unter dem Pseudonym Melchior Kurtz veröffentlicht, wurde 1949 in der Inszenierung von Günther Lüders am Düsseldorfer

Isa und Jutta Günther, das »Doppelte Lottchen«, mit dem Drehbuchautor und dem Regisseur Josef von Baky

Schauspielhaus uraufgeführt, während das zum Einakter erweiterte Vorspiel zum *Haus Erinnerung* 1958 unter der Regie von Hans Schweikart in den Münchner Kammerspielen seine erste Premiere erlebte.

Die Diskussionen über die wahre Identität von Melchior Kurtz ließ Kästner nach dem großen Erfolg der Uraufführung lächelnd über sich ergehen. Für das Programmheft zur Berliner Aufführung im Juli 1952 schickte er dem Dramaturgen einen mit Melchior Kurtz unterzeichneten Brief, der folgendermaßen schloß: »Vielleicht, ich garantiere für nichts, war das kleine Stück nur eine Etüde? Die Fingerübung eines insgeheim ehrgeizigen Mannes, der mehr will, als er wollte? Der übenderweise hofft, eines schönen Tages ein Bühnenautor geworden zu sein? Ohne eine Antwort zu wissen, und wie dem auch sein mag, schicke ich Ihnen meine besten Wünsche.« Ganz frei von Koketterie ist das gewiß nicht. Möglicherweise, so vermutet Thomas Anz, der Herausgeber von Kästners Theaterstücken, »wollte er wirklich als Autor weitestgehend unbekannt bleiben, um den Erfolg dieses Stückes abzuwarten und um mit der Gattung Drama, in der Form Lustspiel und Komödie, experimentieren zu können, wie er im Berliner Programmheft schreibt. Vielleicht ist ›Zu treuen Händen‹ als dramatische Vorarbeit zur Komödie ›Die Schule der Diktatoren‹ zu verstehen, deren Uraufführung ja auch für 1949 angekündigt war?«[102] Gelüftet wurde das Geheimnis um die Identität des Verfassers in der Tat erst in der Werkausgabe von 1959: »Der Verfasser nannte sich Melchior Kurtz, und er benutzte ein Pseudonym, weil er den eigenen Namen für sein eigentliches Theaterdebüt, für ›Die Schule der Diktatoren‹, aufsparen wollte.«[103]

Der Plan zu diesem Stück, so Kästners Vorbemerkung zu der 1956 erschienenen Buchausgabe, sei »zwanzig Jahre alt«[104], stammte also aus der Mitte der dreißiger Jahre. Zum ersten Mal erwähnte er es am 6. Mai 1945 in seinem Tagebuch: »Ich beginne mich allmählich wieder für mein Stück ›Die Schule der Diktatoren‹ zu interessieren.«[105] In der gedruckten Fassung fügte er nachträglich noch folgenden Satz hinzu: »Es machte, jahrelang, so gar kein Vergnügen, Szenen und Dialoge niederzu-

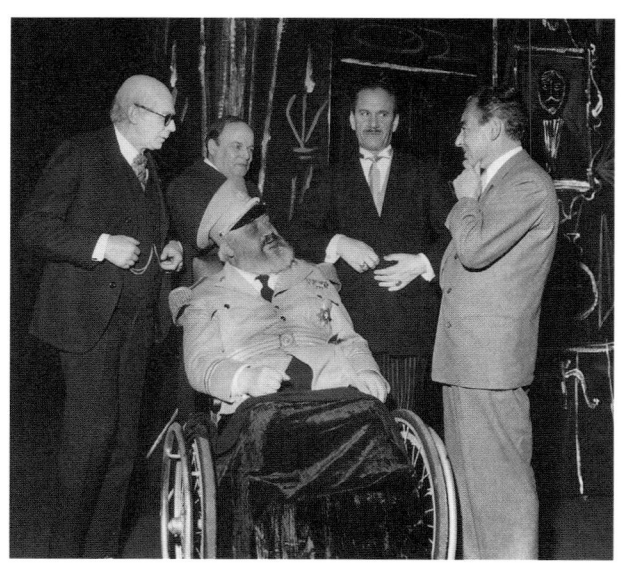

Die Schule der Diktatoren in Hans Schweikarts Inszenierung, 1957 in den Münchner Kammerspielen

schreiben, die, im Anschluß an eine Haussuchung, den Kopf gekostet hätten.«[106] Mit den leichten und seichten, unter wechselnden Pseudonymen fürs Boulevardtheater geschriebenen Konversationsstücken wie mit den zum großen Teil als Lohnarbeit gefertigten Filmdrehbüchern hatte Kästner mehr oder weniger auskömmlich überwintert und sich dabei als ein Virtuose in der Erfindung pointensicherer Dialoge ausgewiesen. In der *Schule der Diktatoren*, die er, mit einiger Feierlichkeit, als »Haupt- und Staatsaktion«[107] gedeutet und auf keinen Fall als Satire mißverstanden sehen wollte, zeigte er zum ersten Mal Ehrgeiz, auch als Dramatiker anerkannt zu werden. »Von mir kommt in diesem Jahr nur ganz kleiner Quatsch heraus. Aber dann will ich mich bißchen vergrößern. Vor allem juckt es mich, Theaterstücke zu schreiben«[108], hatte er im August 1948 Hermann Kesten wissen lassen. Wieviel ihm das Theater bedeutete, geht aus seinem Brief vom 9. Juni 1949 hervor: »Ich arbeite seit ein paar Wochen an einem Theaterstück, auf das ich selber einigermaßen neugierig bin. Sollte mir das Stück glücken, habe ich vor, möglichst anschließend ein zweites und ein drittes zu versuchen. Die Themen habe ich schon lange im Kopfe.«[109] Er meinte zweifellos die *Schule der Diktatoren,* für Kästners Selbstverständnis als

Schriftsteller die eigentliche Herausforderung in der ersten Hälfte der fünfziger Jahre: ein Stück, das »ein Anliegen«[110] formulierte und dem Autor selbst, vielleicht aus ebendiesem Grund, »besonders wertvoll«[111] schien, wie er in einem Brief an Elfriede Mechnig gestand.

Die Uraufführung war am 25. Februar 1957 in den Münchner Kammerspielen, Regie führte Hans Schweikart. Der zurückhaltenden Aufnahme wegen, die seine als Komödie etikettierte, wie eine unnötig abendfüllende Kabarettnummer anmutende Politfarce bei Kritik und Publikum fand, hat Kästner die volkspädagogische Absicht seines Lehrstücks wenig später noch einmal deutlich zu machen versucht: »Im modernen undemokratischen Staat wird der Held zum Anachronismus. Der Held ohne Mikrophone und ohne Zeitungsecho wird zum tragischen Hanswurst. Seine menschliche Größe, so unbezweifelbar sie sein mag, hat keine politischen Folgen. Er wird zum Märtyrer.«[112] Ein wenig war dies auch auf die eigene Person gemünzt. Den Märtyrer hätte Kästner gewiß nicht gern gespielt, zum Helden freilich, eigenem Bekenntnis zufolge, auch nicht getaugt: »Die Heldenlaufbahn als Hauptberuf, das wäre nichts für mich gewesen.«[113] Obwohl er sehr darunter gelitten zu haben schien, immer wieder gefragt zu werden, »warum ich in Deutschland geblieben sei, obwohl ich doch nahezu zwölf Jahre verboten war«[114].

Aussichtslos, so lehrt die *Schule der Diktatoren,* sich dem totalitären Apparat widersetzen zu wollen. Die Hitler-Diktatur lieferte dafür nicht mehr als ein besonders plausibles Beispiel, ein Stück Wirklichkeit in einem sonst auf Anschaulichkeit weitgehend verzichtenden Laborexperiment. Vorgeführt wird das Funktionieren totalitärer Systeme, die Mechanik despotischer Macht im Gestänge eines Plan- und Puppenspiels. »Ihre Mechanik verlangt«, so die Deutung Wilhelm Emanuel Süskinds in seiner Premierenkritik für die *Deutsche Zeitung,* »daß sie unsterblich sei; infolgedessen läßt sie sich von einem Professor der Biologie nicht nur den Untertan, sondern den Diktator züchten. In einer zwischen Laboratorium und Freudenhaus die Mitte haltenden

Versuchsanstalt hält der Professor ein Dutzend menschliche Meerschweinchen, wie er sagt, also puppenhaft gedrillte und einander ähnliche Ersatzdiktatoren, bereit. Fällt der amtierende Staatspräsident einem Attentat zum Opfer, oder muß er wegen individualistischer Aufsässigkeit mittels Injektionsspritze aus dem Verkehr gezogen werden, so rückt das nächste Double nach: eine neue Puppe in den Händen des in Wahrheit regierenden Drei-Männer-Kollegiums. Die dramatische Entwicklung entsteht dadurch, daß einer der Diktatur-Zöglinge in Wahrheit Aufrührer und Volkstribun ist; aus dem Zuchtinstitut heraus zettelt er einen Aufstand an, wird auch an die Macht gebracht, muß aber sofort erkennen, daß er wiederum nur Puppe in den Händen einer neuen Militärjunta ist.« Ein aberwitziges Spiel, so Süskind ebenso ratlos wie vorwurfsvoll, das einen fast glauben machen könnte, »daß Militärdiktatur unabwendbares Schicksal ist«[115].

Ein anderer Einwand, den Wolfgang Drews in der *Frankfurter Allgemeinen Zeitung* formulierte, wird den Dramatiker Kästner schmerzhafter getroffen haben: »Gesinnung allein ist nicht bühnenwirksam, und ein kabarettistischer Einfall, in einer Sketchserie ausgebreitet, ergibt kein Drama.« Das mitleidig gestimmte Lob, schon im nächsten Absatz, kam einer öffentlichen Hinrichtung gleich: »Ein gescheites Stück von der Sorte, die es immer schwer auf den Brettern hat, plan und ein bißchen spröde, Relieftheater mit guten Formulierungen, ein Mahnruf vom Katheder, in ehrlicher Sorge erhoben, durch Witz und Phantasie verziert.«[116] Mehr ein Traktat also, ein Leitartikel mit verteilten Rollen: völlig undramatisch, nichts fürs Theater, sondern für die Lesebühne und fürs Publikum der Volkshochschule, das daran gewohnt ist, sich schulmeistern zu lassen. Und sich duckt, weil mehr als Nicken nicht verlangt wird – wie im Kabarett, wenn auch nicht annähernd so vergnüglich, dafür allerdings ebenso folgenlos. So erklärten fast alle Rezensenten der Uraufführung. War ein fataleres Mißverständnis denkbar, als den Autor für dieses Stück mit dem Titel »meisterlicher Humorist«[117] auszeichnen zu wollen?

Nach der *Schule der Diktatoren* hat Kästner nennenswert Neues nicht mehr publiziert, von dem Kinderbuch *Der kleine Mann* (1963) und dessen Fortsetzung *Der kleine Mann und die kleine Miss* (1967) abgesehen, die den Schriftsteller Erich Kästner noch einmal von seiner liebenswürdigsten Seite zeigten: als treuen Freund der Kinder, der nun selber Vater geworden war und seine Lebenserfahrung am liebsten immer noch in Geschichten kleidete. Deren Rezept war das gute alte, wie er augenzwinkernd gestand: »Es wird am besten sein, wenn ich alles der Reihe nach erzähle. Das ist noch immer die richtige Methode. Neu ist sie nicht, nein. Doch wozu auch? Neues muß nicht immer richtig und Richtiges muß nicht immer neu sein.«[118]

Jedenfalls war sie außerordentlich erfolgreich, wie nicht nur die Auflagenzahlen der Kinderbücher und ihre Übersetzungen[119] in alle Sprachen zeigen, sondern auch die ansehnliche Folge von Theaterstücken und Filmen, die von ihnen inspiriert wurden. Den *Emil* (1929) zum Beispiel, der schon in der Weimarer Republik auf dem Theater und im Kino zu sehen war, gab es auch in einer britischen Version (1935), nach dem Krieg sodann als deutsches Remake (1954) und außerdem in einer japanischen (1956), einer brasilianischen (1958), einer amerikanischen (1963) und einer ungarischen (1978) Fassung.[120] Mit dem *Doppelten Lottchen*, 1949 als Buch veröffentlicht, verhält es sich nicht anders. Schon im Jahr darauf machte die deutsche Verfilmung Furore. Es existieren ferner eine japanische (1952), eine britische (1953), eine amerikanische (1960) samt Zweitaufguß (1987) sowie, unter dem Titel *Charlie & Louise*, eine zweite deutsche Version (1994).

Kaum einer von Kästners Stoffen, den er nicht auch fürs Theater und/oder fürs Kino aufzubereiten verstanden hätte – nach Kriegsende nicht anders als zuvor. So schrieb er in den fünfziger und sechziger Jahren die Drehbücher sowohl für *Das doppelte Lottchen* (1950) als auch für *Pünktchen und Anton* (1953) und *Das fliegende Klassenzimmer* (1954), für *Die verschwundene Miniatur*

Walter Trier hat sie alle unverwechselbar ins Bild gesetzt: Emil, Pünktchen und Anton, Konrad und Onkel Ringelhuth, Arthur mit dem langen Arm und das Doppelte Lottchen

(1954) und *Drei Männer im Schnee* (1955), außerdem für die *Salzburger Geschichten* (1956, nach der Erzählung *Georg und die Zwischenfälle* von 1938) und für *Liebe will gelernt sein* (1963, nach dem Stück *Zu treuen Händen* von

Mit dem jungen Peter Kraus bei den Dreharbeiten zum *Fliegenden Klassenzimmer* in München 1954

1949). Die Kritiker applaudierten emphatisch: »Ich habe in diesem Film selbst harte Kritiker vor Rührung weinen sehen. Und das ist gar nicht einmal boshaft gemeint: ich schäme mich ihrer Tränen nicht. Dieses ›Doppelte Lottchen‹ ist der herzanrührendste Film seit vielen Jahren. Ehrliche Ergriffenheit war es, die uns verhinderte, die Mängel des Technischen mit offenen Augen wahrzunehmen. Begeistert waren wir nicht, aber wir fühlten uns beschenkt.«[121] Gestand Hans Hellmut Kirst nach der Premiere des *Doppelten Lottchens.* »Seien wir froh, daß es noch Filme wie diesen bei uns gibt! Kinder ab 8 sehen ihn mit Entzücken, und Eltern haben ihre Freude daran.«[122] Urteilte der *Evangelische Filmbeobachter* über *Pünktchen und Anton.* »Autor, Regie, Kameramann und Ensemble, vor allem Paul Dahlke, Günther Lüders, Claus Biederstädt, Nicole Heesters und Margarete Haagen, haben das Verdienst, den deutschen Film um ein amüsantes Lustspiel bereichert zu haben, ein Lustspiel, das uns not tut in dieser nur dem brutalen Ernst des Lebens zugewandten deutschen Wunderzeit...«[123] So der Kritiker der *Frankfurter Allgemeinen Zeitung* über *Drei Männer im Schnee*. Was in diesem Film Nicole Heesters und Margarete Haagen, Paul Dahlke und Günther Lüders, waren in anderen Heidemarie Hatheyer oder Lina Carstens, Joachim Fuchsberger oder Erich Ponto: Publikumslieblinge, denen die Zuschauer allergrößte Sympathie entgegenbrachten. Die meisten Filme nach Romanen von Kästner, so charakterisierte sie Thomas Engel, der Regisseur von *Pünktchen und Anton* (1953), waren in der Tat Filme »für Leute von sieben bis siebzig, also für die ganze Familie«[124]. Dies machte sie so erfolgreich und den Autor der Bücher außerordentlich populär: Wer als Kind den *Emil* oder den *35. Mai* gelesen hatte, ließ sich gern noch einmal in die eigene Kindheit zurückversetzen – zumal er auf diese Weise zugleich an der Kindheit seiner Kinder teilhaben durfte.

Bearbeitungen von Stoffen anderer Autoren für den Film pflegte Kästner abzulehnen, auch wenn sie aus Hollywood kamen. Die einzige Ausnahme trägt den Titel *All about Eve* (1950): ein Film, den Joseph L. Mankiewicz mit Bette Davis und der jungen Marilyn Monroe gedreht hatte und zu dessen deutscher Synchronisation Kästner die Dialoge lieferte. Dem seit 1938 in Los Angeles ansässigen Filmagenten und Produzenten Paul Kohner zum Beispiel, der ihm 1952 angetragen hatte, die deutsche Version des Drehbuchs zu *The Moon is blue* zu schreiben, nannte er in seinem Antwortbrief vom 29. November 1952 Walter Mehring und Martin Morlock als »geeignete Kollegen für diese Aufgabe«. Kästner selbst war, eigener Einschätzung nach, solchen Lohnarbeiten mittlerweile entwachsen: »Vielleicht gibt es auch einmal eine Arbeit, die mich mehr reizen würde als dieses Stöffchen.«[125]

Im selben Jahr wie *Das doppelte Lottchen* erschien noch ein zweites Kinderbuch von Erich Kästner: *Die Konferenz der Tiere*, ein »Buch für Kinder und Kenner«, für »Groß und Klein«, das ausdrücklich als »Familienbuch«[126] gelesen werden wollte. Die Anregung dazu verdankte er Jella Lepman, der Gründerin der Internationalen Jugendbibliothek in München. Da die Menschen nichts als Kriege und Revolutionen, Streiks und Hungersnöte zustande bringen, fühlen sich die Tiere aufgerufen, dauerhaften planetarischen Frieden zu stiften: »Wir werden die Welt schon in Ordnung bringen! Wir sind ja schließlich keine Menschen!«[127] Sie treffen sich zur ersten Konferenz der Tiere, die am selben Tag beginnt wie die – siebenundachtzigste – Konferenz der Staatspräsidenten in Kapstadt. Und schicken, weil der Austausch diplomatischer Noten nicht hilft, Mäuse und Motten ins Feld, die Staatsmänner und Regierungen bloßzustellen und für alle Zeiten durchzusetzen, daß Grenzen und Militärs, Waffen und Kriege abgeschafft werden. »Es geht um die Kinder!«[128] So lautete die Parole. Und »die Kinder zu wahren Menschen zu erziehen« wurde als »die höchste und schwerste Aufgabe« selbstverständlich ins Schlußprotokoll aufgenommen: »Das Ziel der echten Erziehung soll heißen: Es gibt keine Trägheit der Herzen mehr!«[129] Eine aus Kästners essayistischen Schriften[130] vertraute Anstrengung, die vielleicht nur im Märchen zum Erfolg führt.

Das Märchen von der *Konferenz der Tiere* war, neben den Bänden mit Nacherzählungen wie dem ebenfalls 1949 veröffentlichten *Till Eulenspiegel, Der gestiefelte Kater* (1950) und *Des Freiherrn von Münchhausen wunderbare Reisen und Abenteuer zu Wasser und zu Lande* (1951), das letzte von Kästners Kinderbüchern, das Walter Trier illustriert hat. Er setzte sie alle unverwechselbar ins Bild: den Emil und den kleinen Mann, Pünktchen und Anton, Arthur mit dem langen Arm und das doppelte Lottchen, Konrad und Onkel Ringelhuth, das zersägte Motorrad, das verhexte Telefon und auch die Konferenz der Tiere. Auf Satire verstand Trier sich nicht, sie entsprach nicht seinem Naturell. Und gewiß wäre er nie auf den Gedanken verfallen, Kästners satirische Gedichte zu illustrieren. Nicht, daß es ihm an Temperament, an Witz und Schlagfertigkeit gefehlt hätte. Doch seine Schlagfertigkeit war defensiv, sein Witz eine Spielart der Selbstironie. Er zahlte seinen Widersachern nicht mit gleicher Münze zurück, sondern lächelte – trotz allem.[131] Neben vielem anderen mag es diese ebenso unauffällige wie selbstbewußte Form von Trotz gewesen sein, die Trier und Kästner miteinander verband: »Amen? Tamen!«[132] So lautet eines der Epigramme, die Kästner 1948 für die Vereinigung Oltner Bücherfreunde in einer Auflage von wenig mehr als tausend Exemplaren zu der Sammlung *Kurz und bündig* zusammengefaßt hatte und die 1950 mit einem illustrierten Schutzumschlag von Walter Trier in einer beträchtlich erweiterten Neuauflage des Atrium Verlags erschien. Viele, wenn nicht sogar die meisten dieser »sinnreichsten Kleinigkeiten«[133], wie Kästner sie unter Berufung auf Lessing nannte, stammten aus den dreißiger und vierziger Jahren, waren im Luftschutzgepäck über die Zeitenwende geschmuggelt worden und halfen ihrem Autor, dort anzuknüpfen, wo er zwölf Jahre zuvor seine Arbeit höchst unfreiwillig hatte unterbrechen müssen.

Wie ihm während dieser Zeit zumute gewesen war, hat Kästner 1946 im Vorwort zu seinem ersten Buch nach dem Kriegsende sehr anschaulich beschrieben: »Es ist ein merkwürdiges Gefühl, ein verbotener Schriftsteller zu sein und seine Bücher nie mehr in den Regalen und Schaufenstern der Buchläden zu sehen. In keiner Stadt des Vaterlands. Nicht einmal in der Heimatstadt. Nicht einmal zu Weihnachten, wenn die Deutschen durch die verschneiten Straßen eilen, um Geschenke zu besorgen. Zwölf Weihnachten lang! Man ist ein lebender Leichnam.«[134] Die Sammlung *Bei Durchsicht meiner Bücher* stellte eine programmatische Auswahl aus den vier vor 1933 veröffentlichten Lyrikbänden Kästners dar. Anders als in der 1936 in der Schweiz publizierten Anthologie *Doktor Erich Kästners lyrische Hausapotheke*, deren Gedichte in persönlichen und privaten Tönen den Gefühlen des modernen Großstadtmenschen Ausdruck gaben, überwogen 1946 solche politisch-sozialen und gesellschaftskritischen Charakters: »Die Verse zeigen, wie es vor 1933 in den Großstädten und anderswo aussah. Und sie zeigen auch, wie ein junger Mann durch Ironie, Kritik, Anklage, Hohn und Gelächter zu warnen versuchte. Daß derartige Versuche keinen Sinn

Eine Bilanz vor dem neuen Anfang: das erste Buch nach Kriegsende

haben, ist selbstverständlich. Ebenso selbstverständlich ist, daß die Sinnlosigkeit solcher Versuche und das Wissen um diese Sinnlosigkeit einen Satiriker noch nie zum Schweigen gebracht haben und niemals dazu bringen werden. Außer man verbrennt seine Bücher.«[135]
Natürlich würde ein Satiriker vom Schlage Erich Kästners die Hoffnung niemals aufgeben, »daß die Menschen vielleicht doch ein wenig, ein ganz klein wenig besser werden könnten, wenn man sie oft genug beschimpft, bittet, beleidigt und auslacht«[136]. Dazu allerdings schien das Kabarett ihm weitaus besser geeignet als die Poesie. Einen einzigen Band mit neuen Gedichten publizierte er nach 1945, den Zyklus *Die 13 Monate* – eine Lohnarbeit, die eine Schweizer Illustrierte in Auftrag gegeben hatte und die 1955 in den Buchhandel gelangte. Es ist ein Abgesang in dreizehn bedächtigen Seufzern daraus geworden: wehmütig manchmal und frohlockend bisweilen, ein Blick übers Jahr, vorausgreifend und rückwärts schweifend, wie es sich für ein Alterswerk gehört:

»Melancholie und Freude sind wohl Schwestern.
Und aus den Zweigen fällt verblühter Schnee.
Mit jedem Pulsschlag wird aus Heute Gestern.
Auch Glück kann weh tun. Auch der Mai tut weh.«[137]

So die vorletzte Strophe aus dem Gedicht auf den Mai. Darin schwangen Töne mit, die an einen nach innen gekehrten, abgeklärt über allen Zeiten schwebenden Idylliker denken ließen: »Man müßte wieder spüren: Die Zeit vergeht, und sie dauert, und beides geschieht im gleichen Atemzug. Der Flieder verwelkt, um zu blühen. Und er blüht, weil er welken wird. Der Sinn der Jahreszeiten übertrifft den Sinn der Jahrhunderte«[138], raunte der Dichter im Vorwort. Nachdem man ihm die Wohnung in der Schwabinger Fuchsstraße gekündigt hatte, waren Kästner und Luiselotte Enderle 1953 in die Flemingstraße am Herzogpark in Bogenhausen umgezogen, »wo in der Eis- und Urzeit die Isar floß. Die Bäume schimmern ihm dort grüner. Die Vögel singen vorm Fenster. Auf der Terrasse schnurren seine vier

Katzen«[139], schwärmte Frau Enderle, weil sie sich den nachdenklichen Ernst dieser letzten Gedichte nur als »romantischen Ausflug«[140] zu erklären vermochte.

Als hätte er ihr vorsorglich widersprechen wollen, schloß Kästner seine poetologische Notiz mit einem unmißverständlichen Hinweis in eigener Sache: »Die zweite Austreibung aus dem Paradies hat stattgefunden. Und Adam und Eva haben es diesmal nicht bemerkt. Sie leben auf der Erde, als lebten sie darunter. Ausflüge sind keine Auswege. Schußfahrten sind Ausflüchte. Was, nun gar, könnten ein paar Verse vermögen? Sie wurden trotzdem notiert. Es hatte, wieder einmal und wie so oft, das letzte Wort – das kleine Wort Trotzdem.«[141] Es ist eine der zentralen Vokabeln zum Verständnis des Schriftstellers Erich Kästner, zum Verständnis der Spannungen und Sprünge, der Verwerfungen und Widersprüche, die sein Leben und sein Werk auszeichnen – wie das Jahrhundert, das es reflektiert.

Was vermögen Gedichte und Chansons, Essays und Theaterstücke? Was vermag der Moralist in den Niederungen der Tagespolitik, der Schulmeister am Rednerpult, der Idealist gegen die Pragmatiker in Parteien und Verbänden? Mag sein, daß Erich Kästner sich solche Fragen gestellt hat – im Alter vermutlich öfter als in seinen jungen Jahren. Zu beantworten pflegte er sie allemal mit einem lakonischen Schulterzucken und dem lächelnden Hinweis auf die Hoffnung aus Prinzip, wenn nicht sogar wider besseres Wissen. Wie der Moralist aus Überzeugung Moralist, ist der Schulmeister aus Überzeugung Schulmeister und der Idealist aus Überzeugung Idealist. Was mit Gedichten oder Theaterstücken, Reden oder Chansons gegen Not und Elend, Unvernunft und Sittenverfall tatsächlich auszurichten ist? Einem Moralisten, Idealisten und Schulmeister wird die Antwort nicht gleichgültig sein. Doch seine Überzeugung, seine Moral, seine Grundsätze sind davon weniger betroffen als seine durch Erfahrung gereifte Neigung zu Trotz und Widerstand.

»Es gibt nichts Gutes
außer: Man tut es.«[142]

Die Maxime der praktischen, der öffentlichen Vernunft hat Platz in einem Epigramm. Öffentlich nennen wir sie in Verbindung mit Kästners Leben und Werk, weil sie die Sphäre des Privaten deutlich sichtbar überschritt.

Diese neue Seite an seiner Persönlichkeit trat zum ersten Mal in der zweiten Hälfte der vierziger Jahre zutage. Wir meinen Kästners so energische wie ausdauernde Bereitschaft, sich in den Dienst gemeinsamer Interessen zu stellen: als Funktionär des PEN-Clubs seit den späten vierziger Jahren, als Sympathisant der Bewegung gegen die Atomrüstung in den Fünfzigern wie als Mitglied der Vereinigung »Notstand der Demokratie« oder als Teilnehmer an Kundgebungen und Demonstrationen gegen den Krieg in Vietnam während der sechziger Jahre. Er stritt 1950 als Sekretär des PEN-Zentrums im Bundestags-Ausschuß für Fragen der Jugendfürsorge gegen die Einführung des Gesetzes über die Verbreitung jugendgefährdender Schriften[143]; er meldete öffentlich Protest an, als der Bundestag 1965 eine Verjährung der Naziverbrechen in Erwägung zog; und er schlug Alarm, als im selben Jahr Mitglieder des »Evangelischen Jugendbundes für entschiedenes Christentum« aus Sorge um den fortschreitenden Verfall von Sitte und Moral am Düsseldorfer Rheinufer außer Schundheften auch Bücher von Camus, Nabokov, Grass und Kästner in Flammen aufgehen ließen: »In einer ihrer Bibelstunden war von einem Briefe des Apostels Paulus an die Epheser die Rede gewesen und von der Verbrennung heidnischer Zauberbücher. Nicht Goebbels, sondern Paulus hatte sie inspiriert. Sie kannten nicht die deutsche, sondern die Apostelgeschichte.«[144]

Daß der Schriftsteller Erich Kästner eitel war, wird man ihm nachsehen: »Das Kuratorium für den diesjährigen Ostermarsch hat mich gebeten, die süddeutsche Marschgruppe und die übrige Versammlung hier in München zu begrüßen«[145], verkündete er 1961 auf dem Münchner Königsplatz. Er genoß solche Auftritte,

Kästner demonstriert 1958 vor der Münchner Universität gegen die geplante atomare Bewaffnung der Bundeswehr

vormittags auf dem Königsplatz nicht anders als abends im Zirkus Krone, und natürlich genoß er seine Prominenz. Denn es schmeichelte ihm, als Autorität gefragt, als Augenzeuge geladen zu sein. Den wiederkehrenden Ruhm wird er als Trost für die Entbehrungen der Jahre 1933 bis 1945 empfunden haben. Doch er half ihm vor allem, auch jenseits der Literatur auf sich und seine politischen Überzeugungen aufmerksam zu machen.

Wann immer die Vergangenheit zur Sprache komme, so mahnte er zum Jahrestag der Bücherverbrennung am 10. Mai 1958, müsse auch von der Zukunft die Rede sein. Die Umkehrung dieses Satzes galt für Erich Kästner erst recht. Wie sonst wäre aus der Geschichte zu lernen möglich, was anders nirgendwo zu erfahren ist? »Die Ereignisse von 1933 bis 1945 hätten spätestens 1928 bekämpft werden müssen. Später war es zu spät. Man darf nicht warten, bis der Freiheitskampf Landesverrat genannt wird. Man darf nicht warten, bis aus dem Schneeball eine Lawine geworden ist. Man muß den rollenden Schneeball zertreten. Die Lawine hält keiner mehr auf. Sie ruht erst, wenn sie alles unter sich begraben hat. Das ist die Lehre, das ist das Fazit dessen, was uns 1933 widerfuhr. Das ist der Schluß, den wir aus unseren Erfahrungen ziehen müssen, und es ist der Schluß meiner Rede. Drohende Diktaturen lassen sich nur bekämpfen, ehe sie die Macht übernommen haben. Es ist eine Angelegenheit des Terminkalenders, nicht des Heroismus.«[146]

Man versteht, warum Kästner der zweiten, der sozialistischen Republik auf deutschem Boden und solchen Kollegen, die als deren Vertreter und Emissäre auftraten, mit größtem Mißtrauen zu begegnen pflegte. Er war nicht der einzige, der sich von dem rasch aufs Grundsätzliche zielenden politischen Streit, den rüde zugespitzten ideologischen Auseinandersetzungen mit den Autoren der DDR an das öffentliche Klima der dreißiger Jahre erinnert glaubte.

Exemplarisch die Haßtiraden, mit denen Johannes R. Becher, der Gründer des »Kulturbunds zur demokratischen Erneuerung Deutschlands« und von 1954 bis 1958 der erste Kulturminister der DDR, die Teilnehmer des

1950 in Berlin veranstalteten internationalen »Kongresses für kulturelle Freiheit« verfolgte: »Wir hassen diese Leute nicht nur, die sich zu den Schreibern der Kriegshetzer erniedrigt haben, wir empfinden auch Abscheu und Ekel vor diesem antibolschewistischen Gesindel, widerwärtig ist das Geschwätz dieser kriminellen Clique von der Freiheit der Persönlichkeit, hinter dem nichts anderes steckt als der Versuch, die Entfaltung der Persönlichkeit in einem freien Volk zu verhindern und wieder Millionen von Persönlichkeiten auf den Schlachtfeldern den Heldentod der freien Persönlichkeit sterben zu lassen. (...) Nein, wir werden es nicht zulassen, daß solch ein Schund und Schmutz in der Deutschen Demokratischen Republik verbreitet wird. Eure sogenannten Probleme interessieren uns nicht.«[147] Damit allerdings war der gesamtdeutschen Solidarität der Schriftsteller, wie sie das deutsche PEN-Zentrum zuletzt noch auf seiner Münchner Tagung im November 1949 zu beschwören versucht hatte, die Grundlage endgültig entzogen.

Mit Ernst Penzoldt, Hermann Friedmann und Johannes Tralow beim PEN-Club in München

Über die Wiedereinrichtung eines deutschen PEN-Zentrums war zum ersten Mal im Juni 1946 auf dem Kongreß des Internationalen PEN-Clubs in Stockholm verhandelt worden. Wie Kästner hatten sich die meisten Teilnehmer für die Gründung einer neuen deutschen Sektion ausgesprochen. Sie konstituierte sich 1948 in Göttingen. Den ersten (gesamtdeutschen) Vorstand bildeten Thomas Mann als Ehrenpräsident, Johannes R. Becher, Hermann Friedmann und Ernst Penzoldt als Präsidenten sowie Erich Kästner und Rudolf Schneider-Schelde als Sekretäre. »Wenn dann immerhin noch zwei volle Jahre vergingen, bis die schleichende Krise im Dezember 1950 in Wiesbaden ausbrach«, erinnerte sich der Übersetzer Günther Birkenfeld, »so einzig deshalb, weil die kommunistischen Mitglieder den Tagungen von Hamburg, Bielefeld und München ferngeblieben waren und sich nach volksdemokratischer Taktik darauf beschränkt hatten, einen einzigen Beauftragten zu entsenden, der zum Beispiel in München (im November 1949) mit Forderungen auftrat, die vorher in Bechers Büro schriftlich festgelegt worden waren, und der Einwände des Plenums mit der Drohung beantwortete, daß eine Ablehnung den Verlust der Sowjetzone zur Folge haben könnte.«[148]

Während der Düsseldorfer Tagung im Oktober 1951 kam es zur Spaltung des deutschen PEN-Clubs. Eine Reihe von westdeutschen Schriftstellern, unter ihnen Werner Bergengruen, Kasimir Edschmid, Hermann Friedmann, Wilhelm Hausenstein, Hermann Kasack, Erich Kästner, Martin Kessel, Hermann Kesten, Ernst Kreuder, Horst Lange, Wilhelm Lehmann und Oda Schaefer, schloß sich zu einer selbständigen Gruppe zusammen, die fortan das »Deutsche PEN-Zentrum der Bundesrepublik Deutschland« bildete. Zunächst bestand daneben das »Deutsche PEN-Zentrum Ost und West«; von 1967 an nannte es sich »PEN-Zentrum Deutsche Demokratische Republik«. Hermann Kasack schrieb damals: »Sämtliche Mitglieder des deutschen PEN sind jetzt vor eine Entscheidung gestellt, der niemand ausweichen kann: entweder in der zum sowjetdeutschen Podium gewordenen Rumpfgruppe zu verbleiben oder die Gründung einer selbständigen Gruppe in der Bundesrepublik zu unterstützen. Diese wird sich endlich frei von politischer Einseitigkeit ihren Aufgaben im Sinne der PEN-Charta widmen können. Vielleicht wird der eine und andere Schriftsteller auch seinen Austritt erklären, um auf diese Weise der offenkundigen Stellungnahme enthoben zu sein. Jedenfalls wird künftig die Mitgliedschaft in einer der beiden PEN-Gruppen zu einer Gewissensfrage für die deutschen Schriftsteller.«[149] Erich Kästner hätte es nicht anders formuliert.

Er wurde 1951 der erste Präsident des westdeutschen PEN. Zehn Jahre stand er an der Spitze dieser Vereinigung, die ihn 1965 zu ihrem Ehrenpräsidenten wählte. Er war eine Legende zu Lebzeiten, wurde mit dem

Büchner-Preis (1957), der Hans-Christian-Andersen-Medaille des Internationalen Kuratoriums für das Jugendbuch (1960) und dem Lessing-Ring, dem Literaturpreis der Deutschen Freimaurer (1968), ausgezeichnet

Zwei Bilder aus dem Jahr 1957: Kästner erhält den Büchner-Preis; Kästner als PEN-Präsident mit Benno Reifenberg, Gustaf Gründgens und Kasimir Edschmid im Frankfurter Römer

– und blieb doch ein Schriftsteller, der am literarischen Leben seiner Zeit gewissermaßen außer Konkurrenz teilnahm, »schnell berühmt und nie ganz anerkannt«[150]. Mehr als fünfzig Schulen in Deutschland tragen seinen Namen: den eines Kinderbuch-Autors, der außer dem unverwüstlichen *Emil*, außer *Pünktchen und Anton* und dem *Fliegenden Klassenzimmer* auch Gedichte und Chansons, Erzählungen und Essays geschrieben hat. Natürlich wurden seine Gedichtbände nach Kriegsende sofort wieder aufgelegt, wurden Sonderausgaben, Sammlungen wie etwa *Bei Durchsicht meiner Bücher* (1946) und schließlich, 1959 wie 1969, zum sechzigsten wie zum siebzigsten Geburtstag, Editionen seiner *Gesammelten Schriften* veranstaltet. Doch den strahlenden Ruhm, den er nach 1945 genoß, verdankte er weniger dem *Fabian* und seinen Gedichten als vielmehr seinen Romanen für Kinder und den Filmen, die danach gedreht wurden, das *Doppelte Lottchen* allen voran. »Trotzdem machte er kein Monument aus sich«, berichtet der Kritiker Joachim Kaiser, »sondern lebte genau so, auch so unvernünftig, wie er es für richtig hielt.«[151]

Der Bürgerschreck war in die Jahre gekommen, durchaus nicht unzufrieden mit der wohlsituierten Bürgerlichkeit, die den erfolgreichen, den weltbekannten Schriftsteller umgab wie eine Aura – wenn auch gewiß nicht glücklich mit dem Gefühl, mit seinem Werk allmählich ans Ende gekommen zu sein. Nach der enttäuschenden Resonanz auf die *Schule der Diktatoren* legte er ein anderes Stück, *Die Eiszeit*, mißgelaunt zur Seite: »Die angemessene Kunstform dafür wäre der Film«, zitiert ihn Luiselotte Enderle in ihren Erinnerungen, »aber niemand würde dieses erotische Pandämonium drehen.«[152] Auch eine Erzählung, *Die Kavaliersreise*, gelangte über einen ersten Entwurf nicht hinaus. »Die Geschichte ist ausweglos traurig«, gestand er, »und mir ist ohnedies recht melancholisch zumute.«[153]

Seine letzte Buchveröffentlichung war 1967 der Kinderroman *Der kleine Mann und die kleine Miss*. Er schloß mit einem zaghaft fröhlichen Gruß an die Leser: »Keine Angst, ich fange nicht wieder von vorne an, sondern schreibe, mit kühnem Schwung, das Wörtchen Ende.«[154] Dabei blieb es. Den Schlußpunkt setzte 1969 die Ausgabe der *Gesammelten Schriften für Erwachsene* in acht Bänden. Der umfangreichen Korrespondenz mit dem Verlag ist zu entnehmen, mit welcher Akribie Kästner, der gelernte Philologe, zu Werke ging. Korrektur las er selber. Auch in den Fragen von Typographie und Seitenlayout, Papierqualität und -farbe wollte er gefragt sein und verschickte Aktennotizen und Memoranden, wenn er fürchtete, daß man seinen Wünschen vielleicht nicht im vollen Umfang entsprechen werde: »Abschließend möchte ich noch einmal darum bitten, daß man mein jeweiliges Placet respektiert und nicht durch Korrektoren, die auf den Duden vereidigt worden sind, neue Fehler hineinbringt. Das bezieht sich auch auf Interpunktionen.«[155] Die Liste der Korrekturen, die Kästner noch auf den Umbruchfahnen vorzunehmen wünschte, umfaßt sechs Schreibmaschinenseiten, teils mit handschriftlichen Änderungen oder Zusätzen.

Die Korrespondenz allerdings, die er wenig später

Mit Elfriede Mechnig Anfang der sechziger Jahre

mit dem Verleger Willy Droemer führte, weil das Ehepaar Droemer darauf bestand, Kästners siebzigsten Geburtstag auszurichten, gestaltete sich nicht weniger umständlich. Nachdem Droemer ihn gebeten hatte, ihm zwanzig bis fünfundzwanzig Personen aufzuschreiben, »die Sie gern zu Ihrer Feier um sich haben würden«[156], antwortete er ausweichend. Zwei Monate später stellte er eine Gästeliste mit sieben Namen zusammen, denen der Verleger postwendend einundzwanzig hinzufügte. Kästners ungehaltene Replik: »Nun sind es bereits 30 Herrschaften, von denen ich viele persönlich überhaupt nicht kenne. Damit verschiebt sich der Charakter des Plans beträchtlich. Und ich möchte doch sehr darum bitten, an etwa 20 Personen festzuhalten. (...) Ich bin bereits jetzt, trotz aller Reserve, von dem ganzen Drum und Dran so ermüdet, daß es mir lieb wäre, wenn sich für den Abend des 24. 2. eine kleinere und familiärere Lösung fände.«[157] Droemer reduzierte den Kreis am nächsten Tag auf fünfzehn Personen, erweiterte ihn dann wieder auf achtzehn, um mitzuteilen, »daß der ursprüngliche Plan, bei mir zu Hause zu feiern, nicht realisierbar ist«. Man habe sich für einen »separaten Raum beim Rumplmayr« entschieden. Und hoffe, so fügte Droemer hinzu, »daß Sie kommen können«[158].

Die Briefe, die Kästner seinen Verlegern schrieb, rechnete er zur lästigen Geschäftskorrespondenz, auch wenn sie, was freilich selten der Fall war und stets sehr beiläufig klang, persönlichen Belangen galten. Weil er allenthalben Mißverständnisse fürchtete (und in dieser Furcht offenbar immer wieder bestätigt wurde), lag ihm viel an einer verbindlichen Regelung aller Details: dort vor allem, wo es um finanzielle Fragen zu tun war. Nicht erst im Alter zeigte sich, daß er in diesen Dingen eine bemerkenswert niedrige Reizschwelle besaß.

Ich habe schon resigniert

Die unvermittelte Schroffheit, die Erich Kästner gelegentlich an den Tag legte, dürfte ihre Ursache in seiner deutlich angeschlagenen Gesundheit gehabt haben. Schon mit Sechzig war er, ohne es zu wissen, ein schwerkranker Mann – und mutete sich dennoch immer wieder Strapazen zu, die weit über seine Kräfte gingen. Ende Oktober 1961 reiste Kästner nach Wien zu einer Marathon-Lesung aus seinen Werken, die er an vier aufeinanderfolgenden Abenden in der Wiener Stadthalle zu absolvieren dachte: vor jeweils viertausend Zuhörern und den Kameras des Österreichischen Fernsehens. Am dritten Abend erlitt er einen Ischias-Anfall. Um die Veranstaltung durchzustehen, schluckte er, auch am nächsten Tag, immerfort schmerzstillende Tabletten. Weil die krampfartigen Magenschmerzen, die ihn schon in Wien geplagt hatten, in München nicht nachließen, empfahl man ihm eine gründliche Untersuchung in der Medizinischen Universitätsklinik. »Im Augenblick hab ich wenig Schmerzen, weil ich eine Spritze gekriegt habe«, schrieb er Mitte November 1961 an Friedel Siebert. »Es hilft vorübergehend, und das ist auch etwas wert. Denn pausenlos verträgt man das Geschmerze nicht sonderlich gut. (Sind ja fast drei Wochen schon.) Am Samstag sollen Ischias und Magen geröntgt werden. Wieso der Magen so plötzlich aus dem Konzept gekommen ist, weiss ich nicht. Wahrscheinlich die Nerven. Ein Wunder wär's nicht. Die vier Abende in Wien waren ein Mordsrummel. Jedesmal fast 4000 Leute. In einer Riesenhalle. Und den letzten Abend *kroch* ich schon aufs Podium. Vorher drei Stunden Autogramme in einer Buchhandlung. Den Magen voller

Der politische Redner: auf dem Münchner Königsplatz, April 1961

Medikamente. Zu scheusslich! Jetzt trink ich Rotwein. Beaujolais. Um die Magensäure zu aktivieren. Es gibt dümmere Rezepte.«[159]

Die Röntgenärzte stellten eine Tuberkulose fest. Luiselotte Enderle, die statt dessen lieber von einem »Schönheitsfehler der Atmungsorgane« sprechen mochte, erinnert sich: »Der Professor riet zu sofortigem Ortswechsel und schlug Ägypten oder Sizilien vor. Auch dem erschrockenen Patienten schien Eile angebracht. Um keine Woche zu zögern, brauchte er nur an die von der gleichen Krankheit abgekürzten Lebensläufe der von ihm bewunderten Kollegen Morgenstern, Klabund und Ringelnatz zu denken. Und er dachte daran. Aber Ägypten oder Sizilien? Gegenden, wo niemand deutsch sprach? Und Davos? Dünne Höhenluft, das wußte er, vertrug er nicht. Also wohin? Da erwähnte einer der Ärzte das Sanatorium in Agra. Wo denn Agra läge? Im Tessin. Ein paar hundert Meter überm Luganer See. Etwas höher als Montagnola, wo Hermann Hesse und der Maler Hans Purrmann wohnten. Das klang vertrauter.«[160]

Im Januar 1962 bezog Kästner sein Krankenzimmer im Sanatorium von Agra. Sein Zustand besserte sich erstaunlich schnell. Die Fieberschübe, unter denen er in München gelitten hatte, waren nicht wiedergekehrt. So daß die ärztlichen Vorschriften ein wenig gelockert wurden und er stundenweise arbeiten durfte. Dazu hatte er sich in unmittelbarer Nähe des Sanatoriums das »Café Ristorante San Gottardo« ausgesucht, in dem er nach den Mahlzeiten mittags und abends zu sitzen pflegte: »Dort war am Abend munteres Treiben, und es war schön mitanzusehen, wie beliebt Kästner bei allen Patienten war, trotz seiner stillen, zurückhaltenden Art«, schreibt der Zeichner Horst Lemke, der nicht weit von Agra entfernt in Brione wohnte und den *Kleinen Mann* sowie dessen Fortsetzung illustrierte, im Geleitwort zu den *Briefen aus dem Tessin*. »Zu einer bestimmten Stunde mußten die Patienten im Sanatorium sein, ich weiß nicht, ob es neun oder zehn war, dann wurde das Tor geschlossen. Und außer Kästner hielten sich alle strikt daran. Einer nach dem andern verabschiedete sich von ihm, und allen schien es selbstverständlich, daß er noch ein Weilchen blieb. Er bekam dann bei seinem späten Eintritt auch regelmäßig von der besorgten Schwester Vorwürfe, aber er erledigte es mit seinem Charme, und gelassen und lächelnd mit einer kleinen, gewölbten Whiskyflasche ging er auf sein Zimmer.«[161]

Vom Alkohol wurde im Hause Kästner, am Rande sei es an dieser Stelle vermerkt, nicht eben zurückhaltend Gebrauch gemacht. »Der Erich und ich – wir haben ganz schön was weggesüppelt«, gestand Luiselotte Enderle einem Journalisten, der sie wenige Tage vor ihrem Tod 1991 besuchte. »Dann wurde diese schnöde Welt schöngetrunken. Manchmal bekam der Erich auf seinem Hochsitz an der Piano-Bar die telephonische Nachricht: ›Ihre Frau Freundin ist zu Hause auf 'ner Champagnerflasche ausgerutscht und liegt nun bedudelt parterre. Was sollen wir tun?‹ Da hat der Erich unsere Nachbarin angerufen: Frau Neumeier, seien Sie so lieb, decken Sie Lotte gut mit 'ner Decke zu...«[162]

Wenn Kästner nicht im »Ristorante San Gottardo« residierte und auch nicht im »Café Olimpia« anzutreffen war, hatte er sich von einer Taxe nach Lugano fahren lassen, wo er meist im Kursaal einkehrte – einem Café im Stil der altmodischen Grandhotels, »so groß wie eine besonders geräumige Bahnhofshalle«, wie Lemke verwundert anmerkte, weil Kästner niemals auf der sonnigen Terrasse, sondern stets drinnen saß, um zu lesen, zu schreiben oder Besuch zu empfangen: »Ohne zu bestellen, wurde ihm ein Whisky im Teeglas serviert. Der Whisky war ihm wohl vom Doktor untersagt, aber er dachte gar nicht daran, von der liebgewordenen Gewohnheit abzugehen, genauso wenig wie er zu bewegen gewesen wäre, auf eine seiner starken Camel-Zigaretten zu verzichten. Ich bekam meinen Rotwein und konnte die inzwischen entstandenen Manuskripte lesen. Wann hat ein Illustrator schon das Glück, seinem Autor bei der Arbeit gewissermaßen über die Schulter zu gucken?«[163]

Von dieser Möglichkeit machte zum Beispiel auch der Regisseur Kurt Hoffmann Gebrauch, der ins Tessin reiste, um mit Kästner über das Drehbuch zum Film

Liebe will gelernt sein zu reden. Der Film, mit Martin Held, Barbara Rütting und Götz George in den Hauptrollen, kam 1962 in die Kinos. Anfang 1963 wurden auch Manuskript und Illustrationen zum *Kleinen Mann* fertig. Im Juni kehrte Kästner, »nicht völlig geheilt, aber fürs normale Leben weiter verwendbar«[164], nach München zurück. In der Annahme, nach weniger als einem halben Jahr wieder nach Hause entlassen zu werden, hatte er ursprünglich nur eine Aufenthaltsbewilligung für sechs Monate beantragt. Sie wurde abermals verlängert, als seine Münchner Ärzte ihn im Januar 1964 ein zweites Mal zur Behandlung ins Tessin schickten: »Diesmal wollen sie's hier aber ganz genau wissen!« klagte er in einem seiner ersten Briefe an Friedel Siebert. »Heute ist der dritte Tag, daß man mich 8 h morgens aus dem Bett scheucht und bis gegen Abend untersucht, röntgt, Blut abzapft, Injektionen macht etc. Der Chefarzt hat mir zunächst alles untersagt. Radikal. Nur von 12.30 bis 13 h und von 16 bis 16.30 darf ich vor die Sanatoriumstür treten. Na, da komm ich gerade bis zum Toni und zurück!«[165] Man hat ihm sowohl das Rauchen wie das Arbeiten verboten und zur Diät, die er wegen seines Blutzucker-Pegels halten muß, eine strenge Liegekur verordnet. Sein Zustand besserte sich abermals schneller als erwartet. Im August 1964 wurde er nach Hause entlassen.

Die meisten Briefe, die er während seiner Aufenthalte in Agra an Friedel Siebert und Sohn Thomas geschrieben hat, sind launig aufs Papier geplauderte Zärtlichkeiten, denen darüber, wie ihm tatsächlich zumute war, wenig zu entnehmen ist. Wie Jahre zuvor schon in den Briefen an seine Mutter legte er auch in den Briefen an seine Geliebte regelmäßig »Scheinchen« dazu: mal ein »Freßscheinchen«[166], mal »das Geld für den Möbeltransport«[167], mal »das Reisegeld«[168], mal auch »zwei Scheinchen für Deinen Geburtstag«[169], einen »Schein für Gartenerde«[170] oder »noch etwas Stiefelgeld«[171], durchweg überschaubare Beträge. Größere Summen wurden beziffert: »Leider hat mich eine mittlere Erkältung am Wickel. Ich bekämpfe sie tapfer mit heißem Whisky. Heute will und muß ich trotz Schnupfen zur Bank. Monatsrechnung Agra ist fällig. Und morgen werde ich Deiner Mutter 1000 sfr schicken. Die Aufteilung (Teil Schreiner etc.) hast Du ja mit ihr besprochen.«[172] Nicht nur über den Verwendungszweck der Geldbeträge machte er sich Gedanken, sondern auch darüber, wie sie am besten auf- und einzuteilen seien: »Ich lege Dir 1000 sfr. plus 100 DM bei. Das sind etwa 1000 DM insgesamt. Benutze etwa 800 DM zum Abzahlen! Das erleichtert das Kopfrechnen im Juli. Den Rest, also zirka 200 DM, nimmst Du als zusätzliches Wirtschaftsgeld für Juni.«[173]

Im Herbst 1964 veranstaltete das Goethe-Institut in der Münchner Internationalen Jugendbibliothek eine große Ausstellung zu Leben und Werk Kästners. Sie ging in den folgenden Jahren auf Tournee durch Europa. Kästner ließ sich, obwohl er immer noch ungern verreiste, nach Stockholm und Kopenhagen, London und Den Haag einladen und las aus seinen Büchern, gab allerdings lieber Autogramme als Interviews. Er mochte sich nicht mehr erklären. Und er fürchtete, mißverstanden zu werden, wenn er aussprach, was ihn bedrückte. Auf eine Schlagzeile verkürzt, lautete der Refrain meist: »Ich habe schon resigniert.«[174] Daß er solchen auf dem Höhepunkt der Studentenbewegung gewiß auch politisch akzentuierten Vereinfachungen nachdrücklich widersprach[175], vermochte an dem Bild, das die Öffentlichkeit sich von diesem Schriftsteller in den letzten Jahren seines Lebens machte, wenig zu ändern. Es war das grobgerasterte Bild eines melancholischen älteren Herrn, der mit müden Gesten zum Ausdruck brachte, daß er nichts mehr zu sagen hatte – auch wenn noch viel zu sagen gewesen wäre. »Ich bin sehr passiv geworden«[176], pflegte er zu seufzen, wenn er dieses Gefühl zu umschreiben versuchte.

»Man altert nicht von ungefähr«, hatte Kästner schon 1956 im Vorwort zu einer Auswahl aus seinen Schriften geklagt. »Man rennt nicht ungestraft ein Leben lang mit demselben Kopf gegen dieselben Wände. Immer wieder kommen Staatsmänner mit großen Farbtöpfen des Wegs und erklären, sie seien die neuen Baumeister. Und immer wieder sind es nur Anstreicher. Die Farben wechseln, und die Wände bleiben. Und der Kopf tut manchmal weh. Die Feindschaften wechseln, und die Feindschaft bleibt. Die Dummheiten wechseln, und die Dummheit bleibt. Ja, wenn man der Trompeter von Jericho wäre! Daß man kein Trompeter von Säckingen geworden ist, das ist ein schwacher Trost.«[177] Als das Büchlein 1971 noch einmal aufgelegt wurde, änderte er nur den Schluß. Der lautete nun: »Vor fünfzehn Jahren schrieb ich: ›Die Dummheiten wechseln, und die Dummheit bleibt.‹ Ich muß mich heute korrigieren. Auch die Dummheiten sind die alten geblieben.«[178]

Ein letztes Mal kehrte Kästner im Frühjahr 1966 nach Agra zurück: »zur Kontrolle«[179], wie lakonisch verlautbart wurde. Der Mutter seines Sohnes schrieb er im April 1966 nach Berlin: »Unveränderter Befund, also befriedigend. (...) Nun hab ich wieder ein Jahr Ruhe, falls nicht, wider Erwarten, eine Verschlechterung eintritt.«[180]

Im Sanatorium auf der »Collina d'Oro«, wie die Erhebung heißt, auf deren Spitze Agra liegt, hatte Erich Kästner seinen fünfundsechzigsten Geburtstag gefeiert, dort hatte er 1966 auch das Manuskript zu seinem letzten Buch, dem Kinderroman *Der kleine Mann und die kleine Miss*, fertiggestellt. Danach wurde es merklich still um ihn. Ein letztes Mal machte er 1972 mit einer Publikation auf sich aufmerksam: *Friedrich der Große und die deutsche Literatur* war ihr Titel. Es handelte sich um die verspätete, mit großem Respekt und demonstrativem Beifall aufgenommene Buchausgabe seiner Leipziger Dissertation aus dem Jahr 1925. In der *Frankfurter Allgemeinen Zeitung* urteilte der Literaturwissenschaftler Klaus Jeziorkowski: »Ein berühmter Mann hat ehedem promoviert und schwenkt jetzt den Doktorhut zum Gruß. Da glaubt man, den Kästner, den Benjamin nicht leiden konnte, durchaus zu kennen mit seinen kessen Gereimtheiten, den Romanen und den Kinderbüchern, und nun kehrt der hellwache Sachse auf seine älteren Tage noch den Dr. phil. heraus, unterm Arm eine hochgelehrte germanistische Dissertation, die er 1925 in Leipzig präsentierte. Einer, der sich als Aufklärer versteht, äußert sich über die Aufklärung: Die komprimierte, wunderbar präzis und transparent geschriebene Arbeit untersucht Friedrichs des Großen Schrift über die deutsche Literatur, eingehender aber noch die nuancenreiche Skala der Antwortschriften, deren Hinter-

Erich Kästner
kurz vor seinem
Tod

gründe von der abgelebtesten Aufklärerposition bis zu modernsten frühgoethezeitlichen Ansichten reichen.«[181] Kästner nahm den Beifall zur Kenntnis: lächelnd vermutlich und wahrscheinlich völlig ungerührt. Vielleicht saß er am Fenster und blickte in seinen Garten, schaute den Vögeln zu, die in den alten Bäumen, im Flieder bei den Jasminbüschen, in kleinen Tannen und in den

Rosenhecken nisteten und sich gern füttern ließen. »Kästner, sehr häuslich geworden, trägt mit Vorliebe ganz leichte wollene oder seidene Morgenröcke – und einen ›Dreitagebart‹.«[182]

Als er Anfang 1973 an einer Grippe erkrankte, brauchte er Wochen und Monate, um sich davon einigermaßen zu erholen. Am 23. Februar 1974 feierte Kästner seinen fünfundsiebzigsten Geburtstag. Seit einiger Zeit schon hatte er über mangelnden Appetit und nicht nachlassende Schluckbeschwerden geklagt. Auf Drängen von Luiselotte Enderle suchte er Ende Februar einen Arzt auf. Die Diagnose lautete: Speiseröhrenkrebs. Doch Kästner, der sich ausschließlich von Suppe, Fleischbrühe, etwas Tartar und Obstsäften ernährte, weigerte sich, einen Spezialisten zu konsultieren, um sich in dessen Klinik stationär behandeln zu lassen. Sein Zustand verschlechterte sich zusehends.

Im Krankenhaus Neuperlach, in das man ihn am Nachmittag des 25. Juli bedrohlicher Kreislaufprobleme wegen eingeliefert hatte, ist Erich Kästner am frühen Morgen des 29. Juli 1974 gestorben. Seine Urne wurde, wie er es sich gewünscht hatte, zu den Klängen des Walzers aus dem *Rosenkavalier* am 5. August auf dem St.-Georgs-Friedhof in Bogenhausen beigesetzt.

Kästner – ein deutsches Wunder?

Ein Klassiker der deutschen Literatur unseres Jahrhunderts sei gestorben, meldeten die Zeitungen am 30. Juli 1974. »Ein Klassiker? Also ein Dichter, den alle schätzen und den keiner liest, also eine eher museale Figur, ein ehrwürdiges Monument im Pantheon der Nation?«[1] Natürlich eine rhetorische Frage. Wenn es unter Schriftstellern so etwas wie Publikumslieblinge gibt, dann war Erich Kästner ein Publikumsliebling.

»Kästner, ein deutsches Wunder«[2], meinte Joachim Kaiser. »Er ist ein deutscher Poet voller Witz und Vernunft, will sagen eine Rarität.«[3] So hatte Hermann Kesten festgestellt, als Kästner siebzig wurde. Für eine der großen Ausnahmen hielt ihn auch Friedrich Dürrenmatt: »Kästner gehört dem Stammbaum der unvernebelten Deutschen an, doch im allgemeinen liebt diese Nation die Leichtigkeit nicht sonderlich, sie ist ihr etwas Anrüchiges, sie zieht das Schwere vor.«[4]

Die einen feierten Kästner als Lyriker und Epigrammatiker, andere als Erzähler oder Essayisten, wieder andere als Satiriker und Kabarettisten, rühmten seine Kinderbücher, seine Stücke oder Drehbücher, nannten ihn einen entschiedenen Pazifisten, einen wagemutigen Publizisten und zornigen Pamphletisten, schmähten ihn als elegischen Humoristen oder verklärten ihn, weil das Jahr 1969 erreicht und mit der Studentenrevolte ein Paradigmenwechsel fällig geworden war, zum Individualanarchisten. Kästner war alles in allem, und er war es sein Leben lang. Das machte es schon seinen Zeitgenossen so schwer, ihm gerecht zu werden. Und so leicht, den melancholisch verzagten Satiriker gegen den aus Überzeugung und Prinzip frohgemuten Kinderbuch-Autor ins Feld zu führen, den resignierten Redakteur gegen den enragierten politischen Publizisten, den

Unterhaltungsschriftsteller gegen den Dichter, den Bonvivant gegen den Moralisten. Denn so uneinheitlich sein Werk, so widersprüchlich sein Leben.

Die Kritiker, mit Kästners Lebenswerk allein gelassen, zeigten sich unentschlossen. Sie nannten den Satiriker wehmütig, den Skeptiker augenzwinkernd, den Moralisten einen Spaßmacher im Gewand des Predigers. Ein Schulmeister sei er gewesen, wenn auch der amüsanteste und geistreichste von allen; ein Pessimist, doch zweifellos der hoffnungsvollste im ganzen Land. Urteilte Marcel Reich-Ranicki: »Er war sehr erfolgreich, ja, er wurde – wie seine Zeitgenossen Tucholsky und Ringelnatz, Fallada und Zuckmayer – ein typischer Volksschriftsteller. Also mißtraute man ihm.«[5] Die zuständige Literaturwissenschaft mißtraut ihm immer noch, aus den genannten Gründen, läßt ihn als Kinderbuch-Autor gelten, auch als Kabarettisten und Gebrauchslyriker, und rechnet ihn, was die Jahre zwischen 1933 und 1945 angeht, zu den verbrannten Dichtern und zum inneren Exil. Gewiß war Erich Kästner alles andere als ein Opportunist, doch von den Kreisen des aktiven Widerstands weiter entfernt als von der Mitgliedschaft in der Reichsschrifttumskammer.

Er war nicht emigriert, sondern nach Hitler-Deutschland zurückgekehrt, nachdem seine jüdischen Freunde das Land längst verlassen hatten. Der Mutter wegen, die ein Leben lang seine engste, seine verläßlichste Vertraute blieb? Man darf Kästners Verhältnis zur Mutter eine intime Beziehung nennen. Sie lebten sie in den oft seitenlangen Briefen aus, die sie einander über Jahre und Jahrzehnte fast täglich geschrieben haben. Eine Nähe auf Distanz, ein Ersatz für das Glück, das Ida Kästner in ihrer Ehe nicht fand und das Erich niemals suchte. Ihr Traum vom Glück war, einen Jungen zu haben – und beide haben ihn sich erfüllt, wenn auch auf unterschiedliche Weise. Das Leben der Mutter fand im erfolgreichen Sohn seinen Höhepunkt, während der erfolgreiche Sohn sein eigenes Leben in dem des Sohnes noch einmal gespiegelt sehen mochte.

Vielleicht war auch dies nur eine Spielart von Kästners außerordentlicher Eitelkeit: daß er über die Menschen, die ihn umgaben, wie über literarische Figuren zu verfügen suchte. Nach der Dramaturgie seines Lebensplans betraten sie die Bühne, reichten Requisiten, lieferten Stichworte und verschwanden wieder in der Kulisse, solange sie nicht vonnöten waren. Seine Jugendfreundin Ilse ist dafür ein Beispiel, seine Mutter ein anderes, der leibliche Vater, den er sich eine Zeitlang zum Vorbild nahm, ein drittes. So anrührend die Klage über den verlorenen Vater, die viele seiner Kindergestalten formulieren, so zweifelhaft die Rolle, die Kästner selber als Vater gespielt hat. Natürlich sollte der Sohn so früh wie möglich Kästner heißen. Er hat ihn Kästner genannt, wie er selbst sich Berthold Bürger nannte – einerseits aus Eitelkeit, andererseits aus Koketterie. Die Mutter seines Sohnes wird nicht widersprochen haben, die Lebensgefährtin nicht gefragt worden sein.

In der von Luiselotte Enderle veröffentlichten Sammlung von Kästners Briefen an seine Mutter sind viele Passagen, die ein ungünstiges Licht auf den Verfasser geworfen hätten, unter den Tisch gefallen. Wie Kästner seine Mutter ausnutzte und welche Meinung er von seinem Vater hatte, tritt dennoch überraschend deutlich zutage. Stärker sind die Retuschen in der Biographie, die 1966 erschienen ist. Sie reproduziert das Bild, das Kästner selbst mit Fleiß von sich zu zeichnen pflegte, wann immer sich eine Gelegenheit dazu bot: ein stimmiges Porträt durchaus, wenn auch ohne die Spannungen, die Sprünge und Verwerfungen, von denen die Oberfläche nichts verrät. Wie sollte sie auch, wenn die Biographin zugleich die Lebensgefährtin war und sich gewiß gern die Hand führen ließ? Von Erichs leiblichem Vater, Sanitätsrat Dr. Zimmermann (für dessen Leben sich freilich niemand ernsthaft interessierte), und von Erichs unehelich geborenem Sohn (an dem allein dessen Existenz von Belang schien) ist, ziemlich am Rande, erst in den späteren Auflagen die Rede. So unauffällig wie von den Jahren zwischen 1933 und 1945.

Helga Bemmanns Buch, unter dem Titel *Humor auf Taille* 1983 im Verlag der Nation zum ersten Mal publiziert, ist im allgemeinen zumindest ausführlicher. Es ergänzt Enderles Darstellung durch die Ergebnisse eigener Recherchen in den Archiven der ehemaligen DDR. Kästners Nachlaß allerdings war damals weder geordnet noch zugänglich. So daß Frau Bemmann auf Mutmaßungen angewiesen war, wo sie sich nicht damit begnügen mochte, die erkennbar ungenauen Auskünfte ihrer Vorgängerin lediglich zu wiederholen. Nicht alle Mutmaßungen haben der Überprüfung standgehalten.

Einen ersten Versuch, von der tradierten Lebensgeschichte Erich Kästners nur gelten zu lassen, was die Recherche bestätigt, hat Werner Schneyder unternommen: »Ich mißtraue jeder Art von Geschichtsschreibung, so auch der der Familiengeschichte.«[6] Auf der Suche nach »Nebenlinien der Biographie«[7] hat er Kästners Lebensgefährtin, die Mutter seines Sohnes und vor allem den Sohn selber befragt. Und Fakten zutage gefördert, die das Bild dieses Schriftstellers um eine überraschende Dimension ergänzten.

»Eine Biographie Erich Kästners, auf die man mit gutem Gewissen verweisen kann, gibt es nicht. Die Gründe dafür liegen in seiner Biographie«, schrieb Schneyder 1982. »Kästner war sehr in seine Biographie verstrickt. Er hatte alle Hände voll zu tun, sich mit ihr zu arrangieren. Daß er nur öffentlich werden lassen wollte, was dieses Arrangement nicht erschütterte, ist verständlich.«[8]

Den Vorarbeiten von Enderle, Schneyder und Bemmann verdanken wir die Anregung, nach den Quellen zu forschen. Was mit Sicherheit nachzuweisen war, zitieren wir aus Dokumenten, Zeugnissen und Briefen. Daß sie einander gelegentlich widersprachen, diente der Wahrheitsfindung: von den drei im Falle des Romans *Emil und die Detektive* immer wieder genannten Erscheinungsdaten zum Beispiel vermag nur eines richtig zu sein. Erst recht führen wir Dokumente, Zeugnisse und Briefe ins Feld, wo gesicherte Daten und Fakten noch nicht zu ermitteln waren. Die Arbeit fängt erst an. Wir hoffen auf Clara, Jakob, Jonas und Katia.

Frankfurt am Main, im Juni 1998

Anmerkungen

Alle Dokumente und Briefe stammen, soweit nicht ausdrücklich anders erwähnt, aus dem Erich Kästner Archiv (Nachlaß Luiselotte Enderle), München. Für das Copyright der einzelnen Werke Erich Kästners vgl. die Bibliographie S. 349 ff.

Kindheit mit offenem Ende
1. Erich Kästner: *Als ich ein kleiner Junge war.* Zürich 1957, S. 13
2. ebenda, S. 53
3. ebenda, S. 182
4. so Hermann Kurzke: *Musterschüler der Nation.* In: Frankfurter Allgemeine Zeitung v. 9. 7. 1994
5. vgl. Erich Kästner: *Als ich ein kleiner Junge war.* A.a.O., S. 40 ff.
6. ebenda, S. 38
7. ebenda, S. 98
8. Luiselotte Enderle: *Erich Kästner. Mit Selbstzeugnissen und Bilddokumenten.* Reinbek 1966, 14. Aufl. 1993, S. 140
9. Erich Kästners Sohn Thomas hat es im Gespräch mit dem Kabarettisten Werner Schneyder bestätigt. Vgl. Werner Schneyder: *Erich Kästner. Ein brauchbarer Autor.* München 1982, S. 18 ff.
10. Emil Zimmermann: *Beitrag zur therapeutischen Anwendung des Sulfonal.* München 1889
11. Erich Kästner: *Als ich ein kleiner Junge war.* A.a.O., S. 100
12. ebenda, S. 125
13. ebenda, S. 126 f.
14. ebenda, S. 127
15. ebenda
16. Erich Kästner: *Emil und die Detektive. Ein Roman für Kinder.* Gesammelte Schriften in sieben Bänden. Zürich 1959, Bd. 6: *Romane für Kinder,* S. 170
17. Erich Kästner: *Der kleine Mann.* Zürich 1963, S. 10
18. Erich Kästner: *Als ich ein kleiner Junge war.* A.a.O., S. 114
19. ebenda, S. 115
20. ebenda, S. 64
21. ebenda, S. 82

Anmerkungen

Ein patentierter Musterknabe
22. ebenda, S. 124
23. Erich Kästner: *Gesammelte Schriften für Erwachsene.* Zürich 1969. Bd. 1: *Gedichte,* S. 184
24. Erich Kästner: *Als ich ein kleiner Junge war.* A.a.O., S. 66
25. ebenda, S. 181
26. ebenda, S. 76
27. ebenda, S. 117
28. vgl. Dietmar Grieser: *Die kleinen Helden. Kinderbuchfiguren und ihre Vorbilder.* Frankfurt 1991, S. 126
29. Erich Kästner: *Als ich ein kleiner Junge war.* A.a.O., S. 143
30. ebenda, S. 144
31. ebenda, S. 115f.
32. ebenda, S. 140
33. ebenda, S. 147
34. ebenda, S. 134
35. Brief Paul Marx v. 4.7.1947

Sergeant Waurich hieß das Vieh
36. Erich Kästner: *Gesammelte Schriften für Erwachsene.* A.a.O., Bd. 7: *Vermischte Beiträge II,* S. 55
37. ebenda, Bd. 1: *Gedichte,* S. 112
38. Brief an die Mutter v. 22.10.1918
39. Brief an die Mutter v. 28.10.1918
40. Erich Kästner: *Gesammelte Schriften für Erwachsene.* A.a.O., Bd. 1: *Gedichte,* S. 187f.
41. Erich Kästner: *Als ich ein kleiner Junge war.* A.a.O., S. 70
42. ebenda

Laßt uns unserem Steckenpferd leben
43. *Schwerwiegende Fragen,* undatiert
44. ebenda
45. Erich Kästner: *Gesammelte Schriften für Erwachsene.* A.a.O., Bd. 7: *Vermischte Schriften II,* S. 72f.

Leipziger Lehrjahre
1. Erich Kästner: *Kinderkaserne.* In: Sächsisches Volksblatt v. 10.11.1920
2. Enderle, a.a.O., S. 39
3. Erich Kästner: *Von der Ernüchterung der Wissenschaft.* In: Leipziger Tageblatt v. 21.7.1923
4. Erich Kästner: *Köster und Korff (I).* In: Leipziger Tageblatt v. 3.12.1925
5. Erich Kästner: *Erinnerungen.* In: Leipziger Tageblatt v. 31.5.1924
6. Enderle, a.a.O., S. 42
7. *Dichtungen Leipziger Studenten.* Leipzig 1920, S. 1
8. Enderle, a.a.O., S. 42

9. Brief von Dr. Ploch an Erich Kästner v. 21.6.1923
10. Erich Kästner: *Rummel im Meßamt*. In: Leipziger Tageblatt v. 4.3.1923
11. ebenda
12. Hekubus (d.i. Erich Kästner): *Meßtagebuch*. In: Leipziger Tageblatt v. 7.3.1923
13. ebenda
14. Erich Kästner: *Der tägliche Kram*. Berlin o.J. (1953), S.63f.
15. Erich Kästner: *Märchen-Hauptstadt*. In: Neue Leipziger Zeitung v. 27.3.1923
16. Erich Kästner: *Dresden im Schlaf*. In: Leipziger Tageblatt v. 22.2.1924
17. Brief von Erich Kästner an seine Mutter, undatiert
18. Brief von Dr. Ploch an Erich Kästner v. 31.1.1924
19. Erich Kästner: *Mein liebes, gutes Muttchen, Du!* Hrsg. v. Luiselotte Enderle. Hamburg 1981, S.15
20. Erich Kästner: *Klassisches und romantisches Drama*. In: Leipziger Tageblatt v. 15.1.1925
21. ebenda
22. Handschriftliches Gutachten von Georg Witkowski v. 15.6.1925 (Universitätsarchiv Leipzig)
23. Erich Kästner: *Friedrich der Große und die deutsche Literatur*. Stuttgart 1972, S. 101
24. Michael Meyen: *Leipzigs bürgerliche Presse in der Weimarer Republik*. Leipzig 1996, S.129
25. ebenda
26. Brief von Ilse Julius an Erich Kästner v. 22.9.1924
27. Brief von Erich Kästner an seine Mutter v. 9.12.1926
28. Max Krell: *Das gab es einmal*. Frankfurt/M. 1961, S.199
29. Wolfgang U. Schütte in: Hans Natonek: *Die Straße des Verrats*. Berlin 1982, S.366
30. Erich Kästner: *Die deutsche und die Deutsche Studentschaft*. In: Neue Leipziger Zeitung v. 9.1.1927
31. Erich Kästner: *Die Jugend als Vorwand*. In: Neue Leipziger Zeitung v. 5.2.1927
32. Erich Kästner: *Die Stabilisierung der Jugend*. In: Neue Leipziger Zeitung v. 14./15.1.1927
33. Brief von Erich Kästner an seine Mutter v. 25.8.1926
34. ebenda
35. Brief von Erich Kästner an seine Mutter v. 6.1.1927
36. ebenda
37. Briefentwurf von Erich Kästner, undatiert
38. Brief von Erich Kästner v. 13.4.1927 (Kopie)
39. zit. n. Robert Kuhn: *Wenn Dichter texten...* Hamburg 1996, S.53
40. Brief von Erich Kästner an seine Mutter v. 2.7.1927. Zit. n. Erich Kästner: *Mein liebes, gutes Muttchen, Du!* A.a.O., S.58

Anmerkungen

Sachliche Romanzen
1. Erich Kästner: *Herz auf Taille.* Leipzig 1928, S. 81
2. Brief von Ilse Julius an Erich Kästner v. 19.8.1924
3. Brief von Erich Kästner an seine Mutter v. 14.11.1926
4. Brief von Ilse Julius an Erich Kästner v. 27.6.1920
5. desgleichen v. 6.11.1919
6. desgleichen v. 2.3.1923
7. desgleichen v. 25.6.1923
8. desgleichen v. 12.1.1925
9. desgleichen v. 13.12.1924
10. desgleichen v. 7.1.1925
11. desgleichen v. 10.12.1923
12. desgleichen v. 1.2.1925
13. vgl. desgleichen v. 11.3.1926
14. desgleichen v. 15.9.1924
15. desgleichen v. 22.11.1924
16. desgleichen v. 22.2.1923
17. Brief von Erich Kästner an seine Mutter v. 19.10.1926
18. desgleichen v. 14.11.1926
19. Erich Kästner: *Lärm im Spiegel.* Leipzig 1929, S. 5
20. Brief von Erich Kästner an seine Mutter v. 14.11.1926
21. ebenda
22. Brief von Ilse Julius an Ida Kästner v. 22.11.1926
23. Brief von Erich Kästner an seine Mutter v. 12.10.1929
24. desgleichen v. 15.3.1930
25. desgleichen v. 10.3.1930
26. desgleichen v. 28.2.1930
27. desgleichen v. 3.10.1927
28. ebenda
29. desgleichen v. 18.11.1926
30. desgleichen v. 20.6.1931
31. desgleichen v. 24.6.1931
32. desgleichen v. 29.9.1931
33. desgleichen v. 1.10.1931
34. desgleichen v. 3.10.1931
35. desgleichen v. 21.3.1932
36. Carl Pietzcker: *Sachliche Romantik. Verzaubernde Entzauberung in Erich Kästners früher Lyrik.* In: Germanica 9/1991, S. 183f.
37. Brief von Erich Kästner an seine Mutter v. 10.1.1929
38. desgleichen v. 24.1.1932
39. desgleichen v. 6.1.1927
40. Brief von Ilse Julius an Erich Kästner v. 18.2.1926
41. Pietzcker, a.a.O., S. 185
42. Brief von Erich Kästner an seine Mutter v. 5.3.1930
43. desgleichen v. 8.3.1930
44. desgleichen v. 8.2.1930
45. desgleichen v. 14.8.1930
46. desgleichen v. 9.1.1932
47. desgleichen v. 17.3.1932

48. desgleichen v. 10.3.1930
49. Erich Kästner: *Ahasver und Frau.* In: Leipziger Tageblatt v. 25.8.1925

Berliner Erfolge
1. Brief von Erich Kästner an seine Mutter v. 3.1.1927
2. Enderle, a.a.O., S. 49
3. Erich Kästner: *Ein Mann gibt Auskunft.* Stuttgart 1930, S. 64f.
4. Erich Kästner: *Kleinstädtisches Berlin.* In: Neue Leipziger Zeitung v. 29.7.1927
5. Erich Kästner: *Brief an den toten Lehmbruck.* In: Neue Leipziger Zeitung v. 2.8.1927
6. Erich Kästner: *»Hoppla – wir leben!«* In: Neue Leipziger Zeitung v. 6.9.1927
7. Erich Kästner: *Das Theater der Zukunft.* In: Neue Leipziger Zeitung v. 20.11.1927
8. Erich Kästner: *Piscator verbannt Trotzki.* In: Neue Leipziger Zeitung v. 19.1.1928
9. Brief von Erich Kästner an seine Mutter v. 19.11.1929
10. Erich Kästner: *Berlin ohne Piscator.* In: Neue Leipziger Zeitung v. 25.10.1929
11. Erich Kästner: *Die Dreigroschenoper.* In: Neue Leipziger Zeitung v. 14.9.1928
12. Erich Kästner: *Berliner Theater.* In: Neue Leipziger Zeitung v. 20.9.1929
13. Brief von Erich Kästner an seine Mutter v. 26.11.1926
14. desgleichen v. 24.11.1926
15. desgleichen v. 2.12.1926
16. desgleichen v. 14.1.1927
17. Kurt Tucholsky: *Bänkelbuch.* In: Weltbühne 28 v. 9.7.1929
18. Hans Fallada: *Auskunft über den Mann Kästner.* In: Die Literatur. April 1932, S. 368f.
19. Erich Kästner: *Gesammelte Schriften für Erwachsene.* A.a.O., Bd. 1., S. 51
20. a.a.O., Bd. 8, S. 265f.
21. ebenda, S. 264
22. ebenda, S. 324
23. ebenda, S. 325
24. Erich Kästner: *Eine unbezahlte Rechnung.* In: Die Neue Zeitung v. 14.1.1946
25. Erich Kästner: *Nekrolog für den Maler E.H.* In: Ders. *Gesang zwischen den Stühlen.* Stuttgart 1932, S. 13
26. Erich Kästner: *Das Rendezvous der Künstler.* In: Neue Leipziger Zeitung v. 6.5.1928
27. Hermann Kesten: *Meine Freunde die Poeten.* Wien/München 1953, S. 219.
28. ebenda
29. Erich Kästner: *Gesammelte Schriften für Erwachsene.* A.a.O., Bd. 8, S. 330f.

Anmerkungen

30. Brief von Erich Kästner an seine Mutter v. 21.12.1929
31. Erich Kästner: *Gesammelte Schriften für Erwachsene.* A.a.O., Bd. 8, S. 331
32. Brief von Erich Kästner an seine Mutter v. 15.10.1929
33. Erich Kästner: *Gesammelte Schriften für Erwachsene.* A.a.O., Bd. 8, S. 301 f.
34. ebenda, S. 333
35. Klaus Doderer: *Lexikon der Kinder- und Jugendliteratur.* Bd. 2. Weinheim und Basel 1984, S. 126
36. ebenda, S. 126 f.
37. Erich Kästner: *Gesammelte Schriften für Erwachsene.* A.a.O., Bd. 8, S. 221
38. Brief von Erich Kästner an seine Mutter v. 14.11.1929
39. desgleichen v. 19.11.1929
40. desgleichen v. 25.11.1929
41. desgleichen v. 23.10.1929
42. Erich Kästner: *Von faulen Lehrern.* In: Die Jugend v. 1.9.1930, S. 567
43. Anonym: *Ein »Dichter« über die Lehrerarbeit.* In: Schulreform 9 (1930), H. 11 v. November 1930, S. 611
44. Brief an Erich Kästner v. 3.10.1930
45. Erich Kästner: *An die beleidigten Lehrer*
46. Helmuth Kiesel: *Erich Kästner.* München 1981, S. 66 f.
47. Erich Kästner: *Lärm im Spiegel.* Leipzig 1929, S. 15 (zuerst in der Jugend v. 13.10.1928 unter dem Titel *Eine Mutter spricht mit sich selber*)
48. ebenda, S. 8f. (zuerst in der Vossischen Zeitung v. 14.8.1928 unter dem Titel *Junggesellen auf Urlaub*)
49. Kiesel, a.a.O., S. 59
50. Fallada, a.a.O., S. 367 f.
51. Hans Natonek: *Ein Mann gibt Auskunft.* In: Neue Leipziger Zeitung v. 20.9.1930
52. Hermann Kesten: *Lärm im Spiegel.* In: Berliner Tageblatt v. 3.11.1929
53. Hermann Kesten: *Meine Freunde die Poeten.* A.a.O., S. 217 f.
54. ebenda, S. 220
55. Brief von Erich Kästner an seine Mutter, datiert November 1931
56. Erich Kästner: *Ein Mann gibt Auskunft.* Stuttgart (16. u. 17. Tsd.) 1932, S. 12
57. Brief von Erich Kästner an seine Mutter v. 21.8.1930
58. desgleichen v. 11.12.1930
59. Peter Panter (d.i. Kurt Tucholsky): *Auf dem Nachttisch.* In: Die Weltbühne 26 v. 9.12.1930
60. Walter Benjamin: *Linke Melancholie.* In: Die Gesellschaft, H. 4 v. April 1931, S. 181
61. ebenda, S. 182
62. Erich Kästner: *Lyriker ohne Gefühl.* In: Neue Leipziger Zeitung v. 4.12.1927

63. Erich Kästner: *Ringelnatz und Gedichte überhaupt*. In: Neue Leipziger Zeitung v. 7.2.1930
64. Erich Kästner: *Prosaische Zwischenbemerkung*. In: Lärm im Spiegel. A.a.O., S.50
65. ebenda
66. Elfriede Mechnig zit. n. Helga Bemmann: Erich Kästner. Frankfurt/Main und Berlin 1994, S.117
67. Brief von Erich Kästner an seine Mutter v. 19.12.1929
68. Sti.: *Leben in dieser Zeit*. In: Der Deutsche Rundfunk. Jg. 7. H. 52 v. 27.12.1929, S.1645
69. Brief von Erich Kästner an seine Mutter v. 19.1.1931
70. desgleichen v. 26.4.1930
71. desgleichen v. 22.3.1930
72. Erich Kästner: *Auf einen Sprung nach Rußland*. In: Das neue Russland. Jg. 6 (1930). H. 5/6, S.33
73. ebenda, S.34
74. Erich Kästner: *Der erste russische Tonfilm*. In: Neue Leipziger Zeitung v. 29.9.1931
75. Erich Kästner: *Wenn Kinder Theater spielen*. In: Berliner Tageblatt v. 31.12.1930
76. Erich Kästner: *Ästhetik des Films*. In: Das Deutsche Buch. 8.Jg. (1928). H.3/4, S.114f.
77. Erich Kästner: *Hätten wir das Kino!* In: Die Neue Bücherschau. 7.Jg. (1929). H. 4, S.218
78. Brief von Erich Kästner an seine Mutter v. 15.8.1927
79. desgleichen v. 29.9.1927
80. desgleichen v. 7.10.1927
81. desgleichen v. 10.2.1931
82. desgleichen v. 16.5.1931
83. desgleichen v. 23.5.1931
84. desgleichen v. 25.7.1931
85. Erich Kästner: *Wiedersehen mit Emil*. In: Berliner Tageblatt v. 29.11.1931
86. Brief von Erich Kästner an seine Mutter v. 12.10.1931
87. Ingo Tornow: *Erich Kästner und der Film*. München o.J., S.28
88. Brief von Erich Kästner an seine Mutter v. 12.3.1931
89. Max Ophüls: *Spiel im Dasein*. Stuttgart 1959, S.140
90. ebenda, S.141
91. ebenda, S.145
92. Brief von Erich Kästner an seine Mutter v. 24.11.1931
93. veröffentlicht ist das Drehbuch in der Zeitschrift Filmexil. H.2/1993, S.31–49
94. vgl. Ingo Tornow, a.a.O., S.15ff.
95. Erich Kästner: *Döblins Berliner Roman*. In: Das Deutsche Buch. H. 11/12 (1929), S.358
96. Brief von Erich Kästner an seine Mutter v. 18.6.1931
97. Erich Kästner: *Fabian*. In: Gesammelte Schriften für Erwachsene. A.a.O., Bd.2, S.9
98. Brief von Erich Kästner an seine Mutter v. 20.7.1931

Anmerkungen

99. unter dem Titel *Der Herr ohne Blinddarm* erschien sie 1932 in der Anthologie *Dreißig neue Erzähler des neuen Deutschland* im Malik-Verlag
100. erschienen in: Weltbühne 27 v. 27.10.1931, S.642f.
101. laut Kästner in Band 2 (S.195) der Gesamtausgabe von 1969 sei dieser Text verlorengegangen; er befindet sich aber im Erich Kästner Archiv, München
102. Brief von Erich Kästner an seine Mutter v. 12.10.1931
103. Monty Jacobs: *Erich Kästners Roman.* In: Vossische Zeitung v. 20.10.1931
104. Alfred Kantorowicz in: Der Querschnitt. Jg. 11 (1931). H. 12, S.866
105. Rudolf Arnheim: *Moralische Prosa.* In: Weltbühne 27 v. 24.11.1931
106. Karl Rauch: *Schweinereien als »Schöne Literatur«.* In: Der Vorstoß. Jg.1. H.52 v. 27.12.1931, S.2059
107. Hermann Hesse in: Der Bücherwurm. Jg. 17 (1932). H. 2, S. 48
108. Brief von Erich Kästner an seine Mutter v. 3.2.1930
109. Erich Kästner an seine Mutter v. 8.2.1930, zit. n. Erich Kästner: *Mein liebes, gutes Muttchen, Du!* A.a.O., S.111
110. desgleichen v. 30.7.1931
111. desgleichen v. 11.12.1931
112. desgleichen v. 15.11.1931
113. ebenda
114. desgleichen v. 15.1.1932
115. desgleichen v. 21.3.1932
116. Erich Kästner: *Der 35. Mai oder Konrad reitet in die Südsee.* In: Gesammelte Schriften in sieben Bänden. Zürich 1959. Bd.7, S.254
117. ebenda, S.272
118. Brief von Erich Kästner an seine Mutter v. 10.11.1932
119. Christian Jenssen: *Warnung vor einem Kinderbuch.* In: Berliner Börsen-Kurier v. 22.1.1933
120. vgl. Erich Kästner: *Schmutzsonderklasse.* In: Weltbühne 25 v. 14.5.1929
121. Brief von Erich Kästner an seine Mutter v. 28.2.1931
122. desgleichen v. 19.9.1931
123. desgleichen v. 22.9.1931
124. desgleichen v. 7.11.1931
125. desgleichen v. 16.12.1932

... und seine Väter

1. Schneyder, a.a.O., S.19f.
2. ebenda, S.20
3. Albrecht Scholz: *Jüdische Ärzte in Dresden im 20. Jahrhundert.* In: Dresdner Hefte 45/1996, S.63–71
4. Antje Koch/Matthias Koch: *Das Schicksal der jüdischen Ärzte, Zahnärzte und Dentisten in Dresden nach 1933.* In: Nora Goldenbogen u.a. (Hrsg.): Medizin und Judentum. Dresden 1994, S.34–41

Anmerkungen

5. vgl. S. 14f.
6. Gemeindeblatt der Israelitischen Religions-Gemeinde Dresden v. Dezember 1930
7. desgleichen v. Februar 1932
8. Antje und Matthias Koch, a.a.O., S.36
9. Simone Lässig: *Nationalsozialistische »Judenpolitik« und jüdische Selbstbehauptung vor dem Novemberpogrom. Das Beispiel der Dresdner Bankiersfamilie Arnhold.* In: Reiner Pommerin: Dresden unterm Hakenkreuz. Köln 1998, S.187
10. ebenda
11. Brief von Erich Kästner an seine Mutter v. 6.1.1927
12. desgleichen v. 8.10.1929
13. desgleichen v. 15.10.1929
14. desgleichen v. 15.1.1932
15. desgleichen v. 5.3.1932
16. desgleichen v. 29.9.1927
17. desgleichen v. 10.1.1930
18. desgleichen v. 30.1.1930
19. desgleichen v. 3.1.1934

Verbrannt und verboten
1. Erich Kästner: *Brief aus Paris, anno 1935.* In: Weltbühne v. 24.5.1932, S.795f.
2. Erich Kästner: *Ganz rechts zu singen.* In: Weltbühne v. 1.10.1930, S.509
3. Brief von Erich Kästner an seine Mutter v. 4.8.1931
4. Brief von Erich Kästner an seine Mutter v. 13.1.1932
5. ebenda
6. desgleichen v. 5.3.1932
7. ebenda
8. Erich Kästner: *Die Revolution von oben.* In: Neue Leipziger Zeitung v. 11.3.1928
9. Erich Kästner: *Kritik des idealistischen Sozialismus.* In: Neue Leipziger Zeitung v. 24.8.1928
10. Erich Kästner: *Ansprache an Millionäre.* In: Ders.: *Ein Mann gibt Auskunft.* A.a.O., S.36
11. Erich Kästner: *Reklame und Weltrevolution.* In: Gebrauchsgraphik, 7. Jg. (1930), H.3, S.52–57
12. Erich Kästner: *Diktatur von gestern.* In: Neue Leipziger Zeitung v. 24.8.1926
13. Brief von Erich Kästner an seine Mutter v. 15.3.1933
14. desgleichen v. 27.3.1933
15. Erich Kästner: *Über das Auswandern.* In: *Gesammelte Schriften für Erwachsene.* A.a.O., Bd.8, S.91
16. ebenda, S.91f.
17. Erich Kästner: *Frau Pichlers Ankunft im Himmel.* In: Weltbühne v. 14.3.1933, S.399 (nicht erschienen). Zit. n. dem von Peter Jacobsohn herausgegebenen Nachdruck. Berlin o.J. (1996)

Anmerkungen

18. Erich Kästner: *Notabene 45.* In: *Gesammelte Schriften für Erwachsene.* A.a.O., Bd. 6, S. 195
19. ebenda, S. 58
20. ebenda, S. 59 f.
21. Brief der Reichsstelle zur Förderung des Deutschen Schrifttums an die NSLB-Reichsleitung v. 10.8.1935 (Bundesarchiv Berlin NS 12/77)
22. Brief Kästners an seine Mutter v. 4.12.1933
23. *Die Gemeinschaft der geistig Schaffenden Deutschlands. Eine Rundfrage zum »Tag des Buches«.* In: Die literarische Welt. Nr. 11/12 v. 17.3.1933, S. 4
24. Brief von Elfriede Mechnig an Hermann Kesten v. 19.4.1933
25. Peter Flint (d.i. Erich Kästner): *Besuch im Garten.* In: Neue Leipziger Zeitung v. 16.6.1933
26. Heinz Kindermann: *Idealismus und Sachlichkeit in der deutschen Gegenwartsdichtung.* In: Germ.-Rom. Monatsschrift. Jg. 22. H. 3/4 v. März/April 1933, S. 97 ff.
27. Vossische Zeitung v. 22.4.1933
28. Erich Kästner: *Die deutsche und die Deutsche Studentenschaft.* In: Neue Leipziger Zeitung v. 9.1.1927
29. Jan-Pieter Barbian: *Literaturpolitik im »Dritten Reich«.* München 1995, S. 133
30. zit. n. Akademie der Künste Berlin (Hrsg.): *Das war das Vorspiel nur...*, Berlin 1983, S. 196
31. ebenda, S. 204
32. Erich Kästner: *Bei Durchsicht meiner Bücher.* In: *Gesammelte Schriften für Erwachsene.* A.a.O., Bd. 8, S. 198
33. Erich Kästner: *Über das Verbrennen von Büchern.* In: ebenda, S. 284
34. Christian Jenssen: *Erich Kästner.* In: Berliner Börsen-Zeitung v. 25.6.1933
35. Will Vesper: *Unsere Meinung.* In: Die neue Literatur. Jg. 33, H. 2 v. Februar 1932, S. 97
36. Barbian, a.a.O., S. 148 ff.
37. zit. n. Barbian, a.a.O., S. 151
38. Brief von Erich Kästner an seine Mutter v. 1.8.1933
39. desgleichen v. 30.11.1933
40. Erich Kästner: *Brief in die Röhrchenstraße.* In: *Gesammelte Schriften für Erwachsene.* A.a.O., Bd. 8, S. 115
41. Brief von Erich Kästner an seine Mutter v. 8.12.1933
42. desgleichen v. 1.12.1933
43. desgleichen v. 4.12.1933
44. desgleichen v. 1.12.1933
45. Hans Blunck zit. n. Barbian, a.a.O., S. 367
46. ebenda
47. Protokoll der Präsidialratssitzung v. 16.1.1934, S. 15 f. (DLA Marbach/NL Hans Grimm)
48. Brief von Erich Kästner an seine Mutter v. 11.12.1933

Anmerkungen

49. desgleichen v. 14.12.1933
50. Enderle, a.a.O., S.64
51. Brief von Erich Kästner an seine Mutter v. 17.2.1934
52. desgleichen v. 4.10.1934
53. Enderle, a.a.O., S.65
54. Brief von Erich Kästner an seine Mutter v. 11.2.1935
55. Brief von Martin Mörike v. 20.11 1934
56. Brief von Erich Kästner an seine Mutter v. 10.10.1934
57. ebenda
58. desgleichen v. 11.10.1934
59. Klaus Mann: *Erich Kästner.* In: Das Neue Tage-Buch. 2.Jg., Nr.41 v. 13.10.1934, S.981
60. ebenda, S.982
61. Brief von Erich Kästner an seine Mutter v. 22.10.1934
62. desgleichen v. 12.12.1934
63. Enderle, a.a.O., S.66
64. Werner Schlegel: *Dichter auf dem Scheiterhaufen.* Berlin 1934, S.49
65. Brief von Erich Kästner an das Geheime Staatspolizeiamt Berlin v. 17.7.1934 (Bundesarchiv Berlin R58/913)
66. Brief von Erich Kästner an seine Mutter v. 8.7.1934
67. desgleichen v. 27.8.1934
68. desgleichen v. 12.11.1935
69. zit. n. Bemmann, a.a.O., S.295
70. Brief von Martin Mörike an Ministerialrat Dr. Hans Thomsen v. 8.4.1935 (Bundesarchiv Koblenz R 43 II 1433a)
71. Brief von Raymond Chapman an Erich Kästner v. 26.3.1935 (ebenda)
72. Brief von Erich Kästner an Raymond Chapman v. 5.4.1935 (ebenda)
73. Brief von Erich Kästner an seine Mutter v. 8.10.1935
74. desgleichen v. 21.11.1935
75. Enderle, a.a.O., S.68f.
76. Brief von Erich Kästner an seine Mutter v. 16.12.1935
77. desgleichen v. 18.12.1935
78. *Doktor Erich Kästners Lyrische Hausapotheke.* Basel/Wien/Mährisch-Ostrau 1936, S.6
79. zit. n. Börsenblatt für den Deutschen Buchhandel v. 30.4.1935
80. Brief des Präsidenten der Reichsschrifttumskammer an das Geheime Staatspolizeiamt in Berlin v. 29.1.1936 (Bundesarchiv Berlin R 58/913)
81. Schreiben der Preußischen Geheimen Staatspolizei an das Geheime Staatspolizeiamt v. 17.2.1936 (ebenda)
82. Brief von Erich Kästner v. 11.2.1936
83. Brief von Rascher & Cie. an die Staatspolizei Hamburg v. 12.3.1936 (Bundesarchiv Berlin R 58/913)
84. Brief des Präsidenten der Reichsschrifttumskammer an das Geheime Staatspolizeiamt Berlin v. 4.7.1936 (ebenda)

Anmerkungen

85. Brief von Julius Kittls Nachf., Abt.: Atrium Verlag an Erich Kästner v. 5.3.1936
86. Telegramm der Stapo Hannover an die Preußische Geheime Staatspolizei v. 19.9.1936 (Bundesarchiv Berlin R 58/913)
87. Fernschreiben der Preußischen Geheimen Staatspolizei an die Stapo Hannover v. 19.9.1936 (ebenda)

Notabene 36 bis 45

1. Brief des Amtes für Kunstpflege – Kulturpolitisches Archiv an die Reichssendeleitung in Berlin v. 3.9.1935 (Bundesarchiv Berlin NS 15/158)
2. Brief von Erich Kästner an seine Mutter v. 11.3.1936
3. Brief von Martin Mörike an Ministerialrat Rainer Schlösser v. 17.6.1936 (Bundesarchiv Berlin NS 15/158)
4. Brief von Martin Mörike an Ministerialrat Hans Thomsen v. 3.7.1936 (ebenda)
5. Enderle, a.a.O., S.73
6. Brief von Erich Kästner an seine Mutter v. 23.2.1936
7. desgleichen v. 10.8.1936
8. desgleichen v. 8.2.1936
9. Brief von Erich Kästner an Paul Kohner v. 31.12.1936 (Stiftung Deutsche Kinemathek – Sammlung Paul Kohner)
10. desgleichen v. 22.12.1936 (ebenda)
11. desgleichen v. 31.12.1936 (ebenda)
12. Brief von Paul Kohner an Erich Kästner v. 20.1.1937 (ebenda)
13. desgleichen v. 26.4.1937 (ebenda)
14. Ingo Tornow, a.a.O., S.61
15. Brief von Erich Kästner an seine Mutter v. 12.5.1937
16. desgleichen v. 26.8.1937
17. desgleichen v. 30.8.1937
18. Erich Kästner: *Ein deutscher Kleinmeister aus Prag*. A.a.O., S.304f.
19. Herbert Penzl: *Drei Männer im Schnee*. In: Monatshefte für deutschen Unterricht. Jg. 29. H. 8 v. Dezember 1937, S.430
20. Erika und Klaus Mann: *Escape to Life*. München 1991, S.126
21. Erich Kästner: *Ein deutscher Kleinmeister aus Prag*. A.a.O., S.303
22. Erich Kästner: *Über das Verbrennen von Büchern*. A.a.O., S.284
23. Erich Kästner: *Notabene 45*. A.a.O., S.189f.
24. dieses und die weiteren Zitate von Meyer aus dem Gutachten v. 21.6.1937 (Bundesarchiv Berlin-Zehlendorf, ehem. Berlin Document Center)
25. Brief von Erich Kästner an seine Mutter v. 20.9.1937
26. desgleichen v. 11.12.37
27. Brief von Achim Friese (an die Reichsschrifttumskammer oder das Propagandaministerium direkt) v. 19.12.1938
28. Brief des Reichsministers für Volksaufklärung und Propaganda an Joachim Friese v. 18.1.1939
29. Ingo Tornow, a.a.O., S.75 und 76

Anmerkungen

30. Walther Zimmermann: *Das goldene Dach – eine lustige Apothekerfabel.* In: Süddeutsche Apotheker-Zeitung. Nr. 6 (1940), S. 30
31. Anonym: *Der Doppelgänger.* In: Berliner Tageblatt v. 18.7.1936
32. Erich Kästner: *Briefe an mich selber.* In: *Gesammelte Schriften für Erwachsene.* A.a.O., Bd. 2, S. 221 f.
33. Brief von Fritz Hippler an die Autoren v. 21.2.1995
34. Enderle, a.a.O., S. 74
35. Brief von Erich Kästner an seine Mutter v. 27.10.1941
36. desgleichen v. 25.11.1941
37. desgleichen v. 26.11.1941
38. desgleichen v. 29.11.1941
39. desgleichen v. 13.3.1942
40. desgleichen v. 14.5.1942
41. desgleichen v. 16.6.1942
42. desgleichen v. 6.6.1942
43. Brief des Präsidenten der Reichsschrifttumskammer an den Reichsfilmintendanten v. 16. Juni 1942 (Bundesarchiv Berlin-Zehlendorf, ehem. Berlin Document Center)
44. Brief von Dr. Hilleke an Goebbels v. 19.6.1942 (ebenda)
45. Brief der Reichskulturkammer an den Präsidenten der Reichsschrifttumskammer v. 20. Juli 1942 (ebenda)
46. Brief von Erich Kästner an seine Mutter v. 8.8.1942
47. zit. n. dem Deckblatt des Drehbuchs
48. Brief von Erich Kästner an seine Mutter v. 12.9.1942
49. Erich Kästner: *Notabene 45.* A.a.O , S. 197
50. Ein entsprechendes Filmexposé befindet sich im Erich Kästner Archiv, München
51. *Die Tagebücher von Joseph Goebbels.* Hrsg. v. Elke Fröhlich. Teil II, Bd. 6, bearb. v. Hartmut Mehringer. München u.a. 1996, S. 416
52. Brief der Reichsschrifttumskammer an Erich Kästner v. 14.1.1943
53. desgleichen v. 26.1.1943
54. Brief von Dr. Stang an Dr. Achterberg, NS-Monatshefte, v. 8.7.1943 (Bundesarchiv Berlin NS 8/242)
55. Blaues Buch, Eintragung v. 11.3.1943 in der Übersetzung von Arthur Lux
56. Erich Kästner: *Notabene 45.* A.a.O., S. 57
57. Enderle, a.a.O., S. 73
58. Oda Schaefer: *Auch wenn Du träumst, gehen die Uhren.* München 1970, S. 272
59. ebenda, S. 307
60. Erich Kästner: *Mama bringt die Wäsche.* In: *Gesammelte Schriften für Erwachsene.* A.a.O., Bd. 7, S. 112
61. ebenda, S. 112 f.
62. Enderle, a.a.O., S. 77
63. zit. n. der »Zusammenfassung« von Erna Knauf v. 6.1.1946 (Kopie im Erich Kästner Archiv, München)

Anmerkungen

64. Erich Kästner: *Eine unbezahlte Rechnung.* In: *Gesammelte Schriften für Erwachsene.* A.a.O., Bd.7, S.29
65. Erich Kästner: *Erich Ohser aus Plauen.* In: *Gesammelte Schriften für Erwachsene.* A.a.O., Bd.8, S.268
66. Margot Moser: *In Memoriam Erich Kaestner.* In: Deutsche Blätter, H.4 v. April 1944, S.36
67. Erich Kästner: *... Und dann fuhr ich nach Dresden.* In: *Gesammelte Schriften für Erwachsene.* A.a.O., Bd.7, S.83
68. Erich Kästner: *Kriegstagebuch 1945.* Typoskript der Aufzeichnungen aus dem blau eingebundenen Buch, S.9
69. Erich Kästner: *Notabene 45.* A.a.O., S.64
70. ebenda, S.99
71. ebenda, S.124f.
72. vgl. Erich Kästner: *Kriegstagebuch 1945.* A.a.O., S.84
73. Erich Kästner: *Notabene 45.* A.a.O., S.58
74. ebenda, S.58f.
75. ebenda, S.140

Die Verheißung des Neubeginns
1. Erich Kästner: *Gesammelte Schriften für Erwachsene.* A.a.O., Bd.8, S.11
2. Walter Kolbenhoff: *Schellingstraße 48. Erfahrungen mit Deutschland.* Frankfurt 1984, S.45. Zwischen August und Dezember 1946, teilt Kolbenhoff (S.41) mit, hatte das Münchner Zuzugsamt über 250000 Anträge zu bearbeiten, von denen mehr als siebzig Prozent abgelehnt wurden
3. Brief vom 12.Juli 1945 an den Landrat des Kreises Miesbach
4. Horst Lange, zit. n. Oda Schaefer: *Die leuchtenden Feste über der Trauer. Erinnerungen aus der Nachkriegszeit.* München 1977, S.64f.
5. Erich Kästner: *Kriegstagebuch 1945.* A.a.O., S.76
6. Erich Kästner: *Gesammelte Schriften für Erwachsene.* A.a.O., Bd.6, S.201
7. Erich Kästner: *Gesammelte Schriften für Erwachsene.* A.a.O., Bd.7, S.15
8. ebenda, S.77
9. Erich Kästner: *Kriegstagebuch 1945.* A.a.O., S.84
10. Erich Kästner: *Gesammelte Schriften für Erwachsene.* A.a.O., Bd.7, S.15
11. Alfred Andersch: *Der Seesack.* Aus einer Autobiographie. In: Literaturmagazin 7: Nachkriegsliteratur. Hrsg. v. Nicolas Born und Jürgen Manthey. Reinbek 1977, S.129f.
12. Erich Kästner: *Gesammelte Schriften für Erwachsene.* A.a.O., Bd.7, S.76
13. ebenda, S.76f.
14. ebenda, S.77
15. Anstellungsvertrag zwischen der Publishing Operations Branch, Information Control Division, Office of Military

Anmerkungen

Government for Bavaria, und Dr. Erich Kästner vom 15. Oktober 1946
16. Walter Kolbenhoff: *Schellingstraße 48.* A.a.O., S.78
17. Reinhard Wittmann: *Auf geflickten Straßen. Literarischer Neubeginn in München 1945 bis 1949.* München 1995, S.31
18. Hans Habe: *Im Jahre Null.* München 1966, S.106
19. vgl. Wittmann, a.a.O., S.30
20. Erich Kästner: *Gesammelte Schriften für Erwachsene.* A.a.O., Bd.8, S.146
21. ebenda, S.16
22. ebenda, S.148
23. ebenda, S.46
24. ebenda, S.27
25. ebenda, S.29ff.
26. ebenda, S.27
27. ebenda, S.64
28. Andersch, a.a.O., S.130
29. vgl. Gerhard Hay u.a. (Hrsg.): ›Als der Krieg zu Ende war‹. *Literarisch-politische Publizistik 1945-1950.* München 1973, S.25
30. Erich Kästner: *Gesammelte Schriften für Erwachsene.* A.a.O., Bd.7, S.76
31. ebenda, S.122f.
32. ebenda, S.297
33. ebenda, S.57
34. ebenda, S.27
35. Erich Kästner: *Gesammelte Schriften für Erwachsene.* A.a.O., Bd.7, S.65
36. ebenda, S.297
37. ebenda, S.298
38. ebenda, S.148ff.
39. ebenda, S.119
40. ebenda, S.102f.
41. Ursula Herking: *Danke für die Blumen. Damals – Gestern – Heute.* München/Gütersloh/Wien 1973, S.118
42. Erich Kästner: *Gesammelte Schriften für Erwachsene.* A.a.O., Bd.I, S.105
43. Herking, a.a.O., S.119
44. ebenda, S.121
45. Volker Kühn (Hrsg.): *Wir sind so frei. Kabarett in Restdeutschland 1945-1970.* Weinheim/Berlin 1992, S.18
46. Erich Kästner: *Gesammelte Schriften für Erwachsene.* A.a.O., Bd.7, S.52
47. Herking, a.a.O., S.121
48. Oliver Hassencamp: *Fröhliche Zeiten. Unterhaltsame Erinnerungen an die Zeit des Wirtschaftswunders.* München/Bern 1984, S.42
49. Erich Kästner: *Gesammelte Schriften für Erwachsene.* A.a.O., Bd.7, S.176

Anmerkungen

50. ebenda
51. ebenda, S. 176 f.
52. ebenda, S. 175
53. Klaus Budzinski: *Das Kabarett*. 100 Jahre literarische Zeitkritik – gesprochen – gesungen – gespielt. Düsseldorf 1985, S. 139
54. Erich Kästner: *Gesammelte Schriften für Erwachsene*. A. a. O., Bd. 7, S. 179
55. vgl. Kästners Vorspruch zum Druck seiner »Kantate« in den *Gesammelten Schriften*. A. a. O., S. 190
56. ebenda, S. 179
57. ebenda, S. 211
58. ebenda
59. ebenda, S. 191
60. zit. n. Budzinski, a. a. O., S. 137

Das Glück der Kinder

61. Erich Kästner: *Gesammelte Schriften für Erwachsene*. A. a. O., Bd. 7, S. 296
62. ebenda, S. 297
63. ebenda
64. Erich Kästner: *Gesammelte Schriften für Erwachsene*. A. a. O., Bd. 7, S. 209
65. Erich Kästner: *Die Konferenz der Tiere. Ein Buch für Kinder und Kenner*. Gesammelte Schriften in sieben Bänden. Zürich 1959. Bd. 7, S. 365
66. Erich Kästner: *Gesammelte Schriften für Erwachsene*. A. a. O., Bd. 7, S. 297
67. Hermann Kesten: *Erich Kästner*. In: Neue Zürcher Zeitung v. 23. 2. 1969
68. Brief vom 30. 11. 1945
69. Enderle, a. a. O., S. 106
70. Erich Kästner: *Gesammelte Schriften für Erwachsene*. A. a. O., Bd. 7, S. 43 ff.
71. Brief vom 2. 12. 1945
72. Brief vom 20. 2. 1946
73. Erich Kästner: *Gesammelte Schriften für Erwachsene*. A. a. O., Bd. 7, S. 84
74. ebenda, S. 86 f.
75. ebenda, S. 88
76. Brief vom 11. 2. 1946
77. ebenda
78. Brief vom 5. 2. 1946
79. Brief vom 11. 2. 1946
80. Telegramm vom 30. 6. 1947
81. *Bericht von der Durchführung der Umquartierung von Herrn E. Kästner*, 4. 12. 1947
82. Enderle, a. a. O., S. 106

Ich möchte endlich einen Jungen haben

83. Erich Kästner: *Gesammelte Schriften für Erwachsene.* A.a.O., Bd. 7, S. 251
84. Marcel Reich-Ranicki: *Der Dichter der kleinen Freiheit.* In: Frankfurter Allgemeine Zeitung v. 23.2.1974
85. Erich Kästner: *Gesammelte Schriften.* A.a.O., Bd. 6, S. 7
86. vgl. Franz Josef Görtz: *Dresden, am Pflasterstrand.* In: Frankfurter Allgemeine Magazin, H. 784 v. 10.3.1995, S. 29 ff.
87. Erich Kästner: *Als ich ein kleiner Junge war.* A.a.O., S. 11
88. vgl. Kap. »...und seine Väter«
89. Erich Kästner: *Gesammelte Schriften für Erwachsene.* A.a.O., Bd. I, S. 225
90. ebenda, S. 226
91. Erich Kästner: *Letztwillige Verfügung,* 21.2.1969
92. Kopie des weder mit Absenderangabe noch mit Unterschrift versehenen Ermittlungsberichts vom 18.12.1961
93. vgl. Schneyder, a.a.O., S. 22
94. Brief vom 4./5.6.1963
95. vgl. K.S.: *Ein Haus in Hermsdorf...* In: Berliner Zeitung v. 11.11.1964
96. Schneyder, a.a.O., S. 25

Jahre des wiederkehrenden Ruhms

97. ebenda, S. 23
98. Erich Kästner: *Werkausgabe in neun Bänden.* Hrsg. von Franz Josef Görtz. München 1998. Bd. 4: *Kabarett, Chanson und kleine Prosa.* Hrsg. von Hermann Kurzke in Zusammenarbeit mit Lena Kurzke
99. Erich Kästner: *Gesammelte Schriften für Erwachsene.* A.a.O., Bd. 7, S. 76
100. »Vorbemerkung« zum Romanfragment *Die Doppelgänger,* Erich Kästner Archiv, München
101. vgl. Enderle, a.a.O., S. 138
102. Erich Kästner: *Werkausgabe in neun Bänden.* A.a.O., Bd. 5: *Theater, Hörspiel, Film.* Hrsg. von Thomas Anz
103. Erich Kästner: *Gesammelte Schriften.* A.a.O., Bd. 4, S. 97
104. Erich Kästner: *Gesammelte Schriften für Erwachsene.* A.a.O., Bd. 5, S. 9
105. Erich Kästner: *Kriegstagebuch 1945.* A.a.O., S. 57
106. Erich Kästner: *Gesammelte Schriften für Erwachsene.* A.a.O., Bd. 6, S. 160
107. Erich Kästner: *Gesammelte Schriften für Erwachsene.* A.a.O., Bd. 5, S. 9
108. *Deutsche Literatur im Exil. Briefe europäischer Autoren 1933–1949.* Hrsg. von Hermann Kesten. München 1964, S. 343
109. ebenda, S. 364
110. Erich Kästner: *Gesammelte Schriften für Erwachsene.* A.a.O., Bd. 5, S. 10
111. Brief an Elfriede Mechnig v. 10.4.1956

Anmerkungen

112. Erich Kästner: *Gesammelte Schriften für Erwachsene.* A.a.O., Bd. 8, S. 284f.
113. Erich Kästner: *Als ich ein kleiner Junge war.* A.a.O., S. 77
114. Erich Kästner: *Gesammelte Schriften für Erwachsene.* A.a.O., Bd. 7, S. 26f.
115. W. E. Süskind: *Die Schule der Diktatoren.* In: Deutsche Zeitung und Wirtschaftszeitung v. 2.3.1957
116. Wolfgang Drews: *Kästners politische Hausapotheke.* In: Frankfurter Allgemeine Zeitung v. 28.2.1957
117. H. K.: *Die Schule der Diktatoren.* In: Neue Zürcher Zeitung v. 4.4.1957
118. Erich Kästner: *Der kleine Mann und die kleine Miss.* Zürich 1967, S. 62
119. vgl. *Erich Kästner. Leben und Werk.* Ausstellung des Goethe-Instituts zur Pflege deutscher Sprache und Kultur e.V. München. Katalog. Dritte, erw. Aufl. München 1967, S. 21ff.
120. vgl. Elisabeth Lutz-Kopp: »*Nur wer Kind bleibt...*«. Erich Kästner-Verfilmungen. Frankfurt 1993, S. 22ff.
121. Hans Hellmut Kirst in Münchner Merkur, 24.1.1951, zit. n. Lutz-Kopp, a.a.O., S. 98
122. H. H. in Evangelischer Literaturbeobachter, 1951, zit. n. ebenda
123. MR: »Von den Geistern des Humors gesegnet«. In: Frankfurter Allgemeine Zeitung v. 6.8.1955
124. zit. n. Lutz-Kopp, a.a.O., S. 65
125. Brief vom 29.11.1952, (Stiftung Deutsche Kinemathek, Berlin, Sammlung Paul Kohner)
126. Erich Kästner: *Gesammelte Schriften.* A.a.O., Bd. 7, S. 339
127. ebenda, S. 355
128. ebenda, S. 365
129. ebenda, S. 392
130. vgl. Erich Kästner: *Gesammelte Schriften für Erwachsene.* A.a.O., Bd. 7, S. 297
131. vgl. Erich Kästner: *Gesammelte Schriften für Erwachsene.* A.a.O., Bd. 7, S. 300ff.; s.a. Kap. »Berliner Erfolge«
132. Erich Kästner: *Gesammelte Schriften für Erwachsene.* A.a.O., Bd. I, S. 327
133. ebenda, S. 318
134. Erich Kästner: *Gesammelte Schriften für Erwachsene.* A.a.O., Bd. 8, S. 199
135. ebenda
136. ebenda, S. 200
137. Erich Kästner: *Gesammelte Schriften für Erwachsene.* A.a.O., Bd. I, S. 352
138. ebenda, S. 346
139. Enderle, a.a.O., S. 109
140. ebenda
141. Erich Kästner: *Gesammelte Schriften für Erwachsene.* A.a.O., Bd. I, S. 346

142. ebenda, S. 324
143. vgl. Erich Kästner: *Gesammelte Schriften für Erwachsene.* A.a.O., Bd. 8, S. 223 ff.
144. ebenda, S. 185
145. ebenda, S. 315
146. ebenda, S. 285
147. Johannes R. Becher: *Die gleiche Sprache.* In: Aufbau, H. 8, 1950, S. 701 f.
148. Günther Birkenfeld: *PEN zwischen Freiheit und Einheit.* In: Aussprache, H. 2, 1951/52, S. 122
149. Hermann Kasack: *Ja und Nein.* Auf der Düsseldorfer PEN-Tagung. In: Stuttgarter Nachrichten v. 27.10.1951
150. Marcel Reich-Ranicki: *Der Dichter der kleinen Freiheit.* A.a.O.
151. Joachim Kaiser: *Abschied von Erich Kästner.* In: Süddeutsche Zeitung v. 30.7.1974
152. Enderle, a.a.O., S. 122
153. ebenda
154. Erich Kästner: *Der kleine Mann und die kleine Miss.* Zürich 1967, S. 190
155. Erich Kästner, Memorandum zur »Kästner-Ausgabe«, 15.8.1968
156. Brief Willy Droemers an Erich Kästner v. 19.11.1968
157. Brief an Willy Droemer v. 23.1.1969
158. Brief Willy Droemers an Erich Kästner v. 10.2.1969

Ich habe schon resigniert
159. Erich Kästner: *Briefe aus dem Tessin.* Mit einem Geleitwort von Horst Lemke. Zürich 1977, S. 27
160. Enderle, a.a.O., S. 124
161. Horst Lemke: *Erich Kästner im Tessin.* In: Erich Kästner: *Briefe aus dem Tessin.* A.a.O., S. 15 f.
162. Zit. n. Uwe-Jens Schumann: »*Det bißken Tod*«. In: Süddeutsche Zeitung v. 23.10.1992
163. Lemke, a.a.O., S. 13 f.
164. Enderle, a.a.O., S. 128
165. Erich Kästner: *Briefe aus dem Tessin.* A.a.O., S. 102
166. ebenda, S. 59
167. ebenda, S. 64
168. ebenda, S. 72
169. ebenda, S. 78
170. ebenda, S. 85
171. ebenda, S. 86
172. ebenda, S. 91
173. ebenda, S. 100
174. vgl. Adelbert Reif: »*Ich habe schon resigniert*«. Ein Gespräch mit Erich Kästner zu seinem 70. Geburtstag. In: Publik v. 21.2.1969
175. vgl. Adelbert Reif: *Ansicht eines Schriftstellers.* In: Deutsches Allgemeines Sonntagsblatt v. 24.2.1974. Die Dachzeile erin-

Anmerkungen

nert an eine Gegendarstellung: »Meine Resignation hat sich reduziert.«
176. Adelbert Reif: »*Ich habe schon resigniert*«. A.a.O.
177. Erich Kästner: *Wer nicht hören will, muß lesen.* Eine Auswahl. Frankfurt 1971, S.6
178. ebenda
179. Erich Kästner: *Briefe aus dem Tessin.* A.a.O., S.144
180. ebenda, S.138
181. Klaus Jeziorkowski: *Erich Kästner als Germanist.* In: Frankfurter Allgemeine Zeitung v. 18.8.1972
182. Enderle, a.a.O., S.133

Kästner – ein deutsches Wunder?
1. Marcel Reich-Ranicki: *Der große Dichter der kleinen Freiheit.* In: Frankfurter Allgemeine Zeitung v. 30.7.1974
2. Joachim Kaiser: *Abschied von Erich Kästner.* A.a.O.
3. Hermann Kesten: *Erich Kästner.* A.a.O.
4. Friedrich Dürrenmatt: *Der unvernebelte Deutsche.* In: Frankfurter Allgemeine Zeitung v. 23.2.1974
5. Marcel Reich-Ranicki: *Der große Dichter der kleinen Freiheit.* A.a.O.
6. Schneyder, a.a.O., S.15
7. ebenda
8. ebenda, S.17f.

Viele haben uns bei dieser Biographie geholfen. Stellvertretend möchten wir uns bedanken bei Peter Beisler für seine vielfältige Unterstützung, bei Gerhard Arnhold (São Paulo), Dr. Ulrich Constantin (München), Archiv der Technischen Universität Dresden, Einwohneramt der Stadt Dresden (Frau Krug), Stadtarchiv Dresden (Frau Stade), Standesamt der Stadt Dresden, Urkundenwesen (Frau Mischke), Dr. Friedrich Karl Fromme (Darmstadt), Renate Heuer (Archiv Bibliographia Judaica, Frankfurt/Main), Ingrid Kirsch (Dresden), Antje Koch (Radebeul), Simone Langner (Bundesarchiv Berlin), Ronny Loewy (Frankfurt/Main), Ina Majewski (Frankfurt/Main), Rolf Pionkowski (São Paulo), Universitätsarchiv Rostock (Frau Hartwig), Lothar Schwab (Stiftung Deutsche Kinemathek, Berlin) und Dr. Dr. Dietmar Stutzer (Brüssel).

Auswahlbibliographie

A. Werke

1. Werkausgaben

Gesammelte Schriften. 7 Bde. Vorwort von Hermann Kesten. Zürich: Atrium 1959; Berlin: Cecilie Dressler 1959; Köln: Kiepenheuer & Witsch 1959
Bd. 1: Gedichte
Bd. 2, 3: Romane
Bd. 4: Theater
Bd. 5: Vermischte Beiträge
Bd. 6, 7: Romane für Kinder
Gesammelte Schriften für Erwachsene. 8 Bde. Zürich: Atrium 1969; München: Droemer/Knaur 1969
Bd. 1: Gedichte
Bd. 2: Romane I
Bd. 3: Romane II
Bd. 4: Romane III
Bd. 5: Theater
Bd. 6: Vermischte Beiträge I
Bd. 7: Vermischte Beiträge II
Bd. 8: Vermischte Beiträge III
Werke in neun Bänden. Hrsg. v. Franz Josef Görtz. München: Hanser 1998
Bd. 1: Gedichte. Hrsg. v. Harald Hartung in Zusammenarbeit mit Nicola Brinkmann
Bd. 2: Chansons, Kabarett, Kleine Prosa. Hrsg. v. Hermann Kurzke in Zusammenarbeit mit Lena Kurzke
Bd. 3: Romane I. Hrsg. v. Beate Pinkerneil
Bd. 4: Romane II. Hrsg. v. Helmuth Kiesel in Zusammenarbeit mit Sabine Franke und Roman Luckscheiter
Bd. 5: Theater, Hörspiel, Film. Hrsg. v. Thomas Anz
Bd. 6: Publizistik. Hrsg. v. Hans Sarkowicz und Franz Josef Görtz in Zusammenarbeit mit Anja Johann
Bd. 7: Romane für Kinder I. Hrsg. v. Franz Josef Görtz in Zusammenarbeit mit Anja Johann
Bd. 8: Romane für Kinder II. Hrsg. v. Franz Josef Görtz in Zusammenarbeit mit Anja Johann
Bd. 9: Nacherzählungen. Hrsg. v. Sybil Gräfin Schönfeld

Auswahlbibliographie

2. Einzelne Werke

a. Gedichte
Herz auf Taille. Leipzig, Wien: Curt Weller & Co. 1928
Lärm im Spiegel. Leipzig, Wien: Curt Weller & Co. 1929
Ein Mann gibt Auskunft. Stuttgart, Berlin: Deutsche Verlags-Anstalt 1930
Gesang zwischen den Stühlen. Stuttgart, Berlin: Deutsche Verlags-Anstalt 1932
Doktor Erich Kästners lyrische Hausapotheke. Ein Taschenbuch. Enthält alte und neue Gedichte des Verfassers für den Hausbedarf der Leser. Nebst einem Vorwort und einer nutzbringenden Gebrauchsanweisung samt Register. Basel, Wien, Mährisch-Ostrau: Atrium 1936
Bei Durchsicht meiner Bücher. Eine Auswahl aus vier Versbänden. Zürich: Atrium 1946
Kurz und bündig. Epigramme. Olten: Vereinigung Oltner Bücherfreunde 1948; Erw. Ausg. Zürich: Atrium 1950
Die dreizehn Monate. Zürich: Atrium 1955; Berlin: Cecilie Dressler 1955
Wieso warum? Ausgewählte Gedichte 1928–1955. Berlin: Aufbau Verlag 1962

b. Chansons, Kabarett, Kleine Prosa
Der tägliche Kram. Chansons und Prosa 1945–1948. Singen: Oberbadischer Verlag 1948; Zürich: Atrium 1949
Die kleine Freiheit. Chansons und Prosa 1949–1952. Zürich: Atrium 1952; Berlin: Cecilie Dressler 1952

c. Romane und Erzählungen
Fabian. Die Geschichte eines Moralisten. Stuttgart, Berlin: Deutsche Verlags-Anstalt 1931
Drei Männer im Schnee. Eine Erzählung. Zürich: Rascher & Cie. 1934
Die verschwundene Miniatur oder auch Die Abenteuer eines empfindsamen Fleischermeisters. Basel, Wien, Mährisch-Ostrau: Atrium 1936
Georg und die Zwischenfälle. Basel, Mährisch-Ostrau: Atrium 1938; Neuaufl. u.d.T.: Der kleine Grenzverkehr oder Georg und die Zwischenfälle. Zürich: Atrium 1949; Köln, Hagen: Kiepenheuer 1949
Interview mit dem Weihnachtsmann. Kindergeschichten für Erwachsene. Hrsg. Franz Josef Görtz und Hans Sarkowicz, München: Carl Hanser 1998

d. Theater, Hörspiel, Oper
LEBEN IN DIESER ZEIT
Hörspiel (Untertitel: »Eine lyrische Suite in drei Sätzen«) Erstsendung: 14.12.1929, Schlesischer Rundfunk Breslau

Regie: Friedrich Bischoff
Musik: Edmund Nick
EMIL UND DIE DETEKTIVE
UA: 20. 11. 1930, Theater am Schiffbauerdamm, Berlin
Regie: Karlheinz Martin
PÜNKTCHEN UND ANTON
UA: 19. 12. 1931, Deutsches Theater, Berlin
Regie: Gottfried Reinhardt
DAS LEBENSLÄNGLICHE KIND (unter d. Pseudonym »Robert Neuner«)
Ein Lustspiel in vier Akten
UA: 7.9.1934, Bremer Schauspielhaus
ZU TREUEN HÄNDEN (unter d. Pseudonym »Melchior Kurtz«)
UA: 16.9.1948, Düsseldorfer Schauspielhaus
Regie: Günther Lüders
Chauvelin oder Lang lebe der König [Fragment]
Erstausgabe: Neue Schweizer Rundschau. N.F. XVII (1949/50). S. 557–578.
DIE SCHULE DER DIKTATOREN
UA: 15.2.1957, Münchner Kammerspiele
Regie: Hans Schweikart
Erstausgabe: Die Schule der Diktatoren. Eine Komödie in neun Bildern. Zürich: Atrium 1956; Berlin: Cecilie Dressler 1956
DAS HAUS ERINNERUNG [FRAGMENT]
UA: des »Vorspiels« als Einakter: 14. 11. 1958, Münchner Kammerspiele
Regie: Hans Schweikart
DER 35. MAI
Kinderoper von Violeta Dinescu
UA: 30. 11. 1986, Nationaltheater Mannheim

e. Wissenschaft, Publizistik
Friedrich der Große und die deutsche Literatur. Die Erwiderungen auf seine Schrift »De la littérature allemande«. Geleitwort von Walter Müller-Seidel. Stuttgart/Berlin/Köln/Mainz: Kohlhammer 1972
Gemischte Gefühle. Literarische Publizistik aus der »Neuen Leipziger Zeitung« 1923–1933. Hrsg. v. Alfred Klein. 2 Bde. Berlin: Aufbau 1989; Zürich: Atrium 1990

f. Kinder- und Jugendbücher
Emil und die Detektive. Ein Roman für Kinder. Berlin: Williams & Co. 1929
Arthur mit dem langen Arm. Kinderverse. Berlin: Williams & Co. 1930
Das verhexte Telefon. Ein Bilderbuch in Versen. Berlin: Williams & Co. 1930

Auswahlbibliographie

Pünktchen und Anton. Ein Roman für Kinder. Berlin: Williams & Co. 1931
Der 35. Mai oder Konrad reitet in die Südsee. Berlin: Williams & Co. 1932
Das fliegende Klassenzimmer. Ein Roman für Kinder. Stuttgart: Perthes [Deutsche Verlags-Anstalt] 1933
Emil und die drei Zwillinge. Die zweite Geschichte von Emil und den Detektiven. Zürich: Atrium 1935
Till Eulenspiegel. Zwölf seiner Geschichten frei nacherzählt. Zürich: Atrium 1938
Die Konferenz der Tiere. Ein Buch für Kinder und Kenner. Nach einer Idee von Jella Lepman. Zürich: Europa 1949, München: Kurt Desch 1949
Das doppelte Lottchen. Ein Roman für Kinder. Zürich: Atrium 1949
Der gestiefelte Kater. Nacherzählt. Zürich: Atrium 1950
Des Freiherrn von Münchhausen wunderbare Reisen und Abenteuer zu Wasser und zu Lande. Nacherzählt. Zürich: Atrium 1951
Die Schildbürger. Nacherzählt. Zürich: Atrium 1954
Leben und Taten des scharfsinnigen Ritters Don Quichotte. Nacherzählt. Zürich: Atrium 1956
Als ich ein kleiner Junge war. Zürich: Atrium 1957
Gullivers Reisen. Nacherzählt. Zürich: Atrium 1961
Das Schwein beim Friseur und anderes. Zürich: Atrium 1962
Der kleine Mann. Zürich: Atrium 1963
Der kleine Mann und die kleine Miss. Zürich: Atrium 1967

g. Filme

DAS EKEL
Deutschland 1931/Ufa
Regie: Franz Wenzler/Eugen Schüfftan
Drehbuchbearbeitung: Erich Kästner und Emmerich Preßburger
Hauptdarst.: Max Adalbert, Emilia Unda, Evelyn Holt, Heinz Wagner, Heinz Könecke, Viktor Franz

DANN SCHON LIEBER LEBERTRAN
Deutschland 1931/Ufa
Regie: Max Ophüls
Drehbuch: Emmerich Preßburger u. Erich Kästner
Hauptdarst.: Paul Kemp, Max Gülsdorff, Käte Haack, Hannelore Schroth, Alfred Braun, Gerd Klein

EMIL UND DIE DETEKTIVE
1. Deutschland 1931/Ufa
Regie: Gerhard Lamprecht
Drehbuch: Billy Wilder (Erich Kästner, Emmerich Preßburger)
Hauptdarst.: Rolf Wenkhaus (Emil), Fritz Rasp (Herr Grundeis),

Inge Landgut (Pony Hütchen), Käte Haack (Emils Mutter), Rudolf Biebrach (Wachtmeister Jeschke), Olga Engl (Großmutter)
2. Großbritannien 1935. Wainright [u.d.T. »Emil and the Detectives«]
Regie: Milton Rosmer
Drehbuch: Margaret Carter, Cyrus Brooks, Frank Launder
Hauptdarst.: George Hayes (The Man), Mary Glynne (Mrs. Blake), John Williams (Emil Blake), Clare Greet (Grandmother), George Merrit (PC), Marion Foster (Polly)
3. BRD 1954/Berolina Film
Regie: Robert Adolf Stemmle
Drehbuch: Robert Adolf Stemmle, Billy Wilder
Hauptdarst.: Peter Finkbeiner (Emil), Kurt Meisel (Herr Grundeis), Claudia Schäfer (Pony Hütchen), Heli Finkenzeller (Emils Mutter), Wolfgang Lukschy (Wachtmeister Jeschke), Margarete Haagen (Großmutter)
4. USA 1964 M/Buena Vista, Disney Prod., Farbfilm [u.d.T. »Emil and the Detectives«]
Regie: Peter Tewksbury
Drehbuch: A.J. Carothers
Hauptdarst.: Bryan Russell (Emil), Heinz Schubert (Herr Grundeis), Eva-Ingeborg Scholz (Frau Tischbein), Walter Slezak (Baron)

DREI MÄNNER IM SCHNEE
1. Schweden 1936/IREFILM [u.d.T. »Stackars Miljonärer« = Arme Millionäre]
Regie: Tancred Ibsen u. Ragnar Arvedson
Drehbuch: Ragnar Arvedson, Tancred Ibsen
Hauptdarst.: Adolf Jahr, Ernst Eklund, Elenor de Floer, Anna Oslin, Nils Wahlbom
2. USA 1938/Metro-Goldwyn-Mayer [u.d.T. »Paradiese for Three«]
Regie: Edward Buzzell
Drehbuch: Harry Ruskin, George Oppenheimer
Hauptdarst.: Frank Morgan, Robert Young, Mary Astor, Edna May Oliver, Florence Rice, Reginald Owen, Henry Hull
3. Österreich 1955/Ring-Film
Regie: Kurt Hoffmann
Drehbuch: Erich Kästner
Hauptdarst.: Paul Dahlke (Millionär), Claus Biederstaedt (Doktor Hagedorn), Nicole Heesters (Tochter des Millionärs), Günther Lüders (Kammerdiener)
4. BRD 1973-1974/Roxy
Regie: Alfred Vohrer
Drehbuch: Manfred Purzer
Hauptdarst.: Klaus Schwarzkopf (Millionär), Susanne Beck (Tochter des Millionärs), Thomas Fritsch (Boris Dorfmeister), Roberto Blanco (Titus)

Auswahlbibliographie

VERWANDTE SIND AUCH MENSCHEN
Deutschland 1939/Tobis
Regie: Hans Deppe
Drehbuch: Peter Hagen nach dem Bühnenstück v. Erich Kästner
  u. d. Pseudonym »Eberhard Foerster«
Hauptdarst.: Heinz Salfner, Ernst Dumcke, Fritz Odemar, Reneé Stobrawa, Else v. Möllendorff

FRAU NACH MASS
Deutschland 1940/Terra
Regie: Helmut Käutner
Drehbuch: Helmut Käutner nach dem Bühnenstück v. Erich
  Kästner u. d. Pseudonym »Eberhard Foerster«
Hauptdarst.: Leny Marenbach, Hans Söhnker, Fritz Odemar, Hilde Hildebrand

DER SENIORCHEF
Deutschland 1942/Terra
Regie: Peter Paul Brauer
Drehbuch: Eberhard Keindorff, Wolf Neumeister nach dem Bühnenstück »Seine Majestät Gustav Krause« v. Erich Kästner u.d. Pseudonym »Eberhard Foerster«
Hauptdarst.: Otto Wernicke, Hildegard Grethe, Werner Fuetterer, Heinz Welzel, Karin Himboldt, Max Gülstorff, Gunnar Möller

MÜNCHHAUSEN
Deutschland 1943/Ufa
Regie: Josef von Baky
Drehbuch: Erich Kästner u.d. Pseudonym »Berthold Bürger«
Hauptdarst.: Hans Albers (Münchhausen), Käte Haack (Baronin Münchhausen), Ilse Werner (Prinzessin Isabella d'Este), Brigitte Horney (Katharina II.), Ferdinand Marian (Graf Cagliostro), Gustav Waldau (Giacomo Casanova), Leo Slezak (Sultan Abdul Hamid), Wilhelm Bendow (Mondmann), Michael Bohnen (Herzog Karl von Braunschweig), Marina von Ditmar (Sophie von Riedesel), Eduard von Winterstein (Münchhausens Vater)
Münchhausen. Ein Drehbuch. Frankfurt am Main: S. Fischer 1960

ICH VERTRAUE DIR MEINE FRAU AN
Deutschland 1943/Terra, Heinz Rühmann
Regie: Kurt Hoffmann
Drehbuch: Helmuth Weiss, Bobby E. Lüthge, Erich Kästner u. d.
  Pseudonym »Berthold Bürger« nach dem Theaterstück v. Johann v. Vaszary
Hauptdarst.: Heinz Rühmann, Lil Adina, Werner Fuetterer, Else v. Möllendorff, Paul Dahlke

Auswahlbibliographie

DER KLEINE GRENZVERKEHR (GEORG UND DIE ZWISCHENFÄLLE)
1. Deutschland 1943/Ufa
Regie: Hans Deppe
Drehbuch: Erich Kästner u. d. Pseudonym »Berthold Bürger«
Hauptdarst.: Willy Fritsch (Georg), Hertha Feiler (Konstanze), Hilde Sessak, Heinz Salfner, Hans Leibelt
2. BRD 1956, Georg Witt Film [u.d.T. »Salzburger G'schichten«]
Regie: Kurt Hoffmann
Drehbuch: Erich Kästner
Hauptdarst.: Paul Hubschmid (Georg), Marianne Koch (Konstanze), Peter Mosbacher, Richard Romanowsky

DAS DOPPELTE LOTTCHEN
1. BRD 1950/Carlton Film
Regie: Josef von Baky
Drehbuch: Erich Kästner
Hauptdarst.: Jutta und Isa Günther (die Zwillinge Lotte und Luise), Peter Mosbacher (Vater), Antje Weisgerber (Mutter)
2. Großbritannien 1953/Empress-Film [u.d.T. »Twice upon a Time«]
Regie: Emmerich Preßburger
Drehbuch: Emmerich Preßburger
Hauptdarst.: Hugh Williams, Elizabeth Allen, Jack Hawkins, Yolande u. Charmain Larthe
3. USA 1960–1961/Rank, Disney [u.d.T. »The Parent Trap«]
Regie: David Swift
Drehbuch: David Swift
Hauptdarst.: M. Hayley Mills (als Zwillinge Sharon und Susan), Maureen O'Hara (Mutter), Brian Keith (Vater), Una Merkel, Charles Ruggles, Joanna Barnes
4. USA 1986–1987/Alan Landsburg Productions, Disney [u.d.T. »The parent trap II«]
Regie: Ronald F. Maxwell
Drehbuch: Stuart Krieger
Hauptdarst.: Hayley Mills, Tom Skerritt, Carrie Kei Heim, Bridgette Andersen
5. BRD 1994/Luna Film/Perathon Film- u. Fernseh-Produktionen [u.d.T. »Charlie & Louise]
Regie: Joseph Vilsmaier
Drehbuch: Reinhard Klos
Hauptdarst.: Fritz Eichhorn (Charly Palfy), Floriane Eichhorn (Louise Kröger), Heiner Lauterbach (Wolf Palfy), Corinna Harfouch (Sabine Kröger)

ALL ABOUT EVE/ALLES ÜBER EVA
USA 1950/20th Century Fox
Regie: Joseph L. Mankiewicz
Drehbuch: Joseph L. Mankiewicz
Deutsche Dialoge: Erich Kästner

Auswahlbibliographie

Hauptdarst.: Bette Davis, Anne Baxter, Celeste Holm, Thelma Ritter, George Sanders, Marilyn Monroe

PÜNKTCHEN UND ANTON
BRD-Österreich 1953/Rhombus Film, Ring Film
Regie: Thomas Engel
Drehbuch: Thomas Engel, Maria von der Osten-Sacken
Hauptdarst.: Sabine Eggerth (Pünktchen), Paul Klinger und Hertha Feiler (die Eltern), Peter Feldt (Anton), Heidemarie Hatheyer (Antons Mutter)

DIE VERSCHWUNDENE MINIATUR
BRD 1954/Carlton Film
Regie: Carl Heinz Schroth
Drehbuch: Erich Kästner
Hauptdarst.: Paola Loew (Irene Trübner), Paul Westermeier (Fleischmeister Külz), Ralph Lothar (Rudolf Struve), Bruno Hübner (Prof. Horn), Paul Bildt (Steinhövel)

DAS FLIEGENDE KLASSENZIMMER
1. BRD 1954/Carlton Film
Regie: Kurt Hoffmann
Drehbuch: Erich Kästner
Hauptdarst.: Paul Dahlke (Justus), Paul Klinger (Nichtraucher), Heliane Bei (Schwester Beate), Ruth Hausmeister (Frau Thaler), Bruno Hübner (Prof. Kreuzkamm), Erich Ponto (Sanitätsrat Dr. Hartwig)
2. BRD 1973/Terra Filmkunst, Franz Seitz Filmproduktion
Regie: Werner Jacobs
Drehbuch: Franz Seitz u. d. Pseudonym »Georg Laforet«
Hauptdarst.: Joachim Fuchsberger, Heinz Reincke, Diana Körner

ZU TREUEN HÄNDEN
BRD 1962/Independent Film [u.d.T. »Liebe will gelernt sein«]
Regie: Kurt Hoffmann
Drehbuch: Erich Kästner
Hauptdarst.: Martin Held (Mylius), Barbara Rütting (Hermine), Götz George (Hans-Georg), Loni von Friedl (Margot), Fita Benkhoff (Ilse)

DIE KONFERENZ DER TIERE
BRD 1969/Linda (Zeichentrickfilm)
Regie und Drehbuch: Curt Linda u. d. Mitarbeit v. Erich Kästner

SEINE MAJESTÄT GUSTAV KRAUSE
BRD 1971/Fernsehproduktion d. Deutschen Buchgemeinschaft i. Auftrag des ZDF
Regie: Günter Gräwert
Drehbuch: Siegfried Wischnewski nach d. Bühnenstück v. Erich Kästner u. d. Pseudonym »Eberhard Foerster«

Auswahlbibliographie

Hauptdarst.: Siegfried Wischnewski, Ingeborg Lapsien, Günter Gräwert, Elga Sorbas, Elsa Wagner, Ingrid van Bergen

FABIAN
BRD 1980/Regina Ziegler Filmproduktion
Regie: Wolf Gremm
Drehbuch: Hans Borgelt und Wolf Gremm
Hauptdarst.: Hans Peter Hallwachs (Fabian), Hermann Lause (Labude), Silvia Janisch (Cornelia), Mijanou van Baarzel (Frau Moll)

h. Übersetzungen
James Matthew Barrie: Peter Pan oder Das Märchen vom Jungen, der nicht groß werden wollte. Ein Stück in fünf Akten. Berlin: Felix Bloch Erben o.J. [1951]. UA: 21.4.1952, Brunnenhoftheater München, Regie: Bruno Hübner
Thomas Stearns Eliot: Old Possums Katzenbuch. Englisch und Deutsch. Berlin/Frankfurt: Suhrkamp 1952

i. Briefe, Autobiographisches
Notabene 45. Ein Tagebuch. Zürich: Atrium 1961; Berlin: Cecilie Dressler 1961
Briefe aus dem Tessin. Mit einem Vorwort von Horst Lemke. Zürich: Arche 1977
Mein liebes, gutes Muttchen, Du! Dein oller Junge. Briefe und Postkarten aus 30 Jahren. Ausgew. und eingel. von Luiselotte Enderle. Hamburg: Albrecht Knaus 1981

j. Vorworte, Nachworte
Eduard Mörike. Novellen und Märchen. Textrevision und Nachwort von Erich Kästner. Leipzig o.J.
Robert Adolf Stemmle: Ja, ja, ja, ach, ja, 's ist traurig, aber wahr. Küchenlieder-Album. Vorw. v. Erich Kästner, Berlin: Eduard Bloch 1931
Kurt Tucholsky: Gruß nach vorn. Eine Auswahl. Hrsg. und Nachw. v. Erich Kästner. Stuttgart/Hamburg: Rowohlt 1946
Hermann Kesten: Glückliche Menschen. Roman. Mit e. Vorw. v. Erich Kästner. Kassel: Schleber 1948
Paul Hazard: Kinder, Bücher und große Leute. Vorw. v. Erich Kästner. Hamburg: Hoffmann & Campe 1952
Hermann Kesten: Copernicus und seine Welt. Biographie. Einf. v. Erich Kästner. München/Basel: Kurt Desch 1953
Paul Junker: Kindertage/Kinderseelen. Eingel. v. Erich Kästner. Bonn: Athenäum 1956
Paul Flora: Menschen und andere Tiere, an die Leine genommen von Erich Kästner. München: Piper 1957

Auswahlbibliographie

Heiteres von E. O. Plauen. Hrsg. u. Vorw. v. Erich Kästner. Hannover: Fackelträger 1957
Heiterkeit in Dur und Moll. Deutscher Humor der Gegenwart in Wort und Bild. Eingel. u. ges. v. Erich Kästner. Hannover: Fackelträger 1958
Heiteres von Walter Trier. Hrsg. v. Erich Kästner. Hannover: Fackelträger 1959
O diese Katzen. Geschildert in 34 Fotos. Eingel. v. Erich Kästner. Frankfurt am Main: Umschau 1959
Hermann Kesten: Bücher der Liebe. Die Romane: Joseph sucht die Freiheit, Glückliche Menschen. Die Kinder von Gernika. Die Fremden Götter. Eingel. v. Erich Kästner. Wien/Basel/München: Kurt Desch 1960
Heiterkeit kennt keine Grenzen. Ausländischer Humor der Gegenwart in Wort und Bild. Eingel. v. Erich Kästner. Hannover: Fackelträger 1960
Clara Asscher-Pinkhoff: Sternkinder. Vorw. v. Erich Kästner. Berlin: Cecilie Dressler 1961
Heiterkeit braucht keine Worte. Humor der Welt im Bild. Eingel. von Erich Kästner. Hannover: Fackelträger 1962
E. G. Linfield/E. Larsen. England vorwiegend heiter. Kleine Literaturgeschichte des britischen Humors. Vorw. v. Erich Kästner. München: Bassermann 1962
Heiterkeit in vielen Versen. Eingel. v. Erich Kästner. Hannover: Fackelträger 1965
Martin Morlock: Regeln für Spielverderber. Vorw. v. Erich Kästner. München/Bern: Scherz 1967
Das große Trier-Buch. Hrsg. v. Lothar Lang. Vorw. v. Erich Kästner. München/Zürich: Piper 1974
Bücher voll guten Geistes. 1924 bis 1964. 40 Jahre Büchergilde Gutenberg. Prolog v. Erich Kästner. Frankfurt/Main: Büchergilde Gutenberg 1964

B. Forschungsliteratur

1. Bibliographien

Eich, Hans: Bibliographie. In: Erich Kästner. Leben und Werk. Ausstellung des Goethe-Instituts. München 1964. S. 21–53.
Lämmerzahl-Bensel, Uta (Hrsg.): Erich Kästner. Eine Personalbibliographie. Gießen 1988.
Die Sammlung Georg Sauer. Eine bibliographische Beschreibung. In: EK 1899–1989. Zum 90. Geburtstag Erich Kästners zeigt die Stadt- und Universitätsbibliothek Frankfurt am Main die Sammlung Georg Sauer. Begleitheft hrsg. v. d. Gesellschaft der Freunde der Stadt- und Universitätsbibliothek, Frankfurt a. M. 1989. S. 99–141.

Erich Kästner und Walter Trier. Eine fast vollständige Büchersammlung & Bibliographie der beiden Moralisten und Menschenkenner. Heidelberg 1994 (Katalog des Antiquariat Hatry, Nr. 5: Dez. 1994).

2. Monographien

a. Übergreifende Fragestellungen
Bäumler, Marianne: Die aufgeräumte Wirklichkeit des Erich Kästner. Köln 1984.
Benson, Renate: Erich Kästner. Studien zu seinem Werk. Bonn 1973.
Beutler, Kurt: Erich Kästner. Eine literaturpädagogische Untersuchung. Weinheim/Berlin 1967.
Biedermann, Walter: Die Suche nach dem Dritten Weg. Linksbürgerliche Schriftsteller am Ende der Weimarer Republik. Heinrich Mann, Alfred Döblin, Erich Kästner. Frankfurt a. M. 1981. S. 177–228.
Bossmann, Reinaldo: Erich Kästner. Werk und Sprache. Curitiba (Brasilien) 1955.
Drouve, Andreas: Erich Kästner – Moralist mit doppeltem Boden. Marburg 1993.
Kiesel, Helmuth: Erich Kästner, München 1981.
Leibinger-Kammüller, Nicola: Aufbruch und Resignation. Erich Kästners Spätwerk 1945–1967. Zürich 1988.
Mank, Dieter: Erich Kästner im nationalsozialistischen Deutschland 1933–1945: Zeit ohne Werk? Bern 1981.
Schneyder, Werner: Kästner: ein brauchbarer Autor. München 1982.
Walter, Dirk: Zeitkritik und Idyllensehnsucht: Erich Kästners Frühwerk (1928–1933) als Beispiel linksbürgerlicher Literatur in der Weimarer Republik. Heidelberg 1977.
Wolff, Rudolf (Hrsg.): Erich Kästner. Werk und Wirkung. Bonn 1983.

b. Monographien und Rezensionen zu einzelnen Werkaspekten
LYRIK
Bab, Julius: »›Gebrauchslyrik‹. Mehring und Kästner«. In: Bab: Über den Tag hinaus. Kritische Betrachtungen. Ausgew. und hrsg. von Harry Bergholz. Heidelberg/Darmstadt 1960. S. 118–124 [zuerst 1931]
Benjamin, Walter: »Gebrauchslyrik? Aber nicht so!«. In Benjamin: Gesammelte Schriften, Bd. III. Frankfurt a. M. 1972. S. 183–184. [zuerst 1929]
Ders.: »Linke Melancholie. Zu Erich Kästners neuem Gedichtbuch«. In: Benjamin: Gesammelte Schriften, Bd. III. Frankfurt a. M. 1972. S. 279–283. [zuerst 1931]

Frank, Rudolf: »Gesang zwischen den Stühlen«. In: Die Literatur 35 (1932/33). S. 172.
Horst, Karl-August: Erich Kästner: Naivität und Vernunft. In: Merkur 13 (1959). S. 1175–1187.
Klotz, Volker: »Lyrische Anti-Genrebilder. Notizen zu neusachlichen Gedichten Erich Kästners«. In: Walter Müller-Seidel (Hrsg.) in Verb. mit Hans Fromm und Karl Richter: Historizität in Sprach- und Literaturwissenschaft. München 1974. S. 479–495.
Michelsen, Peter: »Die Trauer des Utopisten. Zur Gebrauchslyrik Erich Kästners«. In: Michelsen: Zeit und Bindung. Studien zur deutschen Literatur der Moderne. Göttingen 1976. S. 162–167. [kürzere Fassung zuerst 1952]
Müller, Dieter Alpheo: »Kästners Lyrik für die Schule«. In: Rudolf Wolff (Hrsg.): Erich Kästner. Werk und Wirkung. Bonn 1983. S. 37–43.
Posdzech, Dieter: »Funktionsdominanzen der Anti-Kriegslyrik Kurt Tucholskys, Erich Weinerts und Erich Kästners in den Jahren der Weimarer Republik«. In: Helmut Müssener (Hrsg.): Anti-Kriegsliteratur zwischen den Kriegen (1919–1939) in Deutschland und Schweden. Stockholm 1987. S. 61–80.
Schweickert, Alexander: »Notizen zu den Einflüssen Heinrich Heines auf die Lyrik von Kerr, Klabund, Tucholsky und Erich Kästner«. In: Heine-Jahrbuch 8 (1969). S. 69–107.
Seidel, Gerhard: »Links vom Möglichen. Zur Lyrik Erich Kästners«. In: Rudolf Wolff (Hrsg.): Erich Kästner. Werk und Wirkung. Bonn 1983. S. 61–69. [zuerst 1968]

Romane und Erzählungen für Erwachsene

Amery, Jean: »A propos ›Haltung‹ und ›Zersetzung‹. Über Rudolf G. Binding, Hans Carossa, Erich Kästner, Hermann Kesten und Ernst Glaeser«. In: Bücher aus der Jugend unseres Jahrhunderts, Stuttgart 1981. S. 65–79.
Andersch, Alfred: »›Fabian‹ wird positiv«. In: Gerd Haffmans (Hrsg.): Das Alfred-Andersch-Lesebuch. Zürich ²1989. S. 135–137. [zuerst 1946]
Arnheim, Rudolf: »Moralische Prosa« [Fabian]. In: Die Weltbühne 27 (1931). S. 787–790.
Daniels, Karlheinz: »Erich Kästner als Sprach- und Gesellschaftskritiker dargestellt an seiner Verwendung sprachlicher Schematismen«. In: Hugo Aust (Hrsg.): Wörter. Schätze, Fugen und Fächer des Wissens. Festgabe für Theodor Lewandowski zum 60. Geburtstag. Tübingen 1987. S. 191–206.
Hesse, Hermann: »Fabian«. In: Alter Michels (Hrsg.): Eine Literaturgeschichte in Rezensionen und Aufsätzen. Bd. 2. Frankfurt a. M. 1970. S. 550. [zuerst 1932]
Kantorowicz, Alfred: »Erich Kästners Roman ›Fabian‹«. In: Der Querschnitt 11 (1931). S. 866

Kesten, Hermann: »Abrechnung mit der Moral« [Fabian]. In: Tagebuch 12 (1931). S. 1833–1834.
Ladenthin, Volker: »Erich Kästners Bemerkungen über den Realismus in der Prosa. Ein Beitrag zum poetologischen Denken Erich Kästners und der Theorie der Neuen Sachlichkeit«. In: Wirkendes Wort 38 (1988). S. 62–77.
Lethen, Helmut: »Kästners ›Fabian‹ oder Die Karikatur der freischwebenden Intelligenz«. In: Lethen: Neue Sachlichkeit 1924–1932. Studien zur Literatur des ›Weißen Sozialismus‹. Stuttgart ²1975. S. 142–155.
Mayer, Hans: »Beim Wiederlesen des ›Fabian‹ von Erich Kästner«. In: Rudolf Wolff (Hrsg.): Erich Kästner. Werk und Wirkung. Bonn 1983. S. 91–94. [zuerst 1947]
Schwarz, Egon: »Erich Kästners ›Fabian‹. Die Geschichte eines Moralisten. Fabians Schneckengang im Kreise«. In: Schwarz: Romane des 20. Jahrhunderts. Bd. 1. Stuttgart 1993. S. 236–258. [zuerst 1975]
Spiel, Hilde: »Ein Lehrbuch der Nation. Erich Kästners ›Fabian‹«. In: Spiel: In meinem Garten schlendernd. Essays. München 1981. S. 317–324.

Literatur für Kinder

Angress, Ruth, K.: »Erich Kästners Kinderbücher kritisch gesehen«. In: Paul Michael Lützeler (Hrsg.): Zeitgenossenschaft. Zur deutschsprachigen Literatur im 20. Jahrhundert. Festschrift für Egon Schwarz zum 85. Geburtstag. Frankfurt a. M. 1987. S. 91–102.
Binder, Alwin: »Sprachlose Freiheit? Zum Kommunikationsverhalten in Erich Kästners ›Das fliegende Klassenzimmer‹«. In: Diskussion Deutsch 11 (1980). S. 290–306.
Breul, Elisabeth-Charlotte: »Die Jugendbücher Erich Kästners«. In: Studien zur Jugendliteratur 4 (1958). S. 28–79.
Doderer, Klaus: »Erich Kästners ›Emil und die Detektive‹. Gesellschaftskritik in einem Kinderroman«. In: Rudolf Wolff (Hrsg.): Erich Kästner. Werk und Wirkung. Bonn 1983. S. 104–116. [zuerst 1969]
ders.: »Solidarität oder Untertanengeist. Zu Erich Kästners ›Emil und die Detektive‹ und Wilhelm Speyers ›Der Kampf der Tertia‹«. In: Doderer: Klassische Kinder- und Jugendbücher. Kritische Betrachtungen. Weinheim 1969. S. 35–54.
Gay, Peter: »Psychoanalyse und Geschichte – oder Emil und die Detektive«. In: Wissenschaftskolleg. Jahrbuch 1983/84. Berlin 1984. S. 135–144.
Grenz, Dagmar: »Erich Kästners Kinderbücher in ihrem Verhältnis zu seiner Literatur für Erwachsene. Am Beispiel eines Vergleichs zwischen ›Fabian‹ und ›Pünktchen und Anton‹«. In: Maria Lypp (Hrsg.): Literatur für Kinder. Göttingen 1977. S. 155–169.

Heilbron, Ernst: »Das illustrierte Kinderbuch« [Emil und die Detektive]. In: Die Literatur 32 (1929/30). S. 559.
Kirsch, Petra: Erich Kästners Kinderbücher im geschichtlichen Wandel. Eine literaturhistorische Untersuchung. Diss. München (Selbstverlag) 1986.
Loos, Anna: »Vier neue Kinderbücher«. In: Dieter Richter (Hrsg.): Das politische Kinderbuch. Darmstadt/Neuwied 1973. S. 266–271. [zuerst 1931]
Mann, M.: »Emil und die Detektive«. In: Kunst und Kritik 24 (1930). S. 93–94.
Rodrian, Fred: »Notizen zu Erich Kästners Kinderbüchern«. In: Neue deutsche Literatur 8 (1960). S. 117–129.
Schneider-Schelde, Rudolf: »Das fliegende Klassenzimmer«. In: Die Literatur 36 (1933/34). S. 295–296.
Wirsing, Sybille: »Das Geheimnis des doppelten Blicks. ›Emil und die Detektive‹ (1929)«. In Marcel Reich-Ranicki (Hrsg.): Romane von gestern heute gelesen. Bd. 2 (1918–1933). Frankfurt a. M. 1989. S. 187–193.
Zucker, Wolf: »Erich Kästner schreibt ein Kinderbuch« [Emil und die Detektive]. In: Die Weltbühne 48 (1929). S. 822–823.

Publizistik
Ebbert, Birgit: Erziehung zu Menschlichkeit und Demokratie. Erich Kästner und seine Zeitschrift »Pinguin« im Erziehungsgefüge der Nachkriegszeit. Frankfurt a. M. 1994.
Zonneveld, Johan: Erich Kästner als Rezensent 1923–1933. Frankfurt a. M. 1991.

Theater, Film, Kabarett
Baer, Volker: »Im Widerspruch zur Zeit. Zur Wiederaufführung des Films ›Münchhausen‹ von 1942/43«. In: Der Tagesspiegel v. 25. Juni 1978. S. 5.
Conrad, Andreas: »Münchhausens stumpfe Spitzen gegen die Inquisition«. In: Der Tagesspiegel v. 5. November 1989. S. 42.
Drews, Wolfgang: »Kästners politische Hausapotheke. Die ›Schule der Diktatoren‹ in den Münchener Kammerspielen«. In: Frankfurter Allgemeine Zeitung v. 28. Februar 1957.
Herchenröder, Jan: »Gutes Kabarett in schlechter Zeit. Was Erich Kästner dafür tat«. In: Rudolf Wolff (Hrsg.): Erich Kästner. Werk und Wirkung. Bonn 1983. S. 44–52.
Horvart, Dragutin: »Des Kaisers abgewetzte Kleider. Diktaturen und Diktatoren bei Kästner, Dürrenmatt und Bernhard«. In: Zagreber germanistische Beiträge 2 (1993). S. 111–122.
Lutz-Kopp, Elisabeth: »Nur wer Kind bleibt...«. Erich Kästner-Verfilmungen. Frankfurt 1993.
Scholdt, Günter u. Dirk, Walter: »Parallelen bei Erich Kästner und Friedrich Dürrenmatt«. In: Etudes Germaniques 36 (1981). S. 198–212.
Tornow Ingo: Erich Kästner und der Film. München 1989.

3. Beiträge zur Biographie und Persönlichkeit, Würdigungen, Interviews

Ahl, Herbert: Urenkel der Aufklärung. Erich Kästner. In: Ahl: Literarische Portraits. München/Wien 1962. S. 144–151. [zuerst 1959]

Amery, Carl: »Das Dilemma des wachsamen Schulmeisters«. In: Frankfurter Hefte 12 (1957). S. 444–445.

Bemmann, Helga: Humor auf Taille: Erich Kästner. Leben und Werk. Berlin (Ost) 1983.

Buhl, Wolfgang: Warum ich nichts auf Erich Kästner kommen lasse. In: Tribüne 8 (1969). S. 3171–3177.

Christ, Richard: »Erich Kästner zum 75. Geburtstag«. In: Die Weltbühne (Berlin-Ost) 9 (1974). S. 285–286.

Dürrenmatt, Friedrich: »Der unverneblte Deutsche«. In: Frankfurter Allgemeine Zeitung v. 23. Februar 1974.

Edschmid, Kasimir: »Rede auf den Preisträger. Georg-Büchner-Preis«. In: Jahrbuch 1957 der Deutschen Akademie für Sprache und Dichtung Darmstadt. Heidelberg/Darmstadt 1958. S. 77–82.

dies.: Erich Kästner. Mit Selbstzeugnissen und Bilddokumenten. Reinbek ¹⁷1998.

Enderle, Luiselotte: »Vier Stationen. Dresden, Leipzig, Berlin, München – Und eine Krankenstation: Lugano«. In: Kästner: Gesammelte Schriften für Erwachsene in 8 Bdn. Bd. 8. Zürich/München 1969. S. 345–376.

Fallada, Hans: »Auskunft über den Mann Kästner«. In: Rudolf Wolff (Hrsg.): Erich Kästner. Werk und Wirkung. Bonn 1983. S. 54–60. [zuerst 1931]

Fehse, Willi: »Ein Moralist aus Liebe. Erich Kästner zum 75. Geburtstag«. In: Der Literat 16 (1974). S. 29–30.

Flothow, Matthias: Erich Kästner. Ein Moralist aus Dresden. Leipzig ²1996.

Harich, Wolfgang: »Erich Kästner wird fünfzig«. In: Die Weltbühne (Berlin-Ost) N.F. 4 (1949). S. 293–297.

Kamnitzer, Heinz: »Empörung zwischen den Fronten?« In Kamnitzer: Das Testament des letzten Bürgers. Essays und Polemiken. Berlin/Weimar 1973. S. 219–232. [zuerst 1962 u.d.T. »Es gibt nichts Gutes, außer: man tut es«]

Kesten, Hermann: Erich Kästner. In: Kesten: Meine Freunde die Poeten. München 1959. S. 353–390. [zuerst 1959, Taschenbuch 1964]

Kordon, Klaus: Die Zeit ist kaputt. Die Lebensgeschichte des Erich Kästner. Weinheim ²1995.

Kranz, Gisbert: Erich Kästner: Ganz vergebliches Gelächter. Bamberg 1972.

Krüss, James: »Stilist und Menschenfreund. Anmerkungen eines jüngeren Kollegen zu Erich Kästners 65. Geburtstag«. In: Krüss: Naivität und Kunstverstand. Gedanken zur Kinder-

literatur. Weinheim/Berlin/Basel ²1970. S.126-129. [zuerst 1964]
Ledig, Eva-Maria: »Hans-Christian-Andersen-Medaille 1960«. In: Jugendliteratur 6 (1960). S.422-423.
Lennartz, Franz: Kästner, Erich. In: Lennartz: Die Dichter unserer Zeit. Einzeldarstellungen zur deutschen Dichtung der Gegenwart. Stuttgart ⁵1952. S.230-233.
Lepman, Jella: »Rede zur Verleihung des Hans-Christian-Andersen-Preises 1960 an Erich Kästner«. Internationales Kuratorium für das Jugendbuch. Luxemburg 1960.
Mann, Klaus: »Erich Kästner«. In: Das Neue Tage-Buch 41 (1934). S.981-982.
Mendelsohn, Peter de: »Dem Andenken eines Weggenossen«, In: Mendelsohn: Unterwegs mit Reiseschatten. Essays. Frankfurt a.M. 1977. S.142-149.
Pross, Harry: »Die Therapie zu weit treiben. Erich Kästner«. In: Pross: Die Söhne der Kassandra. Versuch über deutsche Intellektuelle. Stuttgart/Berlin/Köln 1971. S.109-120.
Reich-Ranicki, Marcel: »Erich Kästner, der Dichter der kleinen Freiheit«. In: Reich-Ranicki: Nachprüfung. Aufsätze über deutsche Schriftsteller von gestern. München/Zürich 1977. S.245-254. [zuerst 1974, Taschenbuch 1984, erw. Neuausg. ⁶1993]
Roch, Herbert: Erich Kästner. In: Roch: Schriftsteller als Richter ihrer Zeit. Berlin 1947. S.137-141.
Rühmkorf, Peter: »Rationalist und Romantiker. Verteidigung von Kästners linker Melancholie«. In: »EK 1899-1989«. Zum 90. Geburtstag Erich Kästners zeigt die Stadt- und Universitätsbibliothek Frankfurt am Main die Sammlung Georg Sauer. Begleitheft hrsg. v. d. Gesellschaft der Freunde der Stadt- u. Universitätsbibliothek Frankfurt am Main 1989. S.27-38. [zuerst 1979]
Schwarz, Egon: Die strampelnde Seele. Erich Kästner in seiner Zeit. In: Schwarz: Dichtung, Kritik, Geschichte. o.O. 1983. S.149-171. [zuerst 1970]
Wagener, Hans: Erich Kästner. Berlin ²1984.

Bildnachweis

Erich Kästner Archiv (Nachlaß Luiselotte Enderle), RA Peter Beisler, München: Umschlag, 9 (links und rechts), 10 (oben und unten), 12 (links und rechts), 13, 17, 21, 28, 36, 38, 45, 47, 53, 57, 63, 69, 72, 78 (oben und unten), 81, 87, 102, 109, 125 (oben und unten), 126, 135, 144, 148 (oben und unten), 150, 208 (oben und unten), 214, 237 (Foto: Jürgen Röhrscheid, Frankfurter Allgemeine Magazin), 242, 244, 246, 247, 251, 255, 256, 286, 288, 294. *Sämtliche Rechte bleiben vorbehalten.*
Archiv Bibliographia Judaica, Frankfurt a.M.: 15
Gerhard Arnhold, São Paulo: 157
Bildarchiv Preussischer Kulturbesitz, Berlin: 260, 265, 269, 273, 296, 300, 315
Bilderdienst Süddeutscher Verlag, München: 258, 267, 278, 304, 310, 317
Bundesarchiv, Berlin: 175, 204, 205
Bundesarchiv, Außenstelle Zehlendorf, Berlin: 231, 234, 235
Chronik der Neuen Münchner Theatergeschichte, München 1946: 271 (Band 3), 272 (Band 2)
Deutsche Presseagentur GmbH, Düsseldorf: 293, 312
Interfoto-Pressebild-Agentur, München: 228
Stadtarchiv, Dresden: 14, 32, 288
Ullstein Bilderdienst, Berlin: 284, 298, 314 (rechts und links), 323
Universitätsarchiv, Leipzig: 54, 55
Universitätsbibliothek, Dresden: 77
Mika Winiaver, São Paulo: 158
Die von Walter Trier illustrierten Buchumschläge wurden mit freundlicher Genehmigung des Atrium-Verlages, Zürich, verwendet.
Alle anderen Vorlagen befinden sich im Besitz der Autoren.

Register

Adalbert, Max 136
Adenauer, Konrad 275
Albers, Hans 229, 232
Ambesser, Axel von 232, 269
Andersch, Alfred 255, 263
Anderson, Sherwood 259
Anz, Thomas 299
Arnheim, Rudolf 125, 141
Arnhold, Gerhard 154, 158
Arnhold, Kurt 154, 156 f.
Astor, Mary 212
Augustin, Amalie Rosalie 10
Augustin, Emma 11
Augustin, Franz 18, 291
Augustin, Gottlieb 10
Augustin, Ida Amalia 8 ff.
Augustin, Linda 11
Austen, Hans und Odilia 9

Bab, Julius 120
Baky, Josef von 233, 298
Bartsch, Inge 269
Baudelaire, Charles 253
Becher, Johannes R. 284, 311 f., 313
Beeks-Julius, Ilse *siehe Julius, Ilse*
Bemmann, Helga 33, 125, 128, 196, 200, 327 f.
Bendow, Wilhelm 224
Benjamin, Walter 122, 239, 263
Bergengruen, Werner 313
Bergner, Elisabeth 105
Berling, Willy 269
Berndt, Alfred-Ingemar 221
Bernhard, Steffa 87

Berthold *siehe Augustin, Amalie Rosalie*
Beyer, Otto 107
Biederstaedt, Claus 304
Birkenfeld, Günther 312
Bischoff, Friedrich 127
Blei, Franz 105
Blunck, Hans 187
Bormann, Martin 263
Bracken, Brendan 218
Braun, Alfred 137
Braun, Elisabeth 269
Braun, Harald 246
Brecht, Bertolt 97, 105, 194, 259
Bronnen, Arnold 234
Brooks, Cyrus 197
Bry, Curt 274
Budzinski, Klaus 273
Bücher, Karl 44
Buhre, Werner 104, 189, 191, 199, 206
Busch, Ernst 127
Buzzell, Edward 212

Camus, Albert 310
Čapek, Karel 106, 259
Carstens, Lina 305
Churchill, Winston 218
Claudius, Matthias 253
Cooper, Duff 218

Dahlke, Paul 304 f.
Davis, Bette 305
Decke, Hilde 107, 112
Deppe, Hans 232
Diamant, Adolf 152
Döblin, Alfred 138, 188

Döring, Walther 34
Dressler, Cecilie 199
Droemer, Willy 316
Dürrenmatt, Friedrich 325
Duhan, Eva Maria 269

Eckersberg, Else 176
Edschmid, Kasimir 313 f.
Eggebrecht, Axel 206
Eidam, Klara Laura 9
Elsner, Max 196
Enderle, Luiselotte 13, 33, 38, 46, 52, 61, 83, 89 f., 151, 159, 188, 190, 193, 199, 207, 227 f., 240, 242, 245, 251 f., 257, 263, 281 f., 287, 293 ff., 298, 308, 315, 318 f., 324, 327 f.
Engel, Erich 253
Engel, Fritz 119 f.
Engel, Thomas 305
Englisch, Lucie 195

Fallada, Hans 101, 118, 326
Feiler, Hertha 232
Feuchtwanger, Lion 105, 123, 176, 194, 259
Finck, Werner 196, 253, 273
Fleißer, Marieluise 163
Frank, Bruno 253, 259
Frankfurter, Richard Otto 58
Freisler, Roland 243
Friedmann, Hermann 312 f.
Friedrich, Carl Christoph 10
Frisch, Max 259
Fritsch, Willy 170, 232
Friedrich II., König von Preußen 55, 322 f.
Fry, Christopher 274
Fuchsberger, Joachim 305

George, Götz 320
George, Heinrich 105
Gide, André 259
Gilbert, Robert 274
Giraudoux, Jean 259

Glaeser, Ernst 138, 180, 194, 234
Goebbels, Joseph 183, 190, 196, 218, 229 ff., 236 f., 239, 251, 310
Göring, Hermann 156, 196, 261 f., 280
Goethe, Johann, Wolfgang von 44, 164
Gottlieb, Christian 9
Granowski, Alexis 137
Grass, Günter 310
Green, Julien 259
Grimm, Hans 187
Gründgens, Gustaf 314
Gülstorff, Max 137
Günther, Isa 298
Günther, Jutta 298
Gyl, Cara 187, 194 f.

Haack, Käthe 135, 137
Haagen, Margarete 304 f.
Habe, Hans 255, 258
Hamm-Brücher, Hildegard 258
Hamm, Eugen 104
Hassencamp, Oliver 151, 270, 274
Hatheyer, Heidemarie 305
Haupt, Ulrich 246
Hausenstein, Wilhelm 254, 313
Heesters, Nicole 304 f.
Heilmann, Albert 251 f.
Held, Martin 320
Hemingway, Ernest 259
Herking, Ursula 224, 268 ff., 274
Heß, Rudolf 261
Hesse, Hermann 142, 318
Heym, Stefan 259
Hillers, Hans Wolfgang 260
Hindenburg, Paul von 166 f.
Hinkel, Hans 246
Hippler, Fritz 227 f., 232
Hitler, Adolf 152, 163 ff., 198, 249, 261, 269
Hoffmann, Kurt 319

Hörnemann, Käte *siehe* Gyl, Cara
Horváth, Ödön von 97, 215
Hübler, Dorothee 59
Huelsenbeck, Richard 176

Immermann, Eva 269

Jacobs, Monty 140
Jacobsohn, Edith 106, 108, 112, 142f., 199
Jacobsohn, Siegfried 106
Jahn, Otto Heinz 230, 232
Jannings, Emil 229f.
Jenssen, Christian 146, 182
Jessenin, Sergej 259
Jessner, Leopold 95
Jeziorkowski, Klaus 322
Jobst (Rektor) 29f.
John, Karl 269
Johst, Hanns 51
Jugo, Jenny 232
Julius, Hugo 73
Julius, Ilse 40, 51, 53, 59, 72ff., 87, 327
Julius, Pauline 73

Kästner, Emil Richard 8, 11, 13, 17, 33, 37ff., 150, 159f., 283, 285ff.
Kästner, Ida Amalia 8, 12, 15ff., 22ff., 28, 30, 33, 36ff., 45, 51, 55, 60, 65f., 70, 74ff., 78, 80ff., 85ff., 97, 108, 110ff., 114, 116f., 121, 124, 128, 133f., 137f., 140, 142, 144, 146, 150f., 158ff., 166f., 170, 174f., 187ff., 192f., 195, 197f., 208f., 226, 228f., 232, 241f., 244, 280ff., 285ff., 291f., 326
Kästner, Klara Laura 9
Kästner, Thomas 151, 287, 289, 292f., 295f., 320
Käutner, Helmut 224
Kaiser, Joachim 314, 325

Kalenter, Ossip 51
Kantorowicz, Alfred 141
Kasack, Hermann 313
Katz, Richard 46f.
Kautsky, Karl 180
Keindorff, Eberhard 206, 223f.
Keitel, Wilhelm 261f.
Kennedy, Bob 252, 254
Kerr, Alfred 176, 194, 259
Kessel, Martin 313
Kesten, Hermann 106, 119f., 125, 138, 176, 279, 300, 313, 325
Kiepenheuer, Gustav 119f.
Kiesel, Helmuth 116, 118
Kilpper, Gustav 185ff.
Kindermann, Heinz 177
Kirchner, Herti 89, 195f., 226
Kirsch, Ingrid 153
Kirst, Hans Hellmut 304
Klabund 318
Knappertsbusch, Hans 253
Knauf, Erich 102f., 242f.
Koch, Antje 154, 156
Koch, Matthias 156
Koeppen, Wolfgang 253
Köster, Albert 41ff., 53, 98
Kohner, Paul 210, 212, 305
Kolbenhoff, Walter 250, 259
Kolman, Trude 273f., 276
Kotzebue, August von 43
Kraus, Peter 304
Krell, Max 60f., 69, 121
Kreuder, Ernst 313
Kreutzberg, Harald 253
Krüger, Bum 169, 274
Krüger, Helmuth 269
Külz, Oskar 199
Kurzke, Hermann 297

Lässig, Simone 156f.
Lamprecht, Gerhard 135
Lange, Horst 240, 252, 259, 263, 313
Langer, Felix 119
Lania, Leo 137
Lehmann, Hans 21f., 113, 258

Register

Lehmann, Richard 62
Lehmann, Wilhelm 313
Lehmbruck, Wilhelm 93
Lembke, Robert 258
Lemke, Horst 318f.
Lepman, Jella 305
Lessing, Theodor 41, 55, 307
Levy, Ernst Moritz 154
List, Paul 98
Lloyd, Harold 170
Ludwig, Emil 194
Lüders, Günther 273, 298, 304f.
Lüthge, Bobby E. 229
Lüthgen, Eugen 180

Malraux, André 259
Mankiewicz, Joseph L. 305
Mann, Erika 217
Mann, Heinrich 180, 251, 259
Mann, Klaus 192, 194, 217
Mann, Thomas 40, 251, 259, 312
Marguth, Georg 59f., 65ff., 94
Martin, Karlheinz 130
Marx, Karl 180
Marx, Paul 25
Maschler, Kurt L. 199
Masters, Edgar Lee 259
Maybach, Christiane 274
Mechnig, Elfriede 125f., 176, 282f., 287, 301, 315
Mehring, Walter 123, 215, 305
Mendelsohn, Erich 104
Mendelssohn, Peter de 248, 252, 254
Meyen, Michael 58f.
Meyer, Alfred Richard 219ff.
Mieth, Louise 285
Missbach, Max 25
Mörike, Martin 190f., 198, 207
Monroe, Marilyn 305
Morgenstern, Christian 43, 45, 318
Morlock, Martin 274, 305
Mühsam, Erich 146, 164

Nabokov, Vladimir 310
Natonek, Hans 61f., 69, 119
Neumann, Robert 56, 176
Neumeister, Wolf 224
Nick, Dagmar 259
Nick, Edmund 127, 206, 259, 269
Nick-Jaenicke, Kaethe 127
Nielsen, Asta 170
Nigg, Sepp 269

Ode, Erik 206
Odebrecht, Paul 245
Odemar, Fritz 224
Ohser, Erich 98, 101ff., 107, 242f.
O'Neill, Eugene 259
Ophüls, Max 130, 133, 137
Oppenheimer, George 212
Ortner, Eugen 45
Ossietzky, Carl von 113, 172
Osthoff, Otto 269
Otto, Hans 171

Palucca, Gret 60
Penzoldt, Ernst 274, 312
Pietzcker, Carl 84, 87
Pionkowski, Rolf 154
Pirandello, Luigi 61
Piscator, Erwin 42, 95f.
Pleyer, Barbara 269
Polgar, Alfred 105, 259
Ponto, Erich 305
Preßburger, Emmerich 136f.
Purrmann, Hans 318

Rabenalt, Arthur Maria 253
Rappeport, Jonny 240, 282
Rasche, Friedrich 55
Rascher, Max 190
Rasp, Fritz 135
Rauch, Karl 141
Reger, Erik 176
Reich-Ranicki, Marcel 290, 326
Reifenberg, Benno 314

Reimann, Hans 60, 136
Reinhardt, Gottfried 143
Reinhardt, Max 95, 97, 143, 218
Rentmeister, Georg 216
Richter, Max 25
Riefenstahl, Leni 261
Ringelnatz, Joachim 123, 170, 253, 268, 318, 326
Rosenberg, Alfred 183, 261
Rousseau, Jean-Jacques 44
Rühmann, Heinz 229
Rütting, Barbara 320
Ruskin, Harry 212

Saint-Exupéry, Antoine de 259
Sandrock, Adele 170
Sartre, Jean-Paul 259
Schaefer, Oda 240, 252, 313
Schirach, Baldur von 262
Schlegel, Werner 194
Schlögel, Hilde 292
Schlösser, Rainer 191
Schmidt, Eberhard 227, 246
Schmidt, Erich 41
Schneider-Schelde, Rudolf 312
Schneyder, Werner 150, 296f., 328
Schönböck, Karl 274
Schönlank, Margot 87f.
Scholz, Albrecht 153f.
Schröder, Arnulf 253
Schroth, Hannelore 137, 246
Schüfftan, Eugen 136
Schündler, Rudolf 250, 253, 268f., 271
Schünzel, Reinhold 132f.
Schützler, Hannelore 274
Schulz, Bruno 243
Schurig, Paul 19, 21, 33
Schwannecke, Viktor 105
Schwarzschild, Leopold 113
Schweikart, Hans 299f., 301
Schwenzen, Per 274
Seghers, Anna 146, 171
Shaw, George Bernard 259

Siebert, Friedel 151, 293ff., 317, 320
Siebert, Katharina 294
Söhnker, Hans 224
Stein, Max 107
Steinrück, Albert 105
Stemmle, Robert A. 187
Stevens, Wallace 259
Süskind, W.(ilhelm) E.(manuel) 254, 301f.

Tauber, Richard 105, 170
Toller, Ernst 50, 105
Tornow, Ingo 136, 138, 212, 223f.
Trabow, Johannes 312
Trier, Walter 109, 143, 214ff., 220, 303, 306f.
Troeltsch, Ernst 40f.
Trotzki, Leo 96
Tucholsky, Kurt 100f., 121ff., 176, 194, 268, 326
Turel, Adrien 259
Twain, Mark 220

Ulrich, Luise 232
Undset, Sigrid 259

Valéry, Paul 259
Verhoeven, Paul 253
Vesper, Will 183
Villon, François 253

Wallenberg, Hans 255, 257f.
Wassermann, Jakob 178, 251
Waurich, (Sergeant) 27f.
Weinert, Erich 113
Weiskopf, F.C. 120, 125
Weller, Carl 98, 120
Wells, H.G. 167
Wenzler, Franz 136
Werfel, Franz 259
Wilder, Billy 134
Wilder, Thornton 259
Winckler, Josef 228

Wismann, Heinz 193, 202, 209
With, Cläre 267
Witkowski, Georg 53ff.
Witt, Herbert 269
Wolff, Theodor 147
Wollenberger, Werner 274

Zickler, Arthur 25
Ziesche, Hermann 33
Zimmermann, Else 15f., 154, 158
Zimmermann, Emil Dr. 14, 24, 31, 39, 150, 152ff., 161f., 292, 327
Zimmermann, Gertrud Thekla 15, 153f., 157
Zimmermann, Hans Werner 15, 154
Zuber, Dr. 203
Zuckmayer, Carl 97, 105, 253, 259, 326
Zweig, Arnold 176
Zweig, Stefan 251

Erich Kästner · 100 Jahre

Bücher für Erwachsene

Doktor Erich Kästners lyrische Hausapotheke
Drei Männer im Schnee
Die dreizehn Monate
Gesang zwischen den Stühlen
Herz auf Taille
Die kleine Freiheit
Der kleine Grenzverkehr
Kurz und bündig
Ein Mann gibt Auskunft
Lärm im Spiegel
Fabian
Notabene 45
Die Schule der Diktatoren
Der tägliche Kram
Die verschwundene Miniatur
Gemischte Gefühle
Der Zauberlehrling

Bücher für Kinder

Das fliegende Klassenzimmer
Das doppelte Lottchen
Emil und die Detektive
Emil und die drei Zwillinge
Der 35. Mai
Der kleine Mann
Der kleine Mann und die kleine Miss
Pünktchen und Anton
Das Schwein beim Friseur
Das verhexte Telefon
Erich Kästner erzählt
Don Quichotte
Till Eulenspiegel
Der gestiefelte Kater
Gullivers Reisen
Münchhausen
Die Schildbürger
Till Eulenspiegel

Als ich ein kleiner Junge war
Die Konferenz der Tiere

ATRIUM VERLAG, Zürich
CECILIE DRESSLER VERLAG, Hamburg

Erich Kästner

Emil und die Detektive
Emil und die drei Zwillinge

Zwei Bände in einem
Jubiläumsausgabe zum 100. Geburtstag
von Erich Kästner

Mit diesen beiden Büchern, die erstmals 1929, bzw. 1934 erschienen, erlangte Erich Kästner Weltruhm als Kinderbuchautor. Er war damit seinerzeit Wegbereiter einer eigenständigen Literatur für Kinder; einer Literatur, die Kinder ernst nimmt und ihnen nichts vormacht. Entscheidend für den großen Erfolg der Bücher sind aber sicher auch die einzigartigen und berühmten Zeichnungen von Walter Trier.

Die beiden beliebten Bände vereint diese einmalige Jubiläums-Sonderausgabe, die nun anlässlich des 100. Geburtstags von Erich Kästner erscheint.

CECILIE DRESSLER VERLAG, Hamburg

Erich Kästner

DER ZAUBERLEHRLING

Die zwei in diesem Buch versammelten Romanfragmente *Der Zauberlehrling* und *Die Doppelgänger* sowie seine *Briefe an mich selber* thematisieren in unterschiedlicher Form Kästners eigene Situation als verbotener Schriftsteller im Dritten Reich: Ein „lebender Leichnam", wie er selbst sagte.

So einer ist auch Karl, der Erzähler in *Die Doppelgänger*, dessen Selbstmordversuch sich in ein Attentat auf eine Topfpflanze verwandelt. Ähnlich ergeht es dem Kunstgelehrten und *Zauberlehrling* Professor Mintzlaff, der in einer Art moderner Umsetzung des Fauststoffes erst der Vatergottheit Zeus und dann sich selbst begegnet. Beide verbindet das Gefühl existentieller Einsamkeit, das auch Kästner beherrschte und das sich in den *Briefe(n) an mich selber* ganz unverschlüsselt manifestiert.

Der große Roman über die Nazi-Zeit, den Kästner nie geschrieben hat – in diesen Fragmenten und Briefen finden sich Thema und Stimmung dieser Jahre.

ATRIUM VERLAG, Zürich